戴志强钱币学文集（续编）

戴志强 著 戴 越 编

左京华先生从海外寄来"下邑阳"背"十七两"三孔布一枚，钤盖拓。竟是达受先生旧藏。晚清民国年间，又释文计多位收藏家之手。此三孔布之类均甚少，以历代古钱图说、学语所有收录。

是币约于二世纪中叶，曾越海外，古人曰，一甲子，一轮回。弹指一挥，六十余载，今又重返梓里，却风貌依旧，神采不渝。老坑更者俾吐古色，记述当广月春秋。

美哉，也非俾见，辛载今人缩绝，淳地小记，志谢京华先生。

壬辰中秋时节 戴志强

中华书局

图书在版编目(CIP)数据

戴志强钱币学文集:续编/戴志强著;戴越编. —北京:中华书局,2019.3
ISBN 978-7-101-13717-0

Ⅰ.戴… Ⅱ.①戴…②戴… Ⅲ.古钱学-中国-文集
Ⅳ.K875.64-53

中国版本图书馆CIP数据核字(2019)第004994号

书　　名　戴志强钱币学文集(续编)
著　　者　戴志强
编　　者　戴　越
责任编辑　陈　乔
出版发行　中华书局
　　　　　(北京市丰台区太平桥西里38号　100073)
　　　　　http://www.zhbc.com.cn
　　　　　E-mail:zhbc@zhbc.com.cn
印　　刷　北京市白帆印务有限公司
版　　次　2019年3月北京第1版
　　　　　2019年3月北京第1次印刷
规　　格　开本/787×1092毫米　1/16
　　　　　印张31　插页22　字数450千字
印　　数　1-1000册
国际书号　ISBN 978-7-101-13717-0
定　　价　180.00元

目　录

彩图目录

戴志强和夫人常瑞琴

（作者注：此照摄于我古稀之年，此书合成又适逢小瑞古稀）

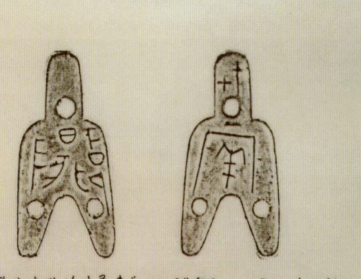

左京華先生從海外尋來"下邱陽"背"十七·兩"三孔布一枚.
經查核,竟是近滂先生舊藏,晚清民國年間,又輾轉於多位苦輩
藏家之手."古錢大辭典拾遺"、"歷代古錢圖說"等譜均有收錄.

是布於上世紀中叶,雲遊海外,古人曰:一甲子,一輪回,彈
指一揮,六十餘載,今又金返梓里,卻風貌依舊,神采不减,老
坑更著傳世古色,記述着歲月春秋.

美哉,寶品傺此,幸哉,令人稱绝,謹此小記,並謝
京華先生

壬辰中秋時節 戴志強

"下邱阳"三孔布题记

历代中国钱币图示

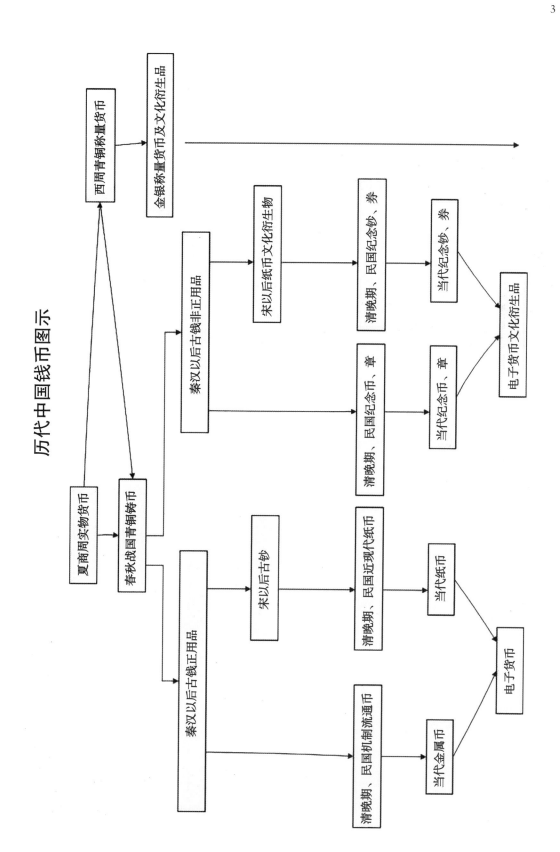

先秦钱币之一

图1　天然贝

图2　殷商保德青铜贝

图3　西周青铜块

图4　农具钱镈

先秦钱币之二

图5 平肩空首布

图6 斜肩空首布

图7 耸肩空首布

先秦钱币之三

图8 桥足布

图9 锐角布

图10 尖足布

图11　方足布

图12　圆足布

图13　三孔布

先秦钱币之四

图14　工具刀削

图15　尖首刀

图16　针首刀

图17　截首刀

先秦钱币之五

图18 明刀

图19 齐大刀

图20 赵直刀

图21 中山刀

图22 蚁鼻钱

先秦钱币之六

图23 圜钱"共屯赤金"

图24 半圜钱"半釿"

图25 方孔圆钱"半两"

方孔圆钱之一

图1 秦"半两"

图2 西汉"五铢"

图3 新莽"一刀平五千"

方孔圆钱之二

图4　北朝周"永通万国"

图5　唐"开元通宝"

图6　宋"大观通宝"

图7.1　元"至正之宝"权钞钱（正）

图7.2　元"至正之宝"权钞钱（背）

图8　明"永乐通宝"

图9.1　清光绪宝泉小平雕母（正）

图9.2　清光绪宝泉小平雕母（背）

古代金银锭之一

图1　春秋战国银布

图2　战国金贝（正、背）

图3.1　战国银贝（正）

图3.2　战国银贝（背）

古代金银锭之二

图4　战国金版郢再

图5.1　秦汉金饼（正）

图5.2　秦汉金饼（背）

图6　汉马蹄金

古代金银锭之三

图7　唐金铤

图9　唐宋船型银铤

图8　唐杨国忠银铤

图10　北宋银锭（司户参军）

古代金银锭之四

图11 南宋金牌

图12 南宋金叶子（陈二郎铁线巷）

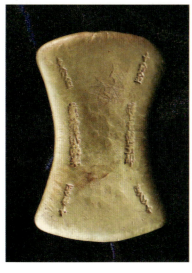

图13 南宋十二两金锭（苏宅韩五郎）

图14 金承安宝货一两银锭

古代金银锭之五

图15.1　元至元十四年五十两"元宝"银锭（正）

图15.2　元至元十四年五十两"元宝"银锭（背）

图16　明五十两纹丝银锭

图18　民国山西官钱局五十两银锭

图17　清三槽牌坊银锭

古代压胜钱之一

图1　先秦包金铜贝

图2　汉—金五珠

图3　汉马蹄金

图4　汉麟趾金

图5　北朝吉语钱

图6　唐—银开元通宝钱

古代压胜钱之二

图7.1 北宋—金淳化佛藏钱（正）

图7.2 北宋—金淳化佛藏钱（背）

图8.1 元吉庆钱（正）

图8.2 元吉庆钱（背）

图9 明清吉语钱

图10 清—金冥钱

古钞之一

《南宋关子版研究的集大成之作》附图

图1　行在榷货务对椿金银见钱关子版主版
（22.70×15.06厘米）

图2　背版准敕版（19.07×13.48厘米）

图3　宝瓶版
（16.48×7.43厘米）

图4　景定五年颁行版
（15.04×5.61厘米）

图5　国用见钱关子之印
（6.10×5.92厘米）

图6　行在榷货务金银见钱关子
库印（5.74×5.65厘米）

图7　金银见钱关子监造检察
之印（5.64×5.55厘米）

图8　□□□见钱关子合同
印（5.56×4.13厘米）

古钞之二

图9　南宋行在会子库版

图10　元至元通行宝钞二贯

古钞之三

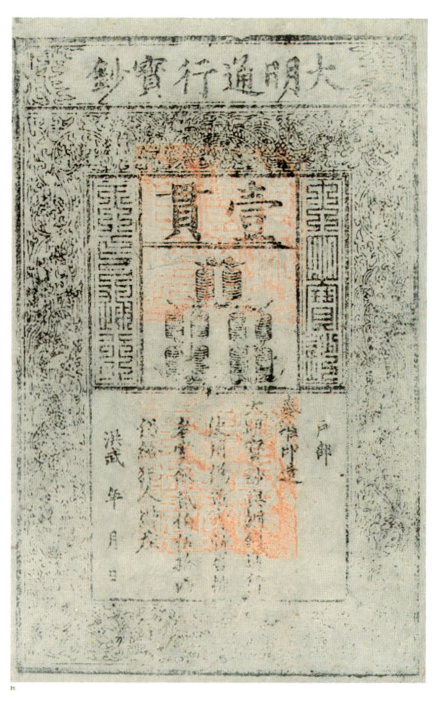

图11 大明通行宝钞壹贯

古钞之四

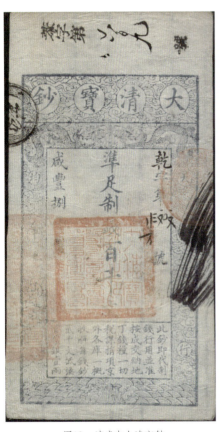

图12　清咸丰大清宝钞

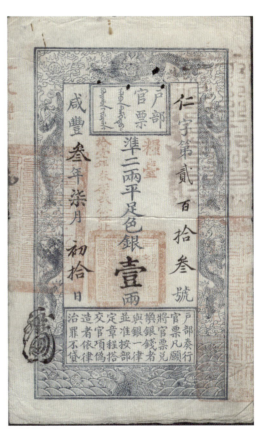

图13　清咸丰户部官票

近代新式纸币

大清银行兑换券

《"白铜"古钱非白铜》附图

机制币之一

《中国近代机制币概述》附图

图1　西藏乾隆宝藏一钱五分薄
　　　片银（直径30毫米）

图2　福建漳州军饷银饼
　　　（直径38.8毫米）

图3　上海王永盛银饼
　　　（直径39毫米）

图4　吉林厂平一两银币
　　　（直径39.8毫米）

图5.1　广东七二反版光绪元宝银
　　　　币（直径39.3毫米）

图5.2　广东七三光绪元宝银币
　　　　（直径39.5毫米）

图6　户部光绪元宝壹两银
币（直径43.3毫米）

图7　户部中字大清银币壹
两（直径40.8毫米）

图8　四川卢比银币
（直径31.3毫米）

图9　丙午大清金币
（直径38.6毫米）

图10　新疆饷金二钱
（直径23.8毫米）

图11　广东光绪元宝当十铜币
（直径26.3毫米）

图12　户部乙巳大清十二文铜币
（直径33.3毫米）

图13　民国三年袁头银币
（直径39.3毫米）

图14　孙像开国纪念银币
（直径39.6毫米）

图15　三鸟银币（直径39.4毫米）

图16　民国二十三年船洋银币
（直径39.4毫米）

图17　贵州汽车银币
（直径39.4毫米）

图18　中华苏维埃共和国川陕省银币
（直径38.9毫米）

图19.1　袁像十元金币
（直径26毫米）

图19.2　袁像二十元金币
（直径22.2毫米）

图20　唐继尧共和金币
（直径23.7毫米）

图21　袁像共和十文开国纪念
铜币（直径28.6毫米）

图22　民国二十五年壹分铜币
（直径26.1毫米）

图23　甘肃辅币孔造五文铜币
（直径22.1毫米）

图24　中华苏维埃共和国五分铜币
（直径26.8毫米）

图25　民国二十五年孙像镍币
（直径24.1毫米）

图26　浙江浒山五角抗币
（镴币直径31毫米）

图27　民国三年袁头签字版
银币（直径38.7毫米）

机制币之二

《中国近代机制币诞生的原因》附图

图28　打制币0.5R　　图29　打制币R　　图30　打制币2R　　图31　打制币4R　　图32　打制币8R

图33　荷兰马剑　　　　　图34　葡萄牙银元　　　　　图35　西班牙地球

图36 西班牙双柱　　　　　　图37 墨西哥银元　　　　　　图38 香港壹元

图39 香港贸易银　　　　　　图40 坐洋　　　　　　图41 日本贸易银

机制币之三

《广东龙洋与张之洞的故事》附图

图42　普通版

图43　七三反版

图44　湖北本省光绪元宝　　　　　　　　图45　湖北光绪元宝

《近代机制币的佼佼者——金币》附图

图46　西藏狮像金币　　　　　图47　继尧金币五元　　　　　图48　孙中山开国纪念金币

图49 袁世凯洪宪飞龙金币　　　图50 民国十八年孙中山像背地球金币　　　图51 段祺瑞执政纪念金币

图52 民国十五年张作霖纪念金章　　　图53 民国十五年龙凤金币十元　　　图54 民国十五年龙凤金币二十元

《红色政权发行的货币》附图

1927年浏东平民银行临时兑换券五角（正）

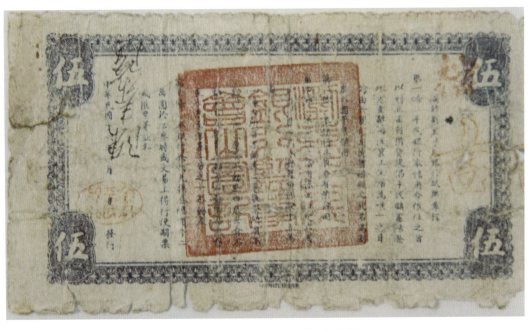

1927年浏东平民银行临时兑换券五角（背）

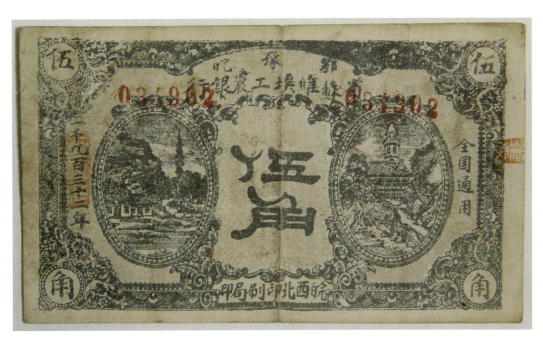

1932年鄂豫皖苏票五角（正）

1932年鄂豫皖苏票五角（背）

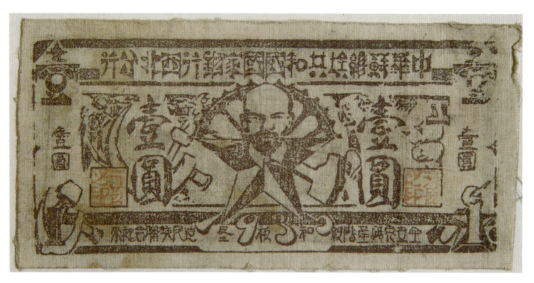

中华苏维埃共和国国家银行西北分行布币券（正）

中华苏维埃共和国国家银行西北分行布币券（背）

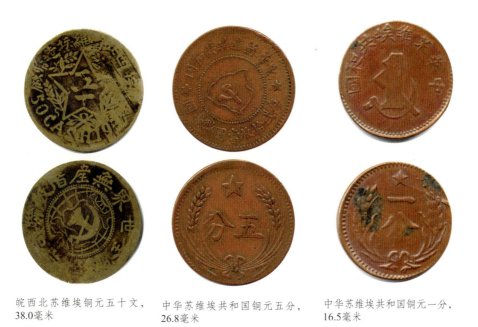

1932年中华苏维埃共和
国银币二角，23.7毫米

1934年中华苏维埃共和国
川陕省造币厂银币一元空
心五角星，39.1毫米

川陕省苏维埃造铜元
二百文，26.7毫米

川陕省苏维埃造铜元
二百文，倒4，28.6毫米

皖西北苏维埃铜元五十文，
38.0毫米

中华苏维埃共和国铜元五分，
26.8毫米

中华苏维埃共和国铜元一分，
16.5毫米

当代钱币之一

《当代中国钱币的文化试析》附图

图1　庆祝中华人民共和国成立50周年纪念钞

图2　迎接新世纪纪念塑胶钞

图3 普通流通币

图4 普通流通币

图5 红楼梦纪念金币

图6　大唐镇库纪念金章　　　　　　　图7　中国钱币博物馆成立十周年纪念铜章

当代钱币之二

2007—2016年北京国际钱币博览会纪念银币

2007博览会银币　　　　　　　　　　2008博览会银币

2009博览会银币　　　　　　　　　　2010博览会银币

2011博览会银币

2012博览会银币

2013博览会银币

2014博览会银币

2015博览会银币

2016博览会银币

图8

当代钱币之三

《关于熊猫金银币收藏入门的一点意见》附图

1999年1/20盎司熊猫金币背面　　1999年熊猫金币上币版正面

1999年熊猫金币沈币版正面　　1999年熊猫金币国宝版正面

图9

1995年熊猫银币上币版

1995年熊猫银币沈币版

图10

前　言

中华书局于2006年出版的《戴志强钱币学文集》，收集了2004年以前我有关钱币学的文稿，时间很快过去了十余年，又积累了一些文稿，于是和陈乔编辑商议准备出版续编，以求配套成龙。

在体例上，《戴志强钱币学文集（续编）》和第一本文集保持一致，也分为三个部分。只是把原来的第二部分"对钱币学学科理论的一点认识"前提为第一部分，这样的调整，无非是想强调一下钱币学学科建设的重要性。

随着时间的推移和认识的提高，我越来越觉得：钱币学必须跟上时代的脚步，对于新时代的钱币学，必须要有一个发展的概念，这对学科的建设和成长至关重要，是钱币学的生命线。我们这一代人应该担当起时代的职责，要让钱币学作为一门独立的学科堂堂正正确立于中国的学术之林，为后人留下我们这个时代的财富。事实上，近年来钱币学的学科建设已经受到有关方面的重视，有了长足的进步，诸如：大专院校就"钱币学和货币史"走进大学校园做了积极的探索。2011年，当代中国金银纪念币欣赏与投资课程在浙江大学开设，2012年金银币知识大讲堂走进浙大；2014年白秦川的《中国钱币学》在河南大学出版社出版；2016年中国第一个钱币学博士点在河北师范大学设立；上海交通大学、广西师范大学等也都开设了相应的课程。又如：参与钱币学研究的队伍越来越壮大，人数越来越多，尤其是80后、90后的加入，使之后劲十足，生气勃勃。关键是他们的学历比较高，知识结构和思考问题的理念发生了变化，他们不只是满足于钱币实物的追求，而且有了对钱币学理论的需求；再如，钱币学的研究成果越来越多，不仅仅是研究的领域在拓宽，而且综合性的研究和专门化的研究齐头并进，不断深入……由此得到了社会舆论的支持，在2017年的"两会"期间，已经有政协委员提交了提案，呼吁："在中小学教育中应增加钱币文化知识的普及。"如此等等，更令我感到钱币学学科建设的紧迫感。

在中国，古泉（钱）学是一门古老的学科，钱币学则是一门新兴的学科，对于当代钱币学的认识和理解，至今尚未达成完全的统一，有的学者接受古泉学的传统观念，对在古泉学基础上发展形成的新兴的钱币学，尚不完全接受，是可以理解的。但事实上，当今的钱币学除了传统古泉学的内容之外，不仅包含了古代实物货币、古代金银币和古代纸币，而且也包含了近现代机制币、近现代纸币，以及当代的各类钱币。事实上，爱好、收藏、研究近现代钱币的人数远远超过了古钱币的爱好者、收藏者和研究者，所以我们必须与时俱进，对于钱币学的研究对象，决不能局限于古代，而是应该延伸到当今，应该是上下五千年一以贯之，只有这样才能更全面地认识、理解钱币和钱币学。

第一本文集收录这方面的文稿9篇，我在当时写的前言中交代：对于钱币学学科理论的认识，是一个逐步提高、逐步升华的过程，是在长期工作和研究的实践中，逐步体会和完善的。我在不同时期发表的文章和讲话，代表了不同时期的认识程度，所以这一部分选编的文章是按发表时间的先后排列的。在迎接中国钱币学会成立二十周年的时候，我先后在《中国钱币》（2002年第3期、2003年第2期）发表了《对钱币学的一点认识》和《古代中国的钱币》两篇文章，第一次正式阐明我的基本思路。到2010年完成《钱币学概述》一文（本集辑录，《中国钱币》2010年第3期）才基本形成我对当代钱币学学科理论的框架意见。此后在给学生讲授钱币学的过程中，在相关的学术活动中，从不同角度，我反复讲述过这些观点，无非是想听取各方面的反响和意见，也是为最终完成《钱币学概论》一书做准备。

"对有关钱币的几点研究"调整为第二部分。在2005年到2017年期间，我完成了几本小书。

一是《古钱文字》，文物出版社2014年出版。此书由甲骨学家王宇信先生提议，作为古文字导读的一本，故定名为"古钱文字"。为了编写此书，让我对先秦钱币重新梳理了一遍，颇有一点心得，所以是书在古文字方面虽然没有太多新的建树，但在钱币学方面却提出了一些新的观点。譬如：把"先秦货币"改称为"先秦钱币"，这一字之差体现了不同的内涵。提出我国早期的金属铸币脱胎于实物货币，同时也承继了实物货币的双重性质，也就是说早期的金属铸币除了行使货币职能之外，也行使某些其他的实用功能，诸如祭祀的功能、象征王权的功能等等。由此说明，从文化的意义上讲，货币和货币文化的衍生物都是由实物货币演变而来，它们几乎是同时诞生，又随着时代的脚步，一起携手共进，从未中断；又如：对先秦钱币的断代、沿革，从宏观的视角，作了重新考量，提出一些新的见解，并列出了先秦布币和刀币的演进示意图；再如，对钱文的理解，也作了宏观的思考。春秋时期，空首布的铭文，分别有记数、记干支、记方位、记名物、记地名等不同的内容，应该没有异议，但到战国时期的铭文，则是以记地为主，所以古文字学者在释读钱文时，往往会把注意力集中在地名上。其实战国钱币的铭文内涵，除地名外，也有吉祥词语，也有记名物等其他的含义，它们应是钱币文化"双重性"的继续和表白，是历史的延续，因此我认为不必一味在地名上苛求，束缚了手脚，而是可以把思路拓宽一些。

二是《古钱币鉴藏》、《纸币鉴藏》、《钱币收藏入门》、《机制币鉴藏》，分别于2011年、2013年由印刷工业出版社出版。这是一套普及读本，主要目的是为了扩大钱币学和货币史的宣传教育。随着时代的进步、认识的提高，新的观点自然会融入其间，尤其是增添了有关中国历代金银锭的版块，对中国钱币的内涵有了新的诠释。2016年西汉刘贺墓发掘资料的公布和该墓马蹄金、麟趾金的出土报道，为古代金银钱币研究提供了一批至关重要的实物资料。从此，中国古代的金银币沿革历史基本可以连贯起来，并且发现了中国古代的金银钱币也是由货币和货币文化衍生物两部分组成，直至近现代，乃至当今的机制金银币、金银锭，仍然延续着这样的传统。金属铸币如此，其他质地的钱币也一样如此，包括纸币。

三是关于民俗钱的讨论。2004年以前，由于日常事务缠身，无暇顾及有关压胜钱的研究，由我主编的《中国钱币》杂志也很少刊登关于压胜钱的文章，这一缺陷成为我的一块心病。退休离岗以后，我便把比较多的精力投入了这一课题的研究。主要做了两件事情：一是关于定名问题，这个问题实际关系到压胜钱在古钱中所处的地位；二是关于沿革问题，也就是要弄清其来龙去脉，对它有一个完整的认识。

中国的古钱分为两类，即：行用钱和非行用钱。传统的观念是重视行用钱（即曾经作为货币正式铸行的古钱），看轻非行用钱（即货币文化的衍生物，不曾行使过货币职能的古钱，俗称为压胜钱），这是站在货币的立场上形成的观点。其实，从实物货币具备双重职能的源头看，两者只是职能的不同、并不存在谁轻谁重的问题。

在古钱界，把非行用钱称之为"厌胜钱"，应是比较早的称谓，取义"厌而胜之"，后来俗称为压胜钱。压胜钱因为功能的不同，制作的不同，又分别称之花钱、冥钱、宫钱、酒令钱、棋钱、玩钱、信钱等等。从文化意义上讲，它们中的绝大部分都是货币文化和民俗文化相结合的产物。因此，若要给它们定一个统称的话，我建议称之为"民俗钱"，较为贴切。不同时期的民俗钱又可以有不同的称谓，譬如：古钱中的民俗钱仍可称为"压胜钱"；机制币中的民俗钱仍可称为"纪念章"。这个建议被多数同志接受，并成立了中国民俗钱币学会，后来被中国钱币学会接纳为团体会员。

在古钱界，对压胜钱框定的时限，以前一般认为是西汉至清末，也就是方孔圆钱盛行的时期。实际上，在先秦时期的铸币中，已经有了货币文化以外的涵义。考古发现殷商时期的青铜贝化，战国时期的金银贝化，都有不同的器型，不同的功能。有的作为货币，有的作为饰件。于是我提出了早期金属铸币从一开始便具有两重性功能的观点，把压胜钱的上限上推至先秦时期，和实物货币直接衔接。至于它们的下限，就古钱而言，当然是清末，但就民俗钱而言，便不能止步于清末。因为近现代机制币中，同样有"币"和"章"的区分，它们其实是行用钱和非行用钱的继续，仍然是货币和货币文化衍生物的继续，只是制造工艺发生了变革，材质发生了变化，随着时代的变迁，有了不同的冠名。

民俗钱虽然不是货币，不行使货币职能，但它们有着各自的实用价值。民俗钱门类众多，尤其是官炉制造的民俗钱工艺精良，它们和同时期的货币不仅是同胞兄弟，而且在制作上更加精美，在文化、艺术上可以互补，所以我称民俗钱是中国钱币的半边天，是"半壁江山"。如今，爱好、收藏、研究民俗钱的人数大大增加，超过了历史上任何一个时期，研究成果也如雨后春笋般地不断涌现，令人振奋。

四是关于当代钱币的讨论。上世纪八十年代初，我调入中国钱币学会秘书处工作。中国钱币学会秘书处归中国印钞造币总公司管辖，从此我成为中国人民银行的一员，1991年起任中国人民银行货币发行司副司长。因为工作的需要，有机会参观考察了我国当代的各个印钞厂、造币厂，同时也有机会参观考察了国外相关的印钞厂、造币厂。我作为第五套人民币规划设计领导小组的成员，参与了其间的一些工作，对第五套人民币从开始酝酿、设计，到逐级报批，反复修改，到国务院最终审定的全过程有所了解。2000年人民银行批准成立中国贵金属纪念币设计图稿及样币评审委员会，后来又成立中国普通流通纪念币设计图稿及样币评审委员会，我作为评审委员直至今日。有了这样的工作实践，我才有可能写出《当代中国钱币的文化试析》。

1995年，人民银行酝酿筹办北京国际钱币博览会，并决定由中国金币总公司、中国印钞造币总公司和中国钱币博物馆三家联合举办，每年一次。每年的博览会都会发行一枚纪念币，开始是在当年熊猫银币的基础上发行"加字币"，自2007年开始，单独立项，发行专门设计制作的博览会纪念银币，第一系列十枚（2007—2016），这个系列的纪念银币确定的主题是：选择东西方钱币文化中，在各个历史时期具有代表性的钱币，用以反映并勾勒历代钱币演变的踪迹。我作为这一系列纪念币的主创人员，负责中国历代货币的选择和同时期西方货币的搭配。

由于中国人民银行工作的实践，使我对中国历代钱币文化的沿革变迁有了比较完整的概念，对中国的钱币学学科理论的理解有了一个全新的概念，正因为有了这样的经历，才有了现在的《钱币学概论》的框架意见。

第三部分仍是"和钱币学相关的闲言碎语"，内容也仍然是有关钱币著作的序文、跋和评，以及有关的讲话文稿，对前贤学者的追思和纪念文章。它们从不同视角反映了我对钱币学的认识和理解，也为今后完成钱币学概论积累了资料。

2015年是先父葆庭先生诞辰一百二十周年，3月29日，我率弟子、族人20余人专往墓地祭祀，并在邻地兰亭小叙，习书法、制泉拓，记录追思之情，合成长卷留念。2016年是先父逝世四十周年，4月3日上午，族人、弟子30余人前往祭祀。下午，浙江泉友会、绍兴泉友会、绍兴收藏家协会举办了"戴葆庭逝世四十周年纪念会"，浙籍泉友70余人出席追思纪念活动，绍兴电视台、绍兴日报分别做了专题报道，发专文介绍了葆庭先生生平事迹和对钱币事业的贡献。同年重修绍兴文物保护点——戴葆庭墓地，并补立了戴葆庭、沈燕三墓志。

我从上世纪七八十年代起，开始在河南和安阳的考古学习班、培训班上讲授古泉学、古代货币史，后来在中国钱币学会、国家文物局，及其下属部门组织的培训班上讲古泉鉴定、钱币鉴定，并先后在河南师范大学历史系，复旦大学文博专修班、研究生班，河南大学历史系，中国人民银行研究生部，中央财经学院金融系，北京教育学院历史系，中央民族大学民族学与社会学研究生班、文博研究生班，中国社会科学院研究生院，清华大学文博研修班，北京大学信息学院，北京大学历史系，南京大学，以及国家博物馆，天津博物馆、文博院，首都图书馆等院校或单位讲授钱币学、货币史，学生中有不少人已经成为当代中国钱币事业的骨干和中坚力量。近些年来又接纳了几位入室弟子，继续为中国的钱币事业培养新人。2013年，在我即将进入古稀之时，由学生和泉界同好发起并编纂了《续斋古稀寿泉集拓》，我感谢他们的厚爱。在《续斋古稀寿泉集拓》中，我写了《七十咏》，收入此书权作殿后之笔。

我此生若是做了一点事情，有了一点成绩，还不可忘记相敬相爱、相濡以沫的贤德夫人常瑞琴的协力支助,故在此书付梓之际,一定要谢夫人的扶持之功。在此集编纂过程中,小儿戴越用力甚笃,不是他的协力,恐怕也不会如此顺利。

记者孟黎、马继东、朱有仪、刘娜、于彬等诸位先生曾分别采访过我,做了报道,今也收入本集,我感谢他们的盛情和付出的辛劳。当然,我还要感谢陈乔编辑和中华书局的有关同志,感谢他们的关心和热情支持。

戴志强戊戌正月字

对钱币学学科理论的一点认识

中国钱币的内涵

中国钱币的内涵是什么？它所包含的内容涉及的范围该作如何界定，对于钱币学来说是一个基本概念，似乎不难解释，但事实上，我们的钱币爱好者、收藏者未必都清楚，即使是专业人员、专门的研究人员说法也未必一致，而作为一门学科——中国的钱币学，必须对它有一个完整的诠释。

有人说，钱币是指退出流通领域的货币。这种说法是不完全的，因为从文化的层面上理解，钱币应该是货币和货币文化衍生物的总称，即"币"和"章"的合称。其次，既然冠名是"中国钱币"，自然应该包括中国所有的"钱币"。那么从大的概念来看，它应该包括两大块：一是历史上的钱币，一是当代的钱币，它们的交接线可以中华人民共和国诞生为界，1949年以前的钱币，可以统称之为历史上的钱币，它们的遗存被视为文物，是我国文物宝库的重要组成部分。1949年以后的钱币，其中有的已经进入历史的行列，成为文物的一部分。

一、历史上的钱币

历史上的钱币，就目前博物馆收藏和私人收藏的情况，可以分为四类，即：古钱、元宝、机制币（章）和纸币。

1. 古钱

古钱是指古代金属的铸币以及它们的衍生物。古钱包括先秦时期的各类铸币和秦汉以后的各类方孔圆钱，方孔圆钱的铸期一直延伸到清末民国初年。事实上先秦时期的实物货币，譬如夏商时代的海贝，以及仿制的贝化（货）；金属称量货币，譬如西周时代的青铜块等等，也都包括在古钱的范畴之内。

古钱有正用品和非正用品之分，所谓正用品，是指在历史上曾经正式发行和使用过的货币，其中包括因为货币的需要而铸造，但因种种原因没有正式发行或流通的钱币。所谓非正用品，我们也可以统称之为压胜钱（亦称厌胜钱、押胜钱），包括吉语钱、镇库钱、信钱、花钱、打马格钱、宫中行乐钱、瘗钱等等。它们不是货币，不能行使货币职能，但从文化意义上来看，它们和古代的铸币一脉相承，无论从材质、形制、铸造工艺等各个方面，都有共通之处。实际上，铸造精良的压胜钱多是出于官炉，出于政府专门设置的钱监。

古钱还包括了生产铸造过程中的一些遗存物，譬如：样钱、祖钱（雕母钱）、母钱，以及早期浇铸钱币使用的各类钱范。

中国古代正式发行的铸币是以铜、铁等低值金属为主要原材料的，但各类古钱的情况不尽相同。所以就材质而言，除了大量的铜、铁钱之外，也有金、银、锡、铅等其他金属铸造的，还有玉、石、木、蚌、骨、玻璃以及陶土等各种不同材料制造的。

传统古钱中的正用品，一般是以文字及其书法为主要修饰，很少采用图案，正面文字一般是四个字，上下左右排列，或者是两个字，左右排列或上下排列，显示对称、平稳、严肃。非正用品则根据不同的用途，可以各取所需，往往是图文并茂，钱文内容没有一定的限制。但出于官炉者，会非常注重其艺术性，无论图纹，还是文字书法，乃至铸造工艺的运用，都会十分考究，给人以艺术的享受、美的享受。

2．元宝

元宝，科学的名称应该是"金银锭"。金银作为称量货币，在中国出现比较晚，到春秋战国时期才开始，此后各时期的金银称量货币形制不断变化，早期有板形的、饼形的，后来逐步演变成笏形、长条形、船形、束腰锭形，黄金还有金块、金叶等等。"元宝"一词的正式启用是在元朝的银锭上，开始是指元朝宝货的意思，后来才把金银锭俗称为"元宝"。现在人们印象中的马蹄形的"元宝"，则是明以后才出现的器型。各时期各地区的金银锭，不仅是器型不一、铸造工艺不一，并且留下了不同的铭文，记录着它们的性质、用途、时间、地点、重量和铸造部门及有关人员的姓名。

金银锭因重量不同，分成不同的等级，一般大锭重五十两，中锭重二十五两、或二十两、或十两，各个时期有不同的规定，五两以下为小锭。因为它们的称量单位以"两"为主，所以白银称量货币也被简称为"银两"。

金银取得货币地位以后，其文化意义上的衍生物亦就应运而生，各种喜庆活动、亲友间的馈赠礼品，会有各种定制的小元宝，定制的金银小摆件、小饰件等等，它们是元宝文化的发展，它们更强调制作的艺术性。

以前人们多把元宝视为可以保值的硬通货，视为财富的象征，并没有把它视为文物，所以不被收藏界重视，近一二十年来才引起收藏者、研究者的关注，并成为钱币的一大门类。

3. 机制币（章）

在古代，以中国为代表的东方钱币和以希腊罗马为代表的西方钱币，主要区别有三：一是币材，西方以金、银为主，东方以铜、铁为主；二是币面纹饰，西方以图案为主，东方以文字为主；三是制造工艺，西方是打制工艺，东方是浇铸工艺。鸦片战争前后，由于西方货币形制和货币制度的传入，改变了中国货币文化的发展趋向，西方制钱机器的输入，改变了中国的造钱工艺，银元、铜元等机制币的诞生，最终取代了中国传统的银两和制钱。

十七世纪中叶，即明末清初，西方银元开始流入中国。到十八世纪中叶，即清朝乾隆、嘉庆年间，随着欧美银元流入数量的增多，外国银元开始在中国民间流通使用。于是在东南沿海地区，一些地方政权也开始仿制银元，开始酝酿中国自己的机制币。光绪十五年（1889）广东试铸龙洋以后，各地竞相效仿，于是各省纷纷自制银元。到宣统二年（1910）以后，开始着手统一国币，但真正实现国币统一是民国年间的事情。到民国二十四年（1935），推行法币政策，机制的银、铜元便逐步退出流通市场。

在近代机制币中，真正发行流通的金币，品种很少，数量也不多，从遗存的实物看，多数是金质的样币和纪念币（章）。

铜元开始是作为银元的辅币铸造发行的，但实际上成了取代制钱的主要流通货币，铜元使用的时间虽然只有三十多年，但品种繁杂、数量众多。在收藏界中，铜元爱好者、收藏者往往形成自己相对独立的群体，他们和金银币爱好者、收藏者并不属于一个圈子。

近代机制币诞生以后，作为机制币文化的衍生物——纪念章也相伴而生，它们是古代压胜钱的继续和发展，主要是用于重大事件的纪念和喜庆活动的馈赠礼品，包括有金、银、铜等不同材质，不同规格和工艺技术的纪念章。它们多数出自各地银楼，其中国家造币厂打制的纪念章，设计精良，制作精美，具有较高的艺术价值和收藏价值。在收藏界中，似乎不太注重近代机制纪念币和章的不同性质，收藏金银纪念币的人，也往往同时收藏金银纪念章。

4. 纸币

中国是世界上最早使用纸币的国家，大约在公元十世纪末叶，即北宋太宗淳化年间以后，四川民间的"交子"已经在行使部分货币职能，后来便发展成"私交子"。北宋仁宗天圣元年（1023），政府在益州（今成都）设交子务，翌年正式发行官交子，成为正式法定货币。

纸币的历史，大致可以分为两段。第一阶段是古钞时期，主要特点是：（1）纸张采用传统的手工抄纸，木质纤维粗糙；（2）票幅比较大；（3）竖式单面印刷为主，明以前纸币背面印有小型的面值、图纹及印章，清以后背面一般只有印章和流通过程中的手书记录；（4）版面图纹以黑色或蓝色印刷为主，配以朱红印章。第二阶段是银行兑换券，新式纸币时期，其特点是：（1）纸张采用西式道林纸，或专制的印钞纸；（2）票幅明显缩小；（3）一般为横式双面彩印；（4）近代纸币多数在国外印刷，所以票面上除了中文，还会出现外文字母。

光绪二十三年（1897）中国第一家商业银行——中国通商银行成立，并发行银元兑换券，可以作为两个阶段的分水岭。但事实上，在此之前新式纸币已经出现，在此之后，旧式纸币也还在使用，所以有一段混合流通的过渡期。

近代中国的纸币非常混乱，有中央银行发行的，有地方银行发行的，有商业银行发行的，有外资银行和合资银行发行的，还有不少地方性临时政权发行的军用票等等。1935年以后，实行法币政策，纸币的发行权集中于中央银行、中国银行、交通银行和中国农民银行，1942年以后统归中央银行，但也仍有个别地方发行流通券。

纸币文化也有衍生物，譬如：名目繁多的代用币（券），形形色色的有价证券，以及各种各样的纪念张，它们也同样受到收藏界的注目。

二、当代钱币

当代钱币是历史的继续和发展，而且逐步和国际接轨，形成了品类齐全的钱币体系，就币材分，有纸币、硬币和电子货币（银行卡），以及它们各自文化的衍生物。就性质分，大致可以分为六类：

1. 普通流通币。普通流通币俗称"人民币"，包括主币和辅币，主币以纸币为主，辅币有纸币，也有金属机制币。1948年12月1日，中国人民银行成立，即开始发行人民币，所以人民币的诞生要早于新中国的成立，第一套人民币还带有战时货币的某些特征。半个多世纪以来，共发行了五套人民币。

2．普通纪念币（钞）。普通纪念币开始发行于1984年，至2006年底，已发行了81种。1999年9月20日，发行"庆祝中华人民共和国成立五十周年"纪念钞一种，2000年11月28日，发行迎接新世纪塑料纪念钞一种。普通纪念币（钞）可以按面值和普通流通币等值使用。

3．贵金属纪念币。贵金属纪念币以金、银纪念币为主，也有钯、铂等其他金属的纪念币。1979年10月10日发行第一套纪念金币——中华人民共和国成立三十周年纪念金币，同年发行了国际儿童年金银纪念币，也是当代第一次发行纪念银币。1982年开始发行以熊猫为主要图案的系列普制金币，1997年开始发行彩色图案的金银纪念币。截至2006年底，共发行了贵金属纪念币十大系列，287个项目，1538个品种。

4．金银条、块、元宝等投资性制品。这是传统元宝系列的继续，它们中除了国库储存的金、银锭之外，多以金、银工艺品的形式出现，随着时代的进步，运用了新的工艺技术，并出现了彩色金银条块。

5．纪念章（张）。包括金、银、铜、纸等不同材质、不同规格的各类纪念章（张），其中的精品由国家造币厂、印钞厂设计制作。特别是纪念章，采用了和金银纪念币几乎一样的工艺技术，由于发行的数量少，时间的限制相对比较宽松，设计思想比较开放，技术运作的空间也比较大，所以其艺术性反映得更为强烈，先进技术的应用更为充分。

6．银行卡。银行卡是新型的信用货币的一种载体，1985年中国银行珠海分行开始发行中银卡。一年后，中国银行北京、广东、天津、青岛、上海等分行也相继发行。在此基础上，中国银行总行发行了长城卡，作为中国银行系统统一发行的银行卡。随即，工商银行等各家银行也先后发行银行卡，各类信用卡、工资卡很快普及到全国各大城市，中国钱币跨入了电子化的新时代。

伴随着银行卡的诞生，其文化意义上的衍生物也相伴而生，譬如：供电卡、电话卡、加油卡、公交一卡通等等，各种各样的储值卡也相继进入人们的生活，而各类银行卡和它们的衍生物也已经成为当代钱币的一个新门类。

《中国钱币》2007年第3期

《金融时报》2007年6月1日版

解读钱币和钱币学

　　湖北钱币学会成立二十年了，中国钱币学会成立二十五年了。中国钱币学会的章程明确规定"组织各种钱币学术活动，推进钱币学和货币史的研究"是学会的宗旨，也就是说钱币学会是专门组织研究钱币学和货币史的一个学术性的社会团体。既然如此，"钱币"和"钱币学"的基本概念应该是最基础性的知识，还有必要解读吗？但就我的实践经验，对这两个基本概念的认识，实际上还是存在着不同看法的，就我本人而言，也有一个逐步认识和提高的过程。事实上，任何一门学科，只要它存在，它就不会是僵死的，而应该是有生命的，是要不断发展的。

一、关于钱币和钱币学的解读

　　首先，对有关的几个专用名词的概念要有一个界定，一是钱币和货币；二是钱币学和货币学。只有正确的界定，才会有正确的认识和理解。

　　在钱币学里，"钱币"和"货币"是两个不同领域的专用名词。众所周知，"货币"是经济领域的一个名词，是指物物交换的媒介。货币的职能是价值尺度、流通手段、支付手段、储藏手段和国际货币。货币一旦退出流通领域，便不再行使货币的职能，不再是货币，只能说在历史上某一个时期，某一个地区曾经行使过货币的职能，因此有人称之为"历史货币"。现在我们所说的"钱币"，则是文化领域的一个名词，它既包括正在流通使用的货币，也包括历史上曾经使用过的货币，还包括因为货币和货币文化而产生的其他相关的东西，我们称之为"货币文化的衍生物"。所以，概而言之，钱币是货币和货币文化衍生物的总称，或者再直白一些，也可以说是"币"和"章"的合称。当然，钱币的主体是历代货币，因为只有有了历代货币，才会有货币文化，才会有它们文化意义上的衍生物。

　　钱币学不是货币学。货币学要研究的是货币理论、货币制度、货币政策、货币购买力等等与货币相关的经济问题。钱币学则不注重有关经济的理论问题，钱币学投之于货币的视角，是与货币相关的文化问题，是要鉴定钱币的真伪，鉴定钱币的铸行时间和区域，鉴定钱币的文物价值、珍稀程度，并通过钱币版别的研究，筛选出遗存的稀世珍宝；要通过钱币的考证研究，再现中华文明的光辉历史；要通过钱币学的探索研究，总结前人和他人的成败得失，为当今货币政策的制订，货币的设计、制造和发行提供有益的借鉴；要通过钱币的集藏、整理、陈列、展览和钱币文化的宣传教育，丰富人们的文化生活，陶冶情操，搞好精神文明建设。

其次，对钱币所包括的范围以及它的上限、下限，要有一个界定。同样只有正确的界定，才会有正确的认识和理解。

从横向来看，钱币应该是货币和货币文化衍生物的总称。在古钱学界，古钱有正用品和非正用品之分。所谓正用品，是指在历史上曾经正式发行和使用过的货币，其中包括因为货币的需要而铸造，但因种种原因没有正式发行或流通的钱币。所谓非正用品，也可以统称之为压胜钱（或者叫厌胜钱、押胜钱），现在也有人称之为民俗钱，包括吉语钱、镇库钱、信钱、花钱、打马格钱、宫中行乐钱、瘗钱等等。它们不是货币，不能行使货币职能，但从文化意义上来看，它们和古代的铸币一脉相承，无论从材质、形制、铸造工艺等各个方面，都有共通之处，实际上，铸造精良的压胜钱多是出于官炉，出于政府专门设置的钱监。古钱还包括了生产铸造过程中的一些遗存物，譬如：样钱、祖钱（雕母钱）、母钱，以及早期浇铸钱币使用的各类钱范。

在近现代机制币中，除了正式发行的流通货币和各类纪念币之外，也有各种各样的纪念章。它们不能作为货币流通使用，但从文化的层面来看，它们和货币是共通的，特别是由造币厂设计生产的纪念章，与货币有着更加密切的关系。因为它们拥有共同的设计师、共同的雕刻家，甚至是一样的操作技术，大致相仿的工艺流程。所以造币厂设计生产的纪念章和同时代的金属货币诞生于同一个母体，它们之间的手足之情、血缘之亲不言而喻。

如果从钱币文化的层面来分析，普通流通币的文化含量，应该是当代社会综合实力、整体素质的真实反映，它的技术含量应该略高于时代的一般水平。这样说的理由是，因为普通流通币的主要责职是满足市场货币流通的需要，满足广大人民群众经济、金融生活的实际需要，所以必须注重它的实用性。再加上我国国土辽阔、人口众多，对于流通货币的需用量巨大，所以普通流通币只能采用已经成熟的生产工艺，是形成规模的大生产的产品，而不是高精尖产品。之所以说，它的技术含量会略高于时代的一般水平，也是由货币本身的特性决定的，是由货币防伪和安全的必要性决定的，也是代表国家尊严、社会形象的必要和需要决定的。出于上述缘故，所以在货币设计、选材、生产时，会尽量聘请优秀的设计人员来参与设计；在财力允许的范围内，会尽可能选择优质的原材料、先进的生产工艺技术，运用先进的防伪手段。但它毕竟是大生产的产品，所以一般情况下，普通流通币应该是当代钱币文化的代表，但不是开创先进的钱币文化的载体，这是由它的社会属性和社会职责所决定的。

对于纪念章人们不会像货币那样严格要求，也没有那么多的条条框框，所以设计人员可以放开手脚，思想高度解放，表现的手法可以灵活多样，丰富多彩；雕刻人员也拥有比较广阔的天地，个人的技巧和风格可以尽情发挥；再加上纪念章的发行量少，对造币厂来说是小生产，是试验田，是练兵场，先进的工艺技术可以在纪念章上试验、实践，即使不成功，也不会影响大局，还可以为下一次试验积累经验和教训，所以纪念章可以扮演当代先进钱币文化的开拓者、先驱者的角色。事实上，一些高水平、高质量的纪念章已经成为开创当代先进钱币文化的载体。但是，章毕竟不是币，在当代钱币中，它不可能替代货币的特定地位。即使钱币收藏者，或许也是更多地看重币，而不看重章，这应该不是简单的"偏见"，而是由它们自身的社会属性和地位决定的。

关于纪念币，则是另外一个概念。金银纪念币是法定货币，具有纪念章不可取代的属性。纪念币还拥有很多其他货币和章不可能享有的优越条件，诸如：纪念币所要反映和表现的主题，必然是高标准、高规格，具有丰富文化内涵和历史、现实背景的大题材，否则是不会具有纪念意义的，更不会为它特制和发行纪念币；纪念币的发行量少，为精工细作提供了方便；金银纪念币取材于金银等稀有贵金属，其材质的高贵，已经表明了它的身价；在金银纪念币中又有不少大规格的币种，如5公斤银币、10公斤金币等直径大、面积大的纪念币，为设计雕刻人员提供了优越的表现平台；再加上金银本身材质细软，可塑性比较强，为打压成型提供了有利条件；金银纪念币又不是用于市场流通，而是专门为了提供收藏和投资的需要，可以比较少考虑货币在流通中会造成磨损等不利因素……纪念币拥有如此众多的优越条件，我们有充分的理由可以认定，开创当代先进钱币文化的重任，责无旁贷地应该落在纪念币的身上，尤其是金银纪念币应该是开创当代先进钱币文化的主要载体。所以，不研究、不了解纪念章和纪念币的情况，也不可能对近现代货币会有更深层次的认识和理解。

此外，纸币也同样会有纸币文化的衍生物，譬如：各类有价证券，各种各样的纪念张，以及货币生产过程中的设计图稿、样币、样张，印制用的钞版、模具等等，也都属于钱币研究的范围。

从纵向来看，钱币应该包括两大块：一是历史上的钱币，一是当代的钱币。它们的交接线可以中华人民共和国诞生为界，1949年以前的钱币，可以统称之为历史上的钱币，它们的遗存被视为文物，是我国文物宝库的重要组成部分；1949年以后的钱币，其中有的已经进入历史的行列，成为文物的一部分。

历史上的钱币，就目前博物馆收藏和私人收藏的情况，可以分为四类，即：古钱、元宝、机制币（章）和纸币。

古钱包括先秦时期的各类铸币和秦汉以后的各类方孔圆钱，方孔圆钱的铸期一直延伸到清末民国初年。事实上先秦时期的实物货币，譬如夏商时代的海贝，以及仿制的贝化（货）等等，也都包括在古钱的范畴之内。

"元宝"是称量货币的一种。中国最早的称量货币是西周的青铜块，到春秋战国时期才有了金银称量货币。此后金银称量货币的形制不断变化，早期有板形的、饼形的，后来逐步演变成笏形、长条形、船形、束腰锭形，黄金，还有金叶等等。元朝白银货币的使用日趋频繁，被视为元朝的宝货，所以也就把银锭称为"元宝"，"元宝"一词因此得名。金银取得货币地位以后，其文化意义上的衍生物亦就应运而生，诸如各种喜庆活动中亲友间的馈赠礼品，各种定制的金银小元宝，定制的金银小摆件、小饰件等等，它们是元宝文化的发展，它们更强调制作的艺术性。

清光绪十五年（1889）广东试铸龙洋以后，银元、金元、铜元等机制币最终取代了中国传统的银两和制钱，近代机制币诞生以后，纪念章便相伴而生，它们是古代压胜钱的继续和发展。

中国是世界上最早使用纸币的国家。北宋仁宗天圣元年（1023），在益州（今成都）设立交子务，翌年便正式发行官交子，成为正式法定货币。历史上的纸币可以分为两个阶段，一是古钞时期，二是银行兑换券、新式纸币时期。光绪二十三年（1897）中国第一家商业银行——中国通商银行成立，并发行银行兑换券，可以作为它们的分水岭。

当代钱币是历史的继续和发展，而且逐步和国际接轨，形成了品类齐全的钱币体系，就币材分，有纸币、硬币和电子货币（银行卡），以及它们各自文化的衍生物。就性质分，大致可以分为六类，即：普通流通币，普通纪念币（钞），贵金属纪念币、金银条块、元宝等投资性制品,纪念章(张),以及新兴的电子货币银行卡。

所以钱币的涵义,应该包括自古至今所有的钱币,从货币诞生一直到现今社会发行、流通、使用的各类钱币。但人们往往会有一种误解,似乎一说到"钱币",就是指古代的东西,仿佛离我们很远,这或许是受"古钱学"传统概念的影响。"古钱"当然是指古代的钱币,而且主要是指中国传统的方孔圆钱;"洋钱",在江浙一带也叫"洋钿",是指仿照西方钱币的样式而打制的钱币,主要是指近代机制的金银币;"铜板"是指继方孔圆钱之后,机器打制的铜元;"废钞"是指已经退出流通领域,已被废弃的纸币;"钱币"则是指所有的钱币,它既包括古代的钱币,也包括近、现代的钱币,甚至是正在流通使用的钱币。

二、关于钱币的造伪

钱币的造伪也可以分为两类:一是对于历史上钱币的造伪,属于文物造伪的范畴;二是对于现行货币的造伪,是要冒充真币,按货币的面值投入市场。

自从货币诞生,假币就相伴而生,它们随着货币的变迁而变迁,随着货币的发展而发展。只要社会上有货币存在,就会有假币存在。回顾中国货币发展的历史,可以清晰地看到这样的事实。

三四千年前,大概在夏文化时期,海贝在中原地区成为一种实物货币。由于海贝产生于东南沿海,长途跋涉来到中原,不是一件容易的事情,所以中原地区海贝的数量总会受到局限。于是便有了仿制的海贝,诸如玉贝(石贝)、珧贝(蚌贝)、骨贝等等,它们可以代替真贝行使职能。当然,这些仿贝的出现和行用,得到了当时社会的认可,但是人们不会想到它们居然成了后来仿制货币的源头。在仿制贝中有两类应该值得我们注意的:一是陶贝,或者叫泥贝,它们或许是专门为了殉葬而制作的,应该是后来冥币的祖先;一是青铜贝,也就是由金属来制作的仿贝,它们便是后来金属铸币的祖先。它们的出现是在殷商时代,至今已经是三千多年前的事情。殷商的青铜贝也是很有意思的,就现在掌握的资料,在殷墟出土的青铜贝,是完全仿真贝制作的,和真贝一起殉葬在墓主人的墓室,应该是财富的象征,其职能是货币。而在山西保德出土的殷商晚期的青铜贝,器型硕大夸张,是仿背磨式海贝的,是作为殉马的饰件,随葬于车马坑中,其职能显然不是货币,而是一种装饰品,这或许便是后来压胜钱、纪念章的祖先。

金属货币正式大量发行，应该是春秋战国时期。那个时候，列国纷争，各自为政，各自发行货币。关于那时仿制货币、货币造假的资料虽然遗存得不多，但有些例子还是很突出的。譬如，战国楚是使用黄金的，现在遗存的"郢爯"金版，已经成为珍贵文物。战国秦在兼并六国的时候，除了采取军事行动，还有一个很重要的手段，就是以重金收买敌国的奸细，从敌国内部瓦解敌人。动用重金，包括各种珠玉财宝，其中也大量使用黄金。战国秦使用的货币是青铜圜钱，所以，最初秦用的黄金主要是从楚国弄来的金版，后来发现咸阳地区也产黄金，于是就在本地仿制楚金版，再后来便正式铸造秦国自己的黄金货币——金饼。秦仿制的楚金版，器型完全模仿楚国"郢爯"金版，上面也加盖"郢爯"戳记，但制作比较粗糙，戳记的数量比较少，排列稀疏，和楚国金版有明显区别。

秦始皇统一中国，统一货币，《史记·平准书》记载："黄金以溢名，为上币；铜钱识曰'半两'，重如其文，为下币；而珠玉龟贝银锡之属，为器饰宝藏，不为币。"根据咸阳、凤翔等地秦宫遗址或秦墓的出土来看，秦半两钱最大的直径约3.2厘米、重12克左右（特例除外），最小的直径只有2厘米左右、重2.25克左右。这和政府的规定相去甚远，所以会有这样的情况，除了铸造技术上的原因外，我们不能不说，其中必然夹杂着民间的私铸钱。事实上，秦二世以后，币制急剧败坏，民间私铸的钱充斥市场，秦末汉初的市场上，流通的铜钱几乎都是特别轻薄的"榆荚小钱"。钱的质量差到"水上漂"的程度，就是铜钱放到水里不会沉底，而是漂在水面上。汉初经济衰竭，政府无能为力，只能采取"无为而治"的政策，对于货币也是放任自流，所谓允许"即山铸钱"，实际上是允许民间私铸。

在经济萧条、国力衰弱的时候是这样，在经济繁荣、国力强盛的时候，是否就杜绝私铸了呢？其实也未必能够做到。汉武帝时强化中央集权，明确有上林三官统一管理、统一铸造和发行货币，但民间的私铸钱也不能完全杜绝。盛唐时期，政府铸造的"开元通宝"钱"经八分、重二铢四絫，每十文重一两。"要求非常严格，甚至因为币制的要求改变了衡制。原来"两"以下的重量单位为"铢"，一两等于二十四铢。有了唐朝的开元通宝钱，"两"以下的重量单位改为"钱"，一两等于十钱，即十个开元钱的重量。可见唐朝政府对于"开元通宝"钱重量的重视程度，即使如此，私铸也没有完全杜绝。贞观以后，政府三令五申，采取过多种措施，甚至命令各地当局收买恶钱，开始时用一个好钱收买五个恶钱，但因恶钱作价太低，无法实施。后来又改变比率，以一枚好钱收兑两个恶钱，但恶钱问题还是没有解决。事实上，通唐之世，货币私铸的问题始终没有杜绝。

纸币从宋朝开始发行使用，就遭遇到伪钞问题，引起政府高度重视。《通考》卷九《钱币考》记载："熙宁元年（即1068年，交子发行40余年后——笔者），始立伪造罪赏，如官印文书法。"现藏国家博物馆的南宋钞版"行在会子库"，就镌有一段专门的敕文："敕伪造会子犯人处斩，赏钱一仟贯。如不愿支赏，与补进义校尉。若徒中及窝藏之家能自告首，特与免罪，亦支上件赏钱，或愿补前项名目者听。"在安徽东至发现的南宋关子套版中，有一块专门的"准敕"版，敕令更加详细，共有七条、十列、一百六十三个字："伪造人不分首从，并行处斩；知情停藏及资给人，减犯人罪一等，并配远恶州；知情转将行用人，不问已未行用，减犯人罪一等，并配贰千里（谓亲于伪造处，转将行用者）；知情引领买卖般贩人，减犯人罪一等，并配贰千里；徒中及窝藏之家能自告获，却与免罪，仍推赏；诸色人告获、捕获，与补保义郎。不愿补授者，支赏钱贰万贯，其犯人家产尽数给告捕人；官吏失觉察，甲保乡隅官不举觉，并照旨准施行。"这是一篇十分详尽的法律文告，详细地记录了对纸币伪造者、使用者、窝藏者、资助者、知情者、当发者、捕获者以及失察的地方官吏的赏罚规定，可见有关的法规条款，在当时都是直接印在纸币票面上的。即使是这样，由于利益的驱动，伪造者仍然会冒天下之大不韪，铤而走险。上面介绍的这块关子敕版，是铅质的印版，据我们对实物的考察分析，可能它本身就是一块南宋当时曾经使用过的伪版。如果是这样的话，那绝对是一个绝妙的讽刺。

通过上面几个实例，我们可以清楚地看到，无论是实物货币，还是金属货币，还是信用货币，只要它们取得了货币的职能，就会有仿制品、私铸钱、假钱充斥其间，与此相应，货币的反假斗争也会始终不断，长期开展。

三、钱币学的现实意义

钱币学的基础知识，或者说钱币学的核心内容，是对钱币进行鉴定，并在鉴定的基础上开展研究，在大量实践和资料积累的基础上，总结梳理，发现其中的规律，使之上升到理论的高度，形成理性的东西。真正的钱币学家应该是高屋建瓴、统揽全局的，他们掌握各个时期、各个地区、各类不同钱币的全局，其中包括钱币的各种做伪手法和典型实例。对于各种钱币的时代特征、区域特征和个性特征了如指掌，对它们的演变脉络、相互关系和区别作到心中有数。

对于钱币有了整体的认识，有了比较完整的概念，或者说掌握了比较全面的钱币学知识，在钱币鉴定时，就容易给手中的实物作出正确的定位。对于历史上的钱币，是真、是伪？真的又是什么时候、什么地方铸行的，伪的又是什么时候、什么地区伪造的，它们的文物价值有多高，经济价值有多大，便会作出科学的答复。同时对于现代货币的反假，其要领在哪里，主要手法是哪些，也会心中有数。对于历史上钱币的鉴定和现行货币的鉴定，其基本方法是一致的，对近代机制币的鉴定和当代机制币的鉴定，对退出流通的废钞的鉴定和现行人民币的鉴定，其基本思路和方法也是一致的。只是随着时代的进步，科学技术的提高，做伪者的手段在不断改进，不断更新。所以我们也必须与时俱进，不断学会和掌握新的技术，开拓新的思路，以适应新的环境，解决新的问题。所以有了钱币学理论的指导，可以帮助我们在现行货币的反假工作中取得主动权，在反假斗争中取得更大的实效。同时，当代货币反假的成果上升到理论的高度，又是钱币学研究的最新成果和钱币学理论的最新发展，从这个意义上讲，就学科而言，当代货币反假工作的不断实践、不断总结，是钱币学不断创新和发展的过程，更是钱币学服务现实、服务社会、造福人民的具体表现，是钱币学现实意义的集中反映。

2007年11月在湖北钱币学会二十周年庆典时的报告

钱币学概述

一、钱币学的定义

钱币学的定义,概括起来,可以这样说:钱币学是从文化的意义上对钱币开展研究的一门学科。包括对钱币实物的研究,也包括对钱币实物内在所蕴藏的,或者说是钱币背后所蕴含的非物质文化的研究。

钱币学的宗旨,是要对古往今来的钱币作科学研究。首先要对它们的真伪作出鉴定,对它们的历史价值、科学价值、艺术价值和社会意义作出符合实情的、正确的判定,在此基础上再开展相关的非物质文化的研究。从这个意义上讲,钱币鉴定是钱币学研究的基础,或者说是钱币学研究的基本功。

在钱币学中,钱币应该是货币和货币文化衍生物的总称。钱币的主体是货币。在货币诞生的时候,货币文化的"衍生物"和它结伴而来,又伴随着货币的足迹,和货币一起演变、发展。它们虽然是货币的孪生兄弟,但不能行使货币的职能,它们和民族文化、民俗文化有着密切的关系,或者说是民族文化、民俗文化和货币文化共同酿造的产物。

最初的货币——实物货币,是具有两重性的,它们既行使实物货币的职能,同时也保留着它们自身带来的实用价值。譬如海贝取得实物货币的地位以后,仍然是一种装饰品,仍然是一种神器。据说妇女在生育的时候,手中握一枚宝贝,可以保佑顺产,保佑母子平安,所以家家户户都离不开它。实物货币的两重性便是货币和货币文化衍生物的源头。同样的道理,黄金是财富的象征,是天然的货币,同时,黄金也可以打制饰件,打制工艺品,还可以用作工业生产中的原材料。

古钱学家把历史上曾经作为货币发行的古钱称之为"正用品",把它们文化意义上的衍生物称之为"非正用品",非正用品又被称之为"压胜钱"。压胜钱的原名应该是"厌胜钱"。我们在商墓的考古资料中发现,宝贝殉葬,贝有不同的摆放位置,其含意也是不同的。有的含在嘴里,有的放在头边,有的握在手中,这些多是作为货币下葬的贝;有的成串放在项间,有的成串套在手腕上,这是作为饰物下葬的贝;有的小墓,贝却是放在墓主人的腰下,它的用意或许和商代大墓中,墓主人身下腰坑中的殉狗、殉人一样,其用途是为墓主人镇魔压邪的,是为了保障墓主人冥途通达,这或许便是"厌胜钱"之名的来由。"厌"字,真笔写作"魇",很明显其本意是要把魔鬼镇压住。金属铸币诞生以后,厌胜钱的内涵和民俗文化相结合,不断丰富,不断扩大,于是有了吉语钱、游戏钱、赏钱、宫钱、信钱、瘞钱、冥钱……各种不同的门类,它们的材质、器型和制作也随之有所变化。因为它们始起于厌胜钱,所以后来也就把非正用品的古钱统称之为"厌胜钱",即"压胜钱"。因为它们和民俗文化关系密切,所以现在也有人把它们称之为民俗钱。

到近现代,机器打制货币的时代,把机制币文化的衍生物又称之为纪念章。"纪念章"这个词是外来词,是西方钱币文化中的专用名词。在西方,把钱币博物馆称为货币和章的博物馆;钱币的保管部门称为币和章的保管部。从中国传统文化而言,"纪念章"其实是压(厌)胜钱的继续和发展,是近现代的压胜钱。

纸币也有纸币文化的衍生物,诸如各类有价证券,防伪的票据、证件等等。

现行的电子货币——银行卡也有其文化意义上的衍生物,诸如交通卡、油卡、电卡等形形色色的信用卡,以及并不含有货币意义的有关的电子卡,诸如门卡、保险柜卡等等。

综上所述,钱币和货币是两个不同概念的专用名词,钱币学和货币学是两门不同的学科。钱币学是文化领域的一门学科,在钱币学中,钱币是文化领域的一个专用名词。研究者注重的是钱币的器型制作,钱币的铭文图饰,钱币的材料质地,钱币的性质用途,钱币的制造工艺,钱币的历史、科学、艺术等文物价值,以及钱币的传世情况,在现实社会中的作用和价值等等。货币学则是经济领域的一门学科,在货币学中,货币是经济领域的一个专用名词,是物物交换的媒介。货币学要研究的是货币理论,诸如货币的形成和发展,货币的价值尺度、流通手段、贮藏手段、支付手段和国际货币的职能,货币的信誉,货币的购买力,货币的发行、流通、回笼和销毁等等。

然而,钱币学和货币学之间又有着密切的关系,因为它们研究的主要对象都是货币,或者说是和货币相关的各种问题,只是研究的角度不同、切入点不同、目的不同,所以研究的方法和研究所取得的成果也就不同。因此,有人说钱币学和货币学之间的关系犹如两个套在一起的圆环，它们各自有各自研究的范围、研究的方法、研究的目的和意义，它们之间既无法分离，又不可能重叠。我觉得这样的比喻，比较形象，易于理解。

二、中国钱币在国际上的地位

在古代，中国的钱币文化走过了一条独立发展的道路，同时还影响到东亚、东南亚以及周边的其他国家和地区，是东方钱币文化的代表。希腊、罗马的钱币文化则是西方钱币文化的代表。东、西方钱币文化是世界上主要的两大钱币文化体系。

古代东、西方钱币文化的主要区别：1. 材质。以中国为代表的东方钱币是以铜、铁等廉价金属为主要的币材；以希腊罗马为代表的西方钱币则是以金、银等贵金属为主要的币材。2. 铸（制）造工艺。东方钱币主要采用浇铸生产工艺；西方钱币则主要采用打制生产工艺。3. 币面的主要修饰和防伪措施。东方钱币是以文字的书法篆刻艺术为主；西方钱币则是以写生写实的图案为主。

东、西方钱币文化在不同的地区，由不同的理念、不同的社会背景和经济基础，形成了不同的文化概念，不同的制作风格。然而长期以来，东、西方钱币文化之间又相互交流、影响、学习、借鉴，最后会逐步走向大同。

中国钱币不仅在东方钱币范围内具有举足轻重的地位，而且在国际钱币中享有特殊的重要地位，中国钱币文化、东方钱币文化是国际钱币文化中不可或缺的成员。因此对于中国钱币学的研究、东方钱币学的研究，在国际钱币学中自然具有十分重要的意义。所以，对于中国钱币学的学科建设也就十分重要，它不仅关系到中国传统文化的传承和研究，关系到中国钱币文化的开拓和创新，而且关系到国际钱币文化研究的大局，关系到国际钱币学的建设和进步。

三、中国钱币学的历史和发展

在中国，钱币学的前身是古钱学。古钱学已经有一千多年的历史，根据现在掌握的资料，至少在南北朝时期，已经有人在专门收集和研究古钱，并且编纂了钱谱。

随着时代的进步，钱币文化不断更新。到清末民国初年，中国传统的方孔圆形的铜钱和金银称量货币，逐渐演变为机器打制的银元、金元和铜元；中国传统的旧式纸币，也逐步演变为新式的银行兑换券。面对这样的现实，到上个世纪三四十年代，在钱币收藏出现新高涨的时期，钱币收藏的范围也相应有了新的开拓。有人适应时宜，开始把机制币、纸币也列入了收藏的对象，并对它们开展了研究。于是，在古钱学界，便有先知先觉者，顺应时代的潮流，提出了"泉币"（即钱币）的新概念。由丁福保、罗伯昭等人发起，于1940年5月，在上海成立了中国泉币学社，创办《泉币》杂志。并把宗旨明确为："研究古今泉币，沟通中外学界。"但事实上，古钱仍然是当时钱币收藏和研究的重点，就《泉币》杂志发表的文章来看，除古钱之外，讨论其他钱币的文章寥寥无几，不能形成气候，这也是那个时代钱币界客观情况的真实反映。

中国是世界上最早发行和使用纸币的国家，已经有一千多年的历史。但长期以来对于纸币的集藏和研究，并没有引起应有的重视。旧时称退出流通的纸钞为"废钞"，这一个"废"字，便泄露了人们对它的偏见。在很长的时期里，纸币收藏并没有进入钱币收藏的主流。到上个世纪三四十年代，古钱学界虽然也开始注意到纸币的集藏和研究，但由于材质、制造工艺等文化元素的差距，纸币和古钱、机制币的集藏、研究，始终难以真正融会到一起，因此形成了相对独立的两个圈子，各有侧重的两批人，他们之间似乎没有太多的交流和联系。

最早提出"钱币学"的名词，是彭信威先生在上个世纪五十年代出版的《中国货币史》。在他的书里，设置了"钱币学"的专门章节。但是，这在当时只是少数人的认识，只是个别学者提出的学术观点，并没有引起国内钱币界和货币史学界的广泛关注。

1982年成立中国钱币学会以后，"钱币"和"钱币学"才逐步被学界、业界所接受，逐步被社会所认同。但对于"钱币"和"钱币学"的内涵的理解，经历了逐步认识、循序渐进的过程，由开始的模糊概念逐步变得清晰，由开始的众说纷纭逐步趋向一致。随着钱币学研究成果的与日俱增，对于钱币学的学科建设也提上了议事日程，钱币学在学术界有了一定的影响，并正在不断扩大。

1999年版《辞海》新增了钱币学的辞目，辞条是这样写的："钱币学旧称古钱学，研究历代钱币的学科。过去以研究古钱为主，故称'古钱学'。建国后研究范围扩大，包括了当代钱币，并兼及其他有关文物，故改称为'钱币学'。古钱学的研究方法主要是就钱论钱，钱币学则从研究钱币实物及有关文物出发，进而探索钱币发展规律、历史作用、文物价值和社会意义等。"现在看来，这样的认识和理解基本是正确的。

在西方，钱币学和历史学、考古学、经济学等学科一样，受到学术界和社会的广泛认同和重视。国际钱币学委员会和历史学、经济学等其他专业委员会一样，都是联合国教科文组织的成员。现代意义上的钱币学学术团体在西方发达国家已经有一百六七十年的历史。

在中国，古钱学虽然是一门古老的学科，钱币学却是一门新兴的学科。由于种种原因，这门学科在西方大发展的时期，我们却停滞不前，甚至连传统的古钱学都有中断的危险。上个世纪六十年代初，在"文化大革命"以前，上海《解放日报》上已经有人发表专文，呼吁古钱学有绝学的危险，希望引起有关方面的重视。但紧接着的十年动乱，更是雪上加霜。一直到改革开放的政策实施以后，钱币学才迎来了真正的春天。

经过近三十年的努力，中国钱币学的建设有了可喜的成绩，有了比较大的发展，也引起了国际钱币学界的关注和重视。1991年9月在比利时布鲁塞尔召开的第十一届国际钱币学大会上，有西方学者呼吁："我们必须认识到，除了希腊、罗马为代表的钱币文化之外，还有以中国为代表的东方钱币文化的存在。"2002年10月，国际钱币与银行博物馆委员会第九届年会在北京召开，30多个国家，150多名专家学者出席会议。这是第一次在中国，也是第一次在亚洲地区召开的有关钱币学的国际学术研讨会。会议的圆满成功，让更多人了解了中国，了解了中国的钱币和钱币文化，大大提高了中国在国际钱币学界的地位。

但是，全新意义的钱币学在中国的历史毕竟还很短，还是一门新兴的学科，要真正迎头赶上，在我国的社会科学界真正取得一席之地，它的重要性和社会价值，真正被学界所接受，被社会所公认，还有待于我们作出更大的努力，有待于我们在学术上取得更多的成果，也有待于我们为钱币学学科的理论建设作出更多的贡献。

四、钱币学研究的对象和内容

钱币学研究的对象和内容，既包括钱币实物本身，也包括和钱币相关的非物质文化的研究。

（一）对钱币实物的研究

首先要确定钱币的铸行时代。譬如：是先秦钱币，还是秦汉钱币，还是明、清钱币；在大时代框定的前提下，要进一步认定其确凿的铸行时间，譬如同是"半两"钱，还要进一步确认是战国半两，还是秦半两，还是汉半两；在西汉半两钱中，又要认定是汉高后（吕雉）二年（前186）始铸的"八铢半两"，还是高后六年（前182）始铸的"五分钱"（即重五分之一两的"半两"钱）……同是"开元通宝"钱，也要进一步确认是唐铸还是后唐铸，是十国南唐铸还是吴铸、吴越铸、闽铸，甚至是太平天国时期所铸；同是唐铸的"开元通宝"钱，又要进一步确认是唐早期铸，还是唐中期、后期所铸。

其次要考证钱币的铸行区域，包括钱币的铸造地区和流通区域的确定。中国地域广阔，钱币的铸额又多，所以同时代的钱币往往是分散在不同的地区铸造，中央集权时期无法做到集中铸造，国力衰弱，地方割据时期更无法做到集中铸造。中国的钱币绝大部分当然是在国内铸造的，但也有例外，譬如近代机制币和近代纸币中，就有不少是请西方发达国家的造币厂、印钞厂帮助设计和制造的。同样的道理，我国也为别国，特别是周边的国家和地区印刷制造过钱币。近现代是这样，古代也有这样的情况，譬如郑成功在台湾发行的"永历通宝"钱便是在日本长崎铸造的。

钱币是要流通的，有主要流通使用的区域，还有其他相关的流通区域，譬如宋钱，不仅在宋地流通使用，还在辽、金、西夏，甚至在东亚、东南亚等周边的国家和地区流通使用。据日本的考古资料统计，在日本出土的窖藏古钱中，宋钱的数量占出土总数的百分之八十以上，而日本本土的古钱却是寥寥无几。东亚、东南亚等周边国家和地区，在相当长的历史时期里，不仅使用中国钱币，仿造中国钱币，同时还仿照中国钱币的形制，铸造他们自己的汉文方孔圆钱，其中的一部分当然也会流入中国，混杂在中国钱币中流通使用。

三是要确定钱币的材质。古代的铜钱是青铜铸还是黄铜铸；青铜钱起于何时，黄铜钱又起于何时；同是青铜钱，不同时期、不同地区的合金比例又有什么变化，有什么规律可循；所谓的白铜钱，究竟是什么元素合金的铜钱；北宋的"夹锡钱"是铜钱还是铁钱。元钞是什么纸质，明钞是什么纸质；清以后的纸币，有政府发行的，有地方发行的，还有民间私人发行的，它们选用的材料有什么区别。近现代的金属币都有哪些币材，其合金的情况如何；不同时期、不同地区、不同种类的金、银币，它们的成色又有什么区别。

四是要研究钱币的器型制作。早期的原始布和后来的空首布的器型有什么区别；方足布和尖足布、圆足布之间的器型有什么区别；齐刀和燕刀、赵刀之间的器型有什么区别；同是齐刀、燕刀，不同时期的制作又有什么区别。北宋银锭、南宋银锭、金和元的银锭之间，器型制作有什么变化。不同时期、不同地区的方孔圆钱，不同时期、不同地区的任何一种钱币，包括金、银币，纸币、器型制作都会有变化，如何认定。

五是要研究钱币的纹饰。钱文的书法篆刻艺术是古钱的主要修饰手段，也是主要的防伪手段，不同时期、不同钱币的书法有什么不同的特征；即使是同类同铭的钱币，因为铸地、铸期不同，其书法特征也会发生变化，它们之间的区别又在哪里。近代机器打制的金、银、铜币，以图案为币面的主要修饰，不仅要了解不同的币种会有各不相同的图纹，而且同一类的金、银、铜币，无论是人像、龙纹、云纹，还是其他辅助纹饰，细微处也会有不同的制作，它们的区别又在哪里。古钞的密押如何设置，新式银行的兑换券又有哪些防伪的措施；不同的纸币会采取不同的防伪措施，每一种的主要特征在哪里……

六是要了解和钱币相关的其他文物和遗迹。诸如早期铸钱的钱范，铸钱的遗址，以及遗址、墓葬的其他同出物；翻砂铸钱以后的样钱、雕母、铸母，以及其他和铸钱相关的遗物；近现代机器打制钱币的样稿、样币（样章）和模具，包括石膏模、原模、二原模和工作模；纸币印制的样稿、样张和印版，包括原雕版、各种过程版和工作印版……这些和钱币相关的实物，可以帮助我们更深入、全面、客观地了解钱币，对钱币作出更科学的分析、研究和判断。

七是要确定钱币的性质和用途。是正用品还是非正用品；是官铸还是私铸；对私铸钱还要作分析，是政府允许、甚至是提倡时期的私铸，还是中央集权，不许民间私铸时期的私铸。是正式发行的流通货币，还是样币、样钞；是上报上级主管部门乃至中央审批用的上呈样钱，还是已经批复下发的部颁样钱；是翻砂铸钱时期的雕母钱（即原模），还是铸母钱（即工作模）；若是早期的钱范，那么是原范，是母范，还是子范……若是压胜钱，那么它的性质和用途又是什么？是宫中用品，还是民间用品；是佛事用品，还是哪个会道门组织的用品；是吉语钱、祝福钱，还是将马钱、酒令钱……近代机制币中，流通币、纪念币和纪念章之间的主要区别在哪里，哪些是样币，哪些是正式发行的流通货币，哪些不是货币而是章……

八是对于伪品也要作分析研究。古钱有官炉和私铸的问题，金、银币、纸币则有流通时期伪造的假币、假钞，它们和后人制作的假"古董"，性质不同，做伪的目的、对象和手法都不一样。前者作假的主要是普通流通币，后者做假的主要是稀缺的名誉品。对于退出流通以后制作的假钱，要弄清做伪的手法，是翻砂，还是改刻做伪，还是移花接木的拼凑；要弄清做伪的时代，是宋仿、元仿，还是清仿、民国仿，还是现代新做的假古钱；要弄清做伪的地区，是河南、山东，还是江浙、东北。不同时期、不同地区做伪的手法是不一样的，做伪的重点、使用的技术都不一样。一般在钱币集藏的高潮时期，制作的假钱也多。随着时代的进步，科学技术的进步，做伪的手段也会越来越进步，所以我们必须随时了解和掌握伪作的新动向，才能把握主动，立于不败之地。

对于做假程度高的伪品，有必要做深入一步的分析和研究，因为它们是辨伪的主要障碍。其实，每个时期、每个地区，或者每一个种类的假钱，真正可以乱真的伪作毕竟是少数，做伪的高手也可能只是一两个人，或者几个人，他们会有自己擅长的伪品种类，做伪的手法往往自成一体，所以只要把其中几个有代表性的伪品剖析透了，掌握了它们的破绽，就可以迎刃而解，在识别其他同类伪钱时，也可以举一反三。

九是要确定钱币的文物价值。确定钱币的文物价值，在某种程度上，比鉴定钱币的真伪更难。文化部对文物定级标准有一个原则规定，但具体到钱币的定级和钱币文物价值的确定，则要在上述原则的指导下，结合钱币自身的特征，才能作出科学的判断。因为钱币中绝大多数是在某一时期、某一地区正式发行流通过的货币，虽然它们在中国货币史上享有重要的地位，从学术研究的角度来看，具有重要的意义，它们在博物馆，特别是钱币博物馆的收藏和陈列展览中都是不可或缺的基本文物。但是，由于存世数量比较多，从文物的角度而言，它们又不可能享有太高的文物价值。所以钱币文物价值的确定，必须要考虑到它们的存世数量，看它们的稀有程度；因为多数钱币都在社会上流通使用过，都会有不同程度的磨损，所以钱币文物价值的确定，又必须十分注重它们的品相和精美程度；此外，对于钱币文物价值的确定，还有一些属于钱币特有的标准，譬如，要特别注意同名、同类钱币之间细微的版别差异，即使是同名、同类的钱币，因为其钱文制作的细微差别，不仅仅是它们的存世数量会有天壤之别，而且它们的历史价值、学术价值也都会不一样，所以它们的文物价值自然也就不会相同。

（二）和钱币相关的非物质文化的研究

诸如：对钱币的设计理念和文化内涵的研究。中国的古钱文化，包含的内容非常丰富。因为中国的古钱诞生于青铜时代，是青铜铸造技术的产物，自然会包容中国古代的青铜文化；因为古钱是中国历史上曾经使用过的货币，是金融圆通手段的一个载体，自然会包容中国古代的货币文化；因为古钱中除了正式作为货币铸造发行的"正用品"外，还有大量的"非正用品"，因此古钱中又会包容各种各样的民族文化、民俗文化。自秦始皇以后，中国的古钱统一为方孔圆形，它包容了天圆地方的哲理思想。因为有了中间的方孔，钱文分列在穿孔的上下左右，对称平衡，规矩端正，朴实大方，它又体现了中国人、东方人的审美观点和美学思想。书法篆刻艺术是古钱文化的精华，古钱的美，古钱的艺术魅力，又集中在书法篆刻艺术上，集中于书法艺术在古钱上的再创造。古代钱币有古代钱币的设计理念和文化内涵，近代钱币有近代钱币的设计理念和文化内涵；方孔圆钱有方孔圆钱的设计理念和文化内涵，金银钱币有金银钱币的设计理念和文化内涵……总之，任何一种钱币都会有属于自己的设计理念和文化内涵。

对钱币的铸（制）造工艺和技术的研究。不同时期、不同地区，钱币的铸（制）造工艺和技术各不相同。一般讲，早期的工艺技术比较原始，随着时间的推移，工艺技术不断更新进步，但由于政治、军事、经济等种种主、客观的原因，不同时期、不同地区都会出现一些特殊情况；古钱、金银锭、金银币、纸币等不同种类的钱币，分别有不同的制造工艺和技术；不同钱币的不同的制作特征，又会告示我们：在它们的背后，存在着不同的制造工艺和技术……因为几千年来，中国钱币延绵不绝，走过了一条独立发展的道路，所以对各个历史时期钱币铸（制）造工艺和技术的研究，可以了解到它们发展变化的全过程，从而发现其中的规律。

对钱币的制造和发行背景的研究。钱币的制造和发行是时代的产物，是社会的产物，它和当时的政治、军事、经济、科技和文化有着密切的关系，这是说的大环境、大背景的制约；同时它又受到局部的特定环境和条件的制约，所以通过钱币的制作和发行状况，可以了解到当时的社会情况。一般讲，在大一统时期，国家安定，国力强盛，钱币的制作规矩划一，钱币的铸造质量比较高；在动乱时期，经济萧条，民不聊生，钱币的制作就不规范，钱币的铸造质量也会下降。但是我们也要注意到，动乱时期往往是变革的时期，旧的制度破坏了，新生的事物就会产生，就会冒出来，然后，到下一个大一统时期，再把它们规范起来，成为新的制度。所以，研究钱币不能孤立地就钱论钱，必须把它回归到它本来所处的时代、社会、环境中，去分析、研究。譬如最早的年号钱、国号钱为何出现在十六国时期；"开元通宝"钱为何始铸于唐高祖武德四年；十国时期闽地的铸钱工艺为何还处在一钱一范的原始状态；最早的纸币为何诞生于北宋的四川地区，等等。

对同类钱币的不同版别及其产生缘由的研究。先秦时期，由于钱币铸造工艺的原始，一范一钱，钱币浇铸以后，原范就被敲碎，再要铸钱，必须重新制范。所以在那个时代，钱范的刻制都是由铸钱的匠人随意所为，所以遗存至今的先秦钱币，我们几乎找不到两枚完全相同的钱币。秦汉以后，铸钱技术逐渐进步，有了祖范、母范；隋唐以后，更是采用了翻砂铸钱技术，有了祖钱（雕母）、母钱，即有了铸钱的模具，并且有了标准的样钱。但不同时期、不同地区刻制的祖范、祖钱仍不能作到完全一致，于是便产生了不同版别的同类钱币。通过不同版别的同类钱币的研究，可以进一步讨论钱币史上的各种学术问题，譬如两宋"对钱"（即用不同书法同时铸造同铭的钱币）的形成原因及其沿革历史；郑成功的"永历通宝"钱和南明的"永历通宝"钱有何区别，其制作特征形成的原因又是什么……到了近现代，金属币改由机器打制，纸钞也采用了先进的印制技术，为什么还会有不同的版别，它们形成的原因又是什么，如此等等，都是我们需要研究的课题。

五、钱币学研究的方法

钱币学是对钱币进行综合考察和研究的一门学问。钱币学要在继承和发扬传统研究方法的基础上，及时吸收和补充适合本学科发展的现代手段，既要保持学科自身的治学特色，又能不失时机地跟上时代的步伐，这是学科生命力的具体表现。

一是对钱币实物的传统研究方法。这是钱币学研究的基本功，基本功的锻炼，关键在于实践，在于大量接触钱币实物。只有实践才能得到真知，其中的体会和经验的积累，只有在大量过手钱币实物的过程中才能得到锻炼、才能形成看法。没有其他任何途径可以代替，所以有人说钱币学是一门"眼学"，不无道理。

在大量实践和资料积累的基础上，经过反复的梳理和提炼，就会发现其中的规律，对于钱币的认识就会逐步形成理性的东西，上升到理论的高度，对于钱币的鉴定就会形成全局的观念。一位高明的钱币鉴定学家应该是高屋建瓴、统揽全局的，对整个中国钱币历史有完整的认识，对每一个时期、每一个地区的钱币有全面的了解。犹如军事学家胸中既藏有百万雄师，又知己知彼，对敌我双方都能了如指掌。进入这样的境界，钱币学研究便能得心应手，运用自如。譬如对辽钱的认识，在实践中我们掌握了辽钱特有的制作风格。又经过不同时期的辽钱的对比研究，进一步得知辽钱的制作特征和钱文书法，是逐步形成的，经历过开创、发展、调整和成熟的过程。所以每个时期，每一种辽钱，在大风格一致的前提下，又都会有属于自己的个性特征。在实践中还知道了辽钱分有正用品和非正用品两大类。正用品主要是年号钱，而且多是当一的小平钱。辽钱的铸额很小，尤其是辽早期的年号钱铸额更少，遗存至今的凤毛麟角，因为辽铸钱的政治目的远远大于它的经济实用价值。虽然实行"改元即铸钱"的货币政策，但实际流通使用的主要是中原地区的铸币；非正用品的辽钱，有铜钱，也有银钱；有大钱，也有小钱。主要品种有吉语钱、国号年号钱、记年钱、冥钱，以及所谓的"巡贴"类钱币等，它们有各自的用途，尽管品种不少，但铸额都不多。对辽钱有了这样的整体认识，再遇到辽钱时，就可以对号入座，对它们的文物价值也就有了基本的尺度。若发现有生面孔出现，就会提高警惕，经过审慎考核，方可确定它究竟是新品的发现，还是伪作的臆造品。若真的是新发现的品种，便可以进一步认定它的文物价值和学术意义，及时调整对辽钱的整体认识。所以，它应该是不断实践，不断总结，逐步提高的过程。

钱币学研究的基本功，也包括对伪品作分析研究，摸索做伪的规律。包括对做伪轨迹的宏观研究，和对每一类、每一枚假钱的微观剖析，从反面吸取教训。只会看"真钱"，不会看"假钱"的人，恐怕不会是真正的钱币鉴定家，不会是真正的钱币学家，因为他们的头脑里没有"假钱"的概念，没有对于"假钱"的感性认识，所以一旦有"假钱"摆在他们面前，恐怕也会误认是"真钱"的。

只知真钱，不知假钱；或者只知假钱不知真钱；或者缺乏有效的鉴定途径，都会产生钱币鉴定中的盲目性。所以对于钱币学研究而言，这三方面的知识，缺一不可。只有通过真假实物的对比，通过不同时代、不同地区实物的对比，才能在钱币鉴定的实践中积累起经验和阅历，钱币学研究才会有真正的建树。

二是货币理论的宏观指导。这绝不是一句空话，一句大话，而是切实可行的一个真理。因为钱币的主体是货币，所以研究钱币必须首先要知道有关货币的基本理论，了解和认识货币诞生和发展的全过程。只有这样，胸中才有全局，研究才有准绳。马克思主义的货币理论明确指出，货币有几个发展阶段，即：实物货币——金属称量货币——金属铸币——信用货币。但长期以来，中国货币史学界和钱币学界只知道商周时期我国还处在实物货币阶段，春秋以后便有了金属铸币，似乎在中国古代，货币是由实物货币直接过渡到金属铸币的。如果真是这样，那么马克思主义的货币理论在中国是否适用，便成了问题。于是有的学者便提出，中国古代的称量货币应该是青铜；更有学者提出，西周时期青铜仿制的贝化是称量货币，开始从不同的视角来寻找中国古代的称量货币。因为有了货币理论的指导，经过一二十年的努力，根据考古发掘资料和文献资料的综合分析，并且运用了科学手段，对出土实物做了成份分析，最终确认西周文化层中出土的青铜块是我国西周时期的一种金属称量货币。这是我亲身经历的体会，如果没有货币理论的宏观指导，恐怕这个问题至今也难以得出结论。这只是一个实例，其实它可以应用到钱币学研究的方方面面，所以货币理论的宏观指导，可以帮助我们开阔视野，改变钱币学研究的被动局面，赢得学术研究的主动性。同时货币理论又必须和中国钱币的实际情况相结合，因为它不是僵死的教条，而是活的灵魂。

三是历史学（包括经济史、货币史、政治史、军事史、历史地理学……）研究方法的借鉴和研究成果的应用。任何一种货币，包括它的文化意义上的衍生物，都是某一历史时期、某一地区的产物，它们摆脱不了时代的烙印，摆脱不了地域的烙印。譬如说：三孔布的出土地点是不是和战国秦的东进路线有关；宋、辽（金）、西夏时期的铁钱多出在三国交界的边境地区，它们是不是和当时的军事行动有关；新疆红钱（新疆地区铸造的清钱）为什么和其他清钱的制作不一样；"太平天国"钱币中的"国"字为什么从"口"从"王"，而不从"玉"；新民主主义革命时期的根据地货币有什么制作特征；第一套人民币的纸张、票幅为什么不一致，如此等等。只有了解当时的历史，当时的政治和军事情况，才能找到正确的答案。

四是文献学研究方法的借鉴和研究成果的应用。钱币学是以钱币实物为研究对象的，但对于钱币实物的考证，需要依靠文献资料来验证。譬如1985年夏，在京杭大运河高邮段清除污泥时，出土发现了"纯熙元宝"背"同"小平铁钱。这是以前从未见过的新品，"纯熙"年号也从未在以往所见的宋钱中出现过。为了弄清这个问题，只有依靠文献资料。经过查考，我们在《宋史·孝宗本纪》、《皇宋中兴两朝圣政》、《建炎以来朝野杂记》等史书里终于找到了有关的记载，从而知道"纯熙"是南宋孝宗拟用的年号。乾道九年（1173）十一月戊戌（初九），孝宗曾诏曰"改明年元为纯熙"，六天后，又从议，改元"纯熙"为"淳熙"。所以，随着时间的推移，后来的人们只知道有"淳熙"（1174—1189）的年号，铸行过"淳熙"钱，却不知道还有"纯熙"年号这样一段插曲。"纯熙元宝"背"同"铁钱的发现，证明孝宗在改定"淳熙"之前，同安监已经铸了"纯熙"钱。它和清朝的"祺祥"钱有类似的情况。1861年，咸丰帝死前和肃顺等密谋，立载淳为帝，年号祺祥，不久慈禧杀肃顺等人，废祺祥年号，改为同治。所以后来大量铸行的是同治钱，遗存的祺祥钱极少，而且多为样钱或母钱。

五是科学考古及其发掘资料的参考和应用。1949年以后，在学科分类中，曾把古钱学列入考古学的范畴，可见古钱学和考古学之间的关系密切。我们也举一个例子：蒋若是先生是一位著名的考古学家，早在上个世纪五十年代，由他主编的《洛阳烧沟汉墓》便被誉为中国第一部汉墓编年学专著，为汉墓研究奠定了基础。同时这部书也为两汉"五铢"钱的断代奠定了基础，成为后来"五铢"钱研究的典范。蒋先生在书中就是以烧沟汉墓断代为依据，对墓中出土的"五铢"钱作了排比分类，从而提出了"五铢"钱的分期标准。后来他又主编了《中国钱币大辞典·秦汉编》，对秦汉"半两"钱、"五铢"钱研究，发表过多篇有影响的学术论文，其主要功底仍然是考古学。所以钱币学研究，特别是古钱学研究，离不开考古学，钱币学家必须具备考古学的基本素质。钱币学研究必须随时了解和掌握科学考古的新资料、新成果，否则就会落伍，就不能成为一名称职的钱币学家。

六是借助古文字学、少数民族文字学和书法篆刻艺术的研究成果。先秦时期的钱文都是大篆书体，至今已经很难释读，需要依靠古文字学家来帮助辨识。中国又是一个多民族国家，不同的民族，有不同的文字，所以反映在中国的钱币上，会有不同民族的文字。现在知道的，除汉文之外，还有佉卢文、龟兹文、回鹘文、粟特文、突厥文、伊斯兰文、察合台文、西夏文、契丹文、八思巴文、蒙古文、满文、维吾尔文、藏文等等，不同民族的钱铭文字的释读，又必须依靠有关民族文字的研究专家。

我们在鉴定钱币真伪的时候，最重要的依据，在于其神韵气质是否符合当时的时代气息，是否符合它铸行区域的地方特征，是否符合它自身创作过程中带来的个性特征。这些特征集中起来，最突出的表现，就正用品而言，主要在于钱文的书法艺术。因此中国的钱币文化和各个时期的书法、篆刻艺术密切相关，作为钱币研究者当然要了解和熟悉书法篆刻艺术及其发展变迁的历史，否则便会陷入盲目之中。

七是借助民俗学的研究成果。古钱中的非正用品一般都和民族、民俗文化有关，即使是机器打制的近现代纪念币、章，也和民族、民俗文化有密切的关系。所以研究钱币，特别是研究压胜钱、纪念币和纪念章，必须要对本民族的文化、本地区的民间习俗有所了解，而且要知道它们沿革变迁的历史。譬如：吉语钱中的"宜子门孙"、"长思君恩"这样的词语，多为汉代用语，在两汉铜镜、瓦当等其他同时期的文物中也经常可以见到；"龟鹤齐寿"、"瓜瓞绵绵"、"家国平安"这样的词语，多出现在唐宋时期的钱币中；"五谷丰登"、"状元及第"这样的词语，则是明清以后才有的。又如摇钱树是东汉、三国时期（约公元一世纪后期至三世纪中期），我国四川及周边地区特有的一种货币文化的衍生物。摇钱树实际上是神树的象征，是登天的梯子。加上摇钱树上铸的西王母的形象，其含意十分明确，即要追求得道成仙；摇钱树的树枝上挂满了当时行用的钱币，有的还明确铸上了"五铢"字样，时代的标志又十分清楚；还有持杆击钱、勾钱和肩挑铜钱的形象，其含意也十分明白，即要追求财富。把大树视为天地之间的建木，视为天梯，是我国西南地区的一种习俗。我们在三星堆遗址的考古发掘中，就发现了神树，钱树的构思是神树的延续和发展。所以了解民族、民俗文化，可以帮助我们更深刻地理解和了解钱币及钱币文化。

八是参考美术史学的研究成果。如果说古钱中的正用品一般不铸图案，那么非正用品往往是图文并茂，甚至是以图纹为主要修饰的；古钞和古钱不同，一开始就以图纹为主要修饰；至于近现代的机制币和银行兑换券，更是融入了西方钱币文化的元素，自然是以图案为主要修饰和防伪的手段，所以研究钱币必须具有一定的美术欣赏能力。譬如：唐宋时期官炉铸造的压胜钱，把古代铸钱的艺术性推进到了新的高度。当时铸造的打马格钱，几乎把我国古代的名马都再生到了古钱上，一枚钱，一匹马，神态各异，栩栩如生。如果没有一定的艺术修养，就没有能力去分辨是官炉制作，还是民间制作；是唐宋制作，还是后人仿铸。在当代的纪念币、章中，有不少是把名人的名画直接再生过来的，如齐白石的《鼠与秋实》图、何香凝的《猛虎图》、刘继卣的《双兔图》、徐悲鸿的《奔马图》等等。在名画移植的过程中，不仅要保持原作的原貌和神态，而且要把原来平面的画作，运用雕塑的手段，改造成钱币中的立体效果。对于这些艺术的再创造，作为钱币研究者，如果没有一定的艺术修养，就没有能力去分辨真伪，更谈不上作进一步的分析研究。

九是和科学家结合，借助科学技术手段，帮助开展钱币的分析和鉴定。将科学手段引入钱币学的研究，在西方发达国家已经实施了一个多世纪，但是在我国，一直到最近一二十年才有了长足的进步。有了科学家的介入，我们对于钱币的考察，不只是局限于钱币的表面观察，而是可以深入到钱币的内部，了解它的成份和内在结构，了解金属币的合金组成，了解纸币的材质组合。如果把各个历史时期的钱币都做了分析，我们就可以了解和掌握它们的发展规律，这无疑会大大有益于钱币的鉴定和研究。随着时间的推移，借助科学仪器来分析钱币、鉴定钱币的办法，一定会越做越好，涉及的领域也一定会越来越宽阔，从而有效地弥补传统鉴定方法的局限和不足。

十是借助电脑和网络的手段，应用数字化管理等现代技术，对钱币进行综合排比分析。电脑技术的广泛应用和网络信息的传递，极大地方便、加快了相关资料信息的收集和整理；数字化管理的现代技术，更是极大地方便了对钱币资料的保存、分类、对比和研究。这不仅提高了研究的效率，保证了研究的准确性，而且资料信息量的丰富，可以拓宽我们的视野，开阔我们的思路，为钱币鉴定和研究创造更为优越的条件……

有条件的话，还应该了解和熟悉当代钱币的情况，包括当代钱币的规划、设计、种类，以及生产制造和发行的情况。平时，我们说得比较多的是古为今用、洋为中用，其实，事情都是辩证的。当今的钱币是历史钱币的继续，所以了解当代钱币的情况，同样可以启发和帮助我们去理解历史上的钱币。譬如，了解和掌握当代钱币的门类、品种和版别，并且知道它们产生的原因，便可以帮助我们去思考、去理解历史上钱币的不同版别形成的原因；了解和掌握当代钱币的策划、设计和生产过程，也可以帮助我们去理解历史上的钱币是怎样诞生的……同样的道理，了解了中国的钱币，对外国钱币的理解也会有所帮助。尽管历史的变迁，地域的差异，文化的区别，技术的不同，社会背景的不同等等，都会对钱币有影响，使之产生不同的结果。但它们毕竟都是钱币，它们有着共同的属性，因此从本质上讲，它们之间会有共同相通的地方。

上述所列各种钱币学的研究方法，各种鉴定手段，应该是一个有机的整体，是相互配合、相互补充的关系。在不同情况下，可以根据需要，各有侧重。对于钱币研究者而言，对钱币的阅历越深厚、经验越丰富、文化修养越高、知识面越宽，那么鉴定和研究的水平自然也会越高。当然，研究钱币，还必须注重道德修养。因为钱币学研究的对象是钱币实物，要和钱币实物打交道，所以，要做好学问，先要学会做人，只有做正直的人，才会确保事业的成功。

六、钱币学研究的目的和意义

钱币学研究的目的和意义，可以归纳为：

1. 通过钱币的收集、整理和鉴定，拣选出珍稀钱币，作为祖国宝贵的文化遗产，给予妥善保护。通过钱币及其相关的非物质文化的发掘和研究，以利于保护、传承和弘扬传统的民族文化。就我所掌握的资料，中国国家博物馆在有关历史文物的藏品（即原中国历史博物馆的藏品）中，钱币约占总数的53%，上海博物馆馆藏的钱币约占文物藏品总数的42%，陕西博物院院藏的钱币约占文物藏品总数的55%，中国钱币博物馆作为钱币的专业博物馆，其主要藏品自然都是钱币。文化部2001年4月颁布的《文物藏品定级标准》规定："文物藏品分为珍贵文物和一般文物。珍贵文物分为壹、贰、叁级。具有特别重要历史、艺术、科学价值的代表性文物为壹级文物；具有重要历史、艺术、科学价值的为贰级文物；具有比较重要历史、艺术、科学价值的为叁级文物。具有一定的历史、艺术、科学价值的为一般文物。"在上列博物馆所藏的叁级以上的珍贵文物中，钱币数量都占有相当大的比例。它们中除了近年新出土的考古发掘资料和向社会征集者外，多数是前辈收藏家的捐赠。近些年来，随着钱币收藏热的高涨和钱币研究工作的开展，钱币的新品、珍品不断发现，它们不仅为国家为民族增添了宝贵的文化遗产，也为钱币学的研究提供了重要的实物资料。

2. 通过钱币的考证、研究，以补史之缺，正史之误，也为其他相关学科的研究，提供可靠的资料和信息。譬如，五代十国时期是一个混乱的时代。关于五代十国的货币，史书鲜有记载，是通过钱币学界几代人的努力，才大致厘清了五代十国时期货币沿革变迁的脉络。并且用实物验证了中原地区的梁、唐、晋、汉、周五代基本是维系了唐朝的币制。而十国的币制更为混乱，铸虚值的大钱；铸铁钱、铅钱，用低值金属来铸币，成为这个时期铸钱的明显特点。反映了社会的动乱，经济的败坏。因为史书，特别是正史，多由后人编纂，所以对于前朝的货币出现漏记、误记的现象并不为怪。至于不作为国家统一发行的货币文化的衍生物——压胜钱就更难进入正史的记载，所以对于压胜钱的沿革变迁，断代研究，更得依靠钱币学家的工作，才能得以完成。

前面已经提到先秦货币的铭文释读，我们要依靠古文字学家的研究。反之，在古文字中，对于战国文字的研究，其主要的资料来源恰恰就是战国货币的铭文。因为到战国时期，青铜器上已经很少铸有铭文。所以这是两个学科之间的合作，是相互依靠、相互帮助的关系。同样的道理，也存在于少数民族文字的释读。譬如西夏文已经是一种死文字，所以西夏文钱铭的释读，必须依靠西夏学的专家，反之西夏学家的研究，也需要钱币学家给予实物资料的支持。钱币中的佉卢文、龟兹文、突厥文、八思巴文等古代少数民族文字的释读，应该都有这样的情况。

除此之外，钱币学和其他相关学科之间，都存在相互依赖的关系。譬如，钱币鉴定有了科学家的参与，如虎添翼。反之，科学技术史、金属冶炼和铸造技术史的研究，也需要历代钱币的有关资料。因为只有钱币是上下连贯，历朝历代从未中断的，所以他们也需要钱币学家的支持。

3．通过钱币学的探索、研究，总结前人和他人的经验，实现古为今用，洋为中用，为现行的货币政策、货币制度服务，为现行钱币的设计、制造和发行，为开创先进的钱币文化，提供借鉴意见。中华民族有着五千年的文明历史，形成了传统的民族文化，中国钱币又走过一条独立发展的道路，形成了具有自己特色的中国钱币文化，并且成为东方钱币文化的代表。这样厚实的文化积淀，是一笔巨大的财富，它为我们再创钱币文化的辉煌奠定了坚实的基础。没有根基的东西是没有灵魂的，我们的灵魂，就是中华民族的魂；没有特色、没有个性的东西是没有生命力的，所以只有立足本土，放眼世界；立足当代，通贯历史，才能创造出真正属于自己的新的先进的钱币文化。为此，我们首先要做好继承工作，只有做好"继往"，得其真谛，取其精华，才会有新的"开来"，才会有发扬光大。开展钱币学研究，正是要实现这样的目的。

4．钱币学的基础知识是对钱币做真伪鉴定，它不仅可以服务于当代货币的反假辨伪工作，而且可以通过钱币历史的总结，使人们了解货币反假的规律，认识到货币反假的长期性和复杂性。回顾中国货币发展的历史，可以清晰地看到这样的事实：自从货币诞生，仿制货币的现象就相伴而生，成为后来假币的渊源，它们随着货币的变迁而变迁，随着货币的发展而发展。只要社会上有货币存在，就会有假币存在，就会有货币反假的任务。在经济萧条、国力衰弱的时候是这样，在经济繁荣、国力强盛的时候也是这样。盛唐时期，政府曾三令五申，采取过多种措施，甚至命令各地当局收买恶钱，但货币"私铸"的问题也始终没有解决。金属铸币的时候是这样，到使用纸币的时代矛盾更加突出。就目前遗存的资料和实物看，纸币从开始发行，就遭遇到伪钞问题，并引起当时政府的高度重视。《通考》卷九《钱币考》中有明文记载："熙宁元年（即1068年，交子发行四十余年后——笔者），始立伪造罪赏，如官印文书法。"现藏国家博物馆的南宋"行在会子库"钞版，就镌有一段专门的敕文："敕伪造会子犯人处斩，赏钱一仟贯。如不愿支赏，与补进义校尉。若徒中及窝藏之家能自告首，特与免罪，亦支上件赏钱，或愿补前项名目者听。"在安徽东至曾发现过一套南宋关子版，其中有一块专门的"准敕"版。敕令行文更加详细，共有七条、十列、一百六十三个字，完全是一篇十分详尽的法律文告，详细地记录了对纸币伪造者、使用者、窝藏者、资助者、知情者、当发者、捕获者，以及失察的地方官吏的赏罚规定。可见有关的法规条款，在当时都是直接印在纸币票面上的。即使是这样，由于利益的驱动，伪造者仍然会冒天下之大不韪，铤而走险。东至发现的这块关子准敕版，是铅质的印版，据我们对实物的考察分析，它本身就是一块南宋末年曾经使用过的伪版，可见假币的现象由来已久，十分顽固。只有充分认识到这一点，才能在反假货币的斗争中变被动为主动，发挥积极的主观能动性，才能树立起反假货币的长期斗争的思想。

5. 通过钱币的集藏和鉴赏，不仅可以传承中国钱币文化的博大精深，同时也丰富了人们的文化生活，从中可以陶冶情操，修养品德。热爱钱币收藏，以钱币学为专业研究的人员，精神生活充实，我在钱币学会工作几十年，深有体会。记得一二十年前，改革开放之初，人们思想解放，一般的会议，晚上都会安排唱歌跳舞等联谊活动，成为时尚。我们也曾经做过这样的尝试，但来参加这种活动的人寥寥无几。因为他们平时各自忙碌，难得有机会聚到一起，所以饭后都是三五成群，抓紧交流有关钱币的信息和各自研究的心得，一直到夜深。由此，我体会到：钱币学研究不仅是一种高雅的文化生活，而且是一种积极向上的文化生活。

6. 在弘扬中华民族文明历史的过程中，培养和增进民族自尊、自强的信心，同时也为提高我们民族的声誉和增进我国的国际地位尽一份力量。有一件事情，二十多年来始终不能忘怀。1988年10月，为参加《国际钱币制造者》一书的第二次编委会，我陪同殷毅先生应邀访问维也纳。会议期间，主办方特意安排我们参观维也纳艺术博物馆所属钱币馆。该馆坐落在奥地利国家造币厂内，收藏着该厂一千多年来造币的模具，成为奥地利的骄傲。该馆馆长赫尔墨特博士亲自为我们讲解，当他讲到奥地利造币厂已经有一千多年历史的时候，自豪之情由然而生，有意停顿下来，微笑地看着我们，或许是想看看我们会作出什么样的惊讶表情。然而，我俩却毫无反应，思维敏捷的博士先生突然掉转话题，开玩笑地说："噢，你们开始铸币的时候，我们还在树枝上睡觉呢！"说罢哈哈大笑。也真是无巧不成书，从维也纳回来，11月初，我们便在西安召开了西汉上林铸钱遗址的学术研讨会。会议认定：西安西郊的高低堡子、东柏梁、北沙口、窝头寨一带，是二千一百多年前西汉上林苑的铸钱遗址。因为刚从奥地利回来，强烈的对比，感触极深，我的确有一股兴奋的热流在心底里涌动，真的感受到中华民族古老文明的伟大，感受到作为一个中国人的骄傲。

对有关钱币的几点研究

读先秦布币（一）：从钱镈到空首布

殷商西周时期（约公元前十三世纪—公元前八世纪），在使用实物货币和金属称量货币的同时，诞生了原始意义上的金属铸币。到春秋中期以后，周王畿和三晋地区在"钱"、"镈"（bó）的基础上终于诞生了完全意义上的铸币——"空首布"。

一、从钱镈到原始空首布

商代以后，在黄河流域农业经济发达的地区，青铜制的农具"钱"和"镈"，因为家家户户都有用，都离不开它，所以被农耕区人们用来作为商品交换的媒介，也可以说是取得了实物货币的职能。《诗经·周颂·臣工》曰："命我众人，庤乃钱镈。"《说文》的解释是："钱，铫也。古田器。"铫即锹，与铲同类。《广雅·释器》的解释是："镈，锄也。"所以，钱是向前推的铲形农具，镈是向后拉的锄形农具，"钱"和"镈"在当时都是农具的一种名称。中国人把货币称为"钱"，便是源于此；把春秋战国时期的铲形铸币称为"布"，也是源于此，因为"布"和"镈"谐音。

从农具"钱"和"镈"到原始铸币的诞生；从作为农具的实用价值，到实物货币的两重性，再到金属铸币作为货币的专一性，经过逐步脱胎、演变，使之最终适应于货币的流通和携带的需要。从殷商到春秋中期，大约经历了五百年的漫长历程，期间必定经历多次大的改造、变革，才能完成质的飞跃。其中又必定包括两方面的重要内容：

一是减重。从现在掌握的资料可以知道，商周钱镈经历过逐步减重的过程，

图1.1　镈　　　　　　图1.2　半镈

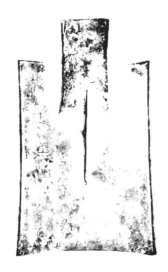

图2　原始布上

在西周时期还出现了专门铸造的"半镈"。西周完整的钱镈大约通长16、宽10厘米左右，重约200克左右。而唐晋源收藏的一枚"半镈"（图1.2）通长9、宽5.5厘米左右，重量为112克（出土于山西运城和河南交界的地区。见图1），大致是"镈"重量的一半。"半镈"的出现，显然是因为货币实际使用的需要——减重。实测数据告诉我们：到西周后期原始空首布的通长一般为10厘米多、足宽为7厘米多，重约110克左右（图2），这个重量正好和半镈的重量大致相当，器型却类似完整的钱镈，应该说这不是偶然的巧合。"半镈"的出现，是原始铸币诞生和演变过程中的一次重大变革，它的出现也成为后来货币分等制度的始作俑者，效仿"半镈"，时而推出一种新的半等制货币，成为战国时期货币减重的一个重要手段。

货币减重不仅是先秦钱币演变的一条主线，也是秦汉货币制度变革的一项重要政策措施，它一直延续到西汉武帝铸行"五铢"钱为止，货币的单位重量才最终确立为五铢，约相当于今天的3.5克左右。

二是器型的改造。从农具"钱"和"镈"到原始铸币的诞生，器型也经历了不断演变的过程。到西周晚期以后，它们的钱体不仅较农具"钱"、"镈"轻薄得多，而且原本用来插柄的"銎"（qióng）的下端已经不再延伸到钱身的中部，而是退缩到了钱身的上部；原来钱身中部隆起的脊棱，已经变成了一道象征性的竖纹；钱面也开始出现了诸如"丄（上）"、"山"、"六"等简单的铭文。这种"原始空首布"已经从实物货币脱离出来，不再兼有农具的实用价值，它们已经是专门铸造的货币。

钱币器型的改变也是先秦钱币演变的一个常制。到秦始皇统一货币，中国的古钱才最终定格为方孔圆钱的币制，而这种币制作为中国古代流通货币的定制，一直沿用到清末、民国初年。

二、空首布的三种形制

空首布由原始布改造演变而来。空首布是东周时期的青铜铸币，主要流通于周王畿、晋、郑、卫、宋地区，空首布没有大小分等的制度，但有逐步减重的趋势。其中大型者铸造时期相对靠前，而形制较小者，铸造时期或应相对靠后。以平肩弧足空首布为例，特大型者通长14—15、肩宽6—7、足宽7—8厘米左右，重50—80克左右，平均重约60—70克（这个重量大约又相当于原始布的一半），多无铭文，銎部呈六边棱形，它们应是原始布向空首布演变的早期制作。小型者通长6.3—8.1、肩宽3.5—3.9、足宽3.7—4.3厘米左右，重约15克左右，应该是空首布的晚期制作。

因铸行区域不同，空首布分有三种形制，即：平肩弧足空首布、斜肩弧足空首布和耸肩尖足空首布。兹分述如下：

1. 平肩弧足空首布

春秋中期，周王室首先开始铸造平肩弧足空首布，主要铸行于周王畿地区。进入战国以后，周王室的权力逐步萎缩，王畿地区逐步缩小，空首布的货币职能也随之衰退，逐步由平首布取而代之。但空首布作为周王室权力的一种象征，却一直陪伴周室，走完了它全部的历史过程。

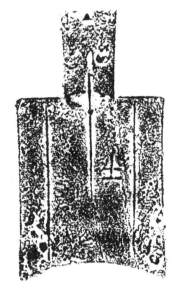

图3　平肩空首布土

平肩弧足空首布的主要特征是：与原始布相比较而言，布身更为轻薄；虽保留空首，但不再深入布身，布首的下部和布身的顶部直接相连；銎部一般呈方形，个别有棱形的；布身平肩弧裆，正背均有三条平行的竖线，以代表原始布中间凸起的筋和銎部两侧凸起的边，四周有廓；因铸造上的原因，布首范芯的支点会在銎部留有不规则的穿孔（图3）。

根据平肩弧足空首布布身的大小，可分为特大型、大型、中型、小型几等，但都只是相对而言，没有明显的界线。钱面多铸有文字，一般都是单字的，现见有铭文的种类达200余种（参见戴志强、戴越《古钱文字》，文物出版社，2014年），分别为记数、记天干地支、记方位、记名物的，也有记吉语、记族姓

图4.1　卯田

图4.2　卯贝

图4.3　卯牛

或地名的，内容分散，涉的面很宽。其中，记名物者或多与祭祀活动有关（图4），如从"卯"从"田"的组合字，从"卯"从"牛"的组合字，从"卯"从"贝"的组合字等等，或许是指卯时祭祀用的供物。而从"雨"者当与天气有关；从"木"、从"禾"者当与农作有关；从"戈"者当与战事有关；还有从"六牲"的、从"皿"的、从"𦥑"（双手捧物状）的，或许都会和祭祀活动有某种关系，这些都是早期铸币处于原始状态的一种反映。

中型平肩空首布的铭文内容开始出现和货币、经贸活动有关的文字，如"郼釿"布的"釿"字，为货币单位（图5）；如"市南小化（货）"、"市东小化（货）"、"市西小化（货）"、"市中小化（货）"一类的铭文又和市井商贸活动有关（图6）。

图5　平肩空首布郼釿　　　图6　平肩空首布市南小化

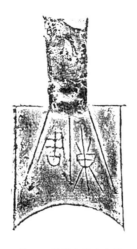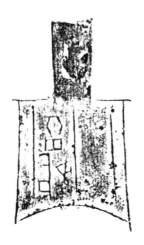

图7.1　平肩空首布东周　　　图7.2　平肩空首布安藏

小型平肩空首布中，则有"东周"、"安周"、"武"、"安藏"等记地、记吉语的钱文（图7）。

从钱文内容的变化，可见大、中、小型空首布的铸期应该有先后的区别，总的趋势是：逐步减重，货币的理念逐步强化。大、中型者应该是春秋中、晚期的铸币；小型者或应是春秋末至战国的铸币。

2. 斜肩弧足空首布

斜肩弧足空首布铸行于周王畿和

晋的韩、魏地区。与平肩弧足空首布的区别在于：一是斜肩，二是布身正、背面的两侧均铸有两条斜线（图8）。可分为大、小两等，大型者一般通长7.8—8.8、肩宽4.3、足宽4.9厘米左右，重约22—32克左右，相当于中型平肩弧足空首布的重量。小型者一般通长7.2、肩宽3.7、足宽4.2厘米左右，重约16克左右，和小型平肩弧足空首布的重量大致相仿。

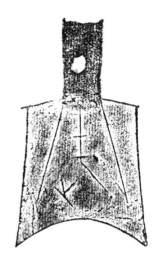

图8　斜肩空首布武

布面文字或为吉语，或为地名，有的也注明货币单位"釿"。其中"武"字布最为常见，说明铸额较大，应该是一种记吉语的钱。马昂《货币文字考》卷四曰："武者，盖取七德之义。"《左传》宣公十二年曰：七德，"夫武，禁暴、戢兵、保大、定功、安民、和众、丰财者也"。也有说"武"字是记地名，但地望待考。此外，小型布中所见的钱文"武安"、"武采"等，或许也都是吉语。

"三川釿"、"卢氏"等则比较少见，应是记地名和货币单位。

斜肩弧足空首布的始铸时间，大型者约相当于大、中型平肩弧足空首布的后期，属春秋晚期；小型者应和小型平肩弧足空首布大致相当，属春秋末战国初。

3. 耸肩尖足空首布

耸肩尖足空首布也是春秋中期至战国初期的青铜铸币，开始铸行的时间或略晚于平肩弧足空首布，主要铸行于黄河以北的晋（赵）、卫地区。其最明显的特点是耸肩、尖足。这类布的形体大，布身薄，布首较长，銎部呈上大下小的形状（图9）。仿照平肩弧足空首布，亦可分为特大型、大型、中型、小型几种，但也只是相对而言，没有明显的界线。

特大型者比较少见，应是原始布向耸肩空首布演变的过渡型。其特点是：钱体硕大，肩微耸，銎宽大呈六边棱形，弧裆较深，布身正背均有三条平行的竖线，四周有廓，通长14—16、肩宽6.5、足宽7.5厘米左右，重在50克左右，多无铭文。大型者重约45克左右，中型者重约30克左右，小型者重约25克左右。此外，在山西榆次曾发现过5枚异型的耸肩尖足空首布，器型

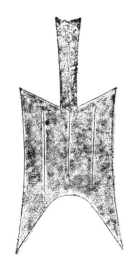

图9　耸肩空首布二

和普通者有明显区别，銎长、身短、足短、裆浅，应属小型耸肩尖足空首布的范畴，重约15克左右，所见者，均无铭文。

耸肩尖足空首布的钱铭约有30多种，多为单字，二字以上者少见，钱文有记数、记干支、记地等。钱文最多者见有五个字的，但前三字不可释读，仅识后两字为"黄釿"。小型布中则见有"玄（幺）金"等几种铭文。

综观三种空首布的铭文，可以得到这样的认识：实物货币的双重属性，直接影响到早期的铸币，尤其在周王室的铸币上有明显的表现。周王室铸币上的铭文有很多是与祭祀活动有关的，祭祀无疑是周王室最重要的礼仪活动，也是周王室权力地位的崇高象征，因此铸有和祭祀相关铭文的布币或许都曾经兼备祭祀用品的职能。此外，在空首布中铸吉语是一种常见的现象，这或许承继于"厌胜"的习俗，因此它们也兼有厌胜钱的某种职能，自然应该是后来吉语钱的先河。这样身兼两职的情况，在周王室以外，后来铸造的钱币上相对会淡薄一些，所以在耸肩尖足空首布的铭文中，这种现象就比较少见。而在后期的铸币中，钱币的两重性逐步剥离开来，从而有了正用品（指正式发行的货币）和非正用品（指货币文化的衍生物）的区分。

《中国钱币》2014年第1期

读先秦布币（二）：桥足布和锐角布

桥足布、锐角布是战国平首布的开山之作，在先秦布币的沿革历史中，具有十分重要的地位。同时，桥足布、锐角布身处币制变革的关键时期，所以，对它们的研究可以帮助我们加深对先秦布币制度的认识和理解。

一、桥足布

桥足布是战国早、中期的青铜铸币，铸行于魏及周边地区，因其器型由方足与弧裆构成的桥洞形状而得名。又因这类布币的铭文中多有货币单位"釿"字，故也称之为"釿布"。"釿"字最早出现在中、小型空首布中，但在空首布中只是偶然的现象，到了桥足布时代，布币称"釿"才成为常制。

桥足布是由空首布转为平首布的早期制作，所以器型尚不规范，钱文内容及排列布局也无一定的陈式。就器型而言，不仅分有平肩、圆肩两种形制；钱体的宽窄比例，首部的长短形状，裆的弧度深浅，足的宽狭大小等等，也多有不同；还有铸外廓和不铸外廓，正面中间有直线和无直线的区别。

就钱文而言，有正书的，有倒书的，还有左读的。正面钱文一般是记地名和面值，见有"二釿"、"一釿"、"半釿"三种面值，但也有只铸地名，不铸面值的。桥足布多为素背，但也有个别铸有背文，如"安邑"布中，有背铸"安"字、"夸"字的；"梁夸釿百当寽"布，背亦有阴文"夸"字的。在目前已发现的桥足布中，所见地名约有近20种。

1. 关于桥足布的国属

在桥足布中，有两种布币值得我们关注，一是安邑布，二是大梁布。它们是桥足布中铸额最大、遗存数量最多的两种布币。"安邑"为魏世袭领地，又是早期的都城，在今山西夏县西北。《史记·魏世家》记：武侯"二年（前394），城安邑、王垣"。"大梁"则是魏后期的都城，在今河南开封。《史记·魏世家》集解引《汲冢纪年》曰："梁惠成王九年（前362）四月甲寅徙都大梁。"此时的大梁不仅是魏都，而且地处中原，是最繁华的商业大都会。以战国魏的两个都城来命名铸币，又是桥足布中铸额最大的两种布币，这就不言而喻，桥足布应当属于战国魏铸。

桥足布中其他所见的地名，诸如，（少）梁（今陕西澄城）、言易（今陕西神木）、阴晋（今陕西华阴东）、甫反（今山西永济西南）、高安（今山西夏县北）、陕（今河南三门峡）、山阳（今河南修武西北）、共（今河南辉县）等地，在桥足布铸行的时期亦均属魏辖。卢氏（今河南卢氏）则地处魏、韩交界。由此可见桥足布铸行于魏及其周边地区，当无异议。

2．关于桥足布的铸期

从实物验证，安邑布分有两个系列，（1）面文正书者，铸有背文"安"字，有二釿、一釿两等（图1）；（2）面文倒书者，不铸背文，亦有二釿、一釿两等（图2）。另有半釿者（图3），面文倒书，亦不铸背文，从制作看，它应该是第二系列的继续，但加铸了外廓，风格有所变化。

图1

安邑布在桥足布中具有特殊的地位和制作特征：（1）安邑是魏的早期都城；

图3　安邑半釿

图2

（2）安邑布有不定型的制作特征。谨举两列说明：①第一系列背面铸有"安"字，背文"安"应是吉语；同时，我们还发现，背"安"

的二釿布中，还有一种，不仅铸有"安"字，而且在背面首部还添铸了一个阴文"夸"字，"夸"有大的含义，也是一个吉语（图4）。②在第二系列中，面文都是倒书的，但我们也发现了面文正书的一釿布，尽管只是特例，却也反映出它铸造的不规范。由此，我们认为，安邑布是战国魏的早期铸币，它的铸行上限或者会在魏武侯二年（前394）前后。此时在安邑、王垣筑城，魏在政治上有较大的作为，着手币制改革，始铸安邑桥足布的可能性极大。"安邑二釿"、"安邑一釿"又是桥足布中遗存数量最多的，所以它在桥足布中，或许也是铸期最长的一种布币。

图4

图5　安邑一釿正书素背

　　桥足布铸行的下限则应在战国中期，即公元前四世纪三十年代前后。我们可以找到一个实证，即：桥足布中有一种铸"阴晋"地名的。阴晋布只有一釿、半釿两种，均平肩无廓，钱文正书（图6），未见二釿布，所以应是晚期桥足布的一种。阴晋，战国前期属魏。《史记·秦本纪》曰：惠文王六年（前332），"魏纳阴晋，阴晋更名'宁秦'"。从此阴晋归秦，

图6

再无"阴晋"之名，由此可知，阴晋桥足布当铸于公元前332年之前。事实上，在公元前340年庞涓死后，魏国的政治经济形势急转直下，军事上屡战屡败，不断割地求和，以至于魏惠王感叹曰："东败于齐，西丧秦地七百余里，南辱于楚。"随着军事上的不断失利，导致魏国境内物价上涨，桥足布的单位购买力下降，从而促使魏国再一次改革币制，即铸行大、小方足布，桥足布从此退出历史舞台。

3. 关于桥足布的分等制度

我们还是从实物的剖析入手，来看一看桥足布的分等制度。

首先看安邑布。安邑布有两个系列，第一系列的铸期应略早于第二系列，理由：一是，从整体而言，第一系列，即铸有背文的安邑布，比第二系列的安邑布要厚重。我们对上海博物馆收藏的安邑布的实测数据做了比较，得出这样的结论：二釿布背安者，实测11枚，平均每枚重26.6克；素背者，实测26枚，平均每枚重26.0克。前者比后者平均每枚重0.6克；一釿布背安者，实测9枚，平均每枚重14.2克；素背者，实测3枚，平均每枚重14.0克（上海博物馆青铜器研究部《上海博物馆藏钱币·先秦钱币》，上海书画出版社，1994年第一版），根据初铸者厚重，后铸者减重的规律，第一系列的铸期应略早于第二系列。二是，第一系列背面铸有吉语，不仅是一个吉语，甚至还有两个吉语的。这不仅仅是第一次把空首布改为平首布，初铸时的一种心态的披露，更是初铸者繁杂，后铸者简洁的规律的一种反映，可见第一系列的铸期应略早于第二系列。由此我们便知道：第一系列的安邑布实施的是二釿和一釿的两等币制。

至于第二系列安邑布，虽然现存有二釿、一釿和半釿三种面值，但半釿布加铸了外廓，且足短裆浅。从制作上看，它们和二釿、一釿布并非一气呵成，而应是后来补铸的。这说明：第二系列安邑布开始也是二釿和一釿的两等币制。后来补铸的半釿布不仅制作有变化，而且遗存数量甚少，可见铸期不长，所以它铸行的时候，已经在酝酿币制的变革。

再看大梁布。大梁布亦分有两个系列，第一系列为"梁夸釿五十当寽"、"梁夸釿百当寽"（图7）；第二系列为"梁正币百当寽"、"梁半币二百当寽"（图8，面文释读从黄锡全说，见黄锡全《先秦货币通论》，紫禁城出版社，2001

图7

年）。其中第一系列的"梁夸釿五十当寽"，夸为大的意思；"五十"右下角的两横画为合文符号，重28克左右，相当于二釿布；"梁夸釿百当寽"重13克左右，相当于一釿布。第二系列的"梁正币百当寽"，重14克左右，相当于一釿布（上述重量数据亦为上海博物馆所藏大梁布实测的平均值）；"梁半币二百当寽"布遗存甚少，重7克左右，相当于半釿布。有意思的是："梁夸釿五十当寽"和"梁夸釿百当寽"布，除素背者外，背面亦有添铸阴文"夸"字的，它们和第一系列安邑布确有异曲同工之妙，器型制作也相近似。安邑和大梁先后为魏的都城，在所见的各类桥足布中，只有安邑和大梁布背面有铸阴文"夸"字的，"夸"字在当时是不是会有一种特殊的民俗含义，所以初铸的大梁布也要称"夸"。

　　第一系列大梁布分为二釿、一釿两等，第二系列大梁布则分为一釿、半釿两等，器型制作和第一系列有明显区别，布首平直，裆浅足短。第二系列又有两种制作，其一为无外廓，仅见一釿布；其二为有外廓，分一釿和半釿两等（参见图8）。这种有外廓的制作，应该是桥足布中较晚的制作特点。可见第一系列铸期较早，改铸第二系列时，先铸的是无外廓的一釿布，然后再铸了有外廓的一釿和半釿布，最后形成了一釿、半釿的两等币制，此时的一釿布已经成为"正币"。大梁布的两个系列，使我们明确了一个概念，即：桥足布并没有真正实行过三等币制，桥足布实行的始终是两等制，我们现在看到的三种面值，并不是同时配套发行的，而是在不同时期先后发行的。

图8

　　除上述两种布币外，现在见有三等面值的称釿桥足布还有两种：（1）（少）梁布见有三等，即"梁二釿"、"梁一釿"、"梁半釿"。但"梁二釿"布的肩部为圆肩，一釿和半釿者则为平肩，制作显然有区别（图9）；（2）言易布分为三等，即"言易二釿"、"言易一釿"、"言易半釿"。也是二釿布为圆肩，一釿和半釿布为平肩，制作也有区别（图10）。其他称"釿"的布，或只有一种面值，或只有两种面值，均未再见有三种面值的。

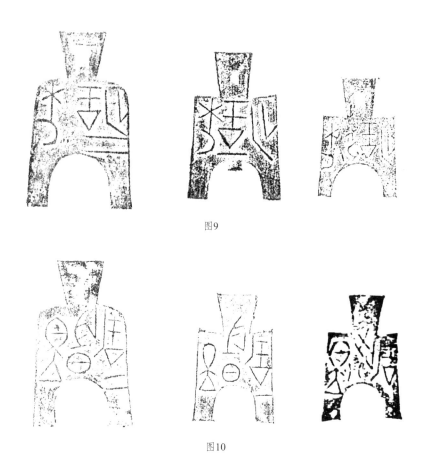

图9

图10

此外，在只记地名的桥足布中，尚有山阳布见有大、中、小三等，但遗存数量极少，尤其是半釿小布更少，三者之间的关系，究竟如何？可以再做研究。

从上述实物分析，我们认为：桥足布虽然见有"二釿"、"一釿"、"半釿"三种面值，但当时实际执行的是两等制的分等制度，早期实行的是二釿、一釿两等制，后期实行的是一釿、半釿两等制。二釿布的退出，半釿布的出现，是因为货币减重导致币制改革的结果。

二、锐角布

锐角布的铸行时间大概和桥足布相当，或者略晚于桥足布，也是战国早、中期的青铜铸币，是由空首布转为平首布的早期制作，铸行于韩及周边地区。其主要特征是布首两侧各有一突出的尖角，故名锐角布，旧称异形布。分为平裆和尖裆两类。

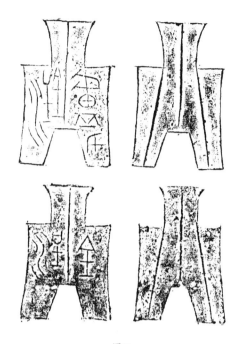

图11

平裆锐角布器型较大，钱体较薄，和空首布相仿。布身为平肩、平裆、方足，均铸有外廓。布身正中从首至裆有一装饰直线，文字多分列中线的两侧，背面除中线外，两侧各有一条斜线，这一特征似源于斜肩弧足空首布。平裆锐角布见有三种钱文，即"卢氏百涅"、"舟百涅"、"百涅"（图11）。一般通长7、肩宽4、足宽4.4厘米左右，重18克左右。相当于一釿布。

尖裆锐角布均为小布，布身为平肩、尖裆、方足，均铸有外廓。仅见两种钱文，即："公"字布和"垂"字布（图12）。一般通长5、肩宽2.7、足宽3厘米左右，重9克左右。相当于半釿布。锐角小布出土数量较多，应是向小方足布过渡的一种器型。

在锐角布中，记地名的钱铭有：卢氏（今河南卢氏县，战国属魏、韩交界处）；舟（今河南新郑附近）；公，或释汃，即浚（今豫北浚县）；垂，或释敤、京，多和公字小布同出于豫北、豫中地区。这些地域，在战国应是属韩及其周边地区。

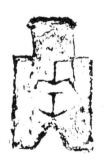

图12

读先秦布币（三）：尖足布及类圆足布、类方足布

在战国魏、韩地区诞生桥足平首布、锐角平首布之后，在战国赵也诞生了尖足平首布，并且在尖足布的基础上，后来相继派生出了圆足布、三孔布，以及类圆足布和类方足布。

一、尖足布

尖足布是从耸肩尖足空首布演变而来的，是黄河以北战国赵地的青铜铸币，局部地区一直延续至战国晚期。主要特征是：耸肩、尖足、平裆（少数为近似弧裆的平裆），周有廓线，正面首部有两条竖线，腹部中间有一条竖线，钱文分列两侧；背面首部为一条竖线，腹部有两条竖线，两线之间有记数文字。

从器型看，大尖足布的两肩耸起比较明显，更接近于耸肩尖足空首布，小尖足布的两肩有的耸起比较明显；有的则不很明显，或应铸期较晚。从种类和遗存数量看，大尖足布明显少于小尖足布。这些迹象告诉我们：大尖足布为早期铸币，而小尖足布的铸行时间比较长，到尖足布行用的后期，已经都是小尖足布。所以小尖足布不仅种类多、遗存数量多，而且器型也发生了一些微妙的变化，晚期小尖足布的器型大小更接近于类圆足布、类方足布。

1. 尖足布的国属

尖足布的面文均为地名，见有50余种，背面则多有记数文字。从已经考释的地名和相关的出土资料得知：它们主要集中在太行山的东、西两麓，今山西境内，以及河北和豫北地区，这些地区在战国时期主要属于赵，所以尖足布应是战国赵的铸币（戴志强、戴越《古钱文字》，文物出版社，2014年）。

2. 尖足布的铸期

关于尖足布铸行的上限。三家分晋是公元前453年，赵位列诸侯，是公元前403年。据《史记·赵世家》记载：赵献侯元年至赵敬侯元年（前423—前386），中牟（今河

南鹤壁）曾是赵国都城。如尖足布的始铸时间在这个时期，或者更早，那么尖足布中应该会有"中牟"布。但事实上我们至今没有发现中牟尖足布的存在，所以尖足布的始铸时期应晚于公元前386年。又，《史记·赵世家》记：敬侯元年，武公子朝作乱，不克，出奔魏，"赵始都邯郸"。今所见之"甘丹"（即今河北邯郸）大尖足布（图1）应该是铸于迁都邯郸之后，也就是说，尖足布始铸年代的上限是公元前386年。由此也可以知道，尖足

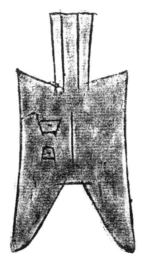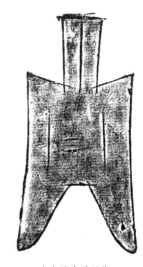

大尖足布甘丹　　　　　　大尖足布甘丹背二

图1

布的始铸时间应当略晚于桥足布。又，"甘丹"只有大布，未见小布，这是因为公元前378年以后，邯郸改铸直刀，不再铸布币，因此可以推定：尖足布是先铸大布，后铸小布。

尖足布铸行的下限应在战国末年，尽管到战国晚期，赵的南部地区已经铸行方足布等其他形制的货币，但在赵的北部地区仍继续铸行小尖足布，一直到战国末。近年的出土资料也证明了这一点，战国晚期的小尖足布多和类圆足布、类方足布同出，出土地点主要在今山西的太原以北地区和吕梁地区。

3. 尖足布的分等制度

尖足布分为大、小两等：大布通长8、面宽4厘米左右，重10克左右；小布通长5、面宽2.8厘米左右，重6克左右。大尖足布相当于一釿布，小尖足布相当于半釿布。兹分析如下：

（1）只有大布的尖足布。仅见甘丹、宁、邑等少数几种。现在可以确认的地名只有甘丹一种。甘丹大尖足布应由甘丹耸肩尖足空首布蜕变而来。除了空首改为平首之外，其制作特征多仿效甘丹空首大布，甘丹两字亦为上下竖立，只是钱文的位置由钱体的右上角移至钱身的左侧，因此其铸行时期应在战国早期。

（2）铸有大、小两等的尖足布。见有八种：閦（今山西离石，图2）、晋阳（今山西太原）、阳比（河北唐县东北）、大阴（今山西霍县）、榆即（即榆次，今山西榆次）、邪山

（待考）、兹氏（今山西汾阳）、肤虒（今山西五台）。这一类小布几乎都在地名后加铸一个"半"字，以表示其折合大布的一半，当和大布同时铸行。

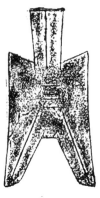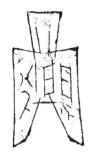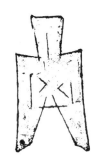

大尖足布閦　　　大尖足布閦背四　　　小尖足布閦半　　小尖足布閦半背十八

图2

（3）只见有小布的尖足布。这一类小布的面文只铸有地名，地名后一般不再加铸"半"字，可见它们的铸期比较晚，此时，大尖足布已经不再铸行，也就不再存在和大布折值的问题。这一类小布见有40余种，所见地名有：中阳（今山西中阳）（图3）、阳邑（今山西太谷）、文阳（今山西文水）、平陶（今山西文水）、寿阴（今山西寿阳）、中都（今山西平遥）、西都（今山西孝义）、平州（今山西孝义）、郭（今山西神池）、郉（今山西平定）、尹城（今山西汾阳）、北兹（今山西汾阳）、新城（今山西朔县）、霍人（今山西繁寺）、离石（今山西离石）、大兀（今山西太谷）、于（即盂，今山西阳曲）、日（即涅，今山西武乡）、武平（今河北文安）、武安（今河北武安）、百阳（今河南安阳）、商城、商平、商乌等。

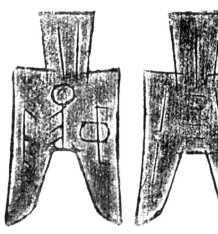

小尖足布中阳　　　小尖足布中阳背四

图3

综上分析，可以得到这样的认识：第一阶段，尖足布铸行之初只有大布，没铸小布，邯郸大布便是实证。开始铸造的尖足布不分等，应是空首布币制的继续。第二阶段，兼有一釿、半釿两等币制。这应是受桥足布两等制的影响，而且应该是桥足布废除二釿布以后的事情（参见前文《读先秦布币（二）：桥足布和锐角布》）。第三阶段，废弃大布只铸小布。其时或应和方足布废弃大布只铸小布的时间大致相当，或者稍为晚一些，所以应是战国晚期的事情（参见后文《读先秦布币（五）：三晋两周的方足布》）。尖足布币制变化的三个阶段，也体现了逐步减重的发展过程。

尖足布一般不在币面注明"釿"或者"半釿"的字样。在第二阶段，有一釿、半釿两等币制的时候，也只在小布的钱铭后添铸一个"半"字。到第三阶段，只铸行半釿小布时，也就只铸地

小尖足布北兹釿　　　　　小尖足布北兹釿背五

图4

名，不再铸有"半"字。但有一个特例，即："北兹釿"布（图4）的布面添铸了一个"釿"字，所见"北兹釿"布都是小布，相当于半釿布，币面铸的却是"釿"，而不是"半釿"。这说明它铸行的时间，布币已经不再分等，大布（包括二釿布和一釿布）已经退出流通，所以也就没有了所谓的"半釿"之说。

二、类圆足布和类方足布

类圆足布和类方足布都是战国晚期赵的铸币。它们和小尖足布非常相像，包括钱体的厚薄重量，制作和纹饰，尤其是它们都具有小尖足布的标志性制作特征，即：正面首部有两条竖线，腹部中间有一条竖线；背面首部有一条竖线，腹部有两条竖线。从整体而言，它们应该属于尖足布系列，是尖足布大家庭中的成员。但是它们的肩和足又不如尖足布那么锐利，有介于尖足布和圆足布、尖足布和方足布之间的一些理念，所以它们是在尖足布的基础上，接受了圆足布，或者是方足布的某些影响，在战国晚期，由小尖足布派生出来的两种货币形制。

类圆足布和类方足布均为小布，未见大布。一般通长5、面宽2.7厘米左右，重5克左右，这和尖足布铸行后期的情况相符合，就整体而言，它们还比尖足小布略为轻小。这样的变化符合战国晚期铸币减重的规律。

目前发现类圆足布的钱文地名有：晋阳（图5）、阳比、大阴、兹、兹氏、平陶、于

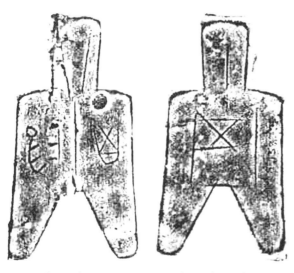

类圆足布晋阳　　　　　类圆足布晋阳背十五

图5

等10种左右，这些地名在小尖足布中都可以找到。类方足布的钱文地名约有10余种，即：大阴（图6.1）、寽邑、兹氏（图6.2）、榆即（次）、平陶、肤虒、鲜虞、成襄、武安、余（涂）水等，其中除个别地名外，多数地名也都可以在小尖足布中找到。据唐晋源先生介绍，类圆足布和类方足布的出土地点多在山西太原以北的原平、代县一带，并多和晚期的尖足小布同出，却未见到与圆足布、方足布同出的记录，由此可见，它们和晚期的尖足小布曾经一起铸行。

就目前所见资料，在河北邯郸、武安、邢台地区出土的尖足小布都是早期尖足布，布身的两肩高耸，却找不到晚期尖足小布、类方足布和类圆足布的踪迹。其原因是，战国中期以后，这一地区改铸刀币，尖足布退出了流通领域。方足布诞生以后，主要是从太行山西麓北上，但影响到晋北地区的时间已经比较晚，这也说明类方足布的始铸时期应该在小方足布流行到晋中以后，是战国晚期赵国最后铸行的布币之一，一直沿用

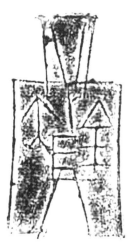

类方足布大阴

类方足布兹氏

类方足布大阴背　　　　　　类方足布兹氏背十四

图6.1　　　　　　　　　　　　图6.2

到战国末。

　　学界有一种观点认为：类圆足布是尖足布和圆足布之间的一种过渡形态；类方足布是尖足布和方足布之间的一种过渡形态。其实，圆足布与方足布都诞生于战国中期。圆足布分有"两"和"十二铢"大、小两等，即相当于一釿布和半釿布大、小两等的币制，明显是战国中期的货币制度，和类圆足布的币制完全相悖。方足布则始铸于战国中期的魏地，开始也分有大、小两等，所以类方足布和方足布之间更不可能存在所谓的传承关系，相反是因为方足布的铸行区域逐渐从魏、韩地区北上，对晚期尖足布的形制有了影响，才产生了类方足的器型（可分别参见后文《读先秦布币（四）：圆足布和三孔布》、《读先秦布币（五）：三晋两周的方足布》）。

《中国钱币》2014年第3期

读先秦布币（四）：圆足布和三孔布

圆足布和三孔布都是战国中期的青铜铸币，铸于赵国。圆足布的主要特征是：首、肩、裆、足均呈圆弧形；正面只铸地名，一般没有线纹，但也有个别在布首铸两条竖线的；背面记数，两侧各有一条竖线，布首一般没有线纹，但也有个别在布首铸一条竖线的；周有廓线。三孔布的器型制作酷似圆足布，圆首、圆肩、圆裆、圆足；正面也只铸地名文字，没有线纹；背面记重，大者为"两"，小者为"十二朱（铢）"，即半两，布首记数；周边亦铸有外廓线；只是在布首和两足分别添铸了圆孔，故铭之曰"三孔布"。

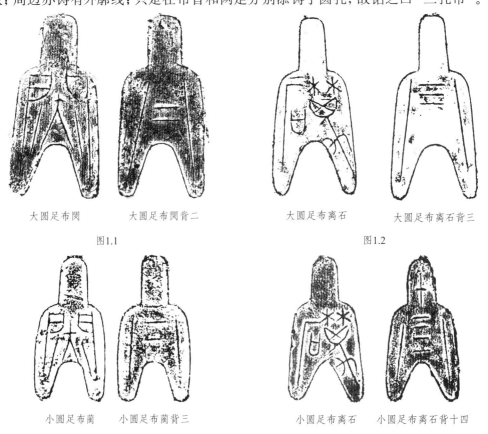

大圆足布閤　　　大圆足布閤背二　　　　　大圆足布离石　　　大圆足布离石背三

图1.1　　　　　　　　　　　　　　　　　图1.2

小圆足布蔺　　　小圆足布蔺背三　　　　　小圆足布离石　　　小圆足布离石背十四

图2.1　　　　　　　　　　　　　　　　　图2.2

圆足布分有大、小两等，大者通长7—7.8、面宽3—3.9厘米左右，重10.5—18克左右，相当于一釿布（图1）。小者通长5—5.5、面宽2.5—2.8厘米左右，重5—9克左右，相当于半釿布（图2）。三孔布亦分为大小两等，大者通长7—7.9、面宽3.7—4厘米、重13.7—17克，相当于一釿布（图3）。小者通长5.1—5.5、面宽2.6—2.8厘米，重6.3—9.3克左右，相当于半釿布（图4）。其分等的大小规格均和圆足布雷同。

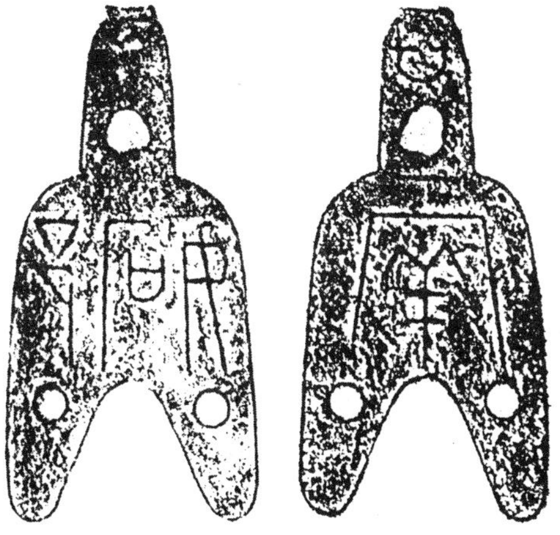

大三孔布妬邑　大三孔布妬邑背廿·两

图3

一、圆足布和三孔布的国属

1. 关于圆足布的国属

圆足布唯见“閔（藺）”、“离石”两种钱文，均在今山西离石地域，战国属赵。

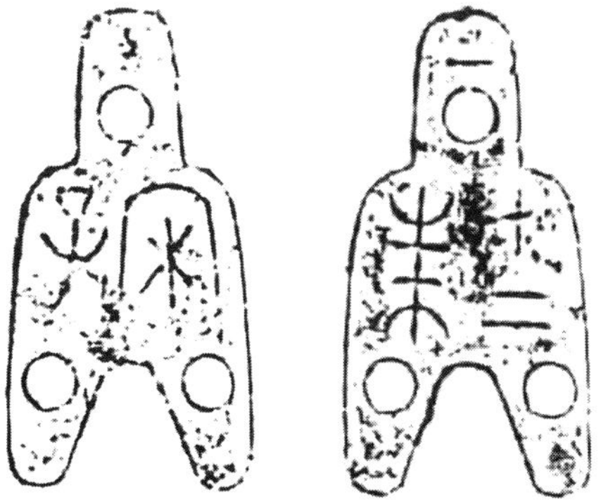

小三孔布宋子　小三孔布宋子背一·十二铢

图4

战国时期，三晋地区是布币铸行区，赵国主要铸行的是尖足布，圆足布则是在尖足布的基础上演变而来。在近年发现的圆足布新品中，有一种圆足布正面布首铸有两条竖线，还见有背面布首亦铸了一条竖线的（图5，唐晋源藏品），这样的制作是尖足布的标志性特征，在圆足布中虽然只是个别现象，但它们恰恰透露了一个重要信息，便可以证明它们的确是由尖足布派生而来的。此外，圆足布背面记数也和尖足布相类同。

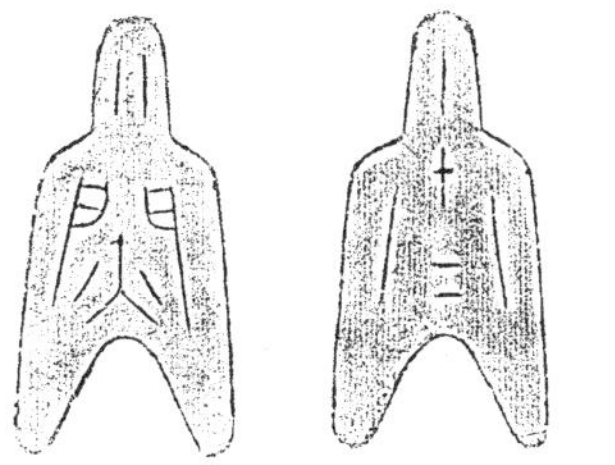

图5.1

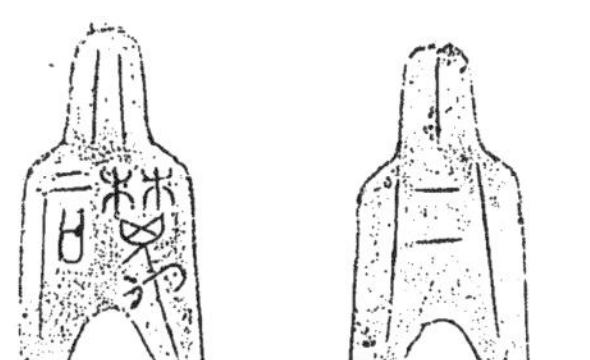

图5.2

藺和离石地处赵国西南边陲，南边和魏交界，西边隔黄河和秦交界。此处又正好是黄河渡口，是赵、秦之间的重要通道。就军事而论，这里既是赵国抵御秦兵的第一道防线，也是秦军东进必需攻克的第一个据点，所以这里经常发生战争。对此，史书中有不少记载，诸如《史记·赵世家》记录：赵成侯二十四年（前351），"秦攻我蔺"；赵肃侯二十二年（前328），又记："秦杀疵河西，取我蔺、离石。"当年运送军队的渡口，至今仍叫"军渡"。就商贸而论，蔺邑是商埠重镇，来自南北东西各地的物资在这里相互交易，互通有无，是物资交流的集散地。就人文而言，来自黄河两岸赵、魏、秦的人们，在这里你来我往，相互交流，相互影响，在潜移默化中接受对方的文化。正是在这样的环境中，蔺和离石更早更多地接收到魏、秦的文化，其中当然也会包括货币文化。所以，以"蔺"和"离石"来命名的货币，形态丰富多变，既有布币、刀币，又有圜钱，同一地名，同一地域，有这样丰富的货币形态，在战国时期，可谓绝无仅有。

战国中期，魏、秦都使用了圜钱，所以蔺和离石不仅铸行尖足布，也铸行了圜钱，这不仅是为了贸易的方便，更是一种文化的交流和影响。正是在这样特定的地域、特定的条件下，在蔺、离石把尖足布改造成圆首、圆肩、圆裆的圆足布也就不足为奇了。

近年的出土资料也证明了这一点。据唐晋源先生告知，他于2012年秋，实地考察了古蔺地圆足布出土的遗址，并了解到当地圆足布和蔺字尖足布有同坑出土的记录，由此，可以进一步证明，圆足布和尖足布不仅均属赵铸，而且有过一起流通使用的历史。

2. 关于三孔布的国属

关于三孔布的国属，学界分歧比较大，兹分析如下：

一种观点，主张三孔布属秦铸，是战国晚期秦军东进，兼并六国时所铸。我们认为：三孔布不会是秦铸。

理由之一，从宏观上看，秦始皇兼并六国，统一中国以后，先后统一了文字，统一了度量衡，也统一了货币。但它们都不是另起炉灶，重新制订一套新的制度，而是废除六国旧有的制度，把原来秦的相关制度推行到全国。所谓的统一货币，上币为黄金，下币为半两铜钱，实际是把战国秦的"柿子"金饼和"半两"圜钱推行到新的占领区，推行到全国。由此可见，秦军东进，攻占赵地，只会把秦钱带到赵地，绝不可能在新占领区重新铸造新币。这不仅是因为战争年代，不可能有时间和精力来新铸货币，更是因为在强势政治之下，强权主义者不可能去迎合敌国、弱国的习俗。

理由之二，三孔布以"两"、"铢"记重，被认为是战国秦的衡制、战国秦的货币单位。其实在燕、赵等地也用这样的衡制，如：燕的金器上曾有以两、铢记重的情况；在内蒙古出土的银节约上亦有以两、铢记重的事实。据裘锡圭先生研究，它们的记重文字"类似赵国文字"（裘锡圭《战国货币考》，《北京大学学报》1978年第2期），所以以"两"、"铢"作为货币单位并不是秦的专利。

还有一种观点，主张三孔布属中山国铸。我们认为：三孔布也不会是中山国铸。

理由之一，在今已释读并查证出地望的三孔布中，发现有些地名的建制是在中山灭国之后。如，经张弛先生考证，"北九门"、"南行唐"、"宋子"等地的建制都在公元前296年赵灭中山以后（张弛《三孔布考辨》，《中国钱币论文集》第2集）。

理由之二，中山国灵寿故城铸钱遗址出土了大量中山国"成白"直刀和其他相关铸币，也出土了仿铸的蔺字圆足布及铸造圆足布的石范、陶范（陈应祺《中山国灵寿城址出土货币研究》，《中国钱币》1995年第2期），但未见到三孔布和它们的钱范，可见在中山立国之时，即公元前296年以前，还没有三孔布，所以三孔布不会是中山国的铸币。

我们认为：三孔布是赵国的铸币。

理由之一，从器型制作来看，三孔布无疑是在圆足布的基础上改造而成，和赵铸圆足布有明显的承继关系。三孔布和圆足布一样，都分为大、小两等，而且币重也和圆足布大致相当，所以，它们应该都是战国赵的铸币，而且铸行的时间和圆足布不会相去太远。

理由之二，三孔布的钱文地名已见有30余种，现在可以释读的约有20余种（戴志强、戴越《古钱文字》，文物出版社，2014年）。今所见三孔布上的地名，当时都是赵国的属地。其中有的始终属于赵国，有的则分别先后属于中山和赵，或燕和赵，或魏和赵，但在三孔布铸行时期，即战国中期后段，这些地域均已属赵。

理由之三，据裘锡圭先生考证，三孔布的钱文地名不仅属赵，而且"三孔布的形制和字体实在太一致了"，"完全是三晋作风"（裘锡圭《战国货币考》）。

理由之四，三孔布背面除记重外，还记数。在布币背面记数是赵铸布币的传统习俗。

理由之五，据唐晋源先生告知，近年在晋北五寨地区发现有三孔布和圆足布同坑出土的情况，说明它们曾经在赵地同时流通使用过。

理由之六，战国中期以后，小方足布的铸行区域逐步由魏地向北扩大，其途径主要是在太行山西麓深入赵地，但在太行山的东麓似乎没有见到这样的迹象，三孔布的钱文地名恰恰多在这一区域。有意思的是，三孔布的钱文地名，除"安阳"外，几乎都不见于小方足布,这便告示我们,三孔布和方足布应该有一个同时铸行的时间,它们铸行于同一时期的不同地区,这也说明三孔布是赵的铸币。

二、圆足布和三孔布的铸期

布币分大、小两等是战国中期的币制,从二釿、一釿的两等制改变为一釿、半釿的两等制,大约是战国中期后半段的事情。到战国晚期,三晋两周地区的币制已由中期的大、小两等制转变为单一的小布币制。因此,圆足布、三孔布的两等币制应该是战国中期的一种币制。它们的币重大大超过战国晚期小尖足布、小方足布的重量,所以圆足布和三孔布不会迟至战国晚期,其下限应和大尖足布、大方足布停铸的时间相接近。具体讨论如下:

1. 关于圆足布的铸期

我们注意到中山灵寿故城铸钱遗址大量出土了中山成白直刀及刀范,也出土了蔺字圆足布及钱范。圆足布及钱范在灵寿铸钱遗址发现,这个遗址的文化层又比较单纯,说明圆足布的铸期应在中山直刀铸造的时期内。即公元前378年中山复国都灵寿(今河北平山)至公元前296年赵灭中山的期间。同时,根据钱币变革的轨迹,随着时间的推移,不仅币重减轻,而且到战国中期以后,逐步取消了大、小两等的币制,所以蔺、离石圆足布应是被蔺、离石圜钱或小方足布取而代之。而秦最终占领蔺和离石的时间是公元前282年,所以蔺、离石圜钱和小方足布,以及蔺字方孔圆钱的铸行时间都不会晚于公元前282年。由此推测,圆足布的铸期应该会在公元前296年赵灭中山之前。

2. 关于三孔布的铸期

因为三孔布和圆足布有传承关系,所以它的铸行上限当不会早于圆足布的始铸时间。同时,三孔布又和圆足布一样,分为大、小两等,而且币重也和圆足布大致相当,又有同坑出土的记录,所以它的铸行时间和圆足布不会相去太远,更不会迟至战国晚期。根据这样的分析,三孔布的铸期应在战国中期偏晚。

我们还注意到,三孔布有几个明显的特点:一是,在三孔布的钱文地名中,至今没有发现圆足布上的钱文地名,即"閵(蔺)"和"离石";二是,就目前已经考释的三孔布钱文地名而言,多在战国赵的东部地区,尤其是在太行山东麓,今河北、豫北地区;三是,目前所见三孔布的钱文很少有重复者,而且多数为孤品;四是,据裘锡圭先生考证，"三孔布的形制和字体实在太一致了"。

　　据史书记载，赵武灵王于公元前299年废长立幼，自号主父，但并未消除废太子章的权柄。公元前296年，有两件事值得引起我们重视，一是，赵武灵王分封长子（即废太子）章于代郡，为安阳君，似乎有分立两王的意向。二是，赵长子章本来就党羽众多，又是赵灭中山的主将，其势力实际控制了原代国和中山国的地域。废太子之后，长子章便有自立之心，并在沙丘（原中山属地）有过政变。

　　综上所述，我们的意见是：三孔布或许就是铸于赵武灵王长子章灭中山的时期，即公元前296年前后。此时离圆足布的铸期很近，又都是赵铸，所以制作风格和币制都相同，但所持政见不同，故添铸三孔以示区别。三孔布的铸期不长，铸额不多，故遗存极少；三孔布上钱文涉及的地名不少，却又偏偏没有"閔（蔺）"和"离石"；三孔布的钱铭虽然不同，但字体书法又非常一致。如此等等，不能不让人怀疑：这些不同地名的三孔布会不会在同一个时期、同一个地方铸造？由此推测，或许它们便是废太子章的杰作，是废太子章把他势力所及的地名都铸在了三孔布上，是他个性张扬的一种宣泄和披露。从这个意义上讲，它们应该具有某些"纪念币"的性质。另外，三孔布的铸期虽略晚于圆足布，但就整体而言，其重量却略大于圆足布，这样的现象也符合"纪念币"的特征。如果是这样，那么我们也可以把它理解为：它们是当年的一种"流通纪念币"。

《中国钱币》2014年第4期

读先秦布币（五）：三晋两周的方足布

　　方足布是铸行地域最广的战国布币，也是存世数量最多的一种战国布币，铸行于战国中、晚期的三晋（魏、韩、赵）、两周和燕地。主要特征是首、肩、足的拐角均呈方形，平裆，正面中间铸一竖线，中线两侧为文字，背面除中线外，两侧也各有一条斜线，并铸有外廓线。其中束腰的方足布是战国晚期燕地的铸币，亦称燕布。同时，方足布也影响到南方的楚国，在楚地诞生了楚布。本文先叙述三晋、两周的方足布，余者在《读先秦布币六：燕布和楚布》中再叙。

　　三晋、两周的方足布由桥足布、锐角布演变而来，分有大、小两等。常见的都是小布，一般通长4.5—4.8、肩宽2.3—2.6、足宽2.4—2.9厘米左右，重约3.5—8克。只有个别是大型的，一般通长4.7—4.9、肩宽2.8—2.9、足宽3—3.1厘米左右，重约9—14克。大型者相当于一釿布，小型者相当于半釿布，但与桥足布相比，有明显的减重趋势。

　　1. 方足布始铸于魏

　　方足布多为小布，大布仅见四种，即：梁邑（今河南开封）布、安阳（即安邑之阳，今山西夏县）布、戈邑（今河南杞县）布、封谷（倒书，今山西蒲县）布，战国时此四地都属魏。这四种方足布又都分为大、小两等，说明它们的始铸时间在两等制盛行的时代，其他方足布则均为半釿小布，铸期显然较晚，所以对这四种方足布钱文的理解，更令我们关注。

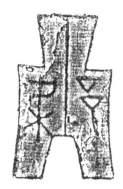 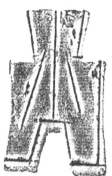 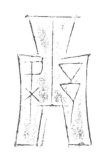 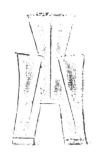

| 大方足布梁邑 | 大方足布梁邑背 | 小方足布梁邑 | 小方足布梁邑背 |

图1.1　　　　　　　　　　　　　　　图1.2

首先是梁邑布（图1）。此梁邑，即魏之大梁。梁惠成王九年（前362）魏徙都大梁，不仅成为魏的国都，而且地处中原，交通便利，经济繁荣，是战国时期著名的商业都会。故梁邑布属魏铸当无疑问。

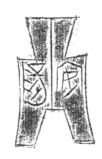

大方足布安阳　　　　大方足布安阳背　　　　　小方足布安阳　　　　小方足布安阳背

图2.1　　　　　　　　　　　　　　　　　图2.2

其次是对安阳布（图2）的认识。"安阳"之地名，在战国太多，魏有，韩有，赵有，燕有，齐有，几乎各国都有。在当时，山之南、水之北，都可以称之为"阳"；"安"则是吉祥语，有平安、安定、安宁之意，所以新攻占或者新收复一座城邑，经常称之为"安阳"，或者把它更名为"安阳"。我们结合它的器型制作，认为方足布（特别是大方足）应由桥足布、锐角布改造演变而来，再参照梁邑布属魏之大梁，那么它亦应属魏，所以我们主张郑家相先生的观点，此安阳应是指魏旧都安邑之阳（郑家相《中国古代货币发展史》，三联书店，1958年）。对于此说，还可以找到一个实

图3　小方足布安邑阳

物佐证，即：方足布中见有一种"安邑阳"布（图3），其制作风格和"安阳"布类同，但遗存数量不多，或是早期制作，后来大量铸造的是"安阳"布，而不是"安邑阳"布，故"安阳"应是"安邑阳"之简称。其实在桥足布中就曾有过"安阴"布，此"安阴"便是"安邑阴"的意思，即安邑之北的意思，所以"安阳"布是"安邑阳"布之简称，应该可以理解。

三是对戈邑布（图4）的认识。对"戈"字的识读，也存在分歧，我们主魏说（戴志强、戴越《古钱文字》，文物出版社，2014年）。在方足布中，戈邑大布有它的特殊性，即它的背面少了三条装饰线，却多了"一半"两字，说明它是方足布尚未定型的早期制作。实测此布的重量，约为9—14克之间（初铸者当在14克左右），而"安邑二鈼"桥

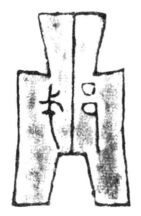
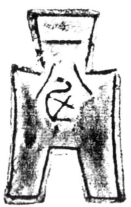
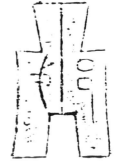

大方足布戈邑　　　　　大方足布戈邑背一半　　　　　　　　小方足布戈邑

图4.1　　　　　　　　　　　　　　　　　　　　图4.2

足布的重量为28克左右，"一釿"布的重量为14克左右。也就是说"戈邑"大布正好和"安邑一釿"桥足布的重量相当，是二釿桥足布重量的"一半"。这便告示我们，戈邑布，或者说方足布始铸的年代应该在二釿和一釿两等制桥足布铸行的晚期，当时二釿布还在铸行，但很快就有了币制改革，二釿布退出了市场，于是后来再铸的方足布便不再铸"一半"两字，所以戈邑大方足布的存在对研究方足布的始铸时间是至关重要的实物佐证。

四是对封谷布的认识。封谷大方足布是近年发现的新品，它的出现，又为我们提供了一个新的断代的实物依据。此布"封谷"两字倒书，在方足布中实为少见，但在桥足布中，恰是常见的现象。这也说明，它们直接承继于桥足布，后来的方足布制作相对规范，一般不再有钱文倒书的现象。

根据上述分析，方足大布是方足布的早期制作，诞生于战国中期的魏地，后来方足布的币制逐步被周边国家和地区所接纳，铸行区域才逐步扩大。

2. 对方足布钱文的理解

三晋、两周的方足布所见钱文的地名，可以释读者约有百八十种，至今仍不可识读或确凿地望难以认定者还有不少。兹分述如下：

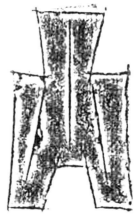

小方足布虞阳　　　　　　小方足布虞阳背

图5

除上述梁邑、安阳、戈邑、封谷四品之外，现在学界意见相对一致，属于魏铸的方足布，还有：虞阳（今山西平陆）（图5）、高都（今山西晋城）、梁邑（少梁邑，今陕西澄城）、向邑（今河南尉氏）、皮氏（今山西河津西）、奇氏（今山西临猗）、莆子（今山西蒲县）、甲父（今山东金乡）等。

属韩者有：宅阳（今河南荥阳东南）（图6）、尹阳（今河南嵩县）、宜阳（今河南宜阳）、阳城（今河南登封东南）、铸（即注，今河南临汝）、郑（今河南郑州）、郘子（今山西长子）、郘亲、郘水、纶氏（今河南登封西南）、霝（今山西潞城或黎城）、洀等。

属赵者有：中都（今山西平遥）（图7）、蔺（今山西离石）、平阳（今山西临汾）、丌阳（今山西太谷）、文阳（今山西文水）、阳邑（今山西太谷）、寿阴（今山西寿阳）、祁（今

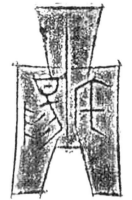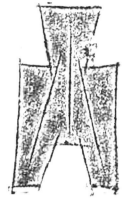

小方足布宅阳　　　小方足布宅阳背

图6

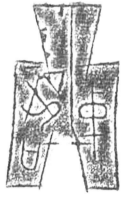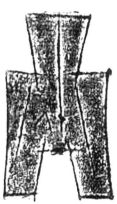

小方足布中都　　　小方足布中都背六

图7

山西祁县）、彘邑（今山西霍县）、邬（今山西介休）、榆即（今山西榆次）、北箕（今山西太谷）、北屈（今山西吉县）、同是（今山西沁县）、郘垣（今山西襄垣北）、兹城（今河北栾城）、鄗（今河北柏乡）、武邑（今河北武邑）、中邑（今河北沧州）、平备（即平原，今山东平原）、俞阳（今山东临清）等。

属周者有：留邑（今河南偃师西南）（图8）、王成（城）（今河南洛阳）、东周

小方足布留邑　　　小方足布留邑背

图8

（今河南巩义市西南）、寻尾（今河南偃师东北）等。

对于钱文地名的考释，可以定为三晋、两周，但对确凿属地尚有分歧者有：屯留、马雍、井阳、阳是、平阴、壤阴、平邑、郜、氏邑、郑、八邑、阪、贝邑、郕、邘、郼、午邑、子邑、木邑、鄅、鄔、乌氏、金氏、文氏、奉氏、王氏、平氏、平贝、子贝、木贝、土贝、乌戴、乌疋、涅、唐是、王、王匀、土匀、平匀、土爻、于爻、郁、木子、巨子、丰子、杜、平于、于王、王自、咎奴、中亭、宋负等。

在战国布币中，桥足布属魏、锐角布属韩、尖足布属赵，铸行的区域相对比较集中，钱文地名的考证也相对会比较容易。方足布却和其他各类布币不同，铸行的区域最广，涉及两周、三晋多地，铸行的区域大，地域分散，这便给钱文的释读、地名的考证，增添了难度。

首先是钱币文字不像钟鼎文那么严肃、规范，铸造数量又多，是铸钱工匠的"随意"之作，缺笔、添笔、书法的潦草，是常有的事情，所以释读钱文本来就难。而地名的考证更难，前面已经提到"安阳"的地名多处都有，其实，战国时期同样的地名在多处出现，也是常有的事情。此外，我国古代，地名多和望族的族氏封地有关，所以也和姓氏有关，封地及其地名虽然是相对固定的，但名门望族的人员却是流动的，所以对钱文地名的考证和理解，不能只是孤立的地名查考，而是必须在对钱币作出总体认识的前提下，才能进行，否则便会误入歧途。

战国文字虽不统一，但两周、三晋的钱文书法相对接近，很难细分，鉴于这样的情况，我们认为，可以找到确凿证据的，无疑应该作出明确的结论。但对于一时尚难决断者，不必急于就成，可以再留作研究，否则反而会造成被动和误解。

关于两周、三晋方足布国属的考证，除根据钱文的释读外，另有两条线索或可作为判断依据。一是，因为桥足布、锐角布一般都不记数，所以魏、韩乃至两周的铸币没有记数的传统。赵则不同，从尖足布、圆足布、三孔布到类圆足布、类方足布的背面多有记数的习惯，所以在钱背记数是赵国铸币的一个传统。由此，我们可以推测：凡是方足布背面不记数者，属魏、韩、两周铸币的可能性大；凡是方足布背面有记数者，或许应是赵的铸币。就目前钱铭地域考证的情况来看，大家意见比较一致的，如壤垣、中都等背记数的方足布都属赵（参见图7），也可以证明这一点。二是，尖足布为赵币，是学界比较一致的意见，因此，凡是在尖足布中出现过的铭文，如阳邑、文阳等，在方足布中再有出现者，或者也可以认定其为赵国所铸。

另外，到战国中、晚期，布币的钱文虽然多数是记地名的，但钱文的地名，只是铸行国属的一个标识，并不是布币铸地的标志。很多不同地名的方足布，往往出于同一个窖藏，有的是因为流通使用以后汇集到一起的；但有的窖藏钱币明显是刚铸成的新钱，根本没有流通使用过，却有几十种不同钱文的小方足布同窖出土，这只能说明它们是在同一地点，同一时间铸成以后，被一起窖藏起来的，其中多数是同一国家或者同一地区的铸币，但也有的是异国他乡代为委托的铸币。所以布币的钱文地名不一定是它们铸造地点的绝对标志，而只是铸行区域，或者说是发行人、发行单位、发行国的一个标记。

3. 对方足布断代的思考

方足布铸行的上限，应该在魏徙都大梁之后，即公元前339年以后。但徙都大梁之初，桥足布仍在铸行，那么方足布究竟始于何时？从前文对于桥足布的讨论，可以得到一点启示，即：阴晋布是桥足布的晚期制作，而它又是铸行于公元前332年阴晋纳秦，更名为"宁秦"之前。同时，我们又知道，方足布中没有发现阴晋的地名，说明方足布铸行时，阴晋已经纳秦再无"阴晋"之地名，若以此为参证，则可以推想，方足布或是始铸于公元前332之后。总之，方足布始铸的时间应该是与桥足布的停铸时间相衔接，两者或许会有一个短时期的交叉。

至于方足布铸行的下限，应在秦灭三晋之后。公元前227年，秦攻占魏都大梁，魏亡，方足布或许就逐步停铸，而其最终退出历史舞台，则应该在战国末，甚至迟到秦始皇统一货币之时。

《中国钱币》2014年第5期

读先秦布币（六）：燕布和楚布

战国时期，北方的燕和南方楚，它们的主要铸币都不是布币，但在中原地区布币的影响下，先后也分别铸行过布币。

一、燕方足布

燕铸方足布均为小方足布，是战国晚期的铸币。一般通长3.8—4.5、足宽2.5—3厘米左右，重约4.5—7克。属于燕地的方足布见有：安阳（旧释陶阳）（图1）、坪阴、纕坪、恭昌、封化、右明新货等十余种钱文。

燕布的主要特征：1. 和三晋方足布相对而言，布身束腰比较明显；2. 钱文

燕方足布安阳   燕方足布安阳背左

图1

燕方足布右明新货   燕方足布右明新货背

图2

书法自成一体，文字笔划不如三晋布的钱文刚劲流畅，字体略显圆浑，和三晋两周的文字有明显区别；3. 含铅量比中原地区的布币高得多，甚至铅含量会超过铜的含量，即所谓的高铅青铜，这是战国燕铸钱币的普遍特点；4. 制作相对粗糙，遗存至今，品相精美者难求；5. 其出土区域主要在今河北易县燕下

都遗址，以及河北北部、辽宁西部和内蒙古南部交接地区，均为当年燕国的属地。

　　燕铸方足布，显然是受三晋方足布的影响，同时又保留了燕地货币文化的某些传统。诸如：1. 燕"安阳"布的背面会添铸"左"、"右"等铭文，背文没有固定的位置，有的还会有记数或其他记号，这些特征和燕"明"刀的背文有异曲同工之处，当然是燕国铸币的一个标志；2."右明新货"布，钱铭不记地名，其中第二字"明"，无疑也是明刀系列的影响和延续，故称之谓"右明新货"（图2）。

　　因器型和钱文书法等均有别于三晋布币，故燕铸小方足布比较容易辨别，但钱铭的识读和确切地望的考证，也有很大难度，所以至今仍有许多难解之题，有待进一步研究。

二、由方足布演变而成的楚布

　　长布、连布和小布，或可统称为楚布。战国楚的货币主要是青铜铸的蚁鼻钱、铜钱牌，以及板状的黄金。楚铸布币显然是受中原地区桥足布，尤其是方足布的影响。楚布主要出土于今安徽、江苏，以及河南东南部、山东西南部和浙江地区，即楚占有淮泗、吴越以后的楚东、北部地区，所以应是战国中期以后楚国的铸币。

　　1. 长布

　　长布（亦称楚大斾布，图3），平首、平肩、平裆、方足，通体狭长，首有圆穿，周有廓线，腰部略微内收。通长9.5—10.4、肩宽3—3.2、足宽3.2—3.9厘米左右，重28—35克左右。正面中间有一竖线，两侧分列直读的四字钱文："殊布当忻"（或释读为"桡比当忻"、"斾钱当忻"）。背面亦铸有一条中线，两侧分铸"十货"两字。

　　关于长布的钱文释读，有两点可以讨论：

　　一是钱铭的第一个字，是不是地名？纵观楚国发行的钱币，楚金版的铭文有记地的，如"郢"、"陈"等等。但楚的铜铸钱币铭文并不记地，楚早期的"见金"铜钱牌和蚁鼻钱的铭文都

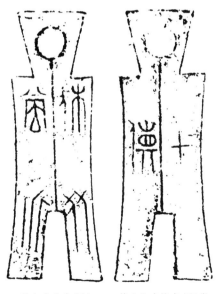

楚大布斾布当忻　　楚大长布斾布当忻背
　　　　　　　　　　　　　　十货

图3

楚小布背当忻　　　　楚小布四布

图4

不记地名（见戴志强、戴越《古钱文字》，文物出版社，2014年）。与长布配套铸行的小布，铭文为"四布当忻"，也没有记地，所以我们认为长布的第一个字不会是记地。释读为"殊布"也好，"桡布"也好，都是指布币的形制。

二是长布正面的第四个字是"忻"，从"十"从"斤"。有人认为"忻"是"釿"的变体，"釿"则是中原布币的货币单位。根据实测重量，桥足布一釿实重约为14克左右，长布实重则在30克左右，初铸者多在35克以上，比二釿的桥足布还要重，所以"忻"并不等于"釿"。其实，在楚早期的货币蚁鼻钱中已经见有"忻"字，也就是说，"忻"在楚布铸行之前，至少在春秋末战国早期，已经是楚的一种货币名称。楚早期的"忻"字蚁鼻钱的实重约为3克左右，和其他各类蚁鼻钱重量大致相同，而当"忻"的长布的重量却是它的十倍，由此可见，"忻"只是楚国货币的一个代用词，不是货币的重量单位，或者说，它不是货币的单位名称。由此也可以想见，长布的背文"十货"之"货"，指的应是蚁鼻钱，因此，"十货"应是折合十枚蚁鼻钱行用的意思。

2. 连布和小布

连布是因为有两枚小布的足部相连而得名。楚小布器型和长布相似，只是缩小了的长布，正面中线两侧为"四布"两字，背面中线两侧为"当忻"两字，合为"四布当忻"。小布一般通长4、首宽2、足宽2.2厘米，重约7.5克左右（图4）；连布一般通长8.1厘米，重约15克左右（图5）。所以小布、连布和长布应是分等配套使用的布币，一枚长布相当于

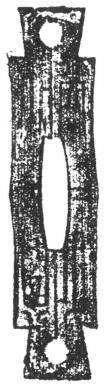

楚连布四布当忻　　楚连布四布当忻背

图5

两枚连布或四枚小布。

从遗存实物看，大布较多，连布和小布很少，可见大布铸行时间较长，发行量也多，连布和小布铸行时间较短，发行量少。

3. 由楚布的钱文和制作特征引出的几点思考

一是根据楚布的器型和制作特征，可以知道它的确是受中原地区布币的影响而产生的。魏的桥足布、方足布铸行以后，对周边地区的货币制度多有影响，它们不仅影响到两周、韩、赵等地，也影响到了东南方的楚。

二是通过对钱文"忻"的认识，可以知道它不能等同于原来布币流行区的"釿"的概念，这说明楚大布上的钱文"忻"和"货"，并不是分别代表两种不同地区的货币单位，相反，它们都是楚地货币的名称。长布、连布和楚小布都是楚国的铸币，它们大小配套，自成体系，在本土流通使用。楚地原来除大额交易使用黄金之外，日常流通使用的是蚁鼻钱，面额太小，所以添铸面额适中的不同面值的货币是顺理成章的事情。由此，也可以进一步理解，它们并不是所谓的"国际货币"，其性质和魏国铸造的大梁桥足布不一样。

三是楚布铸行的时间应该在战国中期以后，《史记·楚世家》记：楚威王"七年（前333），齐孟尝君父田婴欺楚，楚威王伐齐，败之于徐州"。《集解》引徐广曰："时楚已灭越而伐齐也。齐说越，令攻楚，故云齐欺楚。"又《史记·越王勾践世家》记："楚威王兴兵而伐之，大败越，杀王无强，尽取故吴地至浙江，北破齐于徐州。而越以此散，诸族子争立，或为王，或为君，滨于江南海上，服朝于楚。"从楚布出土情况可以看到，它们的主要流通区域是在楚灭越以后的新占领的楚东部和北部地区，所以楚布的始铸时间当在楚灭越之后，即公元前333年之后。此外，楚布是受桥足布和方足布的影响，又采纳了大小分等的币制，所以它们始铸的时间或许应该在早期方足布已经铸行，桥足布尚未退出流通的时期。

《中国钱币》2014年第6期

先秦布币演进图

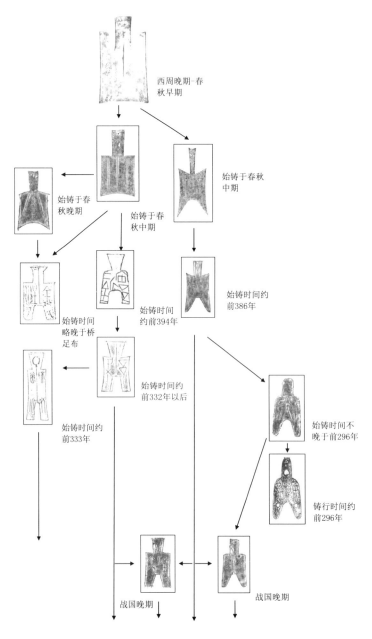

西周晚期-春
秋早期

始铸于春秋
中期

始铸于春
秋晚期

始铸于春
秋中期

始铸时间约
前386年

始铸时间
约前394年

始铸时间
略晚于桥
足布

始铸时间约
前332年以后

始铸时间不
晚于前296年

始铸时间约
前333年

铸行时间约
前296年

战国晚期

战国晚期

秦统一中国（公元前221年）

先秦刀币演进图

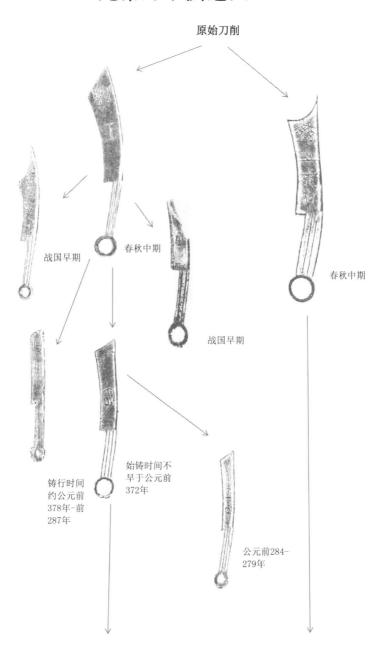

原始刀削

战国早期

春秋中期

春秋中期

战国早期

铸行时间
约公元前
378年-前
287年

始铸时间不
早于公元前
372年

公元前284-
279年

秦统一中国公元前221年

《古钱文字》，文物出版社，2014年4月

读吉田昭二《乾元重宝钱谱》有感

——兼谈日本古钱学家的版别研究

　　读过吉田昭二先生的新著《乾元重宝钱谱》，感受甚多。再细读之，更觉有不少值得回味的地方，从中可以引出一些启迪。

　　这本钱谱共收录各类乾元重宝的拓图677枚，其中包括当十钱82枚，当五十钱（含当五十仿铸钱）120枚，小平钱（含开元通宝"镶置钱"类）430枚。另有会昌记地钱13枚，"西域钱"3枚，"牡国手"钱4枚，楚大铜钱4枚，铁铸钱2枚，铅铸钱6枚，高丽钱3枚，日本钱3枚，不知品7枚。书中所谓的当五十仿铸钱，指的是减重"当五十钱"，此类钱中既有后来的仿铸钱，也有地方的私铸钱；书中所谓的开元通宝"镶置钱"类，即是指仿开元钱制的一类乾元重宝，是小平钱的一种类型；书中所谓的"西域钱"，即是指新疆地区铸行的乾元重宝，它们的制作风格和在新疆所铸的大历元宝、建中通宝钱一致；书中所谓的"牡国手"类，即是指后来辽地仿铸的乾元重宝，其制作风格和辽地出土的牡国元宝、助国元宝钱一致，同一风格的还有辽大康等年号钱；书中所录的"不知品"，有的或是后来越南、东南亚地区仿铸的乾元重宝。

　　从钱谱的分类，可以看出乾元重宝钱的铸期甚长。事实上，自唐乾元之后，一直到唐末，乾元重宝钱都在铸行，它成为开元通宝钱的一种补充，和开元通宝长期并存。唐之后的五代十国时期，一些地区也还在铸行乾元钱，其情况和开元通宝钱也有类似之处。辽宋以后，中国边疆的一些少数民族地区，乃至周边的朝鲜、日本、越南和东南亚地区，不仅大量仿铸宋钱，同时也仿铸唐钱，其中当然也仿铸了乾元重宝。所以对乾元钱的版别研究便多了一层意义，那就是首先要分清它们是哪个国家、哪个地区的铸币；分清是唐铸，是五代十国铸，还是辽宋以后的仿铸。必须在区分清这些之后，才可以来分析和研究唐乾元重宝钱之间的版别差异。

　　唐钱，辽钱，日本、越南铸的钱，在制作风格上，一般会有比较明显的区别，所以比较容易区别开来。但要区分唐早期、中期、晚期所铸，还是五代十国所铸，就会相对困难一些。要对它们做鉴定，必须抓准几个基本点，也就是考古学上所谓的标准器。有了标准器物做样板，便可以举一反三。譬如，有些会昌年间铸的乾元重宝钱，也和会昌开元通宝钱一样，在钱背铸有地名（局名）。有了这个标杆，我们就可以把和这类钱的制作风格相类同的乾元重宝钱断定为会昌，或会昌年以后所铸。又如，我们掌握了十国楚马殷铸大钱的特征，那么把同一制作风格的乾元重宝大钱归为十国楚铸，也就不会有错。再如，我们分析过十国后唐、吴越和闽地的铸钱情况，知道了它们的制作特征，那么，如果遇见了这类制作风格的乾元重宝钱，也就有了判别的标准。当然，这样的鉴定分类必须要和文献资料、考古资料，以及其他相关资料的依据相呼应，然后再作出决断，以免孤证的不足，导致误差。

同一时期、同一国家所铸的乾元重宝，仍然会有版别的差异，通过这些差异的辨认，不仅可以知道哪些版别的钱铸额比较少，遗存比较少；哪些版别的钱铸额比较多，遗存比较多。而且更重要的是，我们希望通过对于它们的辨认，再结合其他相关学科的研究成果，能够找到它们各自的出处，也就是说，找到它们是铸于何时、何地，铸于哪一个钱监（局）。如果弄清了它们各自的身份，那么其学术价值便会显现出来，就可以为货币史、经济史、历史地理研究，乃至相关科学技术史的研究提供更多的实物资料。当然，这项工作是极其繁难的，因为造成钱币版别差异的因素是错综复杂的，既有时代、地域的因素，又有原材料、铸造技术、母钱雕刻者的因素，还有铸造过程中，乃至后期人为的诸多因素。如何区分这些因素，能否抓住主要矛盾，便成为识别版式标准的关键。

吉田昭二先生对于乾元重宝钱的版别划分，是有一条清晰思路的，即首先考虑的标准是正面钱文的文字书法。因为中国古钱的主要修饰不是图案，而是文字。中国古钱的艺术性主要反映在钱文的书法，而它的主要防伪措施，或者说对它做鉴定的主要依据，也在于文字书法。每个字在雕刻过程中，其起笔落笔，其框架落定，乃至某一个部位的个性显现，都会有传神之处。尽管每一种钱都以样钱作为依据，但是每一位母钱雕刻者在雕刻过程中，都会有意无意地在钱文上留下自己的痕迹，这便是它铸于某一时期、某一地点、某一钱监遗留在钱体上的永恒的见证。所以不仅是当时政府的主管部门和钱币的制造者会十分注重，即使是钱币的使用者和后来的收藏者、鉴赏者也都十分关注。

　　试以乾元重宝小平钱为例说明之。是谱对于小平钱版别划分定名，第一级列出的名目共有28项，其中除背正郭、广穿、五分钱、幺钱等4项外，有24项的定名均以钱文的书法为依据划分的，即：正字、正字阔元、阔字、大字、瘦字、容弱、遒劲、劲元、短头重、俯二元、仰宝、尨字、莶足元、开足元、大元、小元、退头元、长重、肥字、耸元、阔乙、长字、俯元、仰乾。是谱与小平钱平列的开元通宝"镶嵌钱"类，实际上也是乾元重宝小平钱的一个门类，它的定名依据当然也是源于钱文书法。是谱对于小平钱版别划分第二级列出的名目，乃至第三级所列名目，除广穿、阔缘、中样、小样、背月、背星等是以钱体制作、纹饰记号来命名外，也主要是依据钱文书法的特点来进一步强调和补充的。我们这里不准备讨论其分类定名是否已经完美，是否还有可以进一步完善，或者可以商榷的地方（书中尚有个别排版、校对中留下的错误），但吉田昭二先生分类定名的立意和主要依据已经跃然纸上。这样的思路和分类方法是值得我们重视和引以为参考的。

　　吉田昭二先生的《乾元重宝钱谱》对于乾元钱的版别区分是以钱文的书法不同作为主要标准的。日本已故古钱学家小川浩先生在三十多年前编纂的《开元通宝泉谱》，也是以开元钱的钱文书法变化作为版别分类的主要依据。他在其泉谱中，除了会昌开元、后铸开元和南唐开元以铸期分开，银铸和镀金开元以材质分开之外，只有"阔缘"一类是以钱体形制区分的，几乎所有的盛唐开元通宝钱都是以钱文的文字书法来区分，共列出：大字、容弱、短头元、低头通、平头通、小字和异书等七大类。这样的分类标准，在日本不是小川浩一家之言，也不是吉田昭二一家之言，而是日本古钱学家对于唐钱分类普遍认同的方法。其实这样的分类法，日本学者是从北宋小平钱的版别分类开始的，是他们经过二百多年的探索实践，逐步总结出来的对古钱进行版别分类的方法，所以它不只是适用于宋钱、唐钱和中国其他古钱，而是普遍适用于东方钱币文化圈的所有古钱。

　　在科学考古资料十分匮乏的过去，我们的前辈学者利用钱币学的方法，依据古钱的钱文书法变化，并综合分析了每一类钱的钱体制作特征等其他因素，对古钱作排比分类，剖析它们的相互关系，取得了卓有成效的学术成果。譬如，郑家相先生通过五铢钱的钱文变迁和制作变化，大致勾勒出了五铢钱沿革的轨迹；日本学者则经历了二百多年的辛勤追索，对唐、宋古钱的版别分类有了今天的成果。在科学考古发掘大力开展的今天，考古的新发现为我们的研究提供了很多新的资料和信息。譬如，我们通过唐代纪年墓的出土实物，已经知道开元通宝钱中的"短头元"一类，即"元"字第一笔较短的开元钱，是唐早期铸钱的一个重要特征，并且已经掌握了唐开元钱版别变化的大概脉络。面对科学发达、日新月异的当今社会，读过吉田昭二先生的《乾元重宝钱谱》，重温前辈学者做出的努力和贡献，如何推进当今的古钱研究，我想需要着力做好两方面的工作。一是要认真学习和继承传统古钱研究的成果，这里我要强调的是"认真"二字，也就是说，要真正领会其精神，而不是囫囵吞枣，不是依样画葫芦，只有在此基础上，才能做到推陈出新，才能再上层楼。二是要不断接受新事物，不断更新旧观念，认真看待相关兄弟学科的新发现、新成果，为我们的古钱研究服务，只有这样，才能把钱币学研究不断引向深入。

《中国钱币》2005年第4期

南宁巧遇直读绍兴通宝折十

2015年11月15日上午，在南宁饭店一楼祥和厅刚结束名家有约——钱币访谈活动。在贵宾室小息，朱武飞进来和我说，有人想请我看个钱，并说是钱币学会的会员。本来这次没有鉴定任务，出于好意，又正好闲着，就请他进来吧。

进来两人，说是弟兄俩，长者乃一白发老翁，年少一些的大约也有六十出头。老翁自称是钱币学会会员，并拿出会员证让我看，说在广西钱币会刊上发表过文章。随后掏出一个小塑料袋，里面装着一坨古钱，约有十来枚钱锈结在一起，显然是水坑出土。我接过这坨钱，只有裸露在表面的一枚依稀可见，仔细看来，竟是一枚直读绍兴通宝折十（见图）。他说："是直读，前所未见。"我答曰："近年在浙江，在杭州，已见有直读绍兴，且有小平、折二、折三和折十几种，其中折十略多一些。"我又问，这坨钱是从哪里得到的？答曰，最近刚刚买的，有人说是出自一个山洞，也有人说是从海里捞出来的。从这坨钱的情形来看，应是埋在地下，受过重压，钱体已经扭曲变形，外廓损伤，所以我认为前说的可能比较大。我告诉他，这坨钱很好，有研究的价值，要他好好保护，不要再敲击，以免损坏。

另外，他又取出几枚钱，其中有一枚空心字（双线勾划）的元丰小平，以前未曾见过，从制作看，疑是安南钱，当亦不错。

临行前，我们三人合影留念。他告我，他们也是上海人，是当年支内到了广西，说他姓孙（其实是我记错了，后来知道他叫徐钢），曾是某企业的领导，现已退休。当日下午我便飞回北京。

次日（16日）下午正好钟旭洲来访，又带来直读绍兴通宝几枚让我看，说有人怀疑是假。我说，事也凑巧，我昨日上午在南宁也见到了一枚直读绍兴通宝折十，水坑，一坨锈结在一起。他闻言喜出望外，激动溢于言表，并想马上去南宁。我真不想让他去夺人之美，看他过急，不宜鲁莽，故未告他详情。

事隔六天，22日晚接钟旭洲杭州来电，说刚从南宁回杭，并以"得壹"、"顺天"等钱换得直读绍兴通宝折十钱，如愿以偿。还告诉我：徐刚是花7元钱买来的。又说，南宁所得者乃阔缘，与他已有的版式略有区别。我虽不太赞成他的过激行动，但也确实佩服他的钻营精神，七十大几的古稀之年，不怕辛苦，来回奔波。看来只有这样一股劲，事情才会办成。

冬月补记于续斋

附记：

唐高祖武德四年（621）开始铸行"开元通宝"铜钱，如今"开元通宝"之名已为多数人认同，这是新、旧《唐书》对此钱的读法。但《唐六典》的读法则是旋读，读为"开通元宝"，说明是钱在唐代已经存在两种读法。或许是因此钱读法的影响，到北宋的铸钱，凡称"通宝"的钱多为直读，凡称"元宝"的钱多为旋读，似乎成了一种习俗，当然也有例外的。

直读绍兴通宝折十

读李卫《辽金钱币》有感

春节前有幸得读李卫先生的专著《辽金钱币》（紫金城出版社，2009年11月第一版），颇有感受，今择其要者，记录于下。

一、关于辽钱

辽是北方民族——契丹人建立的政权，建国于907年，即唐末五代之初。辽钱和唐、宋钱币血脉相通，它和唐、宋钱币一样，亦分为正用品和非正用品两大类。正用品是正式以货币的名义铸造和发行的钱币，是辽钱的主体。非正用品是由辽代的货币文化衍生出来的各种钱币，它们不行使货币的职能，而有着各自不同的用途。

1. 辽钱正用品

辽钱的正用品主要是年号钱，而且多是当一的平钱。我在1994年发表的拙文《也谈辽钱和辽钱研究》（《中国钱币》1994年第1期）中，讨论的便是辽钱的正用品。在那篇文章里，我曾经提出，"辽统治者决定铸年号钱，更重要的原因，不是为了流通，而是为了显示一种权力，出于一种与外部抗争的心理"。因此，辽铸钱的政治目的远远大于经济意义，大于实用价值。这种理念，不仅是辽早期统治者的思想，而是通辽之史，历代统治者一贯的思想，即使是重熙（1032—1055）以后，辽钱的铸额大大增加，但市场交易所用的货币，主要的仍是宋钱。通辽之史，从来没有拒绝使用中原地区的货币，不仅没有拒绝，相反，是想方设法引进中原地区的货币。正是出于这样的认识和理解，所以我赞同李卫在书中提出的观点：辽实行"改元即铸钱"的货币政策。

如果这样的认识成立，那么，在我国，"改元即铸钱"的货币政策，不是起于唐，也不是起于宋，而是起于辽。因为唐朝虽然已经铸有年号钱，但并未成为定制，整个唐朝主要的行用货币是"开元通宝"钱，而"开元通宝"不是年号钱。宋初承继唐制，铸行"宋元通宝"钱，是国号钱。到宋太宗太平兴国年间（976—984）才始铸"太平通宝"年号钱,而北宋真正推行年号钱制度则是太宗淳化 (990—994) 以后的事情,即公元十世纪末叶以后的事情。辽推行年号钱制度,则是早在十世纪的一二十年代,从这个意义上讲,宋朝的年号钱制度,不仅是受唐的影响,或许更多的是受辽的影响。

那么,实行年号钱制度,是不是每改一次年号,就必定会改铸新的年号钱呢?倒也未必。因为在大政方针的前提之下,也会遇到事先没有考虑到的特殊情况,或者临时性的突发事件。譬如,北宋在推行年号钱制度期间,就出现过变异:真宗乾兴 (960—1022) 的年号钱,至今未见,或许是因为真宗改元乾兴以后,不久便驾崩,故未及铸钱。仁宗宝元年间 (1038—1039),铸的是"皇宋通宝"国号钱,也没有新铸年号钱,而且"皇宋通宝"钱在宝元以后继续铸行,一直延续到康定 (1040—1041)、庆历 (1041—1048)、皇祐 (1049—1053) 年间。所以现在我们见到的康定年号钱只有一些地区性的铁钱,而未见铜钱;庆历年号钱只有当十大钱,亦未见当时主要流通使用的当一的小平钱;皇祐则至今未见年号钱。当然,辽的情况和北宋有所不同,北宋铸钱主要是为了实用,辽钱则更注重于政治目的,基于这样的情况,辽铸年号钱的制度,应该会实施得更加坚决。

十六年前,我在写《也谈辽钱和辽钱研究》时,尚未见到过神册、大同、乾亨等年号的辽钱。这些年适逢收藏盛世,其中自然也包括钱币的收藏。收藏热带动了两股热浪,一是推动了寻觅钱币、挖掘钱币的风气,其声势之大,超过了以往任何时期,甚至到了触目惊心的地步。我们在这里不想评议这样的举措是否妥当,但就钱币学研究、货币史研究而言,我们这一代的确是赶上了机遇,以前从未见过的新品,时有出土,它们的出现,为我们提供了千载难逢的资料,为我们对历史真实的了解和理解提供了更多的依据。李卫抓住了这个机遇,他借工作之便,经常深入古代辽金腹地,掌握了不少关于辽金钱币的信息和资料,在他的书里收录了不少前所未见的新品,也因此提出了不少新的见解,新的看法。

收藏热,同时也带来了伪造热。清乾嘉时期是这样,上世纪三四十年代是这样,当今更是这样。而且随着新的钱币学研究成果的发表,对钱币的认识和理解的深化,以及科学技术手段的进步,钱币做伪的程度也在提高。凡是钱币中的名誉品、小名誉品,当今市场几乎都有仿制的伪品,甚至本来没有的所谓的"新品",也会冒出来,还会编造出它们"出土"的活灵活现的故事情节。虽然它们中的多数是容易识破的,但也不乏做伪程度很高的假钱,几乎可以乱真。辽金钱币也是这样,其中的确有新出土、新发现的珍品,但我们必须有清醒的头脑,这样的新品、珍品的实际品种、实际数量是极少的,而混杂其间的大量的是冒牌的假钱。这就为我们的征集和研究增加了困难,为去伪存真增加了难度。所以现在的形势,既是机遇,又是陷阱重重,机遇不可放过,陷阱必需严防,而要真正做到这一点是极其困难的。其实,在一个地区、一个时期,真正做伪的高手,只是少数几个人,甚至就是一两个人,他们做伪的手法也应该基本是一致的。如果我们把这些高仿的伪品集中到一起,就会发现:不同时代、不同制作的钱币,居然会是同一个面孔(一样的制作风格),穿着同样的服饰(一样的锈色),于是便可以不攻自破,露出它们的庐山真面目。我们只要认真解剖其中的一枚,或者几枚,便可以举一反三,提高我们的辨识能力。

辽钱和其他古钱相比而言,有其特有的制作风格。同时,辽钱的制作特征和钱文书法,又是逐步形成、发展、调整和成熟的,所以每个时期,每一种辽钱,在大风格一致的前提下,又都会有属于自己的个性特征。在辽早期的钱币中,"天赞通宝"钱(922—926)的制作特征应该引起我们的注意。"天赞通宝"钱的"赞"字,"贝"部上面是两个"夫"字,而不是两个"先"字;"天赞通宝"钱的"通"字,更有一个明显的特点,古钱学家称之为虎尾通。所以会有这样的桂冠,是因为"天赞通宝"钱的"通"字的走之尾部有一个高高跷起的大尾巴。1985年,在辽宁博物馆,我曾见过李佐贤先生旧藏的"天赞通宝"钱,其"通"字走之的尾巴真的是高高翘起,而且是弯曲上升的,因为特别,所以印象极深。虎尾通的书法,应是源于唐"开元通宝"钱"通"字的写法,只是大大地夸张了。天赞以后的辽钱,"通"字的写法,走之的尾巴虽然还会有翘起的,但绝无再有天赞钱那样夸张的个性。天赞钱不仅钱文书法和它以后的辽钱不同,而且钱体制作、轮廓阔狭、文字布局等等,都和后来的辽钱有比较大的区别。天显(926—938)以后,辽钱才逐步形成一个相对稳定的模式。但"天显通宝"钱的"显"字,钱文书写非常别致,紧接着"会同通宝"钱(938—947)的"会"字,"天禄通宝"钱(947—951)的"禄"字,"应历通宝"钱(951—969)的"历"字,钱文的书写又连续出现"借笔"现象,又形成了这一时期辽钱的个性特征(详见拙文《也谈辽钱和辽钱研究》)。总之,不同时期的辽钱,虽然它们的总体风格相似,但都会有它们各自的个性和特点,钱币学家既要掌握它们共同的制作风格,又要了解它们各自不同的个性特点,只有这样,才能在辽钱鉴定和研究上步入自由王国,不被假相所迷惑。

2. 辽钱非正用品

辽钱的非正用品，多和民族文化、民俗文化有密切的关系，它们的取材、形制、铸造工艺……多和正用品雷同，但它们不是货币，不能行使货币的职能。综观非正用品辽钱，大致有以下几类。

一是吉语钱，辽的吉语钱，多为大钱，诸如“天朝万顺”、“千秋万岁”、“神册万年”等等。吉语钱的钱文有汉文，也有契丹文；契丹钱文中，又有契丹大字和契丹小字的区别；契丹文钱中还会有阴刻的契丹钱文。辽的吉语钱，除铜铸者外，也见有金、银制作的，但为数极少，遗存至今者更少。吉语大钱多数制作精良，它们虽然数量不多，但版式多变。这些上乘的吉语大钱，应是当时上层社会，甚至是皇室的用品，有的或许和祭祀等重大活动有关。

二是国号年号钱，如“大辽天庆”钱。此类钱数量不多，亦都是大钱，制作精良，也应是皇室专门的用品。

三是记年钱，如“清宁二年”、“大康六年”等。1972年9月，吉林哲里木盟库伦旗奈林稿公社前勿力布格屯的1号辽墓（此地今已归属内蒙古管辖），发掘并出土了一枚“大康六年”大钱，这枚钱当然不会是作为货币殉葬的，而是为了标明墓主人下葬时间的一枚瘗钱。这枚钱制作精整，没有使用痕迹，应属殉葬的专门用品。

四是陶质冥钱，李卫书中列有“保宁通宝”、“大安元宝”等陶质年号小钱。为死者殉葬冥钱，是我国的传统民俗，只是每个时期、每个地区会有不同材质、不同制作风格的冥钱，形成各自不同的特点。

五是所谓的“巡贴”钱，如“百贴之宝”、“千贴巡宝”等。前辈古钱学家对此已有论及，但至今仍是众说纷纭，莫衷一是，故只能有待确凿的新资料，再作分析研究。

六是庙宇钱，多为铜质年号小钱，一般都小于正式发行的年号钱。庙宇钱盛行于元代，甚至可以在地方上行使某些货币的职能，成为元钱的一大特色。根据现在掌握的资料，可以知道，庙宇钱应是起于魏晋南北朝时期，唐、宋以降，渐成风气，辽时的铜质年号庙宇小钱，或已具备元时庙宇钱的某些特性。但对此，还缺乏更多的资料依据，我在这里要专门提出来，希望引起辽钱收藏者和研究者更多的关注和重视，以便取得更多的实物佐证和研究成果。

二、关于金钱

金是北方民族——女真人建立的政权，建国于1115年，即北宋徽宗政和五年。1125年灭辽，1127年掳徽、钦二帝，同年赵构南逃，开启南宋政权，于是形成了金与南宋、西夏对峙的局面。

金的货币制度和钱币文化，几乎是全盘接受了宋钱的制度和中原的文化。北宋发行使用纸币，金于海陵王贞元二年（1154）起，也开始发行纸币——交钞，并逐步成为主要通货。在纸币使用的实践中，还有所改革和发展，譬如，大定二十九年（1189）金章宗取消交钞七年为界的限期，从此交钞不再换界，成为永久通行的货币。

两宋用银已经相当普遍，白银的贮藏、大额支付手段，和作为国际货币的职能，已经凸显。金也采纳了这样的制度，不仅接纳宋铸的银锭，而且仿照宋锭的器型，铸造自己的银锭。开始，金地铸造的银锭，均为五十两大锭，民间使用时，可以截成小块。金章宗承安二年（1197）铸行承安宝货银锭，史载：一两至十两，分为五等。白银货币分等铸造，大大便于流通使用，在我国白银货币史上，是一次重要的改革，一个重大的进步。

金铸的方孔圆钱，也一样继承了宋钱的制度，而且把宋钱文化的特点发挥得淋漓尽致。一是，金也铸年号钱，而且都是汉字钱文。金在正隆、大定年间（1156—1189）铸钱数量颇多，故遗存至今者亦多，但别的年号钱却铸得不多，遗存亦少，有的甚至未见实物遗存，也可能有的年号本来就没有铸钱，因为当时纸币已经成为主要通货，白银的使用也已非常普遍。二是，金钱讲究钱文的书法艺术，金钱的钱文应该都是出于书法大家之手，再加上铸造工艺的精湛，所以它完全可与宋钱比美。同时代的西夏钱也铸造得十分精良，它们形成了共同的时代特征。三是，金钱也有"对钱"，从刘豫的阜昌钱（1130—1137）开始，金的年号钱往往用不同书体的钱文同时铸钱。与宋钱不同的是，宋的"对钱"制度一般是以篆书钱文者为主，再配置以楷书或行书、或隶书等别的书体的钱文，而金的"对钱"则是以楷书钱文者为主，再配置以篆书书体的钱文。四是，金钱不仅有当一的小平钱，同时也铸当二以上的大钱，这或许是受北宋徽宗崇宁、大观（1102—1110）钱制的影响。但每个时期，钱币的分等，似乎并没有统一的规定。

读李卫的《辽金钱币》，对金钱的认识，有两点启迪，留下很深的印象。一是关于"承安宝货"。我对"承安宝货"的认识，有过反复的过程。年轻时自然是接受前辈的成果，对"承安宝货"方孔圆钱的铸造和存在，不存怀疑。1985年，黑龙江阿城地区出土承安宝货银锭并得到认可，我为之兴奋。在这样兴奋的冲击下，曾经对承安宝货方孔圆钱的存在产生了怀疑，在给研究生讲课的时候，我也曾表白过这样的看法。现在读李卫的书和书中所录的"承安宝货"方孔圆钱拓本，觉得有必要重新审视，重新认识。于是又重读了丁福保先生的《古钱大词典》和《历代古钱图说》等钱谱所录钱拓。其中"承安宝货"方孔圆钱的制作，的确具有金朝铸钱的时代气息，所以不应该把金章宗承安年间 (1196—1200) 铸"承安宝货"方孔圆钱，和承安二年 (1197) 发行承安宝货银锭对立起来，方孔圆钱和白银货币，本来就是两个系列，它们之间应该是互为补充的关系，并不存在矛盾和冲突。而且，据说"承安宝货"方孔圆钱，不仅铸有铜钱，也还铸有银钱。

　　二是关于"泰和通宝"、"泰和重宝"。李卫书中收录了一枚"泰和通宝"篆书小平钱，是钱和楷书小平钱可以配对，天衣无缝，和篆书"重宝"大钱也如出一辙，其精神气息，令人叹服。由此可见，金"泰和"年号钱 (1201—1208) 的钱文，应该有楷书和篆书两种书体，是"对钱"制度的继续，只是除小平和当十大钱外，至今尚未得见泰和折二、折三、折五的篆书钱遗存。由此我还想到，在2002年，曾有幸得见黑龙江友人收藏的一枚篆书"泰和重宝"银质大钱，其制作和精神面貌亦和篆书重宝铜质大钱完全一致，真正可谓精美绝伦，所以泰和年间除铸有铜钱外，也还铸有银钱，只是铸额不多，故遗存更少。

《中国钱币》2010年第2期

元朝的币制和"至正之宝"权钞钱

　　2012年北京国际邮票钱币博览会纪念银币的背面图案取材于元朝的"至正之宝"权钞钱和威尼斯公国时期的钱币。现就元朝的币制和"至正之宝"权钞钱的相关问题，简单介绍如下。

一、关于元朝的币制

　　元朝（1271—1368）政权历时虽然只有97年，但在中国历史上享有显赫的地位。1. 元朝是中国历史上第一个由少数民族统治者建立的大一统政权；2. 元朝是中国历史上疆域最为辽阔的王朝，一代天骄成吉思汗率领他的蒙古铁骑，几乎征服了整个西亚地区。

　　同样，元朝的货币制度在中国的货币史、钱币学上也享有显赫的地位。1. 元朝是中国货币史上第一次在全国范围内统一发行并使用纸币（图1）。它不仅影响到中国周边的国家和地区，而且还影响到西方世界。意大利人马可波罗在他的游记中，不仅记载了当时元大都的繁荣景象，详细描述了元朝纸币的行用情况，而且为一张小小的纸

图1　"中统元宝交钞"一贯文省

钞可以行使货币的职能而感到惊讶，这在当时西方人的心目中，简直是不可思议的事情，但在中国做到了；2.元朝主要的法定货币是纸币，白银则是纸币的保证金，所以白银在元朝国库中的地位是显而易见的。不仅如此，在元朝的银锭背面，还出现了铸有"元宝"二字的现

图2　至元十四年五十两背元宝银锭

图3　八思巴文"大元通宝"

图4　"至正通宝"背八思巴文记年

象（图2），我们这里不讨论它产生的原因是什么，但它对后世的影响之深远是无可非议的。人们把银锭称为"元宝"，便是由此而起，把"元宝"视为元代的宝货，也是不争的事实；3.元朝是蒙古人建立的政权，所以在中央政权发行的钱币上，有了多民族文字并存的现象。元朝既铸有汉文钱，也铸有八思巴文钱（图3）。惠宗至正十年（1350）开始铸造的至正通宝钱（图4），还同时铸有两种文字，正面为汉文钱名，背面有的用蒙古文记年（有蒙古文地支记年"寅"、"卯"、"辰"、"巳"、"午"五种），也有用蒙、汉文同时在钱背记值的，如折二、折三、折五、折十。

二、关于"至正之宝"权钞钱

"至正之宝"权钞钱是元惠宗至正年间（1341—1368），在江西吉安地区发行的

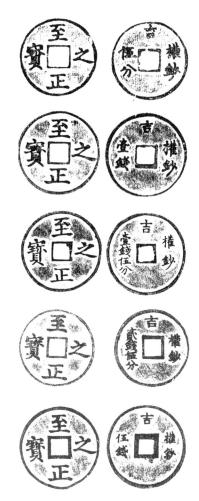

图5　"至正之宝"权钞钱

一种钱币（图5）。尽管是地区性发行，使用时间也不长，但在中国货币史上享有特殊的地位，具有特殊的学术价值和文物价值。

"至正之宝"权钞钱，青铜铸币。正面直书"至正之宝"四字，标明是铸行于至正年间的宝货，钱文由大书法家江西鄱阳人周伯琦书写，文字既端庄大气，又秀丽灵动，充分显示了中国书法艺术的魅力。背面穿上铸一"吉"字，标明铸行的地域在江西吉安；穿右铸有"权钞"二字，注明可以当纸钞行用；穿左记值，分为大小五等，即分别折合白银："伍分"、"壹钱"、"壹钱伍分"、"贰钱伍分"、"伍钱"。钱径分别约为4.2、5.1、5.9、6.8、7.8厘米左右，重分别约为19、40、50、80、170克左右。

用金属铸币来"权"纸币，行使纸钞的职能，在中国货币史上，仅此一例，在国际上恐怕也难寻觅。这不仅说明元朝纸币的影响力之大，同时也必须看到，实际上，"权钞"是虚，"权银"是实。理由：1. 当时纸钞是对白银作价，所以所谓的"权钞"，其实是"权银"；2. 钱背穿右虽曰"权钞"，但在穿左又清清楚楚地标明了它们的面值，分别是银两"伍分"、"壹钱"……所以仔细分析这个"特例"，也就不再会有矛盾。它只能让我们更清楚地看到，白银在元朝已经取得了重要地位，为后来白银在中国取得价值尺度、流通手段的职能，奠定了基础。

"至正之宝"权钞钱本身铸额不多，遗存至今者，更是凤毛麟角，所以是中国古钱中的大名誉品，要把五枚整套集齐更难。也正是这个缘故，现在市场上所见到的，多为后人的伪作。然而这套"至正之宝"权钞钱有个制作特征，或许可以帮助我们辨别真伪：这套钱的制作往往是正面精整，内外廓的线条规矩清晰，钱文书法秀美，但钱背的制作却判若两人，不仅时有错范移位的现象出现，背面钱文也往往会有字迹模糊的情况。

明朝开国铸币"洪武通宝"钱

2013年北京国际钱币博览会纪念银币的背图选用了"洪武通宝"钱。

"洪武通宝"钱是明朝建国以后的第一种铸币,但不是朱元璋的第一种铸币。因为在朱元璋称帝以前,还在元末农民起义时期,即他号称吴国公的时候,已经设置宝源局,并于1361年开始铸造发行了"大中通宝"钱(图1)。朱元璋称帝以后,建元洪武(1368—1398),并于洪武元年在京师南京设立宝源局,又在各省分设宝泉局,正式铸行洪武通宝钱(图2)。从这个意义上讲,洪武通宝是明朝的第一种正式铸币,同时,它又是大中通宝的继续和发展。

图1

图2

一、明朝的币制

就整体而言,明朝的货币制度是在元朝币制的基础上形成的,从洪武八年(1375)开始发行纸币"大明通行宝钞"以后,基本是钱钞兼用,以钞为主,以钱为辅。所以纸币发行以后,洪武通宝钱便铸铸停停、停停铸铸,这可能也是导致洪武通宝钱版别变化比较多的一个重要因素。

和洪武通宝钱有直接关系的,涉及币制方面的问题,有以下几点可以引起我们的注意:

1. 设置宝源局和宝泉局,作为钱币的主管部门,此制由大中通宝钱开始实施,到洪武年间正式确立。洪武三年(1368)颁布的《洪武钱制》,称铜钱为"制钱",厘定了制钱制度,由此,"制钱"成为铜钱的法定名称,明、清两朝一直沿用。

2. 确立楷书、"通宝"币制。洪武通宝钱文的书体为楷书书体,此后明代所有通货的钱文均为正楷，书法规范，容易辨识。洪武钱称"通宝"，不称"元宝"，是因为朱元璋的名字中有元字，要避讳，所以自大中钱到永历钱，明朝所有的钱，不论大小，都称通宝。洪武通宝钱分大小五等：折一钱（称小平钱）直径约为2.3厘米，重约3.5克；折二钱直径约为2.9厘米，重约5.7克；折三钱直径约为3.3厘米，重约11克；折五钱直径约为4.4厘米，重约20克；折十钱直径约为4.7厘米，重约38克。从遗存实物看，实际上每一种钱的大小、轻重差别很大，造成的原因应该和铸期、铸地的不同有关，尤其是地方铸钱往往会有减重的现象。

3. 开了后朝补铸前朝钱币的先河。早在1364年打败陈友谅以后，朱元璋便在江西设立宝泉局，此后又相继在所辖各省分设宝泉局，分别铸造大中通宝钱，并在钱背加铸局名，以示区别。但现在所见到的大中通宝钱钱背局名多达九种，和洪武通宝钱大致相同，其中有一部分应是洪武年间补铸的。在此之前，中国的铸币史上，没有后朝补铸前朝年号钱的先例，所以，洪武年间补铸大中钱，开了后朝可以补铸前朝年号钱的先河。

二、洪武通宝钱的版别

洪武通宝钱的版别很多，仅就钱背的制作不同，大致可以分为四大类：

一是素背钱。即光背钱，这是中国古钱的传统制作，也是洪武钱中最常见的一类，尤其以光背小钱居多（图3）。

二是记值钱。即小平钱背铸"一"字（但多数小平钱不记值），折二钱背铸"二"字，折三钱背铸"三"字，折五钱背铸"五"字，折十钱背铸"十"字。记值的数字多铸在钱背穿上，但也有个别例外，如广西所铸的洪武小平钱，有一种钱背穿上铸一"桂"字，穿下有一"一"字记值；又如广东所铸的洪武折二钱，有一种钱背穿右铸一"广"字，穿左有一"二"字记值。

三是记重钱。即钱背穿右分别铸有一钱、二钱、三钱、五钱和一两等记重文字。分别相当于五等币值。这种记重的钱，应该是京师所铸，和其他同等币值的钱相比，钱体比较厚重，制作也比较精整（图4）。

图3

四是记局钱。即钱背分别铸有铸造局的局名（简称）。现在所见的实物，计有：京、北平、鄂、豫、济、浙、福、广、桂，共九种。局名大多铸于钱背穿上，只有背福、背豫的铸在穿下，背广的铸在穿右（图5）。

上述后三类钱的背文往往会交叉重叠使用，如当十大钱的穿上铸"十"字记值，同时又在穿右记重"一两"（图6）；又如穿上铸"北平"记局，同时又在穿右铸"十"字记值。

若细分的话，会有更多不同的版别，诸如：大字、小字；粗字、细字；大样、小样；阔缘、狭缘等等，这是专题收藏者研究的课题。

此外，要特别注意的是，日本等东亚、东南亚国家和地区，都曾经仿铸过洪武通宝钱，如在遗存的洪武小平钱中，见有背面铸"加"字、"治"字、"木"字的（图7），便是日本在十六世纪后半叶，在加治木地方所铸的仿制品，并不是中国古钱，当然也不是明朝的制钱。

图4

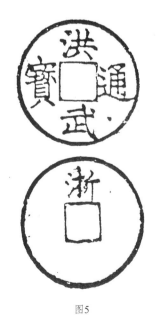

图5

图6

图7

清钱的版别研究

钱币鉴定一般包含有三个目的：一是真伪鉴定，二是价值鉴定，三是开展学术研究。对于一般爱好者来说，比较注重前面两项，但要深入理解的话，就必须在第三项完成学术研究之后，方可得到。无论是经济价值的鉴定，还是学术价值的鉴定，都会涉及钱币的版别问题。

随着钱币收藏和研究的逐步深入细化，对于钱币版别的区分和理解，在不同阶段应该有不同的要求，它是循序渐进的，操之过急，则欲速不达。对于钱币版别的区分和理解一般会经历几个阶段：由粗到细，由表及里，然后再在细分的基础上分类归纳，最终达到科学的认识和理解。每一个专题、每一个门类，因为研究的程度不一，进展不一，我们的理解也不会一样，所以不能强求一致。谨以清代古钱为例说明之。

对于清钱的版别分类，德国的汉学家布威纳先生尽其毕生之力，做了大量的研究。早在四十年前就出版了顺治至雍正朝的《清钱编年谱》，之后他继续不弃不舍，终于完成了整本的《清钱编年谱》，作为一个西方学者，有这样的治学精神，值得我们敬重和学习。

关于清钱的版别分类，我想可以从两个方面开展：

一、按铸期，即对不同年号的制钱，进行版别分类。清朝共有十个年号，即顺治、康熙、雍正、乾隆、嘉庆、道光、咸丰、同治、光绪、宣统，加上祺祥，清钱总共为十一种年号钱。大致可以划分为三个大的阶段，即前六朝为一个阶段，咸丰为一个阶段，后三朝为一个阶段。

前六朝领头的是顺治，所以对顺治钱的版别分类特别要重视。现在有一批顺治钱的收藏爱好者在专门研究顺治钱的版别，佟昱是他们的代表。十年前中华书局出版了佟昱的《顺治通宝钱谱》，收集不同版别的顺治钱600多种。对顺治钱的认识，以往学者多以钱背的不同，粗略区分为五大类，即：光背钱、汉字钱、"一厘"钱、满文钱、满汉文钱。很少有人再细究，再在正面钱文上下功夫做文章。佟昱却在前人研究的基础上，注意到顺治钱的面文变化，对钱体的其他制作特征也做了对比研究，并形成了一套当时认为比较规范的概念。

事隔十年，佟昱的《新编顺治通宝钱谱》又要出版了，比之初版，内容大大充实，新收录的钱图版式居然占了全书图版的三分之一，其中珍稀版式又占了新增图版的三分之一。不仅内容充实，更重要的是，对顺治钱的理解有了质的飞跃。现在和读者见面的《新编顺治通宝钱谱》，对于顺治钱的认识已经不只是停留在"知其然"，而是在"知其所以然"上迈进了大大的一步，登上了一个全新的台阶。是在大量实物资料、出土资料、文献资料积累的基础上，经过反复的梳理和提炼，寻找出其中的内在关系，逐步形成理性的东西，上升到理论的高度。

一是通过不同出土地区的顺治钱资料做对比分析，再结合明亡清兴，各个时期的军事、政治、经济形势的变化，以及政府为应对社会矛盾所采取的措施，逐步揭开迷雾，寻觅到顺治钱不同版式之间演变的来龙去脉及其内在的联系，才得以提出了顺治钱由沿袭明钱的制作起始，经过多次调整和变革，才逐步形成了所谓的顺治钱五大类的格局。这样便有了一个立体的概念，说明不同版别的诞生，是在不同铸期，不同的环境下形成的。

二是读到了顺治年间的原始档案——30多篇有关制钱鼓铸和发行的内阁题本（奏折），找到了确实的第一手文献资料，才发现《皇朝文献通考》、《皇朝通志》等书的记载有失实之处，从而纠正了以前因为资料误差导致的误判，或许这便是上苍对一个有心人的回报。

三是赶上了科学家参与钱币研究的新时代，可以借助科学手段来测量顺治钱的合金成分，特别是发现了少量（微量）元素锑的含量变化，对不同地区出土的顺治钱进行对比研究，使之对顺治钱不同版式的地域差异有了豁然开朗的理解。

由此，不同版别的顺治钱找到了它们在历史上的各自的定位，它们的历史价值跃然纸上，它们的文物价值和现实意义亦就赫然可见。

二、按铸地，即按不同地区的制钱，进行版别分类。当然，同一铸地的钱还会有铸期先后的问题。咸丰钱是中国古代铸币史上最混乱的时期，换一个角度来认识，也可以说是咸丰钱的版别内涵最丰富。前辈钱币学家已经关注到这个问题，经过几代人的不断努力，做了比较系统的研究。其中最具代表的成果是1994年出版的，由马定祥先生主编的《咸丰泉汇》，共收录咸丰钱3698种，32个铸钱局（包括盛京局，即后来宝奉局）的铸币，以及它们的衍生产品，为我们进一步研究奠定了很好的基础。

咸丰铸钱的复杂性，既有内患太平天国等农民起义的影响，又有外患西方列国武力入侵的影响，经济败坏，通货膨胀，反映在铸钱上，铸大钱，铸劣钱，铸虚面值的钱；各地铸钱，又是政出多门，大小错落，导致版别丛生，所以咸丰钱的版别之多，超过历史上任何一个时期。对于这样的乱象，恐怕以个人之力来完成收集、分类和研究，是十分困难的。要感谢我们的时代，进入了互联网信息时代，为我们提供了机遇，然而资料的挖掘、整理，仍需要发挥各地收藏者、研究者的力量。在这方面，江苏清钱研究会做出了榜样，其领军者是汪洋。开始，他也是个人的收藏爱好，五年前他发起成立了江苏清钱研究会，调动发挥了大家的力量，队伍越来越大，集藏越来越丰富，对"苏钱"的研究越来越深入。2015年出版了《宝苏泉汇》，还举办了《苏泉大观》专题展览。今年又成立了"清代苏局钱币博物馆"。"江苏清钱研究会"的立意很好，主攻方向明确，同时又不局限于咸丰钱，而是把视野拓宽到苏局所有清钱的研究，这样既可以上下贯通，又可以纵横兼顾，更有利于版别的研究。

今天，在中国钱币博物馆举办"京局"清钱展和专题学术讨论，这是清钱研究的又一成果，它势必会对全国的清钱研究产生影响，发挥正能量。各地方铸钱的版别形成，首先要受到中央局的影响，也就是"京局"的影响，其次才会受到各地方铸钱传统习惯的影响。

清朝"京局"铸钱，包括户部的"宝泉"局和工部的"宝源"局，以及克勤郡王以"宝泉"局名义铸造的当五十以上的咸丰大钱（分有铜、铁、铅不同的材质，钱背加铸星、月纹，以示区别）。就铸造的数量而言，"京局"当然是最多的，尤其是"宝泉"局的铸额庞大，是任何一个铸钱局都不可匹敌的。早在雍正时期"宝泉"局就已分设东、西、南、北四个厂，各厂铸造的钱币便会产生不同的版别。从遗存的实物看，比之各地方铸钱局，"京局"的样钱、祖钱、母钱最多，京局的试铸钱多，这和"京局"的地位有关，同时也说明产生不同版别的因素会比外省多得多。

有关币制变革的政策出台，首先是在京局实施，然后才有地方铸币的效仿。咸丰三年（1853）因铜料不足，改铸大钱，首先是宝泉局先铸；咸丰四年（1854）允许铸铁钱、铅钱，也是宝泉局先铸。由此，大钱之风盛行，似乎当十钱已经不再是大钱，事实上，有的当十钱已经减重至小平钱模样；面值一再攀升，钱重则一再减小，同面值的钱，后铸者可比初铸者减重一半，甚至更多；再如当四十的钱，当二百、当三百、当四百的钱，这类有异于常制的币值规格，试铸也好，样钱也好，先例都在"京局"。即使是后来新疆宝伊（犁）局的当四钱，宝迪（化）局的当八钱、当八十钱，以及江、浙、闽等地的当二十、当三十、当四十的钱，五花八门的咸丰钱，实际上也是有了上述先例的影响，有了"京局"开的口子，才会出现的。

赵梓凯在善泉社学习组上曾经讲过祺祥钱的版别问题，其中版别最多的也是"京局"铸的钱，尤以"宝源"局的钱版别最复杂，雕母也以"宝源"局的最多。

所以"京局"铸钱是龙头老大，做好"京局"铸钱的版别研究至关重要，它不仅是"京局"一地的事情，而且关系到全国各地的清钱的版别研究。只有把"京局"铸钱理清楚了，咸丰钱的版别研究才有可能真正理清、真正理解。

在咸丰的地方铸钱中，版别比较复杂，甚至有别出心裁的，除前面提到的宝苏局外，还有宝浙（浙江）、宝福（福建）、宝武（武汉）、宝川（四川）、宝云（云南），北方则有宝河（河南）、宝陕（陕西）、宝巩（甘肃），以及新疆诸局（包括宝迪、宝伊、阿克苏、喀什噶尔、叶尔羌、库车）。其中比较有个性的，如宝福局的钱，不仅纪值有个性，而且有纪重，纪重铸的位置也很有意思，有的铸在地张上，有的铸在外廓上，再加上不同的材质，对于收藏者而言，需要研究的课题很多；再如宝云局的钱，云南除省会外，东川也设局铸钱。就版别而言，除部颁样钱外，钱背还有加铸星、月纹等图饰的，有加铸其他钱文的。所以要把咸丰钱的版别收齐、理清，必须依靠各地的收藏者爱好者。

上面说的是"正用品"，还有"非正用品"，我们可以统称之为"民俗钱"。在古钱中，又可称之为"压胜钱"。它们多和民俗文化有关，譬如钱局开炉铸钱之前，为求顺达吉祥，会铸"镇库钱"、"开炉钱"；为求房屋牢固不倒，会铸"上梁钱"；为避邪驱恶，逢凶化吉，会铸钱剑、钱树；还有各种各样的吉语钱、花钱、刻花钱、套子钱等等。清代的"压胜钱"，各个钱局几乎都铸，有官炉、民炉，所以在收集研究各地、各局所铸的"正用品"的同时，也应该关注和研究"非正用品"。因为它们之间有很多共通共融的关系，对确定它们的铸地、铸期的研究有着不可分割的关联。现在民俗钱币的收藏爱好者在收集各地压胜钱的时候，喜欢称之为"某某炉"，诸如："苏炉"即江苏铸，"浙炉"即浙江铸，"贵炉"即贵州铸等等。我意为这样称呼是科学的，因为它既可以包括官铸，也可以包括民铸。在民俗钱中，除官炉外，有很多是民炉铸造的，它们之间又有很多共同的制作特征，有着明显的地域特征。

其实影响版别变化的因素很多，上述铸期和铸地只是两条主要的因素，此外，当时、当地的政治、军事、经济、文化、技术等等诸多因素的变化，小到周围环境的变化，甚至是某些偶然的因素，都会对钱币的制造产生影响，产生版别的变化，但这样的版别变化，一般都是小版别的变化。

除了顺治、咸丰之外，其他各朝的清钱，也有人在专门收集和研究，特别是后三朝的钱币，传统的古钱形制还在继续，新的钱币体系正在酝酿形成，近代"机制币"在西方钱币文化的影响下终于诞生，然而新诞生的钱币同样有版别问题，仍然需要进行版别研究。

2016年5月24日京局清钱展在中国钱币博物馆开幕

本文为中国钱币博物馆清钱研讨会上的发言

清"乾隆通宝"钱

2014年北京国际钱币博览会纪念银币的背面选用了清"乾隆通宝"钱的图案。

"乾隆通宝"钱是清高宗爱新觉罗弘历乾隆年间(1736—1795)铸行的钱币。乾隆皇帝在位六十年，施展其"文治武功"的治国策略，创造了中国历史上封建社会的最后一个辉煌盛世，在人民的心目中享有盛誉。之后，民间便有了佩带"乾隆通宝"钱可以驱灾辟邪的传说，又因为"乾隆"二字谐音"钱隆"，寓意钱财兴隆，因此"乾隆通宝"备受后世藏者的喜爱。

一、乾隆通宝钱的币制

清朝的钱币，在顺治时期，钱背分有五大系列：1. 光背钱，2. 汉字钱(即以单字记局名)，3. "一厘"钱("一厘"是与白银折价的面值)，4. 满文钱(以满文记局名)，5. 满汉文钱(用满、汉文同时记局名)。康熙以后历朝铸钱，大致遵循这样的模式。乾隆朝主要采用的是第四系列，即正面为"乾隆通宝"汉字钱文，背面穿左为满文"宝"文，穿右是满文局名(图1)。

乾隆在清朝货币史上有两个突出的贡献。一是乾隆二十四年收复回疆，定名为"新疆"，并于乾隆二十五年(1760)在叶尔羌首先设置铸钱局，随后又先后在阿克苏、乌什、伊犁设局，相继铸行"乾隆通

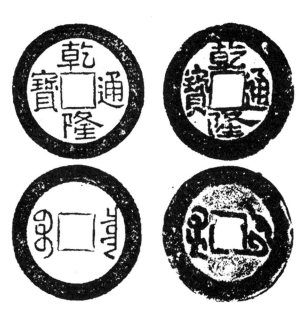

图1　　　　　图2

宝"钱。关于新疆铸行的"乾隆通宝"钱，清政府有专门的批文："从各省之例，附彼处城名于其幕，而正面遵用天朝年号，以彰同文之制；幕文兼用回字（即察合台文或维吾尔文）者，从其俗也。"所以新疆铸行的"乾隆通宝"，钱背多为"回文"，即以回文铸明局名，而不是满文（图2）。乾隆还特意就此下令：要"永远恪遵"。因此，自嘉庆以后各朝，新疆地区都继续铸造了"乾隆通宝"，尤其以光绪朝的铸额较多；二是经清政府批准，于乾隆五十六年（1791）在西藏设置钱局，开始制造西藏地方银币，当地称"九松西阿"（意即藏历13绕回第45年），正反面分别制有汉文和藏文"乾隆宝藏"字样，周边记年。乾隆五十八年又把"乾隆宝藏"银币，分为三等，分别重一钱五分、一钱和五分。

图3

正式流通使用的"乾隆通宝"钱多为小平钱。乾隆通宝钱的直径一般为2.2—2.5、厚约0.1厘米。京局初铸者钱体较大，重量可达6—7克左右，一般的钱则重为3—4克左右。此外，现在见到的乾隆"大钱"，应该不是当年正式行用的钱币，而应是压胜类、吉语、喜庆类的民俗钱，如"乾隆通宝"背"天下太平"（图3）。等等。

二、乾隆通宝钱的版别

乾隆年间，除中央工部宝泉局、户部宝源局外，还有陕、晋、武、广（广东）、昌（南昌）、福、浙、济、云、川、苏、南（湖南）、桂（广西）、黔、台（台湾）、直（直隶）、叶尔羌、阿克苏、乌什、伊（新疆伊犁）等地方铸钱局，共计有22个钱局分别铸造乾隆通宝钱（图4）。从目前的遗存来看，宝台局的制钱数量最少，弥足珍贵。此外，乾隆通宝钱中还有样钱（图5）、祖钱（雕母钱）、母钱等珍贵的品种，需要注意，区别保护。

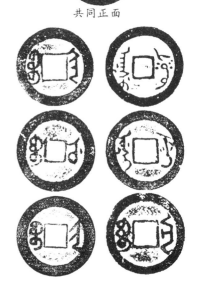

共同正面

图4

　　乾隆通宝正面钱文直读"乾隆通宝"四字，多为宋体字，个别地方钱局也有用楷书或隶书字体的；也有"隆"字的"生"部"变体"写成"缶"的（图6）。钱背除满文（或回文）局名外，还有少数添铸汉字的，或记年、记值，或加铸星、月等记号纹饰。

图5

图6

　　清乾隆五年以前的制钱不加锡，以铜、铅、锌配制，称之为"黄钱"，乾隆五年规定在铸钱铜料中加百分之二的锡，称之为"青钱"。其实"黄钱"和"青钱"都属于黄铜制钱，但加锡以后可以加强铜钱的硬度。乾隆早期铸造的乾隆通宝钱质量是比较好的，规格也比较一致，因此版别差异比较少。乾隆四十年后，私铸日盛，到乾隆五十年后，又放宽了铸钱的标准，所以乾隆后期制钱的质量参差不齐，还出现了合面钱、吉语钱以及私铸劣质钱、鹅眼小钱等等，版别变化层出不穷，版式繁多。

　　叶尔羌局是新疆最早设立的铸钱局，始铸时由中央户部宝源局提供了200枚样钱，叶尔羌局以此为准，铸造了新疆最早的乾隆通宝。因本地不产铜，先以铸炮铜七千余斤铸造了50余万枚钱币，所以新疆初铸的乾隆通宝钱，质量亦属上乘。但新疆铸钱多数采用纯铜铸造，致使钱币的色泽偏红，故又俗称为"红钱"，成为清钱中独特的一支。根据乾隆帝的遗旨，嘉庆以后，新疆仍在继续铸造乾隆通宝钱，主要有：库车、喀什噶尔、和田、阿克苏、宝伊等铸钱局铸造（图7），所以，乾隆通宝是新疆清钱中铸期最长的一种钱币。

图7

谈谈对丝路货币的认识

谢谢上海博物馆给我这次机会，我想借这个机会向诸位介绍一下中国钱币学会对于组织丝路货币研讨的情况，谈一谈我对丝路货币的认识。

一、对丝路货币研讨的简要回顾

1986年8月，中国钱币学会在乌鲁木齐召开少数民族钱币研究会成立暨第二次少数民族货币学术研讨会，重点研讨了新疆地区的钱币。半个月后，中国钱币学会派代表出席在英国伦敦召开的第十次国际钱币学大会，这是我们第一次派员参加国际钱币学大会，便取得了意外的收获，而它的直接成因，便是我们对于新疆钱币研究的初步成果。它启示我们：要与西方同行交流，必须要有一个共同关心、大家都感兴趣的内容，作为切入点，而且要在这个领域里有我们自己的研究成果，有我们自己的见解。

东西方人们的文化修养和思维方式有着很大的差异，东西方的货币文化亦有很大差异，无论币材、制造工艺、币面的文字图案等修饰，都有各自的特点。所以东方钱币学家和西方钱币学家有着各不相同的研究领域，就像我们不容易了解西方钱币一样，西方学者也不容易了解东方钱币。而新疆钱币正是处在东西方货币文化的交汇点，于是就可以成为双方共同关心的课题。

经过一段时间的酝酿，中国钱币学会有两个比较大的动作，一是在1990年6月，正式成立了东南亚货币研究组，召开了第一次东南亚货币讨论会，后来东南亚货币研究组的研究范围不仅是东南亚地区的货币，也包括了海上丝路货币的内容。二是1990年9月，正式成立了丝绸之路货币研究组，召开了首届丝绸之路货币学术讨论会。并随即组织了对中国境内的沙漠绿洲丝绸之路、北方草原丝绸之路和南方川滇丝绸之路进行实地考察，在调查研究的基础上，又组织了多次专题讨论，不仅是国内学者之间的交流，还先后邀请了海外学者来一起参与讨论和交流。通过讨论交流，不仅对丝路货币的内涵有了新的认识，同时也取得了一批新的学术成果。于是在1996年，我们开始酝酿如何把这些成果汇集起来，形成一个相对集中的阶段性成果。于是有了以丝绸之路货币研究组的组长单位甘肃钱币学会牵头，全部成员单位参加，甚至包括了东南亚货币研究组的相关人员参与，共同合力编著的《中国丝绸之路货币》，是书于1999年由兰州大学出版社正式出版发行。

1997年，中国钱币学会在南京召开第四次全国会员代表大会，这次会议对学会下属的研究组织作了规范性的调整，重新成立了古代钱币委员会、近现代钱币委员会、外国钱币委员会和货币史委员会。将原来的四个研究委员会或研究组的活动分别纳入新成立的四个委员会之中，就此，丝绸之路货币研究组在继续完成《中国丝绸之路货币》一书的编撰出版工作之外，基本完成了它的历史使命。现在，我们也可以把这一时期的学术活动称之为我们对丝绸之路货币的第一阶段的学术探讨，历时约10年左右。

2004年7月，中国钱币学会丝绸之路货币研讨会在新疆阿克苏召开，现在由上海博物馆主持并组织的丝绸之路古国钱币暨丝路文化国际学术研讨会又在上海如期召开，我想也可以视之为对丝绸之路货币开展的新一轮的学术探讨。

二、对丝绸之路货币的认识

丝绸之路货币的定义，它应该涵盖的内容是什么，以前的概念是模糊的，至少我是模糊的。以前一说起丝绸之路货币，很自然就会想到在中国出土的罗马金币、波斯银币，当然它们是从西方传入中国的，是通过丝路贸易或者是通过丝绸之路来到中国的。那么，除此之外，是否还涉及其他钱币，它的涵盖面究竟有多宽，概念就模糊了。我们在和西方学者交流有关丝路货币的问题时，便会发现他们更多的是在关心他们那里出土和发现的东方钱币、中国钱币，譬如：汉钱、唐钱、宋钱，以及元、明的古代纸币等等，这种现象和我们关注中国出土的罗马金币、波斯银币如出一辙。于是我们才对丝路货币的概念有了新的认识，那就是：丝绸之路货币应该是指在丝绸之路沿线各个历史时期流通使用过的各类货币，或者说是在丝路贸易中曾经使用过的各类货币。也就是说它既包括丝绸之路西段，诸如：欧洲、西亚、中亚的各类货币，也包括东亚，即丝绸之路东段，在中国境内的各个历史时期的各类货币。既包括各个时期中国政府发行的货币，也包括专门为了对外贸易使用的黄金、白银，自然也应该包括丝路沿线地方政权发行的货币。

我们认识到，丝路货币的研究应该分段进行，各相关地区和国家之间应该分工合作，对于中国，对于我们而言，丝路货币考察、研究的重点，无疑应该是中国境内的丝路货币，包括中国境内出土的货币，这样才是扬长避短，这样才能和西方学者优势互补，否则只会丢掉自己的优势。于是我们才有了丝路新疆段、河西走廊段的考察。才有了以西安、洛阳为中心向外辐射的丝路沿线的考察。才有了北方草原丝路和南方川滇丝路的考察，甚至是东南沿海以及海上丝路的考察。才有了相关的考古发掘资料的清理报告和相关钱币的专题研究文章，才有了《中国丝绸之路货币》的编撰出版和其他相关专著、专论的出版和发表，包括蒋其祥先生的《新疆黑汗朝钱币》和最近刚刚出版的他的遗著《西域古钱币研究》，以及有关的论文集、录像片等等。即便是后来建成的甘肃钱币博物馆、新疆钱币博物馆，以及其他有关钱币博物馆、陈列馆中关于丝绸之路货币的展览，也都可以认为是开展这一课题研究成果的反映。

当然，站在我们的立场上，从丝路货币的全局出发，我们也必需关注和了解中亚、西亚，乃至欧洲以及其他相关地区的货币。于是便有了介绍西方古代货币的书籍和文章，譬如：李铁生先生的《古希腊罗马币鉴赏》、《拜占庭币（东罗马帝国币）》，以及刚刚出版的《古波斯币》，据说他的第四本书也已经在编撰之中。还有杜维善先生捐献给上海博物馆的《丝绸之路古代国家钱币》也是刚刚出版。不仅有了专门的书籍，而且有了在我国出土的希腊、罗马金币，安息、波斯、萨珊银币，以及相关的中亚地区货币的整理报告，和相关课题的研究讨论文章。于是便又有了现在的新一轮的专题研讨。

丝路货币的研究，其实是一项综合性的课题，它不仅仅是钱币学家的事情，也不仅仅是考古学家的事情，它涉及相关地区的人文历史，尤其是经贸交易和军事往来的历史；涉及相关地区不同文字的辨识和考证；涉及相关地区不同民俗风情的研究和讨论。所以丝路货币的研究不仅需要丝路沿线各国各地区的钱币学家进行交流，共同开展学术研究，同时也需要相关其他学科的研究人员来参与，共同合作开展学术研讨，只有这样，丝路货币的研究才会不断深入。上海博物馆主持、组织的这次研讨会便是一个集各方面智慧的一次学术盛会，相信它的召开对推进我国的丝路货币研究一定会起到积极的作用。

上海丝绸之路古国钱币研讨会，2006年12月6日

"白铜"古钱非白铜

——"百花齐放"钱铸造的启迪

2011年10月，中国民俗钱币学会在湖北荆州召开年会暨第四届民俗钱币研讨会，按惯例设计铸造了一种仿古代压胜钱形制的"百花齐放"黄铜钱，作为会议的纪念品。此钱和上届年会铸造的"天下花泉"钱可以配成一对，钱文"天下花泉"、"百花齐放"采自华国锋同志原来为学会的题词。

此钱的铸造者张云先生是荆州收藏协会副会长，一位仿铸古代青铜器、青铜剑的高手。10月16日中午，我和张云先生同桌用餐，席间，他从兜里掏出一枚银白色的"百花齐放"钱，递给我说："这枚钱和其他所有的钱一样配料，一样制作，但在上色时发现，其他钱都呈黄色，唯有这枚钱呈银白色，犹如瓷器中的窑变，我自己都不知道是怎么一回事。"（见彩插，直径6.3厘米）我接过钱，观其色，酷似古泉界所谓的"白铜钱"。于是问张云此钱的配料，答曰："这批钱均为黄铜钱。"我说："黄铜钱应该是铜、锌合金。是不是还加入过其他成分？"答曰："因为黄铜太软，所以配了百分之七的锡，以加强硬度。"我说："问题或许就在这里，应该是和锡有关系。"又问："这次共做了多少百花齐放钱？"答曰："二百枚。"

中国古代的铜钱，在明朝以前，基本都是青铜铸钱，即为铜、铅、锡的合金。但在古钱中，偶尔会发现铜色泛银白色的钱，这种银白色泽的铜钱，不仅遗存少，而且一般情况下，品相都很好，多受收藏者的青睐，并称之为"白铜钱"。其实真正的"白铜"只有两种：一为砷白铜，即铜和砷的合金，由砒霜等药物炼制，不仅量小，而且有剧毒。另一种为镍白铜，即铜和镍的合金，在古代极为少见，故被视为"贵"金属，所以用白铜铸造古钱几乎是不可能的。古泉界所谓的"白铜钱"，其实仍是青铜铸钱，其中铜色发白者，应是含锡量较多的原因造成，因为锡含量过高，锡会游离出来。

铜和铅的合金是铅青铜，铅在固态下不溶于铜，是以独立相分布于铜的基体中，由于铅的比重为11.34，比铜的比重8.9大很多，铜析出后，富铅的液相容易沉到下层，因此铅青铜很容易造成比重偏析。在铜、铅合金中加入锡，不仅可以提高基体的强度，而且可以使铅的分布均匀，颗粒变细，所以中国古钱采用高锡铅青铜作为币材是有科学道理的。因为有了锡的缘故，高锡铅青铜的色泽会比铅青铜相对淡一些，但总体而言仍呈现黄色，这是普遍规律。在众多高锡铅青铜古钱中，为什么会有极少数者，或者说只是个别的呈现了银白色，成了"白铜钱"，而绝大多数都是"青铜"的黄色。这种个别特例的形成，除含锡量高之外，应该还有别的特殊原因的影响，否则不会成为"特例"。

青铜如此，黄铜亦然。我曾经请教过造币厂的专业人员，据他们介绍，在铜、锌合金中加入锡，可以提高基体的强度、增加黄铜币的防腐性，这一工艺技术在当代钱币的制造中，仍在应用。和青铜一样，在黄铜合金中加入锡，其色泽也会变浅、变淡，但总体而言仍呈现黄色，这也是普遍规律。因为加了锡，黄铜钱中出现了"白铜钱"，我孤陋寡闻，这的确是第一次听说，也是第一次见到实物。为什么在众多高锡的铜锌合金钱中，只此一见？要回答这个问题，只用含锡的原因来解释，恐怕是不够的。

我不是专攻化学，对铜合金材料更无研究，我只知道，在含锡的铜合金铸件中，过量的锡会游离出来。于是我想到，在含锡的铜合金熔液出炉、浇铸、冷却，乃至凝固的过程中，会不会因为遇到气温突变等我们尚不掌握或理解的特殊情况，或外部环境变化等别的特殊原因，致使富锡的液相浮到表层，致使黄铜（或青铜）钱的表面呈现"锡白色"，亦即我们习惯中所谓的"银白色"。当然，这种情况只能是偶然的特殊现象。在我们尚无把握做出确切回答的时候，也不仿暂时借用"犹如瓷器中的窑变"之说。这里我只是把问题提出来，而对问题的真实答复，只能有待于科学家的研究，有待于铜合金材料学的专门学者的进一步研究。

总之，古钱中的"白铜钱"不是真正意义上的白铜铸钱，它们只是含锡的青铜钱（或黄铜钱）的变体，它们的诞生，除了因为含锡量高这个基本条件之外，或许还需要注入犹如"窑变"那样的特殊因素，所以古代青铜钱中的"白铜钱"少见，黄铜钱中的"白铜钱"更少。这次铸造的200枚"百花齐放"黄铜钱中，能够收获一枚，真是让人开了眼界，增添了阅历，也为学科的进一步研究提出了新的课题。

对"民俗钱"的一点认识

自古至今,中国钱币由两部分组成,即:货币和货币文化的衍生物。

我们现在所说的民俗钱,指的是历朝历代的货币文化的衍生物,它们不是货币,不能行使货币的职能。但它们和货币有着切不断的渊源关系,开始时依附于货币,也能行使货币的职能,随着时间的推移,它们被逐步分离出来,专门制造。它们具有和同时代货币相同或雷同的形制、材质和制造工艺,但赋予了和货币绝然不同的性质和用途。从这个意义上讲,它们和货币同宗,是货币的孪生兄弟,所以习惯上也称之为"钱"。

民俗钱在不同的时代、不同的场合有不同的称谓,诸如古钱中称"厌胜钱"、"压胜钱",机制币中称"纪念币"、"纪念章"等等。民俗钱虽然种类繁杂,性质和用途各异,但它们都和民俗文化有关,和人们的思维、信仰有关,和人们的祈求、欲望有关,它们都是民俗文化和货币文化相结合的产物,所以统称之为"民俗钱",可以通贯上下几千年,它们实际上成为中国钱币文化中色彩缤纷的一个独立体系。

一、民俗钱的渊源

中国的金属铸币源于实物货币,实物货币是具有两重性的,它既可以充当物物交换的媒介,又具有除了货币职能之外的它原本具有的实用价值。譬如海贝,在取得实物货币职能以前,是一种装饰品,一种信物。妇女临产时,手中要握一枚贝,通过它祈求上苍,驱除邪魔,保佑母子平安。在古人的心目中,海贝是一种神器,一种信物,所以家家户户都需要。当海贝取得实物货币地位之后,这两种功能依然存在。

我们在殷商墓葬的考古资料中发现,殷商时期(约公元前14世纪至前11世纪)有殉贝的习俗,贝在当时已经行使实物货币的职能。宝贝殉葬,有不同的摆放位置,其含意也是不同的。有的成堆摆放在墓主人的头边,这是财富的象征,是作为货币下葬的贝; 有的成串佩在项间, 或成串套在手腕上, 这是作为饰物下葬的贝; 有的含在嘴里, 有的握在手中, 有的小墓还把贝放在墓主人的腰下, 它们的用意或许和商代大墓中, 墓主人身下腰坑中的殉狗、殉人一样, 是为墓主人镇魔压邪用的, 是为了保障墓主人冥途通达。墓葬是人们现实生活的反映, 人过世以后, 活着的人希望他还和在世时一样生活, 可见在殷商时期, 在实物货币行使的时期, 已经有 "厌胜" 的习俗。由此可见, 民俗钱的源头可以追溯到实物货币的时期。

　　殷商时期的青铜仿贝是我国金属铸钱的鼻祖, 我们称之为 "原始铸币"。有意思的是, 同处那个时期, 河南安阳出土的青铜贝和山西保德出土的青铜贝, 不仅器型有别, 而且从考古发掘的资料, 可以知道它们的用途也不一样。前者出于殷墟大墓 (马得志等《1953年安阳大司空村发掘报告》,《考古学报》1955年第9期), 它们不仅器型逼真, 和海贝十分相仿, 而且和真贝一样殉葬于墓室之中, 因此它们应是作为货币、作为财富殉葬的。后者则是出土于车马坑, 散落在马头附近, 不仅器型偏大, 而且只保留了海贝的腹部, 是作为殉马的头饰随葬的 (吴振录《保德县新发现的殷代青铜器》,《文物》1972年第4期)。套一句古钱学的术语, 前者是正用品, 后者是非正用品; 前者行使货币的职能, 后者行使压胜钱的职能。

　　我国的金属铸币正式诞生并大量铸行, 是在春秋中期 (约公元前8世纪) 以后。周王室首先铸行平肩弧足空首布, 主要行用于周王畿地区, 就平肩弧足空首布的钱文来看, 种类多达200余种, 分别为记数、记天干地支、记方位、记名物, 也有记吉语、记族姓或地名的, 内容分散, 涉及的面很宽。其中记名物者, 有很多或许是与祭祀活动有关, 如从 "卯" 从 "田" 的组合字, 从 "卯" 从 "牛" 的组合字, 从 "卯" 从 "贝" 的组合字等等, 可能是指卯时祭祀用的贡物。而从 "雨" 者当与天气有关; 从 "木"、从 "禾" 者当与农作有关; 从 "戈" 者当与战事有关; 还有从 "六牲" 的、从 "皿" 的、从 "廾" (双手捧物状) 的, 或许都会和祭祀活动有某种关系。进入战国以后, 周王室的权力逐步萎缩, 王畿地区逐步缩小, 空首布的货币职能也随之衰退, 逐步由平首布取而代之。但空首布作为周王室权力的一种象征, 却一直陪伴周室, 走完了它全部的历史过程, 所以在平肩弧足空首布的后期, 象征权力的意义已经大于作为货币的实用价值。

　　在空首布的铭文中经常会有吉语, 诸如斜肩弧足空首布中的 "武" 字布是最为常见的一种。"武", 应该是一个吉语。马昂《货币文字考》卷四曰: "武者, 盖取七德之义。"《左传》宣公十二年曰: 七德, "夫武, 禁暴、戢兵、保大、定功、安民、和众、丰财"。当然，也有人说"武"字是记地名，但至今地望待考。此外，小型布中所见的钱文"武安"、"武采"等，或许也都是吉语。

进入平首布时代，"安邑"（魏早期的都城，在今山西夏县西北）桥足布的背面，有铸"安"字的，背文"安"应该是吉语；同时，我们还发现，背"安"的"安邑二𨨏"布中，还有一种，不仅铸有"安"字，而且在背面首部还添铸了一个阴文"夸"字，"夸"有大的含义，也是一个吉语。此外，大梁（今河南开封）铸的"梁夸𨨏百当寽"桥足布，背面亦见有阴文"夸"字的。

三孔布是战国布币中的一个特殊现象，三孔布的钱文地名已见有30余种，现在可以释读的约有20余种，近年还时有新品发现。但至今所见的三孔布多为孤品，很少见有钱文重复者，不仅如此，而且在山西五寨一地先后发现过三孔布多品，却也不见复品。根据古文字学家裘锡圭先生的研究，三孔布的钱文地名不仅多属赵地，而且"三孔布的形制和字体实在太一致了"，"完全是三晋作风"（裘锡圭《战国货币考》，《北京大学学报》1978年第2期）。再根据考古发掘资料和有关文献资料的综合分析，我们认为，三孔布或许是赵武灵王的废太子章在灭中山国的时候所铸，即公元前296年前后（参见戴志强、戴越《古钱文字》，文物出版社，2014年）。如此等等，不能不让人怀疑：这些不同地名的三孔布或许是在

图1　直刀城白

同一个时期、同一个地方铸造的具有特殊意义的"纪念币"。它们是废太子章的杰作，而且是他个性张扬的一种披露，在他独创的布币上分别铸上其势力所及的所有地名，以显示他的权势和声望。

布币如此，刀币也一样。公元前378年中山复国后，铸"成（城）白"刀。刀币正面统一铸上"成白"二字，依据裘锡圭先生的观点，读"成白"为"成伯（霸）"，系吉语词（图1），取国家强盛，成就霸业之意（裘锡圭《谈谈"成白"刀》，《中国钱币论文集》第三辑）。

齐国的"齐之大刀"、"节墨之大刀"的背

图2　节墨之大刀　　图3　齐返邦刀

文，有一个字的，也有两个字的，凡两个字的几乎都是吉语，如"安邦"、"辟封"（图2）、"大行"、"大昌"等。齐六字刀更有意思，钱文六个字中，第二个字的释读，至今意见不一，或释"建"、或释"造"、或释"返"，我们从何琳仪说，释"返"（何琳仪《古币丛考》，台北文史哲出版社，1996年），则六字刀面文当释读为"齐返邦长大刀"，"返邦长"应是吉祥之语，含收复失地之意，所以它应该是齐襄王复国时的铸币，即公元前279年齐将田单击败燕军，收复失地之后的铸币。在齐刀中六字刀的铸量较少，故有人称六字刀的铸造具有纪念性质，是当时的一种"纪念币"（图3）。

在战国的圆钱中，也见有吉语钱。如战国晚期燕的方孔圆钱中有一种铅质的"一刀（化）"钱，钱背铸有一个"吉"字，有的铸在穿上，有的铸在穿左，似无固定的位置，应是一种吉语钱（图4）。此外，战国秦"半两"钱的背文曾经发现过祈求财富的吉语"千贝"，说明此时压胜钱的性质和用途有了延伸，除了镇魔压邪之外，还可以用吉语的形式来表达人们的向往和祈求。战国晚期秦还有"文信"（图5）和"长安"两种方孔圆钱，分别是文信侯吕不韦和长安君成蟜所铸，遗存数量很少。这两种钱的钱文和制作均不合常规，轻重大小亦和秦的正式通货不一，既不符合战国秦的货币制度，也和战国秦的法制相悖，所以它们不是由政府正式发行的货币，而应该是氏族内部使用的一种信物，或许是一种具有压胜钱性质的非正用品。若此说不误，说明在战国晚期已经有了民俗钱从货币中分离出来的现象。

图4　铅钱一刀背吉　　　　图5　方孔圆钱文信

由此，我们可以知道：金属铸币承继于实物货币，而实物货币的两重属性也直接影响到了早期的金属铸币。在先秦钱币中，和民俗文化有关的内容，从厌胜钱到冥钱，由吉语性质到纪念意义，乃至信钱等等，多种压胜钱性质的内容已经形成，而且已经是经常发生的事情。

二、古钱中的民俗钱——压胜钱

在古钱学中，把货币视为钱币的主体，称之为"正用品"，和正用品相对而言，称民俗钱为"非正用品"，亦称为"压胜钱"。

秦始皇统一货币以后不久，便建立了刘汉政权。压胜钱的文化，到西汉时期有了明显的发展，品种和涉及的内容都有所拓宽。如果说先秦钱币中的民俗文化内涵主要是传统习俗的继续，那么到了西汉时期便有了新的创造，有了专门铸造的不同门类的"压胜钱"。

图6　宜子·半两

西汉早期的吉语钱仍是在普通行用的四铢"半两"钱和"五铢"钱的基础上添加吉语文字，如"宜子·半两"（图6）、"思君·半两"、"宜子门孙·五铢"、"长思君恩·五铢"等等，但随后便有了"寿如西王母、富长安东西市"（图7）、"长毋相忘、日入千金"、"辟兵莫当、去凶除央"等等，专门铸造的吉语钱。这样的现象，其实是一个信号，它告示我们：压胜钱已经从正用品中分离出来。综观西汉的吉语钱，其吉语用词和秦汉瓦当、铜镜的吉语用词，有很多相通的地方，应该是当时民俗、民风的一种客观反映。

图7　寿如西王母

现在所知，最早的镇库钱，是西汉文帝五年（前175），始铸四铢"半两"钱之前的开炉之作，其文字制作和实用的四铢"半两"钱完全一致，只是钱体放大，重量是普通钱的一二十倍（中国国家博物馆藏）。镇库钱铸造的目的，自然是为了祈求铸币成功，免遭灾难。

此外，西汉中山靖王刘胜（死于元鼎四年，即公元前113年）的配偶窦绾墓中，还出土了一套宫中行乐钱，全套计40枚，其中20枚是"第一"至"第廿"的记数钱，另20枚则分别铸有三个字或四个字的韵语一句，如"起行酒"、"乐无忧"、"饮其加"、"自饮止"等等，其形制虽也是方孔圆钱，但比一般的流通钱币硕大厚重，应该是当时行酒作乐的一种游戏钱，这也是

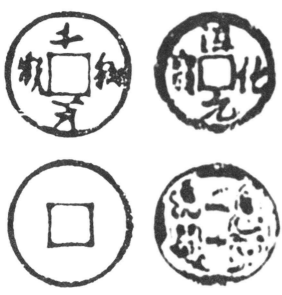

图8　千秋万岁　　　图9　淳化元宝佛藏钱

我们至今所见到的最早的一套完整的酒令钱。

唐宋以后，压胜钱的门类和内容大大丰富，譬如：吉语钱所用的吉祥词汇，随着时代的推移，多有变化，反映了不同时代不同的民俗风情，如宋辽时的龟鹤齐寿、家国平安、千秋万岁（图8），明清时期的状元及第、五子登科、五谷丰登等等。

庙宇钱的专门铸造，应该是唐宋以后的事情，随着时间的推移，其性质和功能也有变化和发展。法门寺地宫出土的玳瑁"开元通宝"钱，应该是专门制作的佛藏钱，这是唐朝的事情。到五代时期的后周，佛藏钱的制作也十分精良，正面仿照正式流通使用的"周元通宝"钱制作，背面则添铸佛像。这样的习俗延续到两宋，五台山就曾经出土过宋"淳化元宝"背铸佛像的金质钱币（图9）窖藏。辽、金以后，特别是元朝，庙宇铸钱成为一种普遍的社会现象，其用途和性质已经不再局限于重大的佛事活动，而是成了庙宇敛财的一种手段，成为民间私铸钱的一种变态，它们铸的几乎都是劣质的普通的年号小钱，钱文潦草，且多有简笔字充斥其间，它们可以参与地方性的流通使用，行使部分货币的职能，成为元朝铸币的一个特殊现象。

打马格钱是以名马、名将为主要内容的一种游戏钱，图文并茂，制作精良，尤其是出于官炉者，更是压胜钱中的上品，不仅将、马的神态栩栩如生，而且钱文也十分考究（图10），成为钱币中的艺术珍品。

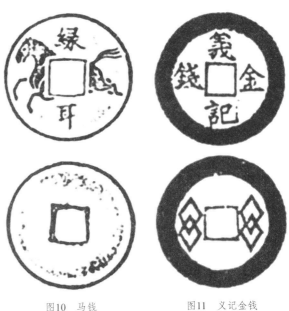

图10　马钱　　　　图11　义记金钱

瘗钱是辽代的一种特殊的丧葬用品。1972年9月，吉林哲里木盟库伦旗辽墓出土一枚钱铭为"大康六年"的瘗钱，它不仅证明该墓主人下葬于大康六年，而且此钱的铭文制作是典型的辽钱风格，特征更为明显，又有绝对记年，可以把它视为辽钱断代的标准器物。

明、清以后的信钱多是民间会道门结社组织的一种信物，钱文多为该组织的信义之词，如义和团的拳钱、白莲教的教会钱（图11）等等，它们既是会道门成员身份的凭证，同时又被赋予了一种信仰、一种神力，祈祷护身保平安；还有咒语钱、符咒钱，是宗教组织特制的一种护身符，钱文多为咒语，据说可以免除灾难，驱散鬼魔（图12）。信钱和咒语钱多是民间制作，反映当时的民间工艺和文字书法。

图12　符咒钱

宫钱则是皇家的专门用品，汉、唐以后，也成为压胜钱的一大门类，宫钱有金、银、铜、银鎏金、铜鎏金等不同的材质。因为用途不同，宫钱分别会有不同的制作特征。作为皇家赏赐专用的赏钱，多为金银制作，钱文与正式发行的流通币基本相同，由官炉专门制造。还有宫中用的上梁钱，挂灯钱，金册、谱牒、档案等等的包袱钱，重大喜庆活动的专门用钱，或者用某某宫名加吉语的专门定制的喜庆祝贺钱，如南宋银质宫钱"寿慈万春"（图13）等等。

图13　寿慈万春

压胜钱的内涵十分丰富，门类十分繁杂，有图、有文、有图文并茂。除了上面叙述的之外，还有反映民族文化、民俗风情的人物故事钱、八卦生肖钱；有为重大庆典活动专门铸造的赏赐钱，如西汉铸的金五铢钱，明末张献忠铸的西王赏功钱，都是为了奖励作战有功的将士。赏赐的钱一般是由金、银专铸，也有铜铸的，这一类钱，因为铸额不多，存世更为稀少，所以弥足珍贵；还有婚庆嫁娶专用的礼钱；有为游戏作乐专门铸造的玩钱；也有为某一事件、某一组织、某一部门、某一商号特意铸造的专门用钱；冥钱则是历史最悠久的一种压胜钱，开始用的是真钱，后来才有了为殉葬、祭祖而专门制造的冥钱。

压胜钱的制作参差不齐，工艺水平良莠不等，其中凡是宫中用品、官炉铸造者，一般工艺精湛，制作上乘，具有较高的文物价值。在民间铸造的压胜钱中，当然也有精品，也有上乘的制作，值得收藏研究，但一般工艺水平不高，甚至粗制滥造的，也就没有太高的文物价值。就质地而言，有金、银、铜、铁、锡、牙、玉、玳瑁、硬木等各种材质。就形制而言，有方孔圆钱、圆孔圆钱，有镂空的花钱，也有各种各样的异形钱，大小规格，制造工艺没有一定的陈式，没有正用品那样的统一要求。就钱文而言，与正用品相比，有两个明显的特征：一是文字的内容由用途而定，字数不受一定的约束；二是文字的书法没有专门的规定，比较客观地反映了当时民间实用的书体。就时代而言，早期的压胜钱遗存至今的已经不多，更应该予以重视，唐宋时期的官炉制作，则是压胜钱的精华，元明以后，压胜钱的民俗内涵越来越丰富，除少数官炉制作外，民间的制作越来越多，故遗存的数量也相对比较多。从文化和艺术的角度来看，压胜钱是正用品钱币的补充和发展，压胜钱的门类极其繁杂，从各个角度反映了不同历史时期的钱币文化、民俗风情，成为古钱研究的一个重要领域，有的甚至具有极高的文物价值和学术价值。

三、机制币中的民俗钱——纪念币和纪念章

随着近现代机器打制货币的诞生，近现代的民俗钱——纪念币和纪念章也应运而生，它既是历史的延续，更是新时代的开拓。

西方钱币文化传入，中国的钱币由浇铸改为机器打制，钱币界称之为机制币。清代的纪念币和纪念章遗存至今的虽然不多，但已经存在，是不争的事实。譬如：广东寿字光绪元宝一两银币（图14）便具有纪念币的性质；为庆贺慈禧六十寿辰，当时的银楼银匠也曾打制过相关内容的纪念章；还有有关李鸿章出使活动的纪念铜章等等，内容涉及方方面面，并且有金、银、铜等不同的材质。其中既有各地造币厂打制的，有民间银

楼打制的,也有外国造币机构代理打制的。

图14.1　广东寿字一两(正)　　　　图14.2　广东寿字一两(背)

民国的纪念币和纪念章内容
比晚清丰富得多,这是机制币文化
发展和成熟的必然。民国伊始,纪
念币便登堂入室。辛亥革命爆发,
清政府倒台,南京临时政府便于
1912年首先在南京造币分厂制造
了币面为孙中山头像的中华民国
开国纪念币(图15),成为最早以
民国政府名义发行的银元。而民
国十年为徐世昌做寿专门制造的
"仁寿同登"银元,有的背面正式
制有"纪念币"三字,有的则没有

图15　孙中山开国纪念币一元　　图16　徐世昌仁寿同登金币

"纪念币"三字,前者当然是纪念币,后者则应该是纪念章(图16)。当时的银元是流
通货币,纪念币也是流通货币,对于政府制造发行的银元,在纪念币和纪念章之间,
似乎没有太严格的区分。对于后来的收藏者而言,更注重文化的内涵,也不太计较币和
章之间的区别。此外,地方政权、民间银楼、作坊等等也会打制各种各样的纪念章,如
军阀倪嗣冲便打制过安武军纪念金章(图17)。

　　当代的纪念币,包括普通流通纪念币(图18)和贵金属纪念币(图19),都是国家
造币厂生产的。普通流通纪念币从理论上讲,可以按面值流通使用,但事实上它们都被

图17.1　倪嗣冲像安武军纪念金章（正）　　　图17.2　倪嗣冲像安武军纪念金章（背）

图18.1　世界文化遗产长城（正）　　　图18.2　世界文化遗产长城（背）

"沉淀"了，并没有进入流通领域。贵金属纪念币虽然也置有面值，但只是象征性的货币符号，其面值和实际价值完全脱钩，当然也不可能参与流通。

纪念币所要表现的主题多是高标准、高规格的，具有重大历史和现实意义的题材，或者是具有丰富文化内涵的题材。因此，对于纪念币的设计、选材、用料和技术力量的投入，势必会要求更高更严，所以它们势必会拥有更多更高的技术含量。对于金银纪念币来说，其材质的高贵，会更加凸显出它们的脱俗气质。在金银纪念币中更有不少大规格的币种，如5公斤银币、10公斤金币等直径大、面积大的纪念币，还有长方形、扇形等不同形制、不同规格的纪念币，都为设计雕刻人员提供了优越的表现平台。金银纪念币是国家正式发行的货币，却不用于市场流通，而是专门为了提供收藏和投资的需要，所以纪念币拥有众多的优越条件，它们不仅是当代钱币文化创新的主要载体，更是钱币收藏和鉴赏的一个重要领域。

图19　辛亥革命一百周年纪念银币

当代的纪念章和货币（包括流通货币和各类纪念币）在文化上有很多共通的地方。特别是由国家造币厂设计生产的纪念章，与货币有着更加密切的关系，因为它们拥有共同的设计师、雕刻家，甚至是一样的操作技术，大致相仿的工艺流程。所以造币厂设计生产的纪念章和同时代的金属货币诞生于同一个母体，它们之间的手足之情、血缘之亲不言而喻。其实，从文化意义上讲，一枚好的纪念章，或许更能比较充分地反映这一个时代的钱币文化。因为，它可以突破货币设计生产中的很多条条框框、

清规戒律，设计人员的思想可以更加解放、更加活跃，表现的手段可以更加灵活多样，技术运用可以更加充分，甚至淋漓尽致地、不受任何拘束地去探求、去创造。对于面积比较大的纪念章，设计者、雕刻者可以拥有更加广阔的用武之地，他们的思想和技巧、风格和情操，可以在这里得到更加完美的表现，更加充分的发挥。一般纪念章的发行量都比较少，所以对于造币厂来说，纪念章是小生产，是试验田，是练兵场，先进的生产技术可以在纪念章上试验、实践，成熟后再推广到货币生产中去。对于那些数量极少、档次很高的纪念章，在操作工艺上，更可以精雕细琢，反复锤炼，不惜工本。从这个意义上讲，高水平、高质量的纪念章又是钱币文化的开拓者、先驱者。所以不研究、不了解纪念章的情况，也不可能对当代的货币文化有更深层次的认识和理解。

图20　中国钱币学会成立十周年纪念大铜章

1979年，上海造币厂打制了新中国成立以后的第

一枚直径为60毫米的铜质纪念章，此后，人们便把这一类纪念章称之为"大铜章"。所谓"大"，是指直径大，体态大，有人把它定格在直径60毫米以上，但也不是绝对的。实际上40毫米、50毫米、55毫米的，也都归入了大铜章的行列。所谓"铜"，是指其材质是铜，有紫铜、黄铜等不同的铜合金材料。所谓"章"，是指其性质属于纪念章。现在，"大铜章"（图20）已经成为当代纪念章中一枝奇葩，以其独特的个性和艺术魅力，成为相对独立的一个门类。

此外，还有奖章（譬如奥运会等竞技比赛的奖章）、奖牌，对功勋卓著人物嘉奖的勋章，仿古的金银锭、金银元宝等等，都可以视为当代货币文化的衍生产品，也应该属于当代民俗钱的范畴。

《中国钱币论文集》第六辑，金融出版社，2016年9月

古代钱币和吉祥文化的情结

吉祥文化是中华民族文化、民俗文化的重要组成部分，所以中国钱币从它诞生之初便融入了吉祥文化的内容。几千年来，中国的钱币文化和包括吉祥文化在内的民族文化、民俗文化有着不可分割的密切关系。

一、古代金、银币和吉祥文化的不解之缘

古代中国的金、银币，从诞生之初，便融入了吉祥文化的内涵，历经两千多年，始终和吉祥文化有着不解之缘。谨以实物证之：

1. 楚金版。春秋战国时期，楚国是大量用金的地区，也是当时中国主要使用黄金货币的地区。楚金版的器型主要是参照龟甲的形制而来，所以有人亦称之谓"龟甲板"。龟在中国古代称为"玄武"，是一种神兽、瑞兽，归为"四灵"（代表东、西、南、北四个方位）之一，当然是祥瑞之器。

2. 金、银贝。战国时期的中山国曾经铸造过金、银仿贝。中华民族的先民视"宝贝"为平安吉祥之物，所以宝贝不仅是一种装饰品，而且是一种祈求祥瑞的神器，妇女生产时，必须手握宝贝，方可保佑母子平安。

3. 麟趾金、马蹄金。西汉武帝时期铸造麟趾金、马蹄金。麒麟是一种想象中的神兽，马在古代是人们不可缺少的交通工具和决定战争胜负的保护神，都是人们依赖的祥瑞之物。把黄金制成麒麟、天马之蹄和趾的形状，寓意自然是取吉祥之意。《汉书·武帝纪》曰，太始元年（前96）三月，武帝"诏曰：'有司议曰，往者朕郊见上帝，西登陇首，获白麟以馈宗庙，渥洼水出天马，泰山见黄金，宜改故名。今更黄金为麟趾褭蹄，以协瑞焉。'因以班赐诸侯王"。颜师古注："武帝欲表祥瑞，故普改铸为麟足马蹄之形，以易旧法耳。"

4. 金、银铤（锭）。两宋、金、元时期的金、银铤（锭），最常见的器型，或者说基

本器型是"定胜形",有人称"线板形"。即两头弧形、中间束腰的平板,然而,它又比"板"厚实,上面相对宽大,底部略小,所以称之为"线板",不如称之"定胜形"更为确切。"定胜形"的金、银锭,底部平整,摆放平稳,上部较为宽大,且略为向外展开,可以叠压成摞摆放,其寓意"锭(定)升(胜)",有一锭(定)高升,步步登高之意。

5. 元宝。把金、银锭称为"元宝"之名,起于元代,或有"元之宝货"的意思。但我们现在概念中的"元宝"之形——中间略为鼓起的马蹄形,则是明中期以后才有的形制,这种形制又回归到经过改良的马蹄之形。

所以,综观中国古代金、银币的形制都和吉祥文化有着密切的关系。

二、古钱币中的吉祥文化

公元前八世纪前后的春秋中期,青铜铸币诞生,吉语钱便应运而生。春秋时期的"武"字布是空首布中最常见的一种,铭文"武"便是一个吉祥语,"武者,盖取七德之义"。《左传》宣公十二年曰:七德,"夫武,禁暴、戢兵、保大、定功、安民、和众、丰财";战国初的桥足布多为素背,但在早期的桥足布中,也有加铸背文的,如"安邑二釿"布、"安邑一釿"布的背面都有加铸"安"字的;"梁夸(大)釿百当寽"、"梁夸釿二五十当寽"布,背有加铸阴文"夸"字的。背"安"、背"夸"均是吉祥语。

除布币外,其他铸币也一样会有吉语。如:齐刀、即墨刀、安阳刀的背面会铸上"日"、"吉"、"大昌"、"辟封"、"安邦"、"大行"等吉语;燕刀、燕圆钱的背面会铸有"吉"字;战国秦"半两"钱的背面也曾经发现过祈求财富的吉语"千贝"。

西汉早期的吉语钱仍是在普通的流通币"半两"钱、"五铢"钱的基础上添加吉祥文字,如在"半两"钱上添铸"富昌长·乐未央"等等。随后便有了"寿如西王母、富长安东西市"、"长毋相忘、日入千金"等专门铸造的吉语钱,从此,反映吉祥文化的钱币从正式发行的流通币中分离出来,成为相对独立的一支。

吉语钱所用的吉祥词汇,随着时代的推移,会不断变化创新,并且发展成图文并茂,甚至以图为主的"花钱",反映了不同时代不同的民俗风情。如北魏的宫钱"永安五男",此钱高浮雕,铜镏金,正面有吉语"永安五男"四字,配以日、月图,背面有青龙、白虎、朱雀、玄武"四灵"图,正背均铸有"四出"纹,表示和上苍对话的意思,祈求多子多福,平安幸福。此外,宋、辽时期的"龟鹤齐寿"、"家国平安"、"千秋万岁",明、清时期的"状元及第"、"五子登科"、"五谷丰登"等等吉祥钱，它们一脉相承，而且内容越来越丰富，所以反映吉祥文化的钱币始终是中国古钱、古代压胜钱的重要组成部分。

三、古钱币中的艺术精品多出自压胜钱（民俗钱）

在古钱币中，作为货币正式发行的流通币，一般只铸文字没有图案，所以钱文的书法、篆刻艺术成为古代流通钱币的主要修饰和防伪手段。然而压胜钱则不同，它不受"正用品"的诸多约束，无论是钱体的大小、厚薄，文字的多少、有无，还是书体的变化，图案的设计，都可以由设计制作者自由选择，所以，从文化和艺术的角度来看，压胜钱（包括吉祥系列的民俗钱）是正用品钱币的补充和发展，它可以从各个角度、运用各种形式来反映不同历史时期的钱币文化、民俗风情，成为古钱研究的一个重要领域，有的甚至具有极高的文物价值、学术价值和艺术价值。

诸如前文提到的北魏宫钱"永安五男"，不仅钱体硕大，图文并茂，而且采用高浮雕的工艺技术，把青龙、白虎、朱雀、玄武表现得栩栩如生。又如明"松鹤延年、事事如意"无文花钱，也是钱体硕大，采用高浮雕的工艺技术，正面穿之左右分别铸有松树和仙鹤，穿之上下各铸一鹿，上鹿口衔灵芝，下鹿口叼仙草，意为"松鹤延年"；背面有四头狮子和绣球、如意，意在"事（狮）事如意"。此外，还有唐宋时期官炉铸造的"打马格钱"，把我国古代的名马再生到了古钱上，一枚钱，一匹马，神态各异，活灵活现。如此等等，都是古钱中的艺术精品，它们把古代铸钱的艺术性推进到了新的高度，所以说古钱币中的艺术精品多出自压胜钱（民俗钱），当不为过。

中国金币文化网，2016年11月

"压胜钱"今说

古钱界把中国的古钱分为两大类：一为"正用品"，即由政府或某一权力部门发行的，曾经在某一时期、某一地区，作为货币行用过的钱币；一为"非正用品"，即货币文化的衍生产品。从文化意义上讲，它们和货币是孪生兄弟，人们也往往称之为"钱"、"币"，但它们并不行使货币的职能，而是一种工艺品、艺术品，或用于祭祀，或用于殉葬，或用于喜庆祝福，或用于欢乐游戏，或用于保佑平安，或用于某会道门组织的信物、护身符，或用于诅咒仇恨的敌人……在钱币界也把它们统称为"厌胜钱"，或者叫"压胜钱"。

其实，"正用品"和"非正用品"都来源于同一个母体，即"实物货币"。在古代，实物货币是具有双重性质的，它们既行使货币职能，也保留着其本来的实用价值。譬如：小米曾经行使过货币的某些职能，同时它仍然是一种粮食；黄金天然是货币，同时它又可以打制成首饰；海贝取得货币职能以后，仍然是一种装饰品，一种保佑母子平安的信物；铲形农具"钱"、"镈"取得货币职能以后，也仍然是一种农具。

正是因为实物货币具有双重职能，所以金属铸币在其诞生之初，也是具有双重性的。在中国早期的金属铸币上（春秋战国时期，约始铸于公元前8世纪），往往会铸有一些和祭祀有关的用语或吉祥词语。譬如，周王室的平肩弧足空首布中，我们发现了铸有牲畜等祭祀名物的文字，如"卯"字下铸"羊"字、"牛"字、"田"字、"贝"字，或许是代表卯时要祭祀的物品；齐国刀币的背面会铸上"吉"、"大昌"、"安邦"等吉语；战国秦"半两"钱的背面也曾经发现过祈求财富的吉语"千贝"。这样的现象或许便是承继于实物货币双重职能的衣钵。

到秦汉以后，压胜钱的文化有了明显的发展，品种和涉及的内容都有拓宽。西汉时期有了专门铸造的压胜钱，而且已经不只是局限于文字，更多的是有了图纹，于是它们逐步从行用钱中分离出来，成了相对独立的一支，即所谓的"非正用品"，或者叫非行用钱。古钱中的"正用品"和"非正用品"一直相伴而行。因为压胜钱的形制活泼多样，内容丰富，所以从文化、艺术的意义上讲，是正用品的补充和延伸。压胜钱中的精品，几乎都出自"官炉"（也就是现在我们所谓的国家造币厂），它们代表了不同时代钱币文化的精华。所以我称压胜钱是中国古钱的"半边天"，是古钱中的"半壁江山"。

清末、民国时期，西方货币文化影响到中国，中国传统的铸币方孔圆钱逐步演变为机器打制的金、银、铜元，同时也诞生了机制币文化的衍生物——纪念币（章），于是我们也可以把它看成是一种新型的压胜钱，或者说是传统压胜钱的继续和发展。

到今天，当代的钱币仍然有两部分组成，即货币和货币文化的衍生物。今天的纪念币（章）便是当代的货币文化衍生物。从这个意义上讲，它们仍然是中国传统压胜钱的继续和发展。特别是由国家造币厂设计生产的纪念币（章），与货币有着更加密切的关系，因为它们拥有共同的设计师、共同的雕刻家，甚至是一样的操作技术，大致相仿的工艺流程，所以由国家造币厂设计生产的纪念币（章），包括大铜章，和同时代的金属货币诞生于同一个母体，它们之间的手足之情、血缘之亲不言而喻，也可以说是当代的"官炉"制品。

其实，从文化意义上讲，一枚好的压胜钱，一枚好的纪念币（章），或许更能比较充分地反映这一个时代的钱币文化，因为，它可以突破货币设计生产中的很多条条框框、清规戒律，设计人员的思想可以更加解放、更加活跃，表现的手段可以更加灵活多样，技术运用可以更加充分，可以淋漓尽致地去探索、去创造。对于面积比较大的压胜钱、纪念章而言，设计者、雕刻者可以拥有更加广阔的用武之地，他们的思想和技巧、风格和情操，可以在这里得到更加完美的表现，更加充分的发挥。就当代而言，经过纪念章的试验和实践，一些成熟的工艺技术已经被引用到纪念币上，甚至是流通金属币的设计和生产中去。从这个意义上讲，高水平、高质量的纪念币（章），不仅是当代货币文化的补充和延伸，而且是当代先进钱币文化的创造者、开拓者，它们是开路先锋。

《中国金币文化》2017年第4期

中国古钱的文字

中国的古钱有两大类，一是历史上曾经正式流通使用过的货币，古钱学家称之为"正用品"；二是历朝历代货币文化的衍生物，诸如：吉语钱、宫钱、赏钱、花钱、游戏钱、庙宇钱、厌胜钱、瘗钱、冥钱等等，它们有着各自不同的用途，虽然不行使货币的职能，但材质、器型、制作方法、工艺技术……均和同时代正式行用的货币相类同，有的甚至就是铸造货币的钱监（钱局）制作的，古钱学家统称之为"压（厌）胜钱"。它们和"正用品"相对而言，也称之为"非正用品"。

中国古代的钱币走过一条独立发展的道路，和以希腊、罗马为代表的西方古代钱币有着明显的区别。西方钱币是以写生写实的图案作为币面的主要修饰，中国则是以文字的书法作为币面的主要修饰，尤其是国家正式发行的货币，要求更高更严，制作更为规范。中国古钱的这一特征还影响到东亚、东南亚等周边国家和地区，成为东方古代钱币文化的代表。

一、古代正用钱币的文字

中国古代的正用钱币，主要是指由政府正式发行的货币，所以它严格贯彻了中华民族正统的哲理思想，内方外圆的器型，既适合货币流通的需要，更象征着天圆地方的理念；中间的方穿，既是为了货币铸造和加工的需要，同时又确立了上下左右四个固定的方位。正用品在正常情况下是没有图案的，币的正面或铸四字，分列上下左右；或铸两字，分列上下或左右，这样的制作，既对称平衡，显示了东方特有的对称美，又端庄大方，具有王者之气。货币的艺术性和防伪手段，则主要体现在钱文的书法艺术，它蕴含着东方神韵的艺术魅力，它不仅给人以美的享受，而且每一个钱文的神韵气息，使伪造者难以模仿，无法完全做到形似，更难以真正做到神似，从而为人们的有效识别，为货币的防伪，提供了必要的保障。正是因为这个缘故，古钱的文字及其书法艺术伴随着中国古钱的发展足迹，形影不离，成为古钱文化最突出的代表。同时，古钱上文字书法的变化，也成为中国书法艺术演变和发展的一个缩影。

1. 古钱文字的书法

先秦时期（前221以前），钱币上的文字是当时流行的大篆书体，它们既保留着商周甲骨文、钟鼎文的遗风，还更多地反映了当时民间的实用书体。特别是战国钱币上的文字，又体现了战国七雄，不同地区的不同书写方法，如：同是"安阳"小方足布，三晋地区和燕地所铸的钱文就不一样（图1）。

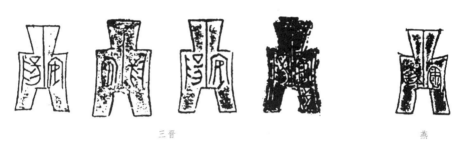

三晋　　　　　　　　　　　　　　　　燕

图 1

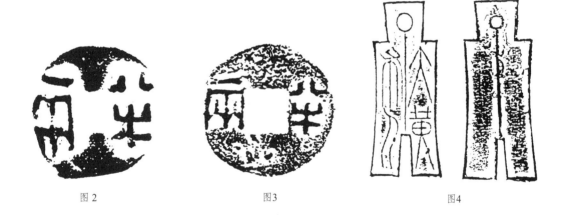

图 2　　　　　　　　　　图3　　　　　　　　　　图4

秦始皇统一中国（前221）以后，统一了文字的书法为小篆书体（即秦篆，亦称李篆）。随即又统一了货币，实际是把战国秦的"半两"钱（图2）推行到全国，只是把"半两"二字的书法改为小篆书体（图3）。汉（前206）继秦制，钱文仍为篆书。新莽时期（9—24），钱币的书法更为考究，钱文多采用铁线篆，亦称悬针篆，是小篆的一种特别的书体，笔道上粗下细，犹如倒悬的钢针，用笔刚劲有力，艺术性、装饰性极强（图4）。南北朝时期，钱文的篆法多有创新，南朝刘宋（420—479）铸钱的钱文采用薤叶篆，如"孝建四铢"、"永光"等钱的钱文笔划纤细，犹如薤叶（图5）；北朝后周（557—581）铸钱的钱文则用玉箸篆，如"五行大布"、"布泉"等钱的钱文笔划粗壮（图6）。

图5

隶书在钱币上出现，最早是东晋十六国时期，成汉李寿汉兴年间（338—343）铸的汉兴钱，钱文"汉兴"两字有两种排列方式，两种不同的书体。一种是传统的左右横列篆书书体，另一种则是上下竖列的隶书书体（图7），一改钱文采用篆书书体的传统习俗。但在全国范围内推行隶书钱文，则是唐高祖武德四年铸行"开元通宝"钱（图8）以后的事情。

图6

图7

图8　　　　　　　图9

宋朝（960—1279）是中国古钱铸造的顶峰时期。由于铸造技术的成熟，可以保证书法艺术在钱币上的充分反映，宋钱上的钱文几乎包括了真、草、行、隶、篆各类书体。尤其是在推行"对钱"制度的时期（994—1180），每一种钱都会采用两种以上不同书体的钱文分别铸造，同时发行，或真篆配对、或行篆配对、或隶篆配对……把古钱铸造讲究钱文对称美的艺术发展到了绝顶。宋朝的

图10

皇帝有不少是书法家，他们甚至亲自为货币书写铭文，被称之为御书钱，这在客观上有力地推动了书法艺术在钱币上的应用和再创造。宋初钱文的书体继承唐制，继续沿用隶书，到宋太宗淳化五年（994）铸"淳化元宝"钱的时候，太宗赵光义亲笔为钱铭书写了真、行、草三种不同的书体，并都分别铸造了钱币（图9），发行全国，这不仅开创了赵宋的多种书体的钱制，也开启了此后两宋盛行的对钱制度。各种书体在宋钱钱文上争奇斗艳，甚至出现了九叠篆的钱文（图10）。九叠篆书体一般用于官方的印玺，由于篆文复杂难读，民间很少使用，把它用来书写钱文成为宋钱的一个特例，也是中国古钱的一个特例。

　　南宋淳熙七年（1180）以后，宋钱钱文的书法逐步统一为宋体字，此后的钱文书法比较注重实用性，一般都采用楷书书体（图11）。元、清两朝，钱币上的文字除了汉字外，同时还出现了蒙古文、满文、维吾尔文等不同的民族文字，体现了多民族国家多种文字并存的特色（图12）。

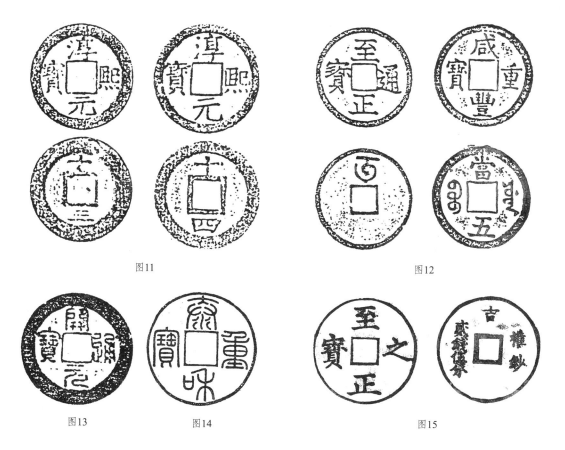

图11　　　　　　　　　　　　　　　　　　　图12

图13　　　　　　图14　　　　　　　　　　图15

　　中国古钱上的钱文，多数是出自书法名家之手。现在我们已经知道的，诸如：唐欧阳询隶书"开元通宝"，南唐徐弦篆书"开元通宝"（图13），宋太宗赵光义真、行、草三体"淳化元宝"、"至道元宝"，宋徽宗赵佶瘦金体"崇宁通宝"、"大观通宝"，金党怀英篆书"泰和重宝"（图14），元周伯琦楷书"至正之宝"（图15），清戴熙"咸丰通宝"、"咸丰重宝"（图16）等等。其实，秦汉以降，钱币上的文字应该都是书法家的作品，西汉的"五铢"钱，王莽的六泉十布……钱文都非常考究，自然都是由书法家所书，只是至今尚未查考出是谁的手迹，还有待于今后的继续研究。

图16

钱文的书法，不仅是一种艺术享受，而且还可以看到书法家在不同时期其书法作品的变化。譬如，宋徽宗赵佶自崇宁到宣和的一二十年中，曾先后用他的瘦金体书写过"崇宁通宝"、"大观通宝"、"宣和通宝"的三种钱文，从遗存的实物来看，可以明显地发现崇宁初年，也就是徽宗二十来岁时，精力充沛，崇宁通宝四个字可谓铁划银钩，字字笔笔都勾划出瘦金体的典型特征。到大观初年，虽然只有事隔五年，大观通宝四字已显老成，却笔力不如前者，其中同是一个"通"字，已有明显的变化。再到宣和初年，从宣和通宝背陕的瘦金书体，又可以发现，作者已有暮气，用笔已显乏力（图17）。

图17

先秦的钱币，因为铸造工艺原始，只能一范一钱铸造，浇铸一次以后，钱范就被敲碎，要重新刻制新范，才能再铸新钱，所以先秦钱币上的钱文变化无常，几乎找不到书写完全一致的文字，由此可以知道，先秦钱币上的文字不是由专门的书法家所书。然而它们也是由长于刀笔文字，或者说工于刀笔文字的专门的匠人所为，因为其笔锋之犀利，运刀之娴熟，钱文疏密繁简之布局，决不是一个生手可以随便做到的。先秦钱币的这一特征，也成为今天鉴定的一个重要依据。

凡是汉民族建立的政权发行的货币，钱文汉字都是规范的真笔字，一般不会出现

图18

添笔、省笔、借笔、简笔的现象，即使是农民起义建立的政权，也不例外。这里有一点需要说明的是："太平天国"钱币上的"国"字，是方框内一个"王"字，不是方框内一个"玉"字，这是太平天国洪秀全政权专门创造的字，表示普天之下只有"王"土的意思，所以它也是严肃的真笔字，而不是简笔的"国"字（图18）。

与此相对而言，少数民族建立的政权，特别是少数民族建立的地方性政权发行的货币，凡是铸有汉字钱文者，不仅文字的书法具有独自的风格，同时还往往会出现省笔、借笔的现象。譬如：辽钱和宋钱相处于同一个时代，它们之间在文化上相互交流、相互影响。辽朝除了铸契丹文钱外，大量铸行的是汉文钱，但辽钱的文字，往往大小错落，书体隶楷相间，具有质朴、豪放的特点。尤其是早期辽的汉文年号钱，常有借笔现象，如天禄通宝的"禄"字，"示"部右下的一点，和"水"部左上的一点相互借用，实际上是少写了一点；应历通宝的"曆"字，"厂"部的一撇，借用了内廓右侧的一竖，实际上是少写了一撇（图19）。这种情况，在少数民族地区书写汉字时，是经常会发生的。包括日本、朝鲜、越南等东亚、东南亚地区，以及我国其他周边的国家和地区铸行的汉文古钱，也经常会有这样的现象。如日本早期铸造的"和同开珎"钱的"珎"字，其实是"寶"字的省书（日本元明天皇和铜元年，即708年铸）；"富寿神宝"钱的"富"字则省去了顶上的一点（日本嵯峨天皇弘仁九年，即818年铸，图20）。这样的事情，在中国中央政权发行的货币上是绝不会发生的。

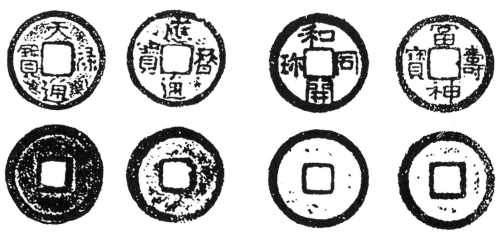

图19　　　　　　　　　　图20

2.古钱文字的内容

殷商时期青铜仿制的贝化是我国金属铸币的兆始，但金属铸币的最终形成和发展是在春秋战国时期。当时中国尚未形成大一统的国家，各地铸币的币材、形制、重量、大小和钱币文字，均无统一的制度。

图21

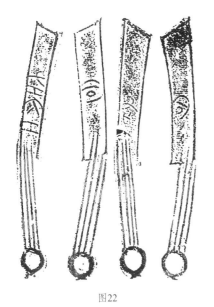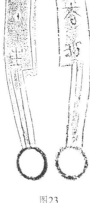

春秋时期，大约在公元前八世纪以后，钱币上的铭文有记数、记名物、记方位、记地等不同的内容，到春秋后期、战国初期以后，各地的钱铭逐步趋向规范，黄河流域、三晋地区的布币，钱文多以记地为主，有的在地名之后加上币值，如"晋半釿"、"安邑一釿"、"安邑二釿"（图21）；北部燕地的刀币，正面统一铸一个"刀"字，古文字学家多释读为"明"字，也有把它释读为"匽"、

图22　　　　图23

"易"的，背面则多是记方位、记数（图22）；东部齐地的刀币则自称"大刀"，钱铭记地，如"齐大刀"、"即墨之大刀"、"安阳之大刀"（图23）等等；南部楚地的蚁鼻钱，则铸有阴文的钱铭，如"𣪏"、"哭"（图24）、"君"、"匋"、"忻"等等；中部黄河流域和西部秦地的

图24

图25

圜钱，钱铭分别记地、记值和记重，如"东周"、"安藏"、"共"、"共半釿"、"珠重一两·十二"（图25）等等。战国中晚期诞生了方孔圆钱，钱铭记重或记值，秦地铸"半两"（图2）、"两甾"钱，燕地铸"一刀"（或释读'化'，下同）、"明刀"、"明四"钱，齐地铸"赒刀"、"赒四刀"、"赒六刀"钱，它们为货币、钱文的统一，做了前期准备。

秦始皇统一货币、钱文为"半两"（图3），此后的840多年间，我国的货币，除个别特例之外，都是以重量来命名的。到唐高祖武德四年（621）铸"开元通宝"钱以后，才进入了称宝货币时期。虽然开元通宝钱的"开元"两字不是年号的名称，而是开辟新纪元的意思，但开元通宝钱之后，一直到清末，中国正式发行的方孔圆钱，钱文多是由年号或国号加"宝"文组成，如"乾元重宝"、"淳化元宝"（图9）、"皇宋通宝"等等。

方孔圆钱多数是素背，即钱背没有文字，但也有钱背加铸文字的。钱背文字一般为记年、记地、记值、记重，也有的记钱监、钱局名称或记炉座方位等等。

3. 古钱的多民族文字

我国是一个多民族国家，不同的民族有不同的文字，所以反映在中国的古钱上，会有不同民族的钱铭文字。现在知道的，除汉文之外，还有佉卢文、龟兹文、回鹘文、粟特文、突厥文、伊斯兰文、察合台文、西夏文、契丹文、八思巴文、蒙古文、满文、维吾尔文、藏文等等。有的钱币上只铸一种文字，或汉文，或其他民族的文字，如满文"天命通宝"钱（图26）；有的钱币上会同时铸有两种、三种不同民族的文字。甚至发现有四种不同民族的文字，同铸在一枚钱币上的。如元代有一种钱，正面铸汉文"至元通宝"四字，背面穿孔上下铸八思巴文"至治"二字，穿右铸察合台文"通"字，穿左则铸西夏文"宝"字，合为"至治通宝"四字（图27）。当然，这只是一个特例，其性质也有待于进一步考证，但多民族文字都曾经作为中国古钱的铭文，则是不争的事实。

图26

两种不同民族的文字同铸于一枚钱币上，最早出现于东汉时期，公元1—3世纪的新疆和阗地区的一种地方货币，钱币学家称之为汉佉二体钱。汉佉二体钱分有大、小两等，正面中央铸有一个族徽图案，周边为篆书汉字，标明面值，大的为"重廿四铢铜钱"六个字；小的为"六铢钱"三个字。背面中央铸一马或骆驼的图案，周边一圈为佉卢文，内容是"大王"、"王中王"或"众王之王"等尊号，以及和阗国国王的名字（图28）。把两种不同民族的文字同铸于一枚钱币上，在后来的民族地区的地方货币中时有发生。到元朝以后，中央政权发行的货币也有了两种或三种不同

图27

民族文字并存的情况，如元惠宗至正十年（1350）以后铸行的"至正通宝"钱，正面钱铭是汉文，背面则以蒙古文纪年，分别有寅、卯、辰、巳、午五种（图29）；清"顺治通宝"背满文"宝泉"（图30）、"宝源"等等。

图28

图29　　　　　　　　　　　　　　　　　　　　　　图30

在中国历史上，少数民族建立的政权，发行本民族文字的钱币，其政治的意义往往大于实用的价值，譬如，契丹族建立的辽朝铸过契丹文的钱币，但契丹文钱币几乎都不是正式流通货币，如契丹文"天朝万顺"钱，只是一种吉语钱（图31）；他们也铸了汉文的年号钱，但铸额不多，尤其是辽早期的年号钱，遗存至今的都是凤毛麟角，说明当时的铸额极少，铸造辽钱的目的只是为了象征政权的存在，而真正在社会上流通使用的仍是流入辽地的唐宋等中原地区的钱币。

少数民族建立政权以后，都十分重视学习汉文化，重视从汉文化中吸取营养，这

在钱币文化中也有体现。譬如：党项族建立西夏王朝以后，也仿照宋朝发行年号钱，当时宋朝正盛行"对钱"，即每发行一种年号钱，都用两种不同的书体铸造同一钱铭的钱，同时发行。西夏政权也依此用不同书体铸行了"对钱"，如仁宗乾祐年间（1170—1193），同时用楷书和行书分别铸造了"乾祐元宝"钱；神宗光定年间（1211—1222），同时用楷书和篆书分别铸造了"光定元宝"钱。更有甚者，他们还在宋朝"对钱"的基础上有了新的发展，即用西夏文和汉文同时铸钱，同时发行，如乾祐元宝除汉文钱外，还同时铸行了西夏文的年号钱（图32）。

图31　　　　　　　　　　　　　　　　　图32

二、古代非正用钱币的文字

所谓非正用钱币——压（厌）胜钱，实际是货币文化的衍生物，它们往往和民俗文化有密切的关系，涉及人们日常生活的方方面面。因为它们不是正式发行的货币，所以其表现的形式活泼多样，反映的内容丰富多彩，材质也可以根据需要任意选定。它们中间，有的仍只铸文字，如宫钱、赏钱、镇库钱、瘗钱等等；有的只铸图案，如花钱、镂空花钱、生肖八卦钱、人物故事钱、秘戏钱等等；有的则是图文并茂，如将马钱、符咒钱等等。压胜钱从文化和艺术的角度来看，是正用钱币的补充和发展。

压胜钱有官炉制作的，特别是其中的精品，几乎都出自官炉，它们代表了那个时代钱币铸造的精华。但更多的是民间制作，铸造工艺良莠不齐，它们代表了当时民间的实际水平，更能反映当时的民俗风情、民间生活的真实的一面。

鉴于这样的情况，压胜钱的文字，与正用品相比，有两个明显的特征：一是文字的内容由用途而定，字数不受一定的约束；二是文字的书法没有专门的规定，比较客观地反映了当时民间实用的书体。

货币文化的衍生物是和货币相伴而生的。早在实物货币的时期，实物货币本身就具有两重性，它们既行使货币的职能，又保留着本来的实用价值。在商代的墓葬中，我们发现了殉贝的现象。有一种殉贝是摆放在墓主人的腰下，这和同时代大墓中墓主人身下腰坑中的殉狗、殉人是一个性质，是为了帮助墓主人镇魔压邪，保佑冥途通达，或许它们便是厌胜钱的源头，也是压(厌)胜钱名称的来由。

在春秋战国时期的铸币上，往往会铸有一些吉语，如齐刀、即墨刀、安阳刀的背面会铸上"日"、"吉"、"大昌"、"辟封"(图33)、"安邦"、"大行"等吉语，燕刀、燕圆钱的背面有"吉"字(图34)，战国秦"半两"钱的背面也曾经发现过祈求财富的吉语"千贝"，说明此时压胜钱的性质和用途有了延伸，除了镇魔压邪之外，还可以用吉语的形式来表达人们的想往和祈求。

压胜钱的文化，到西汉时期有了明显的发展，品种和涉及的内容都有拓宽。西汉早期的吉语钱仍是在普通的四铢"半两"钱、"五铢"钱的基础上添加吉语文字，如"宜子·半两"、"思君·半两"(图35)、"宜子门孙·五铢"、"长思君恩·五铢"(图36)等等，但随后便有了"寿如西王母、富长安东西市"(图37)、"长毋相忘、日入千金"、"辟兵莫当、去凶除央"这样专门铸造的吉语钱。综观西汉的吉语钱，其吉语用词和秦

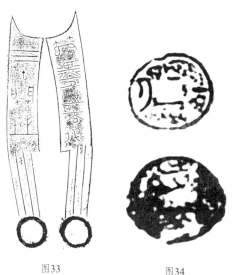

图33　　　　　　　　图34

汉瓦当、铜镜的吉语用词，有很多相通之处，这也是当时民俗民风的反映。现在所知，最早的镇库钱是西汉文帝五年(175)始铸四铢"半两"钱之前的开炉之作，其文字制

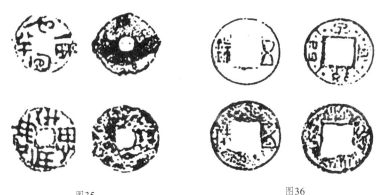

图35　　　　　　　　图36

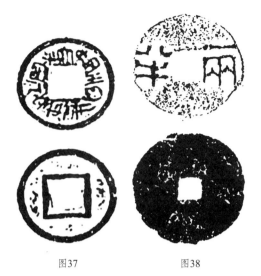

图37　　　　　　图38

作和实用的四铢"半两"钱完全一致,只是钱体放大,重量是普通钱的一二十倍(图38)。镇库钱铸造的目的,是为了祈求铸币成功,免遭灾难。此外,西汉中山靖王刘胜(死于元鼎四年,即公元前113年)的配偶窦绾墓中,还出土了一套宫中行乐钱。全套计40枚,其中20枚是"第一"至"第廿"的记数钱,另20枚则分别铸有三个字或四个字的韵语一句,如"起行酒"、"乐无忧"、"饮其加"、"自饮止"等等,其形制虽也是方孔圆钱,但比一般的流通钱币硕大厚重,应该是当时行酒作乐的一种游戏钱,这也是我们至今所见到的最早的一套完整的游戏钱。

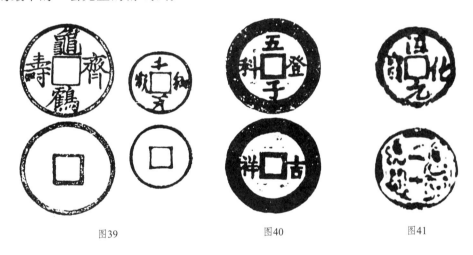

图39　　　　　　　　　图40　　　　　　　　　图41

　　唐宋以后,压胜钱的门类和内容大大丰富,譬如,随着时代的推移,吉语钱所用的吉祥词汇多有变化,反映了不同时代不同的民俗风情。如宋辽时期的龟鹤齐寿(图39)、家国平安、千秋万岁,明清以后的状元及第、五子登科(图40)、五谷丰登等等。庙宇钱的专门铸造应该是唐宋以后的事情,随着时间的推移,其性质和功能也有变化和发展。法门寺地宫出土的玳瑁"开元通宝"钱,应该是专门制作的佛藏钱,这是唐朝的事情。到五代时期的后周,佛藏钱的制作十分精良,正面仿照正式流通使用的"周元通宝"钱制作,背面则添铸佛像。这样的习俗延续到两宋,五台山就曾经出土过宋"淳化元宝"背铸佛像的金质钱币窖藏(图41)。辽金以后,特别是元朝,庙宇铸钱成为一种普遍的社会现象，其用途和性质已经不再局限于重大的佛事活动，而是成了庙宇敛财的一种手段，成为民间私铸钱的一种变态。它们铸的几乎就是劣质的普通的年号小钱，钱文潦草，且多有简笔字充斥其间（图42），它们可以参与地方性的流通使用，行使部分货币的职能，成为元朝铸币的一个特殊现象。打马格钱是以名马、名将为主要内容的一种游戏钱，图文并茂，制作精良，尤其是出于官炉者，更是压胜钱中的上品，不仅将、马的神态栩栩如生，而且钱文也十分考究（图43），成为钱币中的艺术珍品。

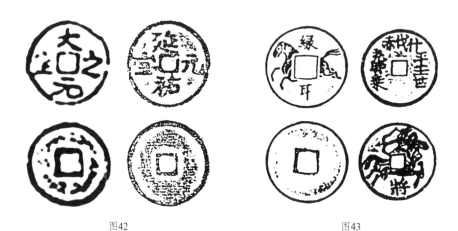

图42　　　　　　　　　　　　　　　　图43

瘞钱是辽代的一种特殊的丧葬用品，1972年9月，吉林哲里木盟库伦旗辽墓出土一枚钱铭为"大康六年"的瘞钱（图44），它不仅证明该墓主人下葬于大康六年，而且此钱的铭文制作是典型的辽钱风格，特征更为明显，又有绝对记年，可以把它视为辽钱断代的标准器物。信钱是明清以后，民间会道门结社组织的一种信物，钱文多为该组织的信义之词，如义和团的拳钱、白莲教的教会钱（图45）等等。它们既是会道门成员身份的凭证，同时又赋予了一种信仰、一种神力，祈祷护身保平安；还有咒语钱、符咒钱，是宗教组织特制的一种护身符，钱文多为咒语，据说可以免除灾难，驱散鬼魔（图46）。信钱和咒语钱多是民间制作，反映当时的民间工艺和文字书法。如此等等，都是民俗文化在不同领域的表白。

图44

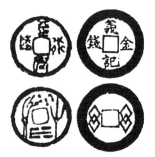

图45

宫钱是皇家的专门用品，汉唐以后，也成为压胜钱的一

图46

图47

大门类，宫钱有金、银、铜、银鎏金、铜鎏金等不同的材质。因为用途不同，宫钱分别会有不同的制作特征，作为皇家赏赐专用的赏钱，多为金银制作，钱文与正式发行的流通币基本相同，由官炉专门制造。宫中的上梁钱，挂灯钱，金册、谱牒、档案等等的包袱钱，重大喜庆活动的专门用钱，也有用某某宫名加吉语的专门定制的祝贺钱，如南宋银质宫钱"寿慈万春"（图47）。现在知道清室皇宫的用钱，一般都是吉语钱，如"天下太平"、"吉祥如意"等等，清宫用钱的铭文都是由冷工艺加工，钱文阴契，分有单钩线、双钩线两种，因此它们不是由铸钱局铸造，而是由内务府造办处专门制作的，这样的加工技术应该在唐宋时期就已经启用了。

近期，我们还发现了一套清晚期冬至祭天专用的宫钱，银质鎏金，钱体硕大厚实，制作精良，共有十枚，正面为直读四字吉语，分别是：天下太平、日升月恒、风调雨顺、国泰民安、纯祺锡羡、稼穑滋稔、介尔景福、厥性休祥、威震万寓、厚载广覆。背面统一为横列"长天"二字。长天即冬至，亦称亚岁、冬节，皇帝祭天是冬至祭祀仪式中一项重要活动。这套长天宫钱钱纹阴契，内郭的四角阴契有十分夸张的四决纹，方孔圆钱的方形内郭代表大地，圆形的外郭代表苍天，夸张的四角决纹，由内郭的四角发出，象征着与天对话，与神灵对话，祈求上苍和神灵的保佑，所以是冬至祭天的专门用品。宫钱中还应包括皇亲国戚死后随葬的冥钱，皇室专用的冥钱，多由金、银薄片打制而成，钱文阴契，内郭四角也有阴契的决纹，祈求升天顺利，冥途通达（图48）。

图48

附：

中国古代钱币钱文书法一览表

书　体	时　间	备　注
大篆	公元前8世纪—前221年	春秋战国时的钱币文字书体
小篆	公元前221年—公元621年	秦汉魏晋南北朝及隋的钱币文字书体
隶书	公元338—343年	成汉李寿的汉兴钱钱文第一次采用隶书书体
	621年以后	唐开元通宝钱以后隶书钱文成为普遍现象
楷书、草书、行书、隶书、篆书	990年以后	北宋太宗淳化以后真草行隶篆各种书体均用于钱文
宋体字	1180年以后	南宋孝宗淳熙七年以后钱文统一为宋体
真书	1279年以后	元朝以后钱文以真书为主

（安阳）中国古文字博物馆成立学术研讨会，2009年11月16日

《北京文史》2010年第1期

书法篆刻艺术

——中国钱币文化的精华

古代中国、古代东方的钱币文化和古代希腊罗马、古代西方的钱币文化之间的区别，除了采用原材料不同外，还有两个明显区别：一是钱币的修饰手段不同，西方是以写生写实的图案作为钱币的主要修饰，东方则是以文字的书法作为主要修饰；二是钱币的制造工艺不同，西方是以打制工艺为主，东方则是以浇铸工艺为主。正是有了这两条，所以中国的古钱，东方的古钱便和书法篆刻艺术有了不解之缘。

一、中国古钱与书法的关系

关于币面的纹饰，对于设计者有几点要求：一是美观，给人以美的享受，使人乐于接受，美不释手。钱币本身是一种财富的象征，又是物物交换的媒介，而钱币的美感可以增添人们求索的欲望；二是清晰明了，使人们一目了然，一望便知；三是时代感和地域性，以区别于其他钱币；四是防伪，使伪造者不易仿制，人们容易辨识。西方钱币上的图纹和东方钱币上的书法，都具有这样的效果，它们有着异曲同工之妙，因此分别被选为钱币币面的主要修饰。在中国书画诞生的时候，书和画之间本来没有明显的区别，它们本是同根，出于同宗，现在我们看到的早期的象形文字，如：日书作"○"、贝书作"℮З"、鱼书作"⇔、⇔"，可见当时书画之间并无严格界限。

中国书法蕴涵着东方神韵的艺术魅力，书法给人以美的享受。方孔圆形的钱型，加上简单明了的钱文，使人一目了然，是中国的钱币、东方的钱币。不同时期的不同书体，不同作者的不同手法，既有强烈的时代感，又充满着变幻莫测的个性特征。每一个钱文的神韵气息，使伪造者犯难，无法完全做到形似，更难以真正做到神似，从而为人们的有效识别，为钱币的防伪，提供了必要的保障。正是因为这些缘故，书法艺术伴随着中国古钱的发展足迹，形影不离，钱文书法成为古钱文化最突出的代表。同时，古钱上钱文书法的变化，也成为中国书法艺术演变和发展的一个缩影。

先秦时期（前221以前），钱币上的文字是当时流行的大篆书体，它们既保留着商周甲骨文、钟鼎文的遗风，还更多地反映了当时民间的实用书体。特别是战国钱币上的文字，又体现了战国七雄，不同地区的不同书写方法。

秦始皇统一中国（前221），统一文字的书法为小篆书体（即秦篆，亦称李篆）。随即又统一了货币，不仅统一了钱文的内容，还统一了钱文的书法，即以小篆书体来书写钱文。汉（前206）继秦制，钱文仍为篆书。新莽时期（9—24），王莽对钱币的铸造非常重视，钱文的书法更为考究，钱文采用铁线篆，亦称悬针篆，是小篆的一种特别的书体，笔道上粗下细，用笔刚劲有力，艺术性、装饰性极强。南北朝时期，钱文的篆法多有创新。南朝刘宋（420—479）铸钱钱文采用薤叶篆，如"孝建四铢"、"永光"等；北朝后周（557—581）铸钱钱文则用玉箸篆，如"五行大布"、"布泉"等。

隶书在钱币上出现，最早是东晋十六国时期，成汉李寿汉兴年间（338—343）铸的汉兴钱，钱文"汉兴"两字有两种排列方式，两种不同的书体。一种是传统的左右横列篆书书体，一种是上下竖列的隶书书体。但在全国范围内推行隶书钱文，则是唐高祖武德四年（621）铸行"开元通宝"钱以后的事情。

宋朝（960—1279）是中国古钱铸造的顶峰时期。由于铸造技术的成熟，可以保证书法艺术在钱币上的充分反映，宋钱上的钱文几乎包括了真、草、行、隶、篆各类书体。尤其是在推行"对钱"制度（日本泉界称之为符合钱）的时期（990—1180），每一种钱都会采用两种以上不同书体的钱文同时铸造。宋朝的皇帝有不少是书法家，他们亲自书写钱文，被称之为御书钱，也在客观上推动了书法艺术在钱币上的应用和再创造。各种书体在宋钱钱文上争奇斗艳，甚至出现了九叠篆的钱文。九叠篆书体一般用于官方的印玺，由于篆文复杂难读，民间很少使用，用它来书写钱文成为宋钱的一个特例。

南宋淳熙七年（1180）以后，宋钱钱文的书法逐步统一为宋体字，此后的钱文书法比较注重实用性，一般都采用楷书书体。元清两朝，钱币上的文字除了汉字外，还出现了蒙古文、满文、维吾尔文等民族文字，体现了多民族国家多种文字并存的特色。

中国古钱上的钱文，多数是出自书法名家之手。现在我们已经知道的，诸如：唐欧

阳询书写隶书"开元通宝"，南唐徐弦书写篆书"开元通宝"，宋太宗赵光义书写真、
行、草三体"淳化元宝"、"至道元宝"，宋徽宗赵佶书写瘦金体"崇宁通宝"、"大观
通宝"，金党怀英书写篆书"泰和重宝"，元周伯琦书写楷书"至正之宝"，清戴熙书写
"咸丰通宝"、"咸丰重宝"等等。其实，秦汉以降，钱币上的文字应该都是书法家的
作品，西汉的"五铢"钱，王莽的六泉十布，钱文都非常考究，自然都是由书法家所书，
只是我们不知道他们是谁而已。先秦的钱币，因为铸造工艺原始，只能一范一钱铸造，
先秦钱币上的钱文变化无常，几乎找不到书写完全一致的文字，所以先秦钱币上的钱
文不是由专门的书法家所为，但它们也是由长于或者说工于刀笔文字的专门的匠人所
作，其笔锋之犀利，运刀之娴熟，钱文疏密繁简之布局，决不是随意之作。

二、中国古钱与篆刻的关系

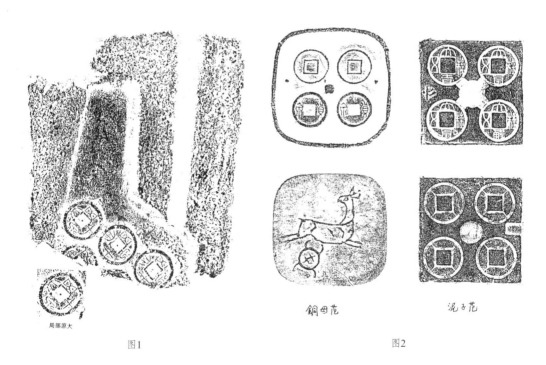

局部原大
图1　　　　　　　　　　　铜田范　　　泥子范
图2

　　中国古钱的铸造，采用浇铸工艺。这种工艺需要先刻制模具，早期称之为"钱
范"，即用钱币外型的阴刻范模来浇铸钱币（图1）。钱范分有陶范、石范、铜范等等，
就性质而言又可分为母范、子范，铸造钱币时，钱币的模型和钱币上的文字，都直接刻
制在土坯或石版制作的原范上，或者是刻在最初制作的母范上。唐宋以后，改为翻砂
法铸钱，钱模被称之为母钱，即用母钱为模在沙盘上印制钱腔，浇铸钱币。最初的母

钱又被称为"雕母"（图2），是用铜、木（硬质杂木）等材料
直接雕制而成的。无论是钱范的雕刻，还是母钱的雕刻，都
和篆刻技术有着不解之缘。更有甚者，在钱币制造过程中，
也曾经直接使用过印戳。早在战国时期（前475—前221），
楚国金版上的文字，如"郢爯（爰）"、"陈爯（爰）"、"鄟"
等，便是在金版浇铸成型后，趁尚未完全冷却时，由专门的
字戳钤印上去的。中国国家博物馆（当时的中国历史博物馆）

图3

在1960年曾经购得一枚"郢爯"戳印，戳印呈圆槌形，长10.6
厘米，戳印方框的边长为1.35厘米，尾端圆形的直径约为4.25厘米，据说是在安徽寿
县出土，所以旧时古钱界也称楚金版为"印子金"（图3）。后来在方孔圆钱的制造过程
中，偶尔也会借用钤印技术，如唐朝的会昌（841—846）开元钱（图4），并没有雕制专
门的母钱，而是以盛唐时期标准的开元通宝钱为模，在沙盘上印制，其钱背的文字，

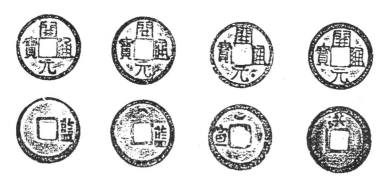

图4

则是由专门的单字印戳，加盖到沙盘上的。这样的情况，虽然不是普遍现象，但也不
是孤证。总之，中国古钱的铸造，和篆刻的关系密切，古钱质量的好坏，在很大程度上
受篆刻技术高低的制约。正是因为这个缘故，元（1279—1368）、明（1368—1644）以
后，篆刻家在研究篆刻技术、篆刻历史的时候，都十分注重"印外求印"，其中自然会
包括有关古钱和书法、篆刻的关系。篆刻家邓散木在他的《篆刻学》一书中，提出了泉
文（即钱文）"足为治印之助"的主张，并把王莽钱币的拓本收入书中作为证明。方
孔圆钱，外圆内方，文字布置其间，如何布局，确有值得研究的地方，程邃（1605—
1691）、赵之谦（1829—1884）等篆刻家都曾治过古钱形的印章，取得了很高的艺术
效果（图5）。

沈郎　　　　赵四　　　　铁　　　　余田大年

东吴布衣　　胡公寿　　紫伯秘玩　　相思若循环

王莆嘉印　　泉癖　　唯吾知足

图5

三、书法篆刻艺术是中国古钱文化的精华

图6

中国古钱文化，包含的内容非常丰富。因为中国的古钱诞生于青铜时代，是青铜铸造技术的产物，自然会包容中国的青铜文化；因为古钱是中国历史上曾经使用过的货币，是金融圆通手段的一个载体，自然会包容中国的货币文化；因为古钱中除了正式作为货币铸造发行的"正用品"外，还有大量的"非正用品"，诸如吉语钱、镇库钱、打马格钱、人物故事钱、庙宇钱（佛藏钱）、信钱、秘戏钱（春钱）、瘗钱等等（图6），因此古钱还包容了大量的民俗文化。自秦始皇以后，中国的古钱统一为方孔圆形，它包容了天圆地方的哲理思想。因为有了中间的方孔，钱文分列在穿孔的上下左右，对称平衡，规矩端正，朴实大方，

它又体现了东方人的审美观点、美学思想，是东方文化的集中反映。然而，书法艺术是古钱文化的精华，古钱的美，古钱的艺术魅力，主要集中在书法艺术上，集中于书法艺术在古钱上的再创造。因为上面所列的众多文化、思想和艺术，最后留给人们最直接的感受是钱文的书法。我们在鉴定古钱真伪的时候，最重要的依据，在于其神韵气质是否符合当时的时代气息，是否符合它铸行区域的地方特征，是否符合它自身创作过程中带来的个性特征。这些特征集中起来，最突出的反映，就在于钱文的书法艺术，而钱文的书法艺术，又是通过篆刻技术再生到古钱上的。因此古钱文化无法脱离书法和篆刻艺术，书法和篆刻艺术是古钱文化的精华所在。这样的情况，不只是体现在中国古钱上，而是体现在整个东方的古代钱币上。日本著名的皇朝十二钱（708—958），就十分注重钱币的文字书法，它们的钱文，都是由著名的书法家、遣唐使者、名僧、重臣，甚至是由天皇亲自御书的（图7）。

日 本 皇 朝 十 二 錢

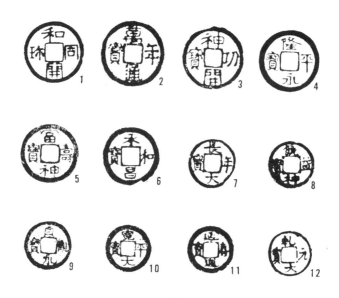

图7

2008年10月17日在日本金泽市北国新闻社的讲稿

《中国钱币》2009年第2期

《金融博览》2009年第3期

有关北宋交子的几个问题

北宋交子是我国最早的纸币，也是世界上最早的纸币，因此北宋交子不仅在中国货币史上，而且在世界货币史上，都享有不可或缺的重要地位。但是，由于文献资料的简略，实物的遗缺，所以，我们对北宋交子的认识，至今仍有不少盲区。现就有关的几个问题，谈一点自己的认识。

一、交子诞生的原因

关于交子产生的原因，文献史料主要有两种说法。其中多数人的说法是：因为铁钱沉重，面值小，购买力低下，不便使用。文莹在《湘山野录》卷上中最早记录了此说，而吕祖谦在《历代制度详说》卷七《钱币》中讲得最具体，他说："蜀用铁钱，其大者以二十五斤为一千，其中者以十三斤为一千，行旅赍持不便，故当时之券会生于铁钱不便，缘轻重之推移，不可以挟持。"此外，脱脱的《宋史·食货志》、费著的《楮币谱》、曾巩的《隆平集》、章如愚的《山堂群书索考》等等均持此说，可谓是主流说法。但也有另外一种声音，那就是"钱荒"，如李焘在《续资治通鉴长编》卷五九中说："（景德二年二月庚辰）先是，益、邛、嘉、眉等州岁铸铁钱五十余万贯，自李顺作乱，遂罢铸，民间钱益少，私以交子为市，奸弊百出，狱讼滋多。"陈均在《九朝编年纲目备要》卷七中也持此说，即交子是因钱荒而产生的。主张这种说法的人虽然不多，但我们决不能忽视，更不可无视这一说的存在。

其实，"铁缗辎重"也好，民间钱少也好，都只是导致交子产生的直接原因，或者说只是起了诱导的作用。而交子在四川诞生的根本原因，或者说内在的实质性原因应该是：四川地区的经济贸易发达，以及货币供应与之不相适应的矛盾。早在唐朝，四川已是经济繁荣，商业兴盛，在全国处于领先地位，所以时人才会有"扬一益二"的说法。入宋以后，成都周围地区，即益州的经济依然是我国最发达的地区之一，不仅是农产品丰富，锦、纸、糖等产业，都在全国处于领先地位。从地理位置看，四川是内地和西蕃、西南夷、西夏等西部地区的贸易枢纽。更以铁钱沉重，蜀道难行，因此在异地贸易中便有了交子应运而生的机遇，出现可以在异地兑现的交子当是情理中的事情。

所以，交子最初出现的时候，应该是"飞钱"的性质，是异地兑现的凭证，或者称之为异地兑现的票据，它的面额是根据实际需要临时填写的。所以它只是一种汇票，不是货币，更不是强制流通的纸币，并不在商品交易过程中起媒介的作用。使交子发生质的变化，由汇票、支票的性质，转化为替代铁钱参与市场流通，行使某些货币职能，"钱荒"或许是直接的导火线。因为战乱，铁钱罢铸，民间钱少，于是才出现了私下以交子为市的现象，又因为私下为市，奸弊必出，才有了政府的干预。但是，交子一旦介入了市场，替代铁钱行使了货币职能，铁钱沉重难用等诸多弊病便更加显现出来，于是欲罢交子已经不再可能，唯一的办法只能是改造交子，完善制度，加强管理，使之真正货币化，于是一个新生的事物诞生了，这便是北宋的纸币——交子。

二、交子的演变和发展

如果上说不误，那么北宋交子从诞生、演变到发展，应是经历过四个阶段。

第一阶段是交子诞生的初期。其主要用途是为了解决长途贸易中现钱搬运的繁难，所以它只是一种异地兑现的票据。在交子行使的过程中，它也可能担负了另外一种职责，即支票的职能。人们可以把暂时闲置的钱币存放于某商户处，并得到商户开具的票据（即交子），证明存放钱币的数量，待要用钱的时候，便可凭此交子到商户兑现。总之，这个阶段是交子的非货币化时期。

第二阶段是"私以交子为市"时期。这个阶段，交子不仅具备汇票、支票的职能，而且已经替代铁钱行使了某些货币的职能。但交子的这一属性，是民间自发赋予的，它经历了由偶然顶替到习惯使用的过程，于是有实力的富商便私自发行交子。此时交子的印制和管理是不统一的，政府并不承认交子的货币职能。

第三阶段是十六富商连保发行时期。由于私以为市过程中出现的纠纷和弊端，引起政府的关注，政府开始干预，出面组织整顿，于是，便有了政府认可的十六户富商连保发行交子的事情。此时的交子已经有了统一的印制规格和发行制度，十六户富商对政府要担负一定的责任，益州地方政府已经承认交子在益州地区具有货币职能。

第四阶段是官交子时期。交子最终收归官办，由地方政府设置专门的机构——交子务来印制、发行和管理，最终实现货币化。

在交子发展的四个阶段中，前三个阶段是所谓的私交子时期，第四阶段则是官交子时期。在第一阶段，交子还不是货币，第二阶段以后，交子才逐步取得货币地位，最终成为政府正式发行的法定货币。

三、交子演进的时间

由于商业往来的发达，我国在唐朝就已经有频繁的异地贸易。包括内地和边疆地区的贸易，所以在唐朝已经出现了"飞钱"——异地兑现的票据。"飞钱"的行用，自唐朝开始，断断续续一直到北宋，所以四川交子的出现，应该是和飞钱会有渊源关系，也就是说，四川交子的第一个阶段，应是出现得比较早的。我们现在要关心的是，四川交子是什么时候才行使货币职能的，也就是什么时候才向第二阶段过渡的。

前引李焘在《续资治通鉴长编》卷五九景德二年（1005）条下的记述已经作了答复，即："自李顺作乱，遂罢铸，民间钱益少"，于是"私以交子为市"。因为"奸弊百出，狱讼滋多。乃诏知益州张咏与转运使黄观同议"。说明到景德二年，事情已经闹大了，甚至惊动了朝廷，这才专召张咏和黄观共同商议，采取了应对的措施，当年便在嘉邛二州铸景德大铁钱。据此，我们不仅知道，景德二年以前，私交子已经行使某些货币职能，而且可以进一步知道，"私以交子为市"的事实已经有了相当长的时日。因为弊病不仅暴露，而且矛盾已经激化，否则作为偶发事件，是不会惊动朝廷的。王小波、李顺起义是在太宗淳化四年至五年（993-994），此事至景德二年（1005）约有十来年的时间，正好吻合，所以交子的第二阶段应该开始于十世纪末叶，即993年以后。

文莹在《湘山野录》卷上记录了一则张咏和彭乘交往的逸事，并说张咏在离任知益州时，为彭乘"留铁缗钞二百道为缣缃之助"。文中所说的"铁缗钞"自然是指当时的交子。我们从这段记述，可以得知，景德三年七月（1006）即张咏离任时，在益州，交子作为货币已是政府认可的事情，作为知益州的张咏不但自己使用交子，还留赠他人使用。若此事属实，那么，交子在景德三年应当已是处在其发展的第三个阶段，即经过政府清理整顿，交子已由十六户富商连保发行，它已经不再是私下为市的事情。由此，我们还可以进一步推测，景德二年二月针对私交子的那次议决，除了决定要铸景德大铁钱外，可能同时也对私交子要进行整顿，作出了决定，并付诸了实施，使之逐步走向规范。若此，那么交子的第三个阶段当是起于景德二年（1005）。

至于官交子的发行时间，学界已有比较一致的认识，即仁宗天圣元年（1023）在益州设交子务，翌年正式发行官交子，从此罢免私家发行交子，益州地方政府发行的交子成为正式法定货币。此即北宋交子的第四个阶段。

四、交子的印制及其管理

北宋交子至今尚未发现有实物遗存，目前我们可以看到的只有一块北宋钞版。有人说是钱引版，有人说是崇宁小钞版，也有人说是南宋会子版，还有人对它的真伪存有疑问。所以对于北宋交子的制作情况，主要只能依赖文献史料的记载。

对十六富商连保时期的交子，李攸在《宋朝事实》卷一五《财用》中有比较详细的记述："始，益州豪民十余万（按：'万'字衍）户连保作交子，每年与官中出夏、秋仓盘量人夫及出修縻枣堰丁夫物料。诸豪以时聚首，同用一色纸印造。印文用屋木人物，铺户押字各自有隐秘题号，朱墨间错，以为私记。书填贯不限多少。收入人户见钱便给交子，无远近行用，动及万百贯。街市交易，如将交子要取见钱，每贯割落三十文为利。每岁丝蚕米麦将熟，又印交子一两番，捷如铸钱，收买蓄积，广置邸店屋宇园田宝货。亦有诈伪者，兴行词讼不少。或人户众来要钱，聚头取索印，关闭门户不出，以至聚众争闹。官为差官拦约，每一贯多只得七八百，侵欺贫民。"据此记述，可以得知：1. 十六富商连保发行交子，要向政府担负一定责任，政府对交子的发行也有一定的保护，发生挤兑时，政府会出面干预，虽不是如数兑现，却也会兑现七八成；2. 十六富商会定期聚首议事。交子采用统一的纸张、版式、图案，并都以红黑两色套印。但分别有富商各自发行，富商各自会有"隐秘题号"，"以为私记"；3. 交子在益州境内，可以"无远近行用"，持交子者可以随时兑现，在兑取现钱时，每贯要交付三十文，作为利钱；4. 富商在"收入人户见钱"时，再给交子，面额临时填写，不限多少。故此时的交子仍带有原始的一些痕迹，兼有存单、支票的性质；5. 在此记述中，尚无提到交子设界之事，可见初始发行的交子是没有界限的。

关于官交子的情况，李攸在《宋朝事实》卷一五《财用》中引录了梓州提刑王继明和知益州薛田、转运使张若谷一起议定的奏文："自住交子后来，市肆经营买卖寥索。

今若废私交子，官中置造，甚为稳便。仍乞铸益州交子务铜印一面，降下益州，付本务行使，仍使益州观察使印记，仍起置簿历，逐道交子上书出钱数，自一贯至十贯文，合用印过，上簿封押。逐旋纳监官处收掌，候有人户将到见钱，不拘大小铁钱，依例准折交纳，置库收锁，据合同字号给付入户，取便行使。每小铁钱一贯文，依例克下三十文入官。其回纳交子，逐旋毁抹合同簿历。"在此奏之前，薛田等已奏："其交子一依自来百姓出给者阔狭大小，仍使本州铜印印讫。若民间伪造，许人陈告，支小钱五百贯，犯人决讫配铜钱界。"后经朝廷议决，即于天圣元年在益州设交子务，专管交子事务。《蜀中广记》卷六七引费著《楮币谱》记述："自（天圣）二年二月为始，至三年二月终，凡为交子一百二十五万六千三百四十贯，其后每界视此数为准。"据此，并同相关史料综合分析，可以得知：1. 官交子由政府的专设机构——交子务统一印制、发行和管理，民间不再经营；2. 官交子由私交子改造演变而来，所以开始时还有私交子的一些痕迹。如交子上书有字号，人户纳入铁钱，付给交子，并要登记入簿，交子回兑时再"毁抹合同簿历"。又如，"每小铁钱一贯文，依例克下三十文入官"，后来则演变为以旧交子换新交子的纸墨费。再如，"一依自来百姓，出给者阔狭大小仍使本州铜印印讫"。当然官交子的票面还加盖了益州交子务和益州观察使的两方官印；3. 官交子的面额，"自一贯至十贯文"，分为十等。虽已有固定的面值，但仍是"书出钱数"，并不是事先印好的；4. 对伪造交子者有一定的处罚措施，对告发者又有一定的奖赏；5. 为保证交子的信誉，交子分界发行，每界有总额控制。

　　交子分界始于何时？文莹在《湘山野录》里明确说是祥符辛亥年，即大中祥符四年（1011），章如愚等人也持此说，这大概是私交子开始设界的时间。官交子继续了分界的制度，界满要以旧交子更换新交子。交子以几年为界？有三年说，有二年说，但在后来实施过程中，并未严格执行开始时立下的规矩，甚至出现了两界同时行使的情况。至于每界发行交子的总额，随着时间的推移，也未能严格控制，尤其是到北宋后期，临时增发的现象时有发生，最终导致交子的信誉危机，这在早期纸币史上，或许是难以避免的事情。

五、交子的性质

　　北宋的交子，初始阶段不是货币，只是汇票或支票的性质。第二阶段的交子，民间虽已"私下为市"，但政府并不认可它的货币性质，所以从法定的意义上讲，它还不是真正的货币，但从经济意义上讲，它已经部分行使货币的职能。第三阶段的交子，由十六户富商连保发行，是政府认可的货币，而且是可兑现的纸币，具有银行兑换券的雏形，并不是政府依靠权力强制发行的纸币。第四阶段，官交子发行的初期，继续了第三阶段私交子的基本属性，政府又储备了一定数量的准备金，规定了发行总额，此时的交子仍具备兑换券的性质。但是，一旦由政府来掌控，交子的性质就避免不了要发生变化，最终使之转化为由政府依靠权力发行的法定纸币。

《中国钱币》2006年第3期

南宋关子版研究的集大成之作①

　　有幸先读施继龙、李修松合著的《东至关子钞版研究》书稿,深感这是一部关于南宋关子版研究的集大成的著作。这部书的上篇,系统介绍了东至关子版发现、收集和鉴定的全部过程,客观、全面地汇集并介绍了东至关子版发现以来,各界研究的主要观点和已经取得的学术成果。下篇则是在分别介绍东至关子版一组八件的实物遗存情况和制作特征的基础上,进行了深入一步的研究,包括对其制造、工艺和材质的分析研究;根据遗存的实物,摸拟实验了南宋关子的印制工艺和技术;并和"千斯仓"版、"行在会子库"版等其他现存的两宋纸币钞版进行了比较研究;还对其真伪、性质、用途等相关问题开展了分析和探讨。这部书没有华丽之词,没有取巧之意,确是实实在在地汇集了二十余年来有关南宋关子版研究的所有资料,揭示了有关这一课题研究的最新信息,从而为南宋纸币及其印版的研究,为两宋货币史、印刷史的研究,造就了一块可以信赖的基石。

　　二十年来,我们一直关注着东至发现的这套关子版的信息,因为它对两宋纸币研究,对我国早期纸币历史的研究至关重要。1993年12月,我和姚朔民、周卫荣一起,曾经专程到东至考察过这套关子版。在两天的考察过程中,我们相互交流过各自的看法,并取得了基本一致的意见,后来朔民和卫荣分别在《中国钱币》上发表了专题文章。对于东至关子版的真伪鉴定及其相关学术问题的讨论,安徽钱币学会、中国人民银行安徽省分行(中国人民银行合肥中心支行)、安徽省文化厅、文物局始终给予高度重视。2004年10月,由中国钱币学会货币史专业委员会和安徽省钱币学会联合组织召开的两宋纸币研讨会在池州召开,其重点议题实际上还是东至关子版。今年7月,因安徽省文物局的邀请,我和黄锡全、翦宁同行,又一次专程到了东至,实地考察了实物。不过这一次是以国家文物鉴定委员的身份,来参加"东至关子钞版鉴定会"的,是要给

---

① 此文删节后以《南宋私印关子版鉴定》之名发表于《东方收藏》2009年创刊号。

东至关子版一个说法。所以我知道此行的责任，行前也做了比较充分的准备。在实物鉴定的时候，除了复核上次考察时所得结论的主要依据是否确立外，同时也考核了别的不同意见的主要依据，重点考察了几个关键部位，作为得出结论的支撑。经过认真鉴定之后，我的观点是：东至发现的这套关子版应该是"南宋末年私印关子铅版"，属国家博物馆馆藏一级文物。这个意见，经过商议，也得到了锡全和翦宁的赞同，于是成为这次鉴定会的最终审定意见。

所谓"私印"关子版，就是说它不是政府正式制造的关子印版，而是由当时民间私人制作的，其目的是为了伪造关子。理由是：

一、这套关子版要印制的关子，全称是："行在榷货务对椿金银见钱关子"（见主版），但此版将其中的关键词"对椿"的"椿"字，错刻成椿树的"椿"字，而且是错在主版最醒目的大字标题名称上，这是一个不应该发生的低级错误。政府正式制造的关子版决不会犯这样的错误（国家发行货币是极其严肃的事情，每一张纸币从印制到正式发行要经过多少次检验和审查，更何况是钞版。钞版的制造，先要做出样版，经主管部门核准，最初的样版还要报经皇帝御批，样版批准后，方可刻制祖版或母版，即祖模和工作模，再由母版翻铸印版。所以钞版的制作过程是极为严肃，非常规矩的），只有伪造者不知道"对椿"两字的真实含义，依样画葫芦时，才会发生这样的错误。

二、印章版的文字采用九叠篆书体，九叠篆是一种复杂难读的书体，民间并不使用，宋朝的官印（政府用印）采用这种书体，目的是为了防伪。今所见印章版的篆文书法，只是形似，却有几处错误，这正好说明篆刻者并不精通九叠篆的篆文书法，政府正式制造的印版自然也不会犯这样的错误。

三、"见钱关子合同印"，形似一块残版，像是残缺了印章的前面几个字，但仔细察看实物，此印版并非后来残损，而是伪刻者的有意所为。全印的三行字，删去了第一行，完整地保留了后面的两行字，这一作为，恰恰暴露了伪作的破绽。因为合同印是骑缝印，它应该是加印在"关子"和"存根"的交接处，关子和存根切割开以后，留在关子上的合同印，只能见到其中的一部分，但伪造的关子不需要存根，所以只刻制三分之二的印体就完全够用了，伪造者在做伪时更为实用、更为方便。

四、此套关子版系由铅版刻制。文献记载以及遗存所见其他宋代钞版均为铜质印版，由青铜浇铸，版体较厚。此套关子版则为铅版刻制，有明显的雕刻痕迹，版体轻薄，铅质容易磨损，不利于大批量印制使用，所以历代政府均不采用铅质作为钞版的材料。对于伪造者而言，则铅版质地较软，容易刻制做伪。（政府发行纸币，必须有统一的版式、规格，为了取得统一，就必须只有一个祖模，由统一的祖模来翻铸工作模，即印版。随意刻制的印版，是不可能真正做到规格制作完全统一的。）

五、此套关子版有明显的使用痕迹，特别是用于固定印版的小穿孔，有自然磨损痕迹。

那么，这套关子版既然是伪版，为何还可以定成国家馆藏"一级文物"呢？关键在于它是南宋的遗物。理由是：

一、这套关子版的版式布局、行文口气、文字书体、制作特征，以及印章所涉及的主管部门等等，均符合宋制。行文中虽有个别地方和史书的记载不完全相同，但没有明显的抵牾。

二、这套关子版的制作，专业性极强，没有见过关子原件的人，很难设想会有如此高明的学识和作为。假若真是后人的伪作，那么伪作者本身便是宋代纸币研究的专家，也就不会再犯把"椿"字错刻成"椿"字的低级错误。

三、这套关子版有明显的使用痕迹，痕迹自然，不属于有意做旧，说明它的确使用过，印过关子。而后代的做伪者是伪造钞版、伪造文物，其目的不是要伪造假钞、伪造关子。即使是印制假关子，目的也是为了伪造文物，而不是大量使用假关子，所以印一张、印几张便可，根本没有必要去大量印刷，否则只会自我暴露，收到适得其反的效果。既然是大量印过关子，它就只能是南宋的遗物。

四、这套关子版锈蚀严重，但不是有意新做的假锈，锈色自然，具有历史的沧桑。

综上所述，这套关子版应是南宋遗物。到目前为止，两宋钞版一共只发现了三套。一是"千斯仓"版，只存有主版一块，铜质。以前认为是北宋"交子"版，后来有说是"钱引"版，最新的观点认为是北宋末年的崇宁小钞版。二是"行在会子库"版，也只存有主版一块，铜质，应是南宋"会子"的印版。三是我们现在讨论的这套关子版，共有八块印版，包括主版两块、辅版两块、印章版四块，均为铅质。这套版虽是私版，但它保存最为齐全，是目前遗存的唯一的一套南宋关子版，即使它是当时的伪版，也是目前为止可以反映南宋"关子"真实情况的第一手实物资料，因此它的历史、学术和文物价值，决不可以低估，定为一级文物，当之无愧。

确定这套关子版是南宋遗物，这是第一步要做的基础工作，是当前矛盾的主要方面。至于它的性质、用途，是官版，还是私版，乃至更深层的学术问题，在此基础上可以继续研究和讨论。因此，我为继龙、修松先生的这一课题研究成果，感到由衷的高兴，祝愿他们的事业成功，祝愿中国的钱币学、纸币史，以及印刷史研究，不断取得新的成果。

《东至关子钞版研究》，安徽大学出版社，2009年2月

中国古代金银币

在安阳殷墟的考古发掘中，曾经发现过金箔，说明在殷商时代已经有了黄金。因为只是孤例，尚不能确定它的性质。

春秋战国时代，南方的楚国大量铸行金版，金版的形状多数为龟甲状，正面有排列有序的方形戳印，戳印铭文多为"郢爯（旧释郢爰）"两字。也有圆形的金版，正面打有圆形的戳记。金版可根据需要，任意切割，称量使用。战国晚期，秦也仿制过金版。

金版使用的下限应是西汉，西汉时期不仅延用战国楚金版，而且还继续浇铸新的金版。目前所见最大的两块金版，即江苏盱眙出土的54印版（重610克）、35印版（重466.3克），或许便是西汉时浇铸的。其器型、铭文书法和戳记的排列均不同于战国的楚金版。

1974年河南扶沟古城村出土18枚银布，应是春秋晚期至战国早期的遗物。布身呈长方形，今所见银布的布身长度不一，可分为长短三等；首部呈圆形，多数为实首，只有一枚为空首。

在春秋战国墓葬中，时有包金贝、鎏金贝出土。当然它们是财富的象征，但它们是否作为货币流通，如何折价使用，尚不清楚，或许是专为殉葬用的冥币。

在河北灵寿、平山的战国中山国墓中，分别出土了金贝和银贝，金贝模仿小孔式海贝，银贝则是模仿背磨式海贝，显然它们是仿制的贝化（货）。

此外，在青海土著卡约文化的墓葬中也曾经出土过金贝，但这种金贝是由金箔打制成的贝状物，其状和战国中山墓出土的金贝不同。

战国秦的黄金货币主要有三种：一是利用各种渠道吸引并使用楚国金版。二是咸阳地区产金，利用本地的黄金，仿制楚金版。三是战国秦自己浇铸并发行金饼，形如干柿状，俗称柿子金。因为它一直沿用到汉代，故前人将其断为汉时之物，其实它们应该始铸于战国晚期的秦。

西汉除继续使用前朝柿子金饼、楚金版外，还仿铸金饼、金版，并新铸麟趾金和马蹄金。

麟趾金和马蹄金是西汉武帝太始以后新铸的汉金饼，正面光滑，或呈圆形，或呈椭圆形，背面空心，周围隆起呈水波纹。麟趾金和马蹄金的区别，说法不一，呈圆形者或为麟趾金，呈椭圆形者则是马蹄金，其状与马蹄相仿，其重量和直径与金饼相类同。（江西南昌的考古新成果——西汉海昏侯刘贺墓出土文物展出，对麟趾金和马蹄金的认识已经更新，可参阅本书《从西汉刘贺墓说到中国古代的金银钱币》一文）

唐代金、银铤的器型尚无统一的规定，见有笏形的、长条形的、长方平板形的、束腰船形的，还有圆饼形的，制作规格亦不统一。

铭文的书写有凿刻的，有墨书的，内容的随意性也比较大，涉及铸造部门、主管官员的职务姓名、工匠姓名、重量、时间、来源、用途等等。

唐朝用金银，除了大量作为财富，用于储藏之外，也用于支付和流通，包括赋税、赏赐、军政开支、进奉、捐献、贿赂、谢礼等等。特别是白银在支付上逐渐重要起来，所以遗存的金、银铤、饼也比前朝要多。

宋代金银已经被视为重要的支付手段和宝藏手段，有时甚至作为价值尺度，但还没有一般的购买手段。两宋已经有专门从事金银买卖的金银铺，政府征税、支付军费、赈灾、赏赐，甚至是官吏的薪俸等，也采用金银，因此金银称量货币自然会流入民间，人们在日常生活中也会或多或少，直接或间接地使用金银。

宋代金银的形制有各种各样，最常见的是"铤"，宋以后称为"锭"，大的银锭重五十两，以下依次有重二十五两的、重十二两半的，小的银锭没有一定的等级规定。近些年发现黄金也有大锭，但遗存至今的数量极少。宋代的金银也有饼、条、牌等不同的形态，饼是前朝的形制，至宋已经用得不多。牌是长方形的，比较小。还有马蹄金、瓜子金等散碎的金银。近年还发现了金叶子和金箔等其他的形式。

金代银锭的形制和南宋银锭相似，有官炉铸造的，也有民间铸造的。官铸的铭文比较复杂，记有重量、用途，并有工匠和保铺、引领、校验者的姓名。民铸的铭文比较简单，记有重量以及行人称子的名字。金代银锭上往往会有民族文字和画押戳记，重量会精确到"钱"，和宋代的银锭有所区别。

金章宗承安二年（1197）发行的承安宝货银锭，被认为已经具有白银铸币的某些特征。《金史·食货志三》记载："承安宝货一两至十两五等，每两折钱两贯。"目前，仅发现一两、一两半的两种。

元代主要的法定货币是纸币，白银则是纸币的保证金，所以白银在元代国库中的地位是显而易见的。在元代的银锭中，发现有银锭背面铸有"元宝"二字的，人们把银锭称为"元宝"，或是起于元代，"元宝"也可以理解为"元代的宝货"。现在所见元代的银锭，几乎都是五十两的大锭。

明代早期金锭存世不多，仅见山西出土有洪武五十两金锭，湖北钟祥明梁庄王墓出土有永乐五十两金锭。明后期，在万历及其皇后墓中曾出土103件十两金锭，多是云南布政司上供之物。

白银履行赋税由来已久，但是正式以法律的形式确立用银纳税，是明英宗正统元年（1436），从此白银才真正货币化。

明英宗正统元年下令江浙、湖广等产粮地区，凡不通舟楫的地方，米麦可用白银折纳，称之为金花银。

明金花银锭有五十两、二十两、十两不同等级。金花银不记年，只有"金花银"、"王公惠"等戳记钤于银锭正面中间两侧。

明中期金花银遗存甚少，银锭的束腰比较深，上下两头呈圆弧状，且略微上翘。明中期以后，银锭的器型有明显变化，各地所铸不尽相同，成为向清代银锭过渡的阶段。

清代是金银锭的繁荣时期，因为清政府对于金银的铸造采取放任政策，各地都铸造，没有统一标准，所以成色和器型都不一样。清政府只规定"纹银"为标准成色（千分之935.374），政府会计用银两计算。

清代金银锭有官铸、私铸两种。官铸由官府设立的官银匠和官设的银炉铸造，它们附设在市政府藩库、盐库、官银钱局、海关、厘金局等处。将各地收缴的不同成色的银两统一熔铸，上解国库，锭面上铸有官银匠或官银号的名称，以及地名和记年。私铸的则分别由银炉主持，各地的情况有所不同。

清、民国金锭分有：长方形、长条形、束腰形、马蹄形等不同形制的国库金锭；民间商用的一两至十两金锭；以及作为喜庆赠礼用的吉语吉祥金锭等。

银锭根据大小轻重，大致可以分为四等：一为大锭，重五十两；二为中锭，重十两；三为小锭，也叫锞子，重一两至五两；四为散银，即一两以下的散碎银两。

就性质而言，有朝廷官方或中央造币厂的库存金银；有民间银号、钱庄铸造的商业用金银；以及金银器、首饰等的原材料。各地上交的税银中，又有地丁银（地赋和丁赋的税收银）、津贴银（按粮津贴，临时加派的田赋税收银）、捐输银（弥补军事、财政不足，追补的税银）、盐税银、关税银、厘金银（亦称厘捐，是一种商业税收银）等等不同的名目。

此外，清、民国时期的民间还有各种各样的喜庆吉语的金银锭，如"福"、"禄"、"寿"、"喜"等，由银楼打造，作为礼物馈赠亲友，这类金银锭大小不等，器型不同，有圆形、方形、马蹄形等等，可随意制作。

《金融博览》2012年第7期

楚金版和银布

　　楚金版是战国楚的黄金称量货币。楚金版分有龟版形、圆饼形等不同的形状。就遗存实物看，又可分无字、有字两类，无字者当为铸成以后尚未加印戳记的半成品。

　　金版面文可分两类：一是，地名加货币名称，是金版铭文的主流。见有"郢爰"、"陈爰"、"鄟爰"、"尃爰"、"卢"等（图1）；二是，只记地名，如"兼陵"、"少贞"等少数几种（图2）。金版背面或有阴刻的记数（记重）符号。"郢爰"之"郢"，楚都名，"郢爰"之"爰"，即为金版的货币名称。"陈爰"之"陈"，以及"鄟"、"尃"、"卢"、"少贞"等均为古楚地名。

　　楚国金版上的钱铭，是在金版浇铸成型后，趁尚未完全冷却时，由专门的字戳钤印上去的。戳印分有方形和圆形两种。中国国家博物馆（当时的中国历史博物馆）在1960年曾经入藏一枚铜质"郢爰"印戳（图3），印戳呈圆槌形，长10.6厘米，字印为正

图1　"郢爰"、"卢"金版

图2　"少贞"金版

图3　"郢爰"印戳

方形，方框的每一边长1.35厘米；印戳的尾端呈圆形，直径约为4.25厘米，据说是在安徽寿县出土的。所以旧时古钱界也称楚金版为"印子金"。楚金版的戳印分行排列，一般钤有15—24个印记。

楚国的黄金在当时是称量货币，金版可以切割使用，所以现在遗存的多为已经被切割开的大小不等的金块，完整者反倒难得一见。完整的金版，长约7厘米、宽约5厘米左右，四周都为不规则的束腰形状，边角翘起并外延，呈龟版状；也有少数呈圆形或椭圆形饼状，直径约为6厘米多。虽然形状不同，但完整的楚金版的重量都在250克左右。

楚都多次迁徙，公元前690年楚始都郢，即今湖北荆沙西北；公元前504年去郢，北徙都鄀，即今湖北宜城东南；公元前278年徙都陈，即今河南淮阳；公元前253年又徙于钜阳，即今安徽阜阳北；公元前241年再次徙都寿春，更名曰郢，即今安徽寿县。楚金版主要出土于现在的安徽及其周边地区，尤以寿县、阜阳的数量最多，可见其大量铸行的时

图4 "郢爯"银版

图5.1 银布

代当在战国晚期。楚早期的政治经济中心，在今湖北地区，却未见有金版出土的记录，由此推测，其开始铸行的上限或者会在楚都迁陈的前后，即战国中期以后。

楚除了铸行金版外，还曾见有"郢爯"银版（图4）商承祚在《长沙古物见闻记》案语中提到长沙楚墓曾有出土），1949年后，在湖南、湖北等地也曾多次出土过仿制银版的铅质或银箔包陶的冥币。

1974年8月，在河南扶沟县古城村出土了窖藏的银布18枚（图5），同出的还有"郢爯"、"陈爯"、"鄝爯"等金版197枚。据郝本性先生考证，扶沟出土的这批银布应是东周时期楚国的货币（郝本性《关于周代使用银币的探索》，《中国钱币论文集》，中国金融出版社1985年）。这批银布的器型类似中原地区的青铜铸币空首布，但銎部为圆形，且多为实首布，只见一枚空首者；所见银布都没有文字修饰；布身长短不一，大致可分为三等。当时楚国称银为"白金"，《史记·越王勾践世家》记曰：楚有"三钱之府"。《集解》引贾逵言：金有三等，"或赤、或白、或黄"。"赤"为铜，"白"为

银,"黄"为金,说明战国楚分别用黄金、白银、青铜(如青铜蚁鼻钱、钱牌、布币等。见图6.1、6.2)为材料,都曾经铸行过货币。

图5.2　蚁鼻钱、钱牌

图6.1(鬼脸)

见金一朱正面

见金一朱背面

图6.2

金贝和银贝的故事

海贝曾经是我国古代的一种实物货币，从考古发掘的资料知道，在中原地区取得实物货币地位的海贝种类很多，其中使用最多的是货贝和似枣贝。因为需求的增加，便出现了各种各样仿制的贝，诸如石贝、玉贝、骨贝、蚌贝、珧贝、陶贝、青铜贝、包金贝、鎏金贝、铅贝、金贝、银贝等不同质地的仿贝，其中金贝和银贝的数量极少。

海贝取得实物货币地位以后，其人工加工的部位，即背部的穿孔大小有所不同，我们可以因此区分它们的使用时期，研究它们的使用性质。一般认为：早期的是小孔式贝化（货），中期的是大孔式贝化，晚期的是背磨式贝化（图1）。

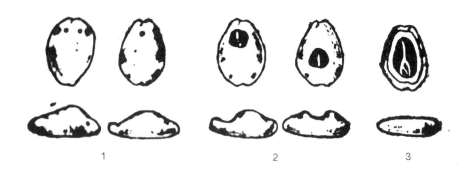

图1　货贝演变示意图

1992年，为筹建中国钱币博物馆，向各地金融系统和文物系统征集钱币实物和相关资料，其中有关战国金贝和银贝的征集很有故事色彩，印象甚深。

河北石家庄附近的农民挖得四枚金贝和一些金饰（据当事者回忆说，应是战国中山国王室墓葬所出），以金价置换给了人民银行河北省分行（即今石家庄中心支行）。省行收兑的同志为验证是否真金，将其中一枚砸扁，其余三枚完好无损，入库收藏。

又，河北省文物研究所在战国中山国王厝墓的考古发掘中，出土了五枚银贝，其中一枚残损，其余四枚完好，入藏河北省文物研究所。

为支持中国钱币博物馆的筹建工作，也为了相关的三家单位都可以分享到金、银贝，我们委托河北钱币学会秘书长张弛去和省文物部门协商，并最终达成了协议：

一、金贝，银行已经入账、入库，当然不可再划归文物部门。

二、为了照顾到有关三方的利益，有利于展览和研究，银行将以一枚金贝置换河北文物研究所的两枚银贝。理由是：1. 黄金比白银更贵重，故以一换二；2. 银贝系科学考古发掘所得，有确凿的出土记录和考古资料可以查证，学术价值会高一些。金贝虽可断为战国中山国遗物，但毕竟不是科学考古发掘所得，学术价值会受到一定的影响，故应该有所补偿。

三、最后协商决议：中国钱币博物馆支付给河北省文物研究所人民币1万元，获得一枚银贝的所有权。并从人民银行河北省分行调入一枚金贝；人民银行河北省分行保留两枚金贝（含已砸扁的一枚），并获得一枚银贝；河北省文物研究所则得到一枚金贝，另外三枚银贝（含已残损的一枚）仍由他们保管。

如此三家相得益彰，既有利于展览和保护，又可以相互印证，以利于学术研究活动的开展。

这几枚金贝和银贝，至今仍是战国时期中山国仅存的金、银钱币遗物，它们填补了我国早期金、银币的一个空白。这个故事也告诉我们：在这里，学术价值和文物价值已经大大超过金、银本身的价值。

有意思的是：中山国金贝的器型完全仿真贝，一端穿有小孔，重2.9克，长11、宽7.5、厚4.9毫米，是缩小了的小孔式货贝。而银贝的器型则是仿背磨式的海贝，和金贝相对而言，器型硕大，重10.5克、长33.9、宽22.6、厚8.3毫米。这让我联想起殷商时期的青铜仿贝，安阳殷墟墓葬出土者，器型也是完全仿真贝，也是缩小了的小孔式货贝；而山西保德殷商晚期车马坑出土的，作为马饰的青铜仿贝，则是仿背磨式的海贝，相对而言，也是器型硕大。前者是仿制的贝货，属货币性质；后者是饰件，属于厌（压）胜钱的性质。由此推测，战国时期中山国出土的金贝应是仿制的贝货，银贝的器型、大小则和保德铜贝十分相似，或是一种饰物，也应属于厌胜钱的性质。若此说不误，它们是我国最早的金质货币之一，也是最早的银质厌胜钱。

金饼始铸于战国秦

一、所谓的西汉金饼其实始铸于战国秦

二十年前的1995年11月初，我到西安参加陕西钱币学会第3次会员代表大会。11月4日晚饭后，陕西师大历史系教授何清谷先生来我房间看望，寒暄之后，便谈到了先秦和秦的用金问题，说到战国秦兼并六国，主要采用软硬两种手段：一是强大的武力征服，二是收买各国奸细，瓦解对方阵营，其中必定要大量使用黄金、珠宝等财物。

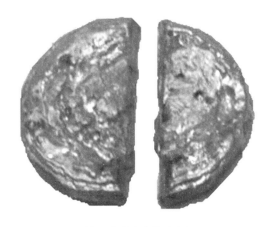

图1　战国秦金饼（残）

闲聊中，他说：秦始皇真会选地方，始皇陵是"背靠金山，面对玉海"。玉海自然是指蓝田玉。于是我问，这里产黄金吗？他答曰，咸阳自古产金。但秦铸金币的时间不会太早，至少在商鞅变法的时候还未铸金币。战国秦开始是用楚国的金版，获取楚金版的办法有多种，其中之一是用粟米换取。根据《商君书·取强篇》记载："金一两生于竟内，粟十二石死于竟外。粟十二石生于竟内，金一两死于竟外。"可见，秦是用十二石粟的高价去换取楚的一两黄金。

战国秦后期铸造金币，可以得到考古资料的佐证，如1929年，在兴平县念流寨西门外，秦废丘古城遗址，曾出土7块金饼，呈圆饼状，直径约50毫米，重250克左右。我曰：这就是所谓的"柿子金"，其状犹如晒干的柿子饼。他接着说，从出土地层和遗迹，可以知道它们所处的时代是战国晚期至秦，其中一块金饼现藏陕西省博物馆。1949年以后的考古发掘资料中，也可以找到这样的实证，现在陕西省博物馆和临潼博物馆均有收藏。根据遗存实物，知道战国秦铸造金饼的器型可以认定，数量不在少

数；又根据史料分析，其开始铸造金币的时间，应该是在秦昭王时期（前306—251）。
我曰：现在看来，原来所谓的"西汉金饼"其实是始铸于战国秦的后期。

二、战国晚期秦用金经历三个过程

第二天，即11月5日，安排去参观乾陵。听说在永泰公主墓区，正好举办一个出土文物精华展，自然要去参观，庆幸的是获得了意外的收益。

展览中，有一个展柜专门陈列了几枚秦地出土的"郢爯（爰）"金版，经仔细观察，发现有几处特别的地方：一是戳记，楚"郢爯（爰）"金版的铭文戳记多是正方形的，戳记与戳记之间的排列相对比较整齐，也比较密集。而这次看到的，只有一枚经切割、有使用痕迹者，属于这种情况，其余几枚的戳记排列均稀疏，没有规律；二是器型，楚"郢爯（爰）"金版为龟甲版状，这次所见者，虽亦有"郢爯（爰）"戳印，但器型有圆形者，有似圆非圆者，且金版呈卷曲状；三是背纹，因浇铸时气流运动而自然形成的波纹，和楚金版亦不相同，一望便知是当时秦地仿制的金版。随即，我就把这个意见告诉了站在一旁的讲解员，并让她转告她们的领导。可惜当时没有留下照片和相关的资料。

经上述两天的讨论和实物考察，可以得知，战国秦的黄金货币，大约经历了三个过程：1. 先是引进并使用楚金版；2. 再是仿铸楚金版；3. 最后才是自铸金饼。秦始皇统一货币时，又把战国秦的金饼推行到全国，西汉初年承继秦的货币制度，继续并大量铸行金饼，于是后人便称之为"西汉金饼"（现藏中国钱币博物馆，直径63毫米，重247.4克），殊不知这种金饼始铸的时间，应该是在战国秦的晚期（图1，现藏国家博物馆，残径58毫米，重250.4克）。

三、所谓的"秦始皇统一货币"，其实只是把
战国秦的货币制度推行到全国

自四川青川县郝家坪50号墓出土七枚"半两"铜钱（四川省博物馆《四川青川县战国墓发掘简报》，《文物》1982年第1期）之后，大量考古资料已经证明，半两铜钱应是始铸于战国秦，并且进一步认识到：《史记·秦始皇本纪》所载，惠文王二年"初行

钱"，行的便是半两铜钱。也就是说，方孔圆形的半两铜钱并非始铸于秦始皇统一货币的时候，而是始铸于战国秦惠文王二年（前336）。

由此，我们可以得出这样的结论：所谓的"秦始皇统一货币"，规定"上币"为黄金（金饼），"下币"为半两铜钱，其实只是把战国秦的货币制度推广到全国，废除六国原有的币制，诸如三晋地区的布币，齐、燕地区的刀币等等，而不是重新铸造和发行一种新的统一的货币。

《齐鲁钱币》2012年第3期

从西汉刘贺墓说到中国古代的金银钱币①

今年春天，江西南昌的考古新成果——西汉海昏侯刘贺墓出土文物展在北京首都博物馆展出，我们有幸于4月13日下午参观了展览。

江西南昌西汉海昏侯刘贺墓出土大量金器，包括金饼285枚、马蹄金48枚、麟趾金25枚，另有金板20块，分别出土于墓之西室和头棺与外椁之间，为我们研究和进一步认识西汉的黄金钱币提供了丰富的实物资料，兹分析如下。

一、刘贺墓出土的钱币

1. 刘贺其人

刘贺（前92—前59），其父是西汉第一代昌邑王刘髆，祖父是汉武帝刘彻，祖母是武帝后期最受宠的李夫人。刘贺4岁承袭父亲昌邑王之位，成为第二代昌邑王，18岁被拥立为帝，成为西汉第九位皇帝，但是在位仅27天，被以霍光为首的群臣废黜，29岁封海昏侯，成为第一代海昏侯，最后于33岁在封国病逝。一生经历了"王"、"帝"、"侯"的起伏跌宕。

以前所见正史的记载，多把他描写成荒淫无稽、不务正业的浪荡公子，《汉书》记载刘贺"行淫乱"。然这次刘贺墓的出土资料反映出的刘贺其人，则是"知书达理，爱好音律，情趣高雅"之人。所以考古学家认为，刘贺被废黜的原因，或许更多是因为辅佐他的昌邑群臣对朝中局势的误判，致使他过早地锋芒外露，他是政治斗争的失败者、牺牲者。

图1　堆积成山的五铢钱（海昏侯刘贺墓出土）

———————
① 本文与李君合作。

2. 刘贺墓出土金饼、金板是实用器

刘贺下葬于公元前59年，属西汉中后期，国力富庶，厚葬之风盛行。因此墓葬出土文物丰富。就钱币而言，包括有大量的实用器，譬如约有200万枚"五铢"铜钱，重达10吨左右（图1）。

图2　金饼（海昏侯刘贺墓出土）

在金器中，金饼和金版亦应属于实用器之列。金饼的器型制作和以前所见的秦、汉金饼基本一致（图2），学界的认识也基本一致，应是一种黄金货币。在这次出土的金饼中还发现了墨书"……海昏侯臣贺……酎黄金……"的字样（图3），可见它们曾作为酎金，在祭祀太庙时，作为供奉的金子助祭过。

这次出土的金版（图4），无文，无修饰，呈薄片状，且大小、长短不一，毛边，没有任何后加工的痕迹，应该是黄金的原坯料，不是正式制作的货币，但是财富的象征。

图3　墨书金饼（海昏侯刘贺
墓出土）

图4　金版（海昏侯刘贺墓出土）

3. 对刘贺墓出土马蹄金、麟趾金的认识

刘贺墓出土的马蹄金、麟趾金不是正式流通行用的货币，应属纪念币（章）的性质。兹讨论如下：

（1）制作工艺。刘贺墓中出土的马蹄金和以前学界公认的作为货币的马蹄金器型虽然相仿，但制作工艺不同。以前所谓的马蹄金（图5）制作简洁，应是一次浇铸成形，符合流通币大量发行的制作特征。此墓出土的马蹄金则不同以往，不仅制作规矩，而且工艺化的程度很高，浇铸成形后，每枚都由匠人做了精

图5　马蹄金（中国钱币博物馆藏）

图6　马蹄金（海昏侯刘贺墓出土）

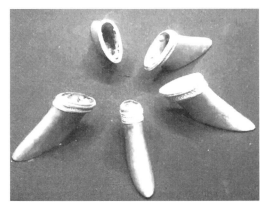

图7　麟趾金（海昏侯刘贺墓出土）

加工，不但加制有掐丝工艺的花边，并且镶嵌有琉璃薄片（图6）。该墓出土的麟趾金，加工工艺和马蹄金几乎一致（图7），也制有掐丝工艺的花边，也镶嵌有琉璃薄片。这样的工艺很有现时制作的金镶玉纪念章的意思。如2008年北京奥运会的奖牌（章），有金、银、铜三等，分别镶嵌有玉片。这样的制作和普通流通币的特征完全不符，它不可能大批量生产，不会作为货币去流通使用，只能是小量的精工细琢，作为宝物收藏，具有纪念币或纪念章的性质。

墓葬出土的情况也证明了这一点，出土的麟趾金、马蹄金整齐地排放在漆盒之中，和旁边的金饼截然分开，明显地显示出它不同一般的身份和地位，说明它不是普通的货币。

其实，一种新币铸行之前，先铸"镇库钱"、"开炉钱"，在中国货币史上是屡见不鲜的事情，成为一种习俗。西汉文帝五年（前175）铸四铢"半两"钱之初，便铸过特大型的"半两"镇库钱，直径达68毫米（图8，现在中国国家博物馆藏有实物），而普通四铢"半两"钱的直径只有23毫米左右（图9）。镇库钱是为了祀求钱币的铸行平安顺畅，那么，为了彰显祥瑞的黄金货币制度改革，自然会有更加隆重的举措。

（2）文献资料。《汉书·武帝纪》曰：太始元年（前96）三月武帝诏："有司议曰，往者朕郊见上帝，西登陇首，获白麟以馈宗庙，渥洼水出天马，泰山见黄金，宜改故名。今更黄金为麟趾褭蹏，以协瑞焉。因以班赐诸侯

图8　西汉半两镇库钱（中国国家博物馆藏）直径68毫米

图9　普通四铢半两钱（摘自孙仲汇等《简明钱币辞典》，上海古籍出版社，1991年）直径23毫米

王。"应劭注："获白麟，有马瑞，故改铸黄金如麟趾褭蹄，以协嘉祉也。"①唐颜师古亦曰："既云宜改故名，又曰更黄金为麟趾褭蹄，是则旧金虽有以斤两为名，而官有常形制，亦由今时吉字金铤之类矣。武帝欲表祥瑞，故普改铸为麟足马蹄之形，以易旧法耳。"②弃旧制，改铸麟趾金、马蹄金，本意是要"表祥瑞"。所以在改铸麟趾金、马蹄金之初，铸造赋予纪念性质的"币"或"章"，声势浩大地隆重纪念，大肆宣传，"班赐诸侯王"，也就成了情理中的事情。

（3）器物来源。据史书记载，刘贺的皇位虽被废除，但依然继承了"故王家"的财物。这里所谓的"故王家"，应是指刘贺之父昌邑王刘髆的财物。由此可以推测，刘贺墓出土的马蹄金、麟趾金应该是祖上遗物，或者是武帝赏赐给李夫人的，或者是赏赐给昌邑王刘髆的。

据河北省文物研究所发表的《河北定县40号汉墓发掘简报》③报道，定县八角廊村40号汉墓出土五铢钱千枚，金饼40枚，并有掐丝花边镶琉璃的大小马蹄金各2枚，掐丝花边镶琉璃的麟趾金1枚。该墓出土的马蹄金、麟趾金和刘贺墓所出者几乎一样，只是数量多少的区别。该墓主人应是西汉中山怀王刘修，刘修去世于汉宣帝五凤三年，即公元前55年。海昏侯刘贺去世于公元前59年。可见刘贺与刘修二人去世时都处

于汉宣帝刘询在位期间，前后相差四年，由此可见：刘贺墓所出马蹄金、麟趾金，和刘修墓所出者应是同一时期制造的同类产品，它们不是刘贺或刘修各自分别制造，而是武帝"班赐诸侯王"的遗物。

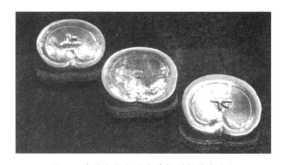

图10 马蹄金铭文（海昏侯刘贺墓出土）

事实上，西汉武帝实行上林三官铸钱，即由中央集权铸币，各地诸侯王无权也不敢擅自铸造钱币。河北定县刘修墓出土马蹄金、麟趾金正好可以作为旁证，说明它们或是武帝在改铸马蹄金、麟趾金的纪念活动之后，分赐给各地侯王的纪念

图11 麟趾金铭文（海昏侯刘贺墓出土）

① 《汉书》卷6《武帝纪》，百衲本。
② 《汉书》卷6《武帝纪》，百衲本。
③ 河北省文物研究所：《河北定县40号汉墓发掘简报》，《文物》1981年第8期。

品,而殉葬数量的悬殊差别,恰恰反映了两者在汉家王室中的地位不同,与汉武帝的亲疏关系有别。

(4) 铭文"上"、"中"、"下"的解释。在刘贺墓出土的马蹄金和麟趾金中,有的分别铸有铭文"上"、"中"、"下"字样(图10、图11),其含义耐人寻味。前说武帝实施上林三官铸钱,所以有人会联想到,"上"会不会是代表"上林苑"的意思,但除"上"之外,还有"中"和"下",又作何解释,所以此说不通。

古钱的铭文,除记地、记年、记重、记值之外,还有一种是记方位、记炉座的。如战国燕刀币的背面分别有铸"左"、"中"、"右"、"内"、"外炉"的,含义是指不同炉座的方位,方位之下再记数,即指炉次。细观刘贺墓出土马蹄金和麟趾金的铭文,"上"、"中"、"下"分别铸于不同的金币上,且字体大小不完全统一,说明它们不是出于同一匠人之手,而是出于不同的作坊,所以"上"、"中"、"下"应是不同作坊的代号,是记作坊所在地的方位。

二、从刘贺墓出土实物,对西汉金币形制和定名的再思考

黄盛璋在《关于马蹄金、麟趾金的定名、时代与源流》[①]一文中,把秦汉金饼分为三式:一式为"圆形饼状,正背皆实而不空,有如干柿饼,所以宋代俗称为柿子金"[②]。二式"正面为圆形(或不甚规则近似圆),背面中空,周壁向上斜收,口小底大,形如圆足兽蹄。"三式"正面为椭圆形,背面中空,形如马蹄"。并认定:一式是饼金,二式是麟趾金,三式是马蹄金。进而又提出:"根据考古出土实物所见,中山王刘胜与窦绾夫妇墓皆以大量一式饼金入殉,而无二、三式蹄形金饼,证实武帝太始二年前武帝时代官府所铸皆为饼金而非麟趾与马蹄金。"他的观点在学界,尤其是在钱币界颇有影响,一直沿用至今。但在实践中,二式和三式往往很难区分。

刘贺墓的发掘和出土文物,为我们进一步认识西汉金币提供了重要的实物资料,引发我们对西汉金币的形制和定名作重新思考:

1. 刘贺墓出土285枚金饼,即黄盛璋文中所列之一式饼金,说明当时柿子金不仅还在铸行,而且是主要的金币实用器;

---

①　黄盛璋:《关于马蹄金、麟趾金的定名、时代与源流》,《中国钱币》1985年第4期。
②　[北宋]沈括:《梦溪笔谈》卷21中称之为"柿子金"。

2．刘贺墓出土48枚马蹄金和25枚麟趾金，前文已分析应属纪念币（章）性质，墓中虽未见实际行用的马蹄金和麟趾金，但其器型已见端倪。对照中国钱币博物馆藏三枚马蹄金实用器，可知黄盛璋文中所列之二式和三式者，即正面为圆形（或不甚规则近似圆）的，和正面为椭圆形的，它们和刘贺墓所出之麟趾金的形制相去甚远，所以均应属于马蹄金之列；

3．刘贺墓所出麟趾金的形制，状如尖趾，颇有"白麟之趾"之意，和马蹄金的形制有很大区别。《汉书·严朱吾丘主父徐严终王贾传》记曰："从上幸雍祠五畤，获白麟，一角而五蹄。"[①]《论衡·讲瑞篇》中也说："武帝之时，西巡狩得白麟，一角而五趾。"[②]可见麟足为五趾。以此为基准，我们可以认为：至今尚未发现真正的麟趾金实用器。

今由刘贺墓出土实物验证，墓中既未见马蹄金、麟趾金的实用器，而只见纪念币（章）性质的工艺品，或许可以说明：武帝太始二年（前95）并未铸造马蹄金、麟趾金的实用器，只是铸了少量的纪念币（章），以"班赐诸侯王"。至于实用的马蹄金、麟趾金究竟始铸于何时？又，实用的麟趾金至今未见实物遗存，它们是否正式作为黄金货币铸行过？或许都是需要重新思考的问题，对此，我们期待会有新的考古发现来佐证。

三、秦汉金饼的重量

战国晚期，秦已铸行金饼（即所谓的"柿子金"），秦始皇统一六国，统一货币，明确上币为黄金，便是把战国秦的金饼推行到全国。汉承秦制，继续铸行金饼，而且铸行量很大，考古挖掘中所见西汉墓葬的大量出土，便是证明。

存世所见者，以大金饼为多，实测其重量，每枚并不能做到完全一致，重的有280克左右，轻的有250克左右，平均约为260余克，大约相当于西汉衡制的1斤（16两）。小金饼也曾见有实物，西汉中山靖王刘胜及其配偶窦绾墓曾出土小金饼69枚，其中刘胜墓出40枚，窦绾墓出29枚[③]。分有两种形制，一种为干柿子形，形制和大金饼（柿子金）基本一致；一种为薄片形金饼。每枚重约16—18克，约相当于汉时的衡制一两。这

①　《汉书》卷64下《严朱吾丘主父徐严终王贾传》，百衲本。
②　《论衡》卷16《讲瑞篇》，清文渊阁四库全书本。
③　中国社会科学院考古研究所、河北省文物管理处：《满城汉墓发掘报告》，文物出版社，1980年。

次刘贺墓出土的金饼中，又有重40克左右的，或约相当于汉时的衡制二两半，说明当时的金饼应是分有大小几种规格。然而，除上述三等之外，是否还有其他等级，值得我们关注和进一步研究。

1974年4月至1975年6月，在西安西南郊的鱼化寨北石桥（汉武帝时期属上林苑范围）发现西汉马蹄金4枚和麟趾金2枚（据原文报道称）。其中2枚马蹄金记有重量，1枚自铭一斤零六铢，实测重257.65克；1枚自铭十五两二十二铢，实测重251.9克[①]。中国钱币博物馆藏三枚马蹄金实用器，分别重：265.2克、287.3克、254.2克[②]（其中第三枚书中称"麟趾金"），可见大马蹄金仍是沿袭旧制，每枚的重量基本和大金饼相仿，没有做新的变革。

刘贺墓的正式挖掘报告尚未发表，现在所见到的报道，对于它们的重量有不同的说法。一说，马蹄金分大、小两等，大者重260克左右，小者重40克左右[③]，和金饼的重量规格大致等同。另说，大马蹄金重在237.66克到246.29克[④]。后说的重量比实用器轻，其原因或许是：经过精加工，会因修磨减重；长时间的地下埋藏，掐丝工艺的花边会有损伤脱落；镶嵌的琉璃薄片也会损伤脱落。

有意思的是，麟趾金只有一个规格，刘文说重100克左右；张文说重在76.12克到83.36克之间。无论是刘说还是张说，都和柿子金、马蹄金的重量规格不合，由此可见：麟趾金的重量或是一种新的规格。我们有待刘贺墓发掘报告的正式发表，更希望其他西汉考古发掘资料提供新的证据，以便作进一步研究。

四、由刘贺墓出土马蹄金、麟趾金说到中国古代的金银钱币

前说刘贺墓出土的马蹄金、麟趾金属于金质纪念币（章）的性质，"纪念币（章）"是当今的称谓。在古钱中，把作为货币正式发行的钱币称之为"正用品"；把不行使货币职能，属于货币文化衍生物的钱币称之为"非正用品"，也可以统称之为"厌（压）胜钱"，它们往往是和民俗文化相结合，被赋予各不相同的功能。

① 李正德、傅嘉仪、晁华山：《西安汉上林苑发现的马蹄金和麟趾金》，《文物》1977年第11期。
② 中国钱币博物馆编：《中国钱币博物馆藏品选》，文物出版社，2010年。
③ 刘瑞：《试释海昏侯墓大马蹄金上的"上"、"中"、"下"》，《中国文物报》2016年2月26日，文物考古周刊。
④ 张荣：《马蹄金"上中下"之谜》，《中国收藏》2016年第6期。

中国的金属铸币源于实物货币，实物货币是具有两重性的，它既可以充当物物交换的媒介，又具有除了货币职能之外的它原本具有的实用价值。譬如海贝，在取得实物货币职能以前，是一种装饰品，一种信物。据传妇女临产时，手中要握一枚贝，通过它祈求上苍，驱除邪魔，保佑母子平安。在古人的心目中，海贝是一种神器，一种信物，所以家家户户都需要。当海贝取得实物货币地位之后，这两种功能依然存在。

殷商时期的青铜仿贝是我国金属铸钱的鼻祖，我们称之为"原始铸币"。有意思的是，同处那个时期，河南安阳出土的青铜贝和山西保德出土的青铜贝，不仅器型有别，而且从考古发掘的资料，可以知道它们的用途也不一样。前者出于殷墟大墓[①]，它们不仅器型逼真，和小孔式海贝十分相仿，而且和真贝一样殉葬于墓室之中，因此它们应是作为货币、财富殉葬的。后者则是出土于车马坑，散落在马头附近，不仅器型偏大，而且只保留了海贝的腹部，是作为殉马的头饰随葬的[②]。由此可知，前者是"正用品"，后者是"非正用品"；前者行使货币的职能，后者行使厌胜钱的职能。

有意思的是，这种情况在金银贝币中也存在，中国钱币博物馆藏有战国时期中山国的金、银贝便具有不同的性质。金贝的器型完全仿真贝，一端穿有小孔，重2.9克，长11、宽7.5、厚4.9毫米，是缩小了的小孔式货贝。而银贝的器型则是仿背磨式的海贝，和金贝相对而言，器型硕大，重10.5克，长33.9、宽22.6、厚8.3毫米。这样的现象和殷商晚期的青铜仿贝如出一辙，战国中山国出土的金贝应是仿制的贝货，银贝则是一种饰物，属于厌胜钱的性质，前者是"正用品"，后者是"非正用品"。另外，考古出土的还有为数众多的包金铜贝，它们不可能作为货币流通使用，应该属于殉葬用的冥币，也是"非正用品"，一种"厌胜钱"。

战国楚金版无疑是一种黄金称量货币，但在湖南长沙的马王堆汉墓中出土了大量的作为冥币殉葬的陶质金版，这种现象在湖北、湖南、江西等地的汉墓中多有发现。楚金版是"正用品"，陶质仿金版是"非正用品"。秦汉金饼（柿子金）也有类似的现象，在江南地区的汉墓中亦常有陶质的冥币出土（图12）。冥币是古代压胜钱的重要一支，而且自始至终伴随着货币的足迹从未中断。可见，不仅青铜铸币有冥币，金银货币也一样有冥币。

刘贺墓出土的马蹄金、麟趾金又一次证明：西汉的马蹄金、麟趾金也有不同的制

---

① 　马得志等：《1953年安阳大司空村发掘报告》，《考古学报》1955年第9期。
② 　吴振录：《保德县新发现的殷代青铜器》，《文物》1972年第4期。

作,体现不同的性质和用途,一种是正式发行的货币,一种则是货币文化的衍生物——"厌胜钱"。前引唐人颜师古的注文曰:"既云宜改故名,又曰更黄金为麟趾褭蹄,是则旧金虽有以斤两为名,而官有常形制,亦由今时吉字金铤之类矣。"这里说的"吉字金铤"便是一种"厌胜钱"性质的吉祥钱币,说明在唐朝,金银钱币亦一样有"正用品"和"非正用品"之分。由此,我们可以知道:货币和货币文化的衍生物都源于实物货币职能的两重性,它们自诞生之初,便

图12　西汉陶质金饼(戴志强提供)

结伴而来,又始终相伴而行,青铜铸币如此,金银钱币亦如此;它们共同组成了中国的钱币文化,创造了中国的钱币历史。

《中国钱币》2016年5月

又载《金银货币与社会生活学术研讨会论文集》,中国书店,2017年6月

从杨国忠进奉银铤说开去

中国钱币博物馆藏有一件唐朝天宝年间杨国忠进奉的五十两笏形银铤（图1）。此银铤实重约2046克、长316、宽74、厚11毫米。正面直书"专知诸道铸钱使司空兼右相杨国忠进"，背面直书"鄱阳郡采银丁课银壹铤伍拾两专知官乐平县尉卢枳典程晟匠张洽"。

现在所见杨国忠进奉的五十两笏形银铤已有多件，诸如：天宝十年在兵部侍郎兼御史中丞任内的进献银铤，天宝十二年在右相兼文部尚书任内的进献银铤，天宝十三年在司空兼右相任内的进献银铤等等。我们从这些银铤的铭文，可以发现，从天宝十年至十三年，三年内杨国忠的官职步步高升，升迁的速度的确很快，其中或许也少不了会有进献银铤的功劳。

据铭文记录，中国钱币博物馆藏的这件五十两银铤是杨国忠在司空兼右相任内的事情。又，天宝十四年

图1　笏形银铤

（755）安史之乱爆发，杨国忠死于马嵬兵变。因此，此铤应是天宝十三四年的进奉银铤。此铤正面所书"杨国忠进"，自然便是进奉银铤；但是背面又书"鄱阳郡采银丁课银"，丁课银应该是税银的一种。可见此银铤本来是税银，应该上交国库，却被杨国忠拿来孝敬了皇帝，成了进献给皇上的私房钱。

秦始皇统一货币，规定上币为黄金，下币为半两铜钱，白银不在货币之列。汉承秦制，只是到汉武帝的时候，把圆饼形的金币改为马蹄形、麟趾形的金币，史称"马蹄金"、"麟趾金"；把"半两"铜钱改为"五铢"铜钱。西汉以后，白银只在边疆地区的对外贸易中充当货币的职能。

到了唐朝，在中原地区，白银才逐步取得货币的部分职能，成为一种财富的象征，

所以唐朝是银铤的早期制作时期。具体反映在：银铤的器型尚未固定，每铤的重量也无绝对标准，有五十两的，也有四十两、二十两的，而且实际重量和所标明的重量不完全相符，只是大致相应。笏形银铤应该是唐中期，白银重新取得货币职能以后，比较早期的一种器型，因其形状类似长方板（条）形，有点像大臣上朝议事时手执的牙（笏）板，故称之谓笏形银铤，或称银笏。

除唐笏形银铤外，唐中期还有饼形银铤，或称银饼。其重量分等的情况、铭文的制作风格等等都和银笏大致相同。1970年10月，陕西西安南郊何家村唐长安城遗址出土银饼22块，经实测，知其重量控制并不严格，轻重大小各不相同，大银铤有五十两左右的，小银铤则重十两左右，中间还有四十两左右的、三十多两的。

唐朝的银饼不仅器型、重量不规范，对铭文也没有统一的要求，有不加铭文的，即所谓无字者；有加制铭文的，即有字者；有字者文字的内容也无定式，随意性很强，有的只注明重量或铸地，有的则交代详情，如："洊安县开元十九年庸调银十两专知官令彭崇嗣典梁海匠王定"（图2）。所谓庸调银，是唐朝的一种税赋制度，属税银。银饼的铭文多为阴纹，是银铤铸成后，在尚未完全冷却时凿刻上去的。另外还见有墨书的铭文，即用毛笔书写的文字，如同窖出土的东市库郝景银饼（图3）。

唐朝除银铤、银饼之外，也有金铤和金饼。其制作风格也和银铤大致相同，金铤多数没有铭文，但有的也凿刻有文字（图4）。其规格、成色、重量、形

图2　庸调十两银饼　正背图

图3　墨书银饼

图4　笏形金铤

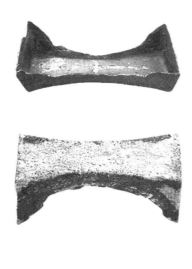

图5　船形银铤

状等均无统一标准。

到唐朝后期，出现了船形银铤（图5）。船形银铤的底部为束腰形的平面，两头平直，并有高高翘起的翅，因其形类似舟船，故铭之为"船形银铤"，又因其底部平整，摆放稳固，且可成摞叠放，故其使用的时间比较长，一直沿用到北宋早期，为宋以后形成的银铤器型奠定了基础。

《吉林画报——天工国宝》2016年第8期

两宋金、银铤（锭）

金、银铤在唐以前只是泛指经过冶炼以后尚未制成器物的金、银坯料，到唐朝，金、银逐步取得部分货币职能，才成为金、银称量货币的一种专用名词。金、银"铤"的称谓一直沿用到北宋以后，到南宋才逐步改称为金、银"锭"。

一、北宋银铤

唐朝后期出现的船形银铤一直沿袭到北宋，从目前所见资料，到北宋后期才出现了两头平直中间束腰的"定胜形"（或称线板形）银铤（图可参阅彩插），寓意"铤（定）升（胜）"，有一铤（定）高升，步步登高的意思，成为后来宋、金、元银铤的基本形制。两头平直中间束腰的"定胜形"，其实是船形银铤底部器型的继续。这种形制的北宋银铤目前遗存的数量已经很少，但它一直影响到后世，在中国银铤史上享有重要的地位。现在一般所称的"北宋银铤"大概主要是指这一类的银铤。

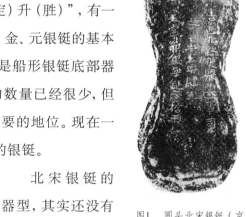

图1　圆头北宋银铤（京西北路天宁节银铤）

北宋银铤的器型，其实还没有完全划一，虽然多数是两头平直中间束腰，但也见有个别银铤的两头是圆形，如京西北路天宁节银铤（图1），抑或是弧形的，铤背多呈蜂窝状。

北宋银铤的制作都比较粗糙，多为五十两大铤，通长在145毫米左右，宽在

图2　北宋南剑州银铤（正、背）

85—90、厚在20—30毫米之间,重约为2000克上下。除五十两大铤外,在遗存的实物中,也曾见有个别为十二两的银铤。

北宋银铤主要是皇家和各级政府制作的官银,有税银、赋课银、军资银,也有进奉银。铤面文字多为凿刻而成的阴文,文字交代的内容比较宽泛,所以比较长,并记有办事人员的姓名及其职责。同时,在北宋银铤中,已经发现有背面铸字的现象,如背铸阴文地名"南剑州"(图2),人名"王镒"等等。

二、南宋银铤(锭)

图3　南宋京销银锭二十五两正背

南宋银铤(锭)是在北宋银铤的基础上改造演变而成的。南宋银铤(锭)的器型一般为弧首束腰的"定胜形",正面周围多有水波纹,且厚度略高于中间部位(图3)。南宋银铤(锭)的大小分为三等,大锭五十两,中锭二十五两,小锭十二两半。此外还有十两以下的小锭。

南宋银锭的铭文凿制可以分为三类:一是刀刻铭文,此类铭文一般比较长,类似北宋银铤的制作;二是刀刻铭文加戳记;三是只有戳记,如"京销铤银"、"清河坊北"、"霸北街西"、"谢铺记"等等戳记,此类铭文一般比较简短,应是南宋中期以后的银锭。

南宋银锭就其性质分:有京销银锭(指京城临安销铸的银锭)、出门锐银锭(即商税银锭)、总经制银锭(指由无名杂敛或附加税收集并销铸的银锭)、军资库(储藏钱帛杂物的官库)银锭等等。

在中国早期银锭中,南宋银锭遗存的数量是比较多的,这也从一个侧面反映了南宋时期白银的使用已经相当普遍。

三、南宋金锭、金条、金牌和金叶

从已见公开发表的现存实物资料可知，我国在唐朝已经有了金、银铤，但唐到北宋，至今只见银铤，没有见过金铤遗存的信息。南宋金铤则已见多例，如中国钱币博物馆藏的一枚"苏宅韩五郎"十两金铤，长6.78、束腰宽2.81、首宽4.31、厚1.01厘米，重342克。另外还见有二十五两的、十二两半的金铤。

图4　南宋金条

南宋金条呈长方形条状。如铁线巷陈二郎一两金条，长12.9、宽1.8、厚0.1厘米，重37克。正面首部戳有"铁线巷"三字，中间直书"陈二郎"、"十分金"字样，背无文（图4）。此外还有韩四郎、李六郎等等十分金，形制大致相仿。

南宋金牌的形状其实是缩短的金条，呈长方形牌状。如中国钱币博物馆藏的一枚南宋出门税金牌，长1.82、宽1.14、厚0.12厘米，重3.9克。正面两端分别直书"出门税"三字，中间斜列"□王十分金"五字。

彭信威《中国货币史》中有一段引自《居家必用事类全集》的文字说到，在南宋金质货币中，有一种叫"金叶子"的，或称"叶子金"。就近期出土的实物可知，南宋"金叶子"薄如纸，折叠成册页形状，上面钤有"铁线巷"、"陈二郎"、"韩四郎"、"郭顺记"、"保佑坊南"、"十分金"等戳记，重40克左右，正好折合黄金一两。就铭文戳记和重量验证，它们的确也是南宋金锭的一个成员。

南宋金锭的铭文多和同时期制作的银锭相类似。杭州出土者，铭文内容包括金银铺名、工匠名、代表店铺的押记和成色等；杭州以外地区出土者，铭文还有"出门税"等其他的内容，注明其性质、用途。据史书记载，南宋的黄金和银锭一样，也可以用于赏赐、馈赠、贮藏、上供或大额的支付。

《吉林画报——天工国宝》2016年第11期

"承安宝货"银锭的确认和研究

图1　金五十两银锭

我们现在见到的金朝银锭，多数是五十两的大银锭（图1），它们应该是金朝主要的白银货币——白银称量货币。金、宋之争，金、辽之争，金朝从宋和辽掠得大量白银，所以在金朝府库里积存了大量的白银，并铸成五十两的大银锭。所以，金朝传统的银锭制作基本是仿照宋锭。

"承安宝货"银锭则是在传统银锭的基础上改造、发展而成的，但它的出现，使中国的白银，由称量货币的性质向铸币迈进了可贵的一大步，所以它在中国古代的白银史上成为浓墨重彩的一页。

一、承安宝货——发现的前前后后

图2　承安宝货一两半银锭

1981年上半年，黑龙江人民银行在清理收兑的杂银时，发现了四枚錾有"承安宝货壹两半"等字样的银锭（图2），直觉告诉他们是古物，被保护下来。1982年4月，中国人民银行（总行）历史货币组（即中国钱币学会秘书处的前身）为筹备展览，从黑龙江人民银行调拨了其中的一枚。当年5月，中国人民银行和中国历史博物馆（今国家博物馆）联合在历博举办了《中国历代货币展》，承安宝货银锭在这个展览中正式展出。

1982年6月下旬，中国钱币学会在北京正式成立，钱币界的专家学者云集首都。会议期间，组织全体代表参观展览，并就参展的"承安宝货"银锭征求了有关专家的意见。因为此前谁都没有见过"承安宝货"银锭的庐山真面目，所以一时难以定论，甚至有人提出异议，为慎重起见，大家建议再作考察，最好能够得到出土资料的佐证。

1985年6月，中国钱币学会在沈阳召开首次少数民族钱币学术研讨会，再次提出"承安宝货"的真伪问题，会议要求黑龙江钱币学会将此课题列入研究重点，争取早日解决这一疑案。

会后，黑龙江钱币学会给予了高度重视，时任黑龙江钱币学会理事长、中国人民银行黑龙江分行副行长的惠有玉亲自挂帅，组织开展了对于承安宝货的"追踪寻源"。他亲自指挥，具体部署，一方面向全省金融系统发出公函，希望摸清已有四枚承安宝货银锭的来源；一方面又在《黑龙江日报》、《黑龙江农民报》上刊出征询启事，寻找踪迹。在普遍撒网的同时，又明确要以金故都上京会宁府（今阿城县白城子）及其周边地区，和金的尚武之地——肇州（今三肇一带）作为寻访的重点，派出专人专车，到重点地区做社会调查。并配备了放映机，专门到重点地区放映电影，在电影放映的过程中插播有关承安宝货银锭的录像和相关知识。苍天不负有心人，1985年8月10日，阿城县杨树乡富勤村八队农民张怀志的62岁母亲在土豆地里刨土豆的时候，居然刨出了一个银疙瘩（即第五枚壹两半的承安宝货），张怀志觉得这件东西很像演电影时看见过的古代银锭，便把它上交到有关部门。

这枚银锭，上下两端呈圆弧状，束腰，锭面上部横列"承安"两字，其下右侧竖列"宝货壹两半"五个字，左侧竖列"库部"，"库"和"部"的下面分别各有一个押记（这是金朝银锭的特征，金五十两银锭也有这样的特征，它是区别于宋锭的标志之一），周边有水波纹，锭背有蜂窝状气孔，且气孔较大（这也是金朝银锭的一个制作特征）。长4.7、首宽3、腰宽2.1、厚0.6厘米，重59.3克，器型制作和已经发现的四枚基本一致。它的出土，证明了前四枚壹两半的承安宝货银锭都是

图3 承安宝货壹两银锭

金章宗时期铸行的真品。

1985年10月,恰逢中国钱币学会在上海召开第二届年会,这一重要发现的资料在会上报告以后,得到了学术界的认可,对承安宝货的认识,终于有了突破性的进展。为此,在1993年12月中国钱币学会第一届优秀学术成果"金泉奖"的评选中,荣获重大发现奖。

1986年,辽宁省人民银行又在库存杂银中发现了两枚"壹两"的承安宝货银锭,器型制作和上述"壹两半"者相仿,只是略为轻小一些,其中一枚长4.3、首宽2.6、腰宽2、厚0.5厘米,重40.2克(图3)。

1987年,在内蒙古兴和县又发现了一枚一两半的承安宝货银锭。

至今,我所见到的承安宝货仅此八枚,分为"壹两"和"壹两半"两个品种。近年,听说在吉林又有新的发现,可惜尚未见到实物。

二、承安宝货——银锭系列的奇葩

《金史》卷四十八《食货志三》记曰:金章宗承安二年(1197)十二月,"遂改铸银,名'承安宝货',一两至十两分五等,每两折钱二贯,公私同见钱用……"这段文字非常重要,把有关承安宝货的事情都交代清楚了:1.它是由五十两银锭改造而成,交待了传承关系;2.它有正式的命名,叫"承安宝货";3.它有严格的分等制度,即一两至十两,分为五等。大小配套,俨然是铸币的体制;4.它和当时流通使用的货币——铜钱、纸钞有明确的折价规定,即每两折钱二贯,可以同时流通使用;5.无论公私都必须和现钱一样对待,不可另眼看待。

由此可知,承安宝货分为五等,应有五个品种,今已见有"壹两"和"壹两半"两个品种,那么还有三个品种是什么?大家比较一致的意见是,还应该有"五两"和"拾两"。但对另一个品种的分歧却很大,究竟是"贰两半",还是"柒两半",还是……确实给人们留下了很大的悬念,要最后落到实处,恐怕只能等待再一次的重大发现。

从遗存的实物可以知道,"承安宝货"的器型和金朝传统的五十两银锭如出一辙;从铸造工艺来看,也和宋金时期的银锭并无大的差别,只是器型缩小,由五十两的大锭改为十两以下的小锭。五十两的大锭,虽称之为"五十两",但每锭的实际重量并不都正好是五十两,而是略有差异;如今所见一两和一两半的承安宝货,虽标明为"壹两"或"壹两半",但同一规格者,实际重量亦有细微差异,这说明承安宝货和传统银锭的铸造技术没有什么变化,所以称之为"银锭",应该也无不可。

从《金史·食货志》的上述记载和实物验证,"承安宝货"却是一种计数的白银货币,它已经具备了铸币的基本特性。承安宝货上端横列"承安"两字是年号,即发行时间;其下直书"宝货"两字是货币的名称;"宝货"之下则是计重,即货币的面值。以金属的重量来表示面值,在早期铸币中,是经常可以见到的。譬如秦汉时期的铜钱称"半两"、"五铢"(秦汉时的衡制,一两为二十四铢);清末的早期银元也会铸有"壹两"、"七钱二分"等字样。在铸币上铸明重量,是称量货币的习俗留在金属铸币上的痕迹,也是早期铸币信誉的一种表述。铜钱有这种现象,机制银元有这种现象,那么在金章宗时期的白银货币上出现这种现象,是完全可以理解的。由此,"承安宝货"应该是加了引号的"银锭",它只是沿用了银锭的形制,却已经不是金属称量货币,而是要行使铸币的职能,所以它是银锭系列中的"别品",是银锭系列中一枝光彩夺目的奇葩。

《金史·食货志》还记有:金章宗承安五年十二月,"遂罢'承安宝货'"。可见承安宝货只铸行了三年,铸行时间短,或许是至今遗存极少的一个重要原因。那么,金章宗时期为什么会出现"承安宝货",又为什么被匆匆废除,这是值得我们去深思,去研究的又一个重要课题。

"承安宝货"是祖宗造就的神奇,在中国货币史上,在白银货币史上,享有重要的地位。承安宝货的面纱才刚刚撩起,没有完全揭开,她的神奇故事,还有待我们去继续探索和研究。从钱币学的角度来审视,承安宝货的价值已经不是几两白银所能再造,她已经成为祖国珍贵的文化遗产,是价值连城的稀世珍宝。

《钱币博览》2011年第2期

"元宝"之名和"元宝"之形

　　"元宝"之名起于何时？可以追溯到唐代。唐高祖武德四年（621）开始铸行"开元通宝"铜钱，如今"开元通宝"之名已为多数人认同，这是新、旧《唐书》对此钱的读法。但《唐六典》的读法则是旋读，读为"开通元宝"，此说的出现，说明在唐代已经存在两种读法。此后，唐代既铸过"通宝"钱（如建中通宝），也铸过"元宝"钱（如大历元宝、得壹元宝、顺天元宝），可见"元宝"之名在唐代已被用作钱币的名称。唐以后，包括两宋，在历朝的铸钱中也经常采用"元宝"之名，但人们把银锭称为"元宝"则是起于元代。

　　在元代的银锭中，有一种被称为"扬州元宝"的银锭，背面铸有"元宝"字样，这是把银锭称作"元宝"的最早的实物依据。中国钱币博物馆藏有一件扬州元宝（图参见彩插），线板状，弧首，束腰，锭长141、腰宽60厘米，重1921.3克。正面铭文由多个戳印组成，分别是："扬州"、"十成"、"行中书省"、"重伍拾两"、"监销铸官刘"、"至元十四年"、"销银官王殃"、"重四十九两九钱"（应是验证后重新纠正的重量，由此可见，锭面戳字不是一次打压上去的）、"库官孟珪"、"验秤银库子吴成"、"银匠濮文壬"、"银匠温德成"、"银匠侯君用"。背面铸有两个阴文大字："元宝。"

　　元代的主要通货是纸钞，纸钞的保证金主要是黄金和白银，所以元人把银锭视为宝货，顺理成章，于是把银锭上的"元宝"两字演义为"元代的宝货"，当也没有大错，它对后世影响深远是无可非议的。

　　综观元代银锭，有五种类型：1. 扬州元宝，正面铭文为戳记型，有记年，文字较多，背面有"元宝"二字。2. 正面铭文为戳记型，无记年。背面有铭文记地，如"太原"、"平阳"，多为赋税银锭。3. 正面戳记铭文，背无文，多为盐税银锭，并以"真定路"者多见。4. 正面凿刻铭文，背无文，铭文较长，包括重量、用途、铸造机构、相关官员、银匠姓名和纪年。5. 库银，正面无文，唯背有"元宝"二字。元锭多数背面无字，和宋、金银锭基本一致，背面铸字者只是少数。

　　把金、银锭称作"元宝"起于元代，但元代的"元宝"之形却仍保留着宋金传统银锭的器型，并不是现代人概念中的元宝形象，现代人概念中的元宝形象则是到明中期以后才出现的。

　　唐以后银锭逐步取得货币的职能，白银履行赋税之职也由来已久，但是正式以法律的形式确立用银纳税，是在明英宗正统元年（1436）。是年，政府下令江浙、湖广等产粮地区，凡不通舟楫的地方，米麦可用白银折纳，称之为金花银，从此白银才真正货币化。金花银锭分有五十两、二十两、十两不同等级，锭面只铸"金花银"等字，不记年。明中期的金花银，至今遗存甚少，银锭的束腰比较深，上下两头呈圆弧状，且略微上翘。明中期以后，银锭的器型有明显变化，各地所铸不尽相同，成为向清代银锭的过渡阶段。

　　明代早期金锭存世不多，仅见山西出土有洪武五十两金锭，湖北钟祥明梁庄王墓出土有永乐五十两金锭。明后期，在万历及其皇后墓中曾出土103件十两金锭，多是云南布政司上供之物。

　　唐以后金、银锭的器型也在不断演变，但宋、金、元时期的器型相对稳定，都属于线板形状，到明中期以后，银两制度逐步形成，金、银锭的器型也有了明显变化。到清代，银锭的铸造和发展进入鼎盛时期，清政府对于银两的管理采取放任政策，各地政府可以自主经营，官、商均便，于是出现了各显其能，百舸争流的局面。各地元宝的形制各异，而且成色不同，银两的结算制度亦不相同，所以《清代文献通考》上才有了这样的记载："用银之处，官司所发，例以纹银（清政府规定的标准银）；商民行使，自十成至九成八成七成不等。民间所有，除各项纹银之外，如江南、浙江有丝元等银，湖广、江西有盐徽等银，山西有西槽及水丝等银，四川有土槽、柳槽及茴香等银，陕甘有元槽等银，广西有北流等银，云南、贵州有石槽及茶花等银，此外又有青丝、白丝、单倾、双倾、方槽、长槽等名色。是海内用银不患不足，因其高下轻重以抵钱之多寡，各随其便，流转行用。"

　　清、民国金锭分有：长方形、长条形、束腰形、马蹄形等不同形制的国库金锭。清、民国银锭根据大小轻重，大致可以分为四等：一为大锭，重五十两；二为中锭，重十两；三为小锭，也叫锞子，重一两至五两；四为散银，即一两以下的散碎银两。

　　就性质而言，有朝廷官方或中央造币厂的库存金银；有民间银号、钱庄铸造的商业用金银；以及金银器、首饰等的原材料。各地上交的税银中，又有地丁银（地赋和丁赋的税收银）、津贴银（按粮津贴，临时加派的田赋税收银）、捐输银（弥补军事、财政不足，追补的税银）、盐税银、关税银、厘金银（亦称厘捐，是一种商业税收银）等等不同的名目。此外，清、民国时期的民间还有各种各样的喜庆吉语的金银锭，如"福"、"禄"、"寿"、"喜"等，由银楼打造，作为礼物馈赠亲友，这类金银锭大小不等，器型不同，有圆形、方形、马蹄形等等，可随意制作。

清、民国各地银锭举要：

1. 直隶省银锭，见有五十两马蹄银、十足银、兵饷银以及宝花、双鱼等吉祥小银锭。

2. 山西省银锭最多见的是平遥、太谷、祁县的商用银锭，形制为五十两马蹄银锭和五两腰锭。

3. 东三省银锭为马蹄形，两翼高耸，故又名大翅银锭，多为五十两大锭。

4. 江南省银锭分有五十两马蹄银、五两圆锭。

5. 安徽省银锭，清初隶属于江南省，有五十两马蹄银、十两砝码银锭。

6. 山东省银锭有五十两马蹄银、十两马蹄银和高边银锭。

7. 河南省银锭有五十两马蹄银、五两腰锭。

8. 陕西省银锭最常见的是三至五两圆槽银和五十两马蹄银。

9. 甘肃省银锭常见的有四两圆槽锭，还有五十两方锭，二三两花生锭。

10. 浙江省银锭常见的是五两圆锭，还有五十两马蹄银和一两圆丝锭。

11. 江西省银锭最有特色的是五十两方锭、十两镜面锭、五两圆锭，也有马蹄银和砝码银锭。

12. 湖北省银锭有五十两马蹄银（包括各类税银），还见有一百两大锭，以及五两圆锭。

13. 湖南省银锭有五十两龟宝银、十两砝码银锭。

14. 四川省银锭数量多的是十两圆锭，还有五两圆锭。

15. 福建省银锭遗存很少，所见有清同治以前的五十两马蹄银、十两圆锭、十两砝码锭。

16. 台湾省银锭遗存极少，见有十两、八两长条银锭。

17. 广东省银锭主要是十两砝码银锭，清光绪以后很少铸造。

18. 广西省银锭早期为长方形的北流银锭，清嘉庆以后为十两砝码锭。

19. 云南省银锭器型属槽银类，有大槽、单槽、二槽、三槽之分。三槽者，后来又发展出牌坊银锭,亦称马鞍银锭。

20．贵州省银锭种类甚多,有五十两、十两圆锭,五十两马蹄银,早期有砝码银锭、茶花银锭,晚清有官钱局银锭,以及各种小锭。

21．新疆省银锭存世不多,见有五十两和十两的马蹄银,分官铸、商铸,还有民国新疆省银行铸的。

为简明起见,这里谨摘录林崇诚先生在《元是无价宝》(2016年台北出版)一书中制作的清代各地银锭分布图,或许可以看到清、民国时期各地"元宝"之形变化的梗概(见图)。

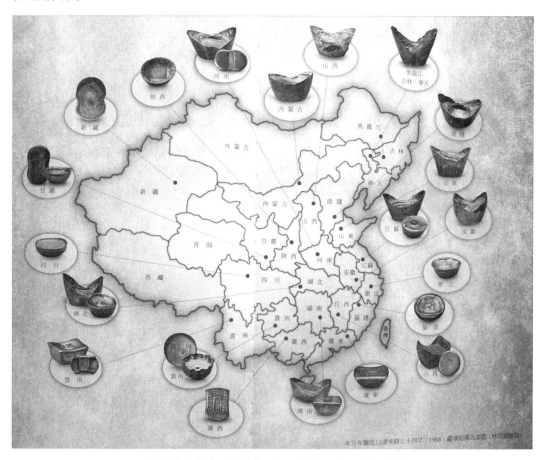

清代银锭分布图　以清光绪三十四年(1908)疆域地图制作

1933年,国民政府实施废两改元政策,1935年又实行法币政策,"元宝"终于退出流通领域,完成了它作为称量货币的历史任务。

解读金银铤，祝贺《收藏》200期出版

　　接到《收藏》杂志社为200期特刊的约稿函，非常高兴，的确值得庆贺，是要写点东西好好纪念一番，写什么内容呢？我想到了金银铤（锭）。金银铤是祥瑞之物，具有富贵之气，金银铤的收藏，正在逐步升温，受到更多人的关注和青睐，以金银铤为内容，作为《收藏》200期的贺文，应该比较贴切。

　　金银铤的"铤"，是一个多音字，可以音tǐng，是指快走的样子；也可以音dìng，指成块的金属。金银铤的铤，音dìng，它和"锭"字同音，而且字义相通，所以金银铤，亦即金银锭。在中国历史上，金银铤的用字，有一个变化的过程，用"铤"字在先，"锭"字在后。

　　现在知道，早在南北朝时期已经开始称"铤"，《南史·梁武帝诸子传·庐陵茂王续》中，有这样一段记录，"王薨，至内库阅珍物，见金铤"。在《北齐书·陈元康传》中也记曰，世宗因陈元康有功，"赏元康金百铤"，可见当时是称"铤"的。两晋南北朝时期的金银，至今尚未找到遗存的实物，唐朝遗存下来的金银也是凤毛麟角。在唐朝金铤的铭文中，我们发现有"铤"字，如："金贰拾两铤专知官长员外同正"，可见唐朝的金银也是称"铤"的，这个习俗一直沿用到两宋。两宋金银铤铸额很大，所以遗存比较多，在宋铤的铭文中，我们经常可以看到这个"铤"字，包括银铤上錾刻的铭文，如南宋淳祐六年武岗州经总制银铤即自称为"铤"；也包括铤上钤印的戳记，譬如"京销铤银"、"真花铤银"等等。宋金以后，才用"锭"字，和"铤"字并用。

　　金银铤（锭）的形制，因时代、地区不同，器型也不同。春秋战国时期，楚国的黄金货币叫"爯（称）"，如郢爯、陈爯等，器型似龟甲板状，故称之为楚金版；秦始皇统一货币，规定黄金为上币，铜钱为下币，白银不是法定货币，秦汉时期的黄金称"饼"，因为形状酷似晒干的柿子饼，故俗称之为柿子金；西汉武帝时发行的金饼，状如马蹄、麟趾，所以又称之为马蹄金、麟趾金；秦汉的金饼或许一直沿用到两晋南北朝，此时，在对外交易中已经使用白银。唐朝的金银没有定制，有饼形的，有长方形的，也有

类似牙板状长条形的，称之为"笏"（如上面提到的"员外同正"金铤，器型类似大臣上朝面君时手捧的牙板）。唐金银的器型、大小、厚薄、重量，都没有统一的规定，所以随意性很大。出现这样的情况，是因为当时的金银只是一种财富，并没有货币的职能，政府没有设定统一的铸造标准。到唐晚期出现的束腰形五十两银铤，才奠定了后来金银铤的基本形制，开启了金银铤新的历史。因为这种银铤的周边隆起，特别是两头高翘，所以俗称之为船形银铤。船形银铤到北宋以后，器型作了改造，删去了隆起的周边，特别是删除了两头高翘的翘，形成所谓的"定胜（升）"形状，这种束腰的定胜形，最终成为两宋时期全国通行的金银铤的主要模式，无论是官炉制作，还是民间铸造，都采用这样的形制。后来的金、元、明各朝也继续沿用这种形制，长期使用。元朝曾在银锭的背面添铸"元宝"两字，意为元代的宝货，作为国家平准库的库银，"元宝"之名由此而得。但当时"元宝"的器型并无大的变动，仍是束腰的定胜形，一直到明中期以后，才有所变化，逐步形成现在人们印象中的元宝器型，即圆底束腰两头翘起的形制。明清的银两制度混乱，所以金银锭的形制多有变化，各地的制作、器型、成色都不一致。纵观中国金银铤（锭）的历史，束腰定胜形不仅使用时间最长，而且是全国通行的一种主要形制。

　　两宋以后，金银铤的形制，相对稳定，有两个明显的标志：一是重量有了统一的要求。大铤重五十两；中铤重二十五两或二十两（因时而异）；小铤重十二两半、十两或五两（亦因时而异）；五两以下为散碎金银，称金银锞子。二是器型制作有了基本一致的规定。不论大小铤，均为定胜形。这里谨以南宋五十两银铤为例，对器型做一简要介绍：铤的两头为圆弧形，两侧为束腰弧形，一般通长约16、首宽约8.5、腰宽约6.4、厚1.8厘米左右，正面略大于背面，故侧面成倒八字形。金银铤的正面光洁平滑，一般周边略高于中心部位，且有浇铸后冷却时留下的水波纹，正面多有錾刻或钤印的铭文；背面（即底部）虽有浇铸时留下的蜂窝状气孔，但整体制作平整。这样的形制，不仅可以平稳摆放，而且可以一层一层叠压着摞起来，既便于存放和提取，更便于长途运输。金银铤可以一层层往上摞，便是"铤（锭）升"，谐音"定胜"，定胜形即由此得名。所以，束腰的定胜形金银铤，不仅是我国古代金银的一种主要形制，而且寄予了特定的文化内涵。

　　现在人们过生日，做寿，送生日蛋糕，是西方传来的时尚。其实，中国传统的习俗，是送寿桃、送定胜糕。寿桃，是用糯米粉或面粉制作的桃形糕点，寓意长寿，寿比南山；定胜糕，是用米粉或面粉制作的形似金银铤的糕点，寓意铤铤高升，福如东海。所以金银铤寓有祝福、祝寿的文化内涵，人们希望它带来吉祥，带来福分。故谨以此短文，祝福我们的祖国，国泰民安，经济繁荣，也祝福我们的收藏事业兴旺发达，《收藏》杂志越办越好，步步登高，前程锦绣。

《收藏》2009年第8期

银锭图谱和金银锭研究的论著

在开展"承安宝货"银锭的社会调查的同时，上海、湖北、陕西等地的人民银行也先后分别对库存金、银做了清理，其中也包括对部分银锭的清理工作。在我的记忆中，我最早见到的唐代五十两笏形银铤和五十两船形银铤是在人民银行上海分行，最早见到的唐代银饼则是在人民银行洛阳中心支行。除了在人民银行系统开展调查之外，也在社会上开展了调查工作，譬如山西钱币学会成立之初，便在全省范围内开展了对钱币的普查和征集工作，并在此基础上编纂出版了《中国山西历代货币》（山西人民出版社1989年），其中当然也包括了银锭的内容。

在社会调查的基础上，对银锭做分类整理，于是就诞生了专门的银锭图录。上世纪八十年代末，我在人民银行总行大楼里第一次看到了由陕西分行货币发行处分管金银的张志高送来的《元宝图录》资料照片，它是在人民银行陕西分行库存银锭初步清理的基础上整理而成的。后来以中国钱币学会陕西分会的名义，由三秦出版社于1991年正式出版。

有意思的是，在我们开始注意到银锭的时候，海峡彼岸台湾的钱币爱好者、收藏者和研究者也对银锭发生了浓厚的兴趣，而且他们的进度要更快一些。在1988年，他们不仅举办了银锭的专门展览，还出版了由陈鸿彬先生收藏并编纂的《树荫堂收藏元宝千种图录》，以及张惠信先生的专著《中国银锭》（两书均由齐格飞出版社出版）。次年，陈鸿彬先生来访，和我交流有关银锭集藏、研究的情况。他还开玩笑说：大陆发现了"承安宝货"银锭，已经有几枚了，您是不是可以拍卖一件？我笑着回答：您能出个什么价啊？可惜已经入了金库，动不了了。又是一阵大笑。这次见面，畅谈甚欢，还赠送我一本他的《树荫堂收藏元宝千种图录》。我要感谢他的情，感谢他的书，是他给予我很多海峡对岸的信息和启示，由此也进一步促进了我们对于银锭收藏和研究的重视。

当时，陕西的《元宝图录》已经成形，云南的《中国历史银锭》正在编纂，于是我把来自台湾的上述信息和树荫堂元宝图录的内容转告了正在工作的云南同志，要求他们重新学习、重新认识，再做深入的调查挖掘，充实书的内容。由此，汤国彦主编的《中国历史银锭》的出书计划，略为推迟，至1993年才由云南人民出版社出版。但书中收集银锭的种类和数量确实有了较大幅度的增加，对银锭的认识也有很多进步，特别是对云南当地的牌坊银锭的历史沿革有了很多新的认识，找到了它们变化发展的一些规律，为进一步研究创造了条件。

　　在收集和整理实物资料的基础上，再结合科学考古发掘的资料，结合文献史料的研究，便有了对于银锭沿革历史的重新认识。于是，对于银锭的探索和研究逐步深入，研究的领域也逐步拓宽，有关的著作和专论相继问世。而人民银行对于库存银锭的清理工作，至今仍在进行。现在，对于金、银锭的收藏已经自成体系，成为一个专门的门类，受到大家的青睐。

《齐鲁钱币》2012年第3期

中国近代机制币概述^①

　　机制币，顾名思义是指机器打制的钱币，钱币界俗称之谓"硬币"。硬币之名是和纸币相对而言的，在中国，硬币主要指的是近现代机器打制的金属钱币，包括金币、银币、铜币，以及镍币、铝币、锑币、镁币、镴币（铅币）等。

　　在钱币学里，钱币的主体应该是国家或地区正式发行的货币，包括主币和辅币。同时，还有货币文化的衍生物。中国的货币文化衍生物，在古钱中称为"压胜钱"，在机制币中称为"纪念章"。"币"和"章"最直观的区别是：币是货币，置有面值；章不是货币，不行使货币的职能，所以不置面值。中国的机制币收藏者，一般不太注重币和章在职能上的区别，他们更关注的是文化含素，是现在的存世量，以及它们的文物价值和经济价值。

　　中国钱币的历史悠久，但古代钱币主要采用浇铸的生产工艺技术，所以叫铸钱。采用机器打制的生产工艺技术来制造钱币，历史并不久远。中国机制币的历史可以追溯到清朝，经历了晚清、民国，一直到现在。

一、清代机制币

1. 中国早期银元

　　明末清初，西方银元不断流入中国，并在民间参与市场流通。道光十六年（1836）清政府正式承认外国银元在华流通的事实，同时又规定"嗣后行使洋钱，必以成色分两为凭，不得计数定价"（《清宣宗实录》卷288），实际上仍把外国银元视作银两使用。所以现在遗存的早期外国银元，多经银号验明成色，打有代表银号验证之后的戳记。

　　中国最早的自制银元是西藏的薄片银币。西藏早有用银的习俗，曾经使用过尼

---

①　本文与沈鸣镝合作。

泊尔银币，后经清政府批准，于乾隆五十六年（1791）开始自制银币，当地称"久松西阿"（意即藏历13绕回第45年）。面值规格仿尼泊尔银币，正反面分别制有汉文和藏文"乾隆宝藏"字样，周边记年。乾隆五十八年新制的银币（图1，本文图示见彩插），分为三等，分别重一钱五分、一钱和五分。后来嘉庆、道光以及宣统年间，也都制造过宝藏银币。此外，西藏地方政府还制造过"甘丹颇章"、"格桑章噶"等银币。

清道光、咸丰、同治年间（约1837—1866年之间），福建、台湾地区曾先后发行过六种军饷银币，即：道光年铸台湾寿星银饼、漳州军饷银饼（图2）、双如意银饼、笔宝银饼、同治元年嘉义寿星银饼、"谨慎"军饷银饼。这六种银币的重量分别有七钱二分、六钱八分等，不尽一致，"谨慎"军饷银饼还分有大小两等；币面除文字外，图案分别有寿星像、如意、聚宝盆、双笔和花押等。

咸丰六年（1856），上海发行了仿制银元"上海银饼"，分别由王永盛、郁森盛、经正记三家沙船商号制造。其中王永盛只有重一两的银饼，郁森盛、经正记分别制有重一两和五钱的大小两等。银饼的正背面均分别制有十六字铭文，正面为"咸丰六年上海县号商×××足纹银饼"，背为"朱源裕监倾曹平实重一两银匠××造"（图3）。

光绪十年（1884），吉林机器局开制吉林厂平银元，分有一两、七钱、半两、三钱、一钱五个面值。正面制有"光绪十年吉林机器官局监制"字样，两侧有龙纹，背面记值。这是中国机制币中最早出现的龙纹（图4），但发行量很小，并未取得成功。

早期的银元，既没有统一的名称，也没有规范的标准，制造技术落后，设备原始，主要靠人力手工操作，生产效率低下，所以发行数量不多，遗存至今者更少。但它们是中国近代机制币的始作俑者，无论从钱币历史的研究，钱币打制技术的考证，钱币制作的时代特征等各个方面来看，都具有十分重要的学术价值和文物价值。

2．清代银元的正式发行

标志中国近代机制币正式发行的是广东龙洋。光绪十五年（1889），时任两广总督的张之洞在广东试制七钱三分银元，并有辅币四种，分别重三钱六分五厘、一钱四分六厘、七分三厘、三分六厘五。后据汇丰银行意见，随即又改制为七钱二分银元，辅币四种的重量亦相应递减。试制币正面中间列"光绪元宝"四字，周围环列英文省名和记重文字，背面中间为蟠龙图案，周围环列汉文省名和记重文字。后清政府批准制七钱二分银元系列，并将英文移至背面，主币为一元，辅币分别为五角、二角、一角、五分，正式制造发行。因此，钱币界称英文在正面的试制币分别为"七三反版"、"七二反版"。又统称广东发行的这套系列币为"广东龙洋"(图5)。

张之洞调任湖广总督后,于光绪二十年(1894)又在武汉发行湖北龙洋。从此各省相继仿效,蔚然成风。先后制行龙洋的有:江南、北洋、浙江、安徽、奉天、吉林、湖南、福建、四川、云南等地。

光绪二十二年(1896),北洋机器局首先采用银元的面值以"元"、"角"来表示,壹元以下辅币有五角、二角、一角、半角四等。银辅币又称"银角"、"小洋"或"银毫"。

因为各地制度不一,所制的龙洋成色、重量各有不同,省与省之间无法通用。光绪二十五年(1899),清政府以此为由,曾令各省银元归并广东和湖北两省制造。但政令不通,不久有些省局又重新恢复制造。

光绪二十九年(1903),户部在天津筹建制造银钱总厂,于三十一年建成,改名为"造币总厂",同其他厂局并存。同年七月,清政府拟订了《整顿圜法章程》十条,其中提出银币专由造币总厂制造,保留南洋(江南)、北洋、广东、湖北四局为分厂。

在制造龙洋的同时,对于货币单位的"两元之争"没有结束。有人主张银元重一两,有人则主张重七钱二分,即以元为单位。在此期间,天津造币总厂曾试制过币面标明光绪二十九年的户部光绪元宝样币(图6),面值有一两、五钱、二钱、一钱、五分五等。张之洞也在湖北开制了光绪三十年湖北省造大清银币,重库平一两,背为双龙戏珠图,并有少量进入市场流通。光绪三十二年(1906),天津造币总厂又试制一套户部丙午中字大清银币(图7),面值有一两、五钱、二钱、一钱四等;光绪三十三年又试制丁未大清银币,面值有一元、五角、二角、一角四等。户部所制的这几套银币,制作都极精美,有标准币之意,但都未正式发行。

光绪三十四年(1908),天津造币总厂制造光绪元宝银币一套,币面分别计重为:库平七钱二分、一钱四分四厘、七分二厘三,但实际上当作一元、二角、一角流通。这是光绪年间清中央政府唯一正式发行的一套银元。

宣统元年(1909),有些省开始制造宣统元宝龙洋。宣统二年度支部颁布《币制则例》,规定国币单位为圆,主币重库平七钱二分,辅币有银、镍、铜币,规定银辅币有五角、二角五分和一角三等。造币总厂根据规定,于宣统二年试制以圆为单位的大清银币一套。宣统三年又重新制模,试制大清银币,主币的蟠龙图案,有长须、短须等多种不同的版式。这一套币也分有四等面值,只是把二角五分的改为二角。宣统二年制造的五角和三年制造的二角、一角币曾流通过。

清代银元基本是由各省各地自主制造和发行,一直到宣统二年颁布《币制则例》,才有统一币制的行动,但为时已晚,实际上币制没有统一,清政府已经覆灭。

这个时期除制造龙洋之外,部分地区也制造过一些其他形式的银币。如四川于光绪二十八年(1902)起,曾仿效印度卢比式样,制造人像(俗传为光绪像)银元(图8),有重库平三钱二分、一钱六分和八分三种,行使于西藏、西康等地区,俗称"藏元"或"四川卢比"。

3.清代的金元

二十世纪初,有人主张实行金本位制,所以光绪三十二年(1906),造币总厂曾试制了少量的丙午年造大清金币,重库平一两,有光边与齿边两种;次年又试制丁未年造库平一两大清金币。这两种金币制造精美,但分量过重,并不适宜流通(图9)。此外,光绪三十三年,新疆迪化机器局制造过饷金二钱、饷金一钱(图10),有短时期行用。西藏在罗堆金币厂也制造过金币"色章果木",合藏银20两。

4.清代的铜元

铜元是在清末特定历史条件下产生的。光绪二十六年(1900),两广总督李鸿章奏准在广东开制铜元。铜元开始是作为银元的辅币,对银元作价的。广东初制的铜元,币面书有"光绪元宝"四字,中间没有方孔而为满文"宝广",上环书"广东省造",下环书"每百枚换一元";背面是飞龙图案,书英文"广东、一分";每枚重二钱。但此制不合民间的习俗,后来将"一分"改为"十文";将"每百枚换一元"改为"每元当制钱十文",即把铜元改为对制钱作价。这就形成了光绪元宝铜元的基本格式(图11)。

铜元的初制阶段,成色稳定,外形美观,制作整齐、精巧,又弥补了制钱的不足,顺应了社会经济发展的大趋势,受到人民的欢迎。广东开制光绪元宝铜元成功之后,清廷于光绪二十七年谕令沿江沿海各省仿造。到光绪三十一年(1905)五月,已有十七省开制,设局多至二十处,几乎遍及全国。

清末铜元的面额分有二十文、十文、五文、二文和一文。四川试制过光绪元宝三十文铜元,是例外。社会上主要通行的是当十铜元,即所谓"单铜元",当二十的也比较多,即所谓"双铜元";而当五以下的很少。光绪元宝铜元版式变化极多,不仅各省之间不同,即使是本省的,变化也多,面值文字表述多样,龙纹图案,花纹形态,文字大小、位置,有无星点,星点多少、大小等,版式不胜枚举。

由于光绪元宝铜元大量制行,严重的供过于求,铜元泛滥贬值,清政府为了维护信誉,于光绪三十一年五月,在天津设立户部造币总厂开机试制"大清铜币"(图12),面值分为当制钱二十文、十文、五文、二文四等。同时,又颁布了《整顿圜法章程》十条,停止制造光绪元宝铜元。并对铜元的成色、重量、流通数量及禁止倾销牟利等作出了具体规定。户部大清铜币十文铜元,币面珠圈内书"大清铜币"四字,上为满文"光绪年造",满文的两旁是干支纪年,左右两侧书"户部",下书"当制钱十文";背面中间珠圈内为大清龙图案,上横书"光绪年造",下环以英文"大清帝国铜元"。宣统年间继续制造,只是把"光绪年造"改为"宣统年造"。

各省所制铜元,由户部统一颁发祖模,只在币面中央加一个或两个小字代表省或地区之名,计有:湖南(湘)、江西(赣)、湖北(鄂)、河南(汴)、直隶(直)、江苏(苏)、安徽(皖)、福建(闽)、广东(粤)、四川(川)、云南(云、滇、川滇)、浙江(浙)、奉天(奉)、江南(宁)、吉林(吉)、山东(东)、清江(淮)等。

"大清铜币"也以当十铜元流通最广,二十文的次之。《整顿圜法章程》虽规定各种铜元的制造成数,但是实际上五文、二文铜元的制造极少,而一文铜元,只有广东、湖北、直隶等省制造过。所以光绪三十四年(1908),由度支部造币总厂统一制造了一文铜元,币面中间珠圈内书一"总"字,代表造币总厂,上书"光绪",下书"一文",左右"戊申"记年;背面为龙纹。以后分发给各省的钢模中,中间无"总"字,而由各省加刻省名。然而正式制行一文铜元的省份,仅有江南(宁)、直隶(直)等省,湖北(鄂)、河南(汴)、四川(川)、福建(闽)等省只做了试样。

宣统二年颁布的《币制则例》,规定铜辅币为二分、一分、五厘和一厘四等。这套铜元制作精美,没有外文。币面四周书"大清铜币",中间珠圈内为龙纹;背面书"宣统年造"及面值。但天津造币总厂在第二年又制造了以"文"记值的一套铜元,图形与之相类似,可见币制之混乱,根本没有统一。

此外,新疆制行的铜元,正面中央珠圈内书"宣统元宝",上横书"新疆通用",下横书"当红钱十文";背面为维吾尔文及龙纹。新疆铜元版式很多,并对红钱作价。西藏的机制铜元,图案为狮子等,币面文字多为藏文,品种也很复杂。有正面书"宣统宝藏"的,大小两种,分别为一分和半分,背面制有龙纹。

二、民国机制币

1. 民国银元

民国时期的银元可以分为三类：

一是政府发行的银元。

北洋政府建立后，于民国三年（1914）二月八日颁布《国币条例》，规定："国币之铸发权，专属于政府。"还规定国币单位为圆，一元银币重库平七钱二分。开始制造袁世凯头像银元，俗称"袁头币"、"大头"（图13）。袁头币先后由造币总厂和南京、武昌、杭州、成都、奉天、安徽、云南等造币分厂大量制造，很快通行全国，并逐步取消了旧有的龙洋和在华外国银元的行市。

《国币条例》规定辅币有银、镍、铜币，银辅币有半元、二角、一角三等。由于辅币制造有利可图，造币厂为追求利益，大量生产，甚至自行招商推销，致使银角对银元的兑价由市场决定，没有真正起到辅币的作用。

在袁头币制行之前，南京临时政府曾在1912年于南京造币分厂制造币面为孙中山像的中华民国开国纪念币（图14）。南京国民政府成立后，停止制造袁头币，用孙中山像开国纪念币的旧模略加改动制造新币，大量制行，"孙像币"成了当时与袁像币共同流通的主要币种，但只见一元的一种面值，却有多种版式。

民国十七年（1928）六月，通过了《废两用元案》、《国币条例草案》和《造币厂条例草案》等有关议案。重申"国币之铸发权，专属于政府"，决定先以现行国币统一通货，确定1929年7月1日为实行废两改元的日期。为制造新银元做准备，当时曾请美国、英国、日本、意大利、奥地利等五国分别试制孙中山像银元，以供选用。银元正面都有"中华民国十八年"字样，背面为三桅帆船和"壹元"二字，每种版式的人像及水波纹等细微处各有区别，但均未正式发行。

1929年11月，制定了《中国逐渐采行金本位币制法草案》。并曾经于1932年试制过金本位样币，正面为孙中山侧面像和"民国二十一年"字样，背面为太阳、双桅帆船和三只水鸟图案，并有"金本位币一元"字样。银辅币有半元、二毫、一毫三种，图案与一元币相同，只是相应调整面值和重量。但这套金本位币也只是停留在试样阶段，并未正式发行。

1932年下半年，废两改元的条件基本成熟，政府组成废两改元委员会。并由中央造币厂制造了民国二十一年孙中山像银元,只有一元一种币值。制模改自金本位币,背面文字仅保留了面值"一元"两字,把原先帆船下方的三只鸟移至帆船上方,俗称"三鸟币"(图15)。曾有少量流入社会,但因图案不妥,不久即收回。

1933年3月8日,国民政府颁布《银本位币铸造条例》。条例规定银本位币定名为"元",专由中央造币厂制造。根据条例规定开制银元,此为放弃金本位币制计划后的定型国币,大量发行流通。币面图案由"三鸟币"改制而成,但除去了太阳和三鸟,只留下双帆船,故俗称"船洋"(图16)。

《银本位币铸造条例》对辅币未作规定,民国年间制造的银角成色一般比清末制造的更低,贬值也更为严重。广东和广西的银币流通,长期以银毫为主,形成了所谓"小洋本位",广东双毫成色最高为七成,低的在五成以下。不同年份的双毫有不同的市价。

民国二十四年(1935)十一月三日,财政部发表《实行法币布告》,规定自次日起以中央、中国、交通三银行(两个月后又加上中国农民银行)的钞票为法币,禁止银元流通。法币政策的实行标志着银本位制的废除。

法币政策实行以后,中央造币厂曾于1936年制造过一元和中元的船洋,这种船洋的重量比原来的约减轻一半,实际上没有再进入流通市场,成为民国银元的尾声。

二是地方发行的银元。

民国初期,政权实际没有真正统一,地方政府有的仍在沿用旧模继续制造龙洋;有的自主开模打制新银元,图案形式各不相同。如:民国元年军政府接收四川造币厂,制造大"汉"字四川银币,有一元、五角、二角、一角四等面值,币面标明中华民国元年,后逐年制造,大量流通于四川。

颁布《国币条例》以后,地方制币的情况亦未杜绝。如:1916年护国运动爆发,云南造币厂制有唐继尧正面和侧面像银币各一种,币面书明重为库平三钱六分;后又制造云南省造双旗银元,有半元与二角两种,半元的生产量很大,成色越制越差。周西成执政贵州时,于1928年为庆祝公路通车,制造了七钱二分重的汽车银元(图17),成色不高,但币上的汽车图案甚有新意,而汽车下的青草组成"西成"两字,也甚别致;1949年前夕,贵州还制有竹枝银元等。民国期间,新疆制造的银元品种、数量都很多,如民国元年的饷银一两、五钱;民国六年、七年迪化银元局造的一两银元等。西藏也制造了很多不同品种的银元,地方特色更强,币面没有汉文。其他大量制造银元的省份有广东、福建、广西、浙江等，但这些省份以制造银辅币为主，市面流通的也主要是银角，成色多数不佳。

三是中国共产党领导的苏区政权发行的银元。

中国共产党领导的鄂豫皖省苏维埃政府、川陕省苏维埃政府和中央苏区等根据地，在1932年至1934年间，也制造过银元，面值一元的币面有制造部门、年份及"全世界无产阶级联合起来"等字样，图案主要是地球及交叉的镰刀锤子（图18）。由于当时的设备条件有限，银元打制的数量不多，制作粗糙，币面字迹一般较模糊，图案的细微处也多有不同的版式。二角银元在中央革命根据地制造，分有1932、1933年两种。

2. 民国金元

清末和民国时期，曾有人提出实行金本位制的意见，但都只是停留在讨论和试制金币阶段。除少数地方性金币外，很少投入市场流通。

民国成立之初，南京造币厂制造了开国纪念金币，面为孙中山像，背为铁血十八星旗与五色旗相交图。民国三年试制过袁世凯像金币。民国五年，袁世凯称帝，改元洪宪，仅83天，但已制成"中华民国洪宪纪元拾元"金币。民国八年财政部考虑实行金本位制，天津造币厂打制了袁像贰拾元、拾元金币（图19）两种，有少量进入市场流通。民国十五年张宗昌任山东都督，试制过山东贰拾元、拾元金币两种，币背使用龙凤图案。

此外，也有用生产银币、银章的钢模来打制金质的"样币"、"样章"，其数量当然很少。如：四川卢比，孙中山开国纪念币，袁世凯侧像、半侧像币，共和纪念币，飞龙纪念章，徐世昌仁寿同登纪念币、章，曹锟文装、武装纪念章，段祺瑞纪念币，张作霖纪念币，褚玉朴纪念章，龙凤纪念币，湖南省宪成立纪念币，等等。

民国时期，云南是金币流通使用较多的地区。制有：唐继尧像拥护共和纪念金币（图20），有当银币十元和当银币五元两种，又有在背图的飘带下，当十元的加制"1"字，当五元的加制"2"字。这些币所见者多有明显的流通痕迹。还有当银币十元、五元的光背金币；"滇"字金币等。

民国三十八年（1949）纸币崩溃，国民政府准备发行金币以图挽回局面。至今还可以见到几种样币，如：五钱、二钱五分，二十元、十元等金币的铜样，但均未正式打制。

3. 民国铜元

民国时期的铜元也可以分为三类：

一是政府发行的铜元。

民国初年整顿币制，对辅币作了具体说明。民国元年（1912）三月，即令制大总统肖像纪念铜币，并分令各省造币厂"照式鼓铸"。天津造币厂根据指令，制造了袁像共和十文铜元开国纪念币（图21），面为袁世凯戎装半身像，背书"中华民国、共和纪念、十文"，配以嘉禾图案。此后湖北、安徽等省也相继制造，正面为"五色国旗"相交"十八星军旗"，上书"中华民国"，下书"开国纪念币"，背面外圈书英文"中华民国、十文"，中间嘉禾图案配以面值"十文"；字体、花纹、珠圈等，多有不同版别。同时还试制过当二十文和五文的铜元，但未正式发行。

民国三年公布的《国币条例》，对铜元种类、重量、成色作了详细规定。民国五年，制造了二分、一分、五厘三种面值的嘉禾圆孔铜辅币：币面书"中华民国五年"及对银元作价的比值，背面为方祑嘉禾图。其中二分的未正式流通使用。

民国十六年（1927）国民政府建都南京，次年通过的《国币条例草案》，确定铜辅币有一分和半分两种。民国二十二年，废两改元，三月，中央造币厂开工，又制行了嘉禾圆孔铜辅币，有二分、一分两种面值，币面上方为"中华民国二十二年"。

民国二十四年十一月实行法币政策，禁止银元和旧铜元的流通。民国二十五年（1936）一月，颁布《辅币条例》，规定辅币有镍币和铜币两种，铜币以分为单位，作为法币的辅币，结束了以制钱为单位的辅币制度，使混乱了数十年的币制逐渐趋于统一。据此民国二十五年制造了一分、半分铜辅币（图22），正面中间为古布币图案，两侧为"壹分"或"半分"的面值；背为国民党党徽及制造年份；次年继续制一分铜元，图案未变，只改年号。另天津造币厂亦仿制过古布铜元，其中少量试制品上添制有"平"字、"京"字。

1937年日本侵华，中央造币厂内迁重庆。民国二十七年、二十八年的一分古布铜辅币，改由重庆中央造币厂等西南地区造币厂制造。在民国二十八年一分铜辅币中，少量古布图案下书有"桂"字，当为广西制造。民国二十九年重庆中央造币厂根据修正的《辅币条例》规定，制造二分、一分两等面值的铜辅币，图案同前，面值简书为"二分"、"一分"。民国三十年续制铜元，仅见面值二分的一种。

民国三十七年（1948），国民政府发行金圆券。金圆券的最小面值辅币为"一分"铜元，由恢复生产的上海中央造币厂制造。图案沿用古布、党徽图，写明"中华民国三十七年"。

二是地方发行的铜元。

民国初期，军阀割据，各自为政，制造铜元的混乱程度比清末更甚。1911年辛亥革命爆发，江西即试制"辛亥大汉铜币"。此为辛亥革命时期全国最早反映革命政权建立的机制币；翌年（民国元年），又制"壬子大汉铜币"，只是改了年份及背面十八星图；不久又制"江西铜币"，江西省所制铜元总量不多，后来部分铜元由江苏代制。

广东在民国元年制行"壹仙铜币"，正面外圈书"中华民国元年、广东省造"，背为大"1"字，环以英文。民国三年、四年、五年、七年继续制造，只是改制了年号；民国七年还制有"贰仙铜币"，发行也不多。

广西的流通铜元长期依靠广东，直至民国八年才仿效广东一仙，制行了广西一仙铜币。

福建在民国初期制行了"中华元宝"铜元，正面外圈书"福建铜币厂造、每枚当钱十文"，背面为国民党党旗、五色国旗和十八星军旗三旗交叉图案。

山西于民国七年成立山西铜元局，制有二十文、十文两种面值的铜元，山西的铜元大多未标明制造省名，而是以"中华铜币"代之，面为交叉双旗图案，在北方流通甚广。

河南初铸的十文铜元，外圈书"中华民国、河南省造"，中间直书"十文"两字，配以嘉禾图案，背为两面交叉的五色旗图案，后来逐渐制行大面值铜元，面值分有十文、二十文、五十文、一百文、二百文，甚至还试制过五百文铜元。

甘肃铜元（图23）起步较晚，先是仿制湖南、山西等地的铜元，用翻砂法铸成，故称为"沙版"，制作粗糙；所制铜元数量不多，品种却不少，如"中华民国"背"十文"，"孔造五文"，"孔辅"，面值有一百文、八十文、四十文三等；民国十七年又制"孙中山像"铜元。因原本制造不多，故遗存至今者更少。

四川是制行铜元的大省之一，民国期间制造的数量和版式极多，四川军政府"汉"字铜元，面值有一百文、五十文、二十文、十文、五文，各有记年不同；还有用翻砂法铸成的"沙版"，其中标有"都"字的，是成都所制。另有四川造币厂造双旗铜元，面值二百文；有中心"川"字嘉禾铜元，面值有二百文、一百文、十文。四川铜元不仅面值大，且有大量的私制币。四川还试制过党徽铜元，有二分、一分两等面值，但没有正式发行。

湖南于民国初年恢复制造铜元，初制为当十币，面书"湖南铜元"，外圈书"中华民国、当十"，背为十八星图，不久改制双旗嘉禾铜元，有二十文、十文两等面值，二十文的币面外圈书"湖南省造、当制钱二十文"，十文的未标明省份，仅书"中华民国、当十铜元"，版式极多；民国五年（1916），袁世凯称帝，湖南省制洪宪开国纪念币，是纪念袁世凯称帝的唯一的铜元；民国十一年（1922），为纪念湖南省宪法成立，又制有"湖南省宪成立纪念"铜元，面值为"当廿"和"当十"两种。

云南在民国初期利用清代旧模继续制造铜元，后为纪念唐继尧反对袁世凯复辟帝制，制有纪念铜元；至民国二十一年（1932），又制有五仙、二仙、一仙三等面值的铜元，数量都不多。

陕西没有官方设厂造币的记载，但民国期间铸有二分、一分两等面值的铜元，制作粗劣，版式繁多，或为外省代铸。

民国十八年（1929），东三省制造一分铜元，初出试制币币值为大写"壹分"，实际生产时币值改书为"一分"。

民国三十八年（1949），在西部地区的国民党残部为解决军费开支，在原绥远省银行发行地方货币，其中有五分、一分两种铜辅币，面为白塔图案。

贵州省一直使用外省流入的铜元，直至1949年7月由贵州省银行发行了当银元半分的铜元，成为民国时期大陆发行的最后一种铜元。

三是中国共产党领导的苏区政权发行的铜元。

中国共产党领导的革命根据地在1931至1934年间先后发行了苏维埃货币，其中制造铜元的有中央苏区、皖西北苏区、湘鄂西苏区（发行量很少）及川陕苏区等。

中央苏区发行有五分、一分两种面值的铜元，于1932年由中华苏维埃共和国国家银行发行，五分币币面中央为中国地图，上为镰刀锤子图案，外圈书"中华苏维埃共和国"、"每贰拾枚当国币一元"，背面中间横书"五分"，上有小五角星，下为嘉禾图（图24）。一分币面书"中华苏维埃共和国"，正中有"1"字及镰刀锤子图案；背面中间直书"一分"，图案同五分币。

皖西北苏区制有五十文、二十文的铜元，发行时间为1931至1932年间，铜元币面上书"皖西北苏维埃造"，中间有一大五角星，星两侧为嘉禾图，星内置有面值；背面中间圈内有地球、镰刀、斧头图案，外圈书"全世界无产阶级联合起来呵"。

川陕革命根据地建于1933年，同年制造二百文铜元，正面书有"川陕省苏维埃政府造币厂造、一九三三年"，中间为面值及图案；背面书"全世界无产阶级联合起来"，中间为镰刀、锤子及五角星图案；次年又制赤化全川小二百文铜元，币面书"川陕省苏维埃、铜币、二百文"；背面书"赤化全川、1934"，中间一大五角星内为镰刀、锤子图案。川陕苏区在1934年还制有五百文铜元，图案类似。

4．其他机制币

其他机制币计有镍币、铝币、锑币、镁币、镴币，都是作为辅币发行的。

镍币始制于清宣统元年（1909），是德国占领青岛时制行的，有一角和五分两等。根据《币制则例》和《国币条例》的规定，五分的辅币为镍币，民国三年（1914）造币总厂曾制有试样，面为袁世凯头像。此后广东、云南先后制造了镍币，作为银元的辅币参与流通；山西、四川、湖北、山东等省也试制过镍币。

民国二十四年实行法币政策后，《辅币条例》规定镍币有二十分、十分和五分三种，正面为孙中山侧面像和记年，背面为布币图和记值，当年制成后，广泛流通于社会（图25），此后几年还大量发行。后因法币贬值，1940年2月颁布修正的《辅币条例》，将镍币改为十分和五分两种。1941年又制造半元镍币，至1943年仅制造半元的一种，成为民国镍币的尾声。

铝币国民政府在1939年和1940年试制铝币多种，有五分、一分两种正式流通。正面记值、记年，背面为布币图案。

锑币，民国二十年（1931），贵州制造过"当十锑币"，是中国造币史上唯一的一种以金属锑为材料的货币。

镁币伪"满洲国"康德十一年（1944）起制造了"五分"、"一分"镁币（钢纸币）。

镴币是铅和锡的合金，亦称铅币（图26）。1945年浙东革命根据地浒山区制造有"五角"、"二角"、"一角"三等，作为临时辅币。

三、结　语

综上所述，可以知道，中国近代机制币中，既有政府发行，在全国范围内流通使用的货币；也有地方发行，在某一地区流通使用的货币。还有不少是只打制了样币或少量的试制币，并未正式发行；有的只有少量流入市场，随即便收回或停止发行。它们是中国近代机制币发行历史的真实记录，在中国货币史上都占有一席之地，在中国的钱币学研究中，都是重要的实物资料，具有重要的学术价值和文物价值。

机制币和其他钱币一样，也有不同的版式。它们有的是源于不同的设计图稿，有的是源于原模雕刻师的不同手法、不同创作。有的则是因为生产过程中模具的磨损，或是操作时的某种原因造成的。尤其是地区性的钱币，由于生产技术落后，管理不规范，导致版式繁杂，变化无常。

钱币的品相是决定其文物价值的一个重要因素。多数钱币经过流通使用，会有不同程度的磨损擦伤，如果本身质地差，制造又粗糙，更容易损坏，甚至面目全非；金银币的质地细软，也容易受伤，所以遗存至今者，若能保持极其完美的品相，实属不易。因此品相的好坏会直接影响其文物价值的高低。

钱币的存世量更是决定其文物价值的重要因素。大量发行的流通货币，如袁头币、孙像币，尽管在货币史上发挥过重要作用，但因遗存数量多，就文物的视角而言，价值不会太高。相反，样币、试制币的数量本来就很少，遗存至今者更少，它们的文物价值自然就高。近代机制币中，还发现个别样币有"签字版"，如民国三年袁头币中就见有意大利雕刻师L.Georgi的英文名字，有著名雕刻师的落款，意义更不一般，成为机制币的大珍之品（图27）。

《文物天地》2011年第7期

中国近代机制币诞生的原因①

一、解读"机制币"

机制币，顾名思义是指机器打制的硬币，硬币之名是和纸币相对而言的，在近现代中国，硬币主要指的是机器打制的金属钱币，包括金币、银币、铜币，以及镍币、铝币、锑币、镁币、镴币（铅币）等。

中国钱币的历史悠久，但古代中国的钱币主要采用浇铸的生产工艺技术，所以叫铸钱。西方钱币则主要采用打制生产工艺，开始是手工打制，工业革命以后，逐步演变为机器打制。在中国，采用机器打制的生产工艺来制造钱币，历史并不久远。中国机制币的历史可以追溯到清朝，经历了晚清、民国，一直到现在。

中国近现代的机制币，既有政府发行，在全国范围内流通使用的货币；也有地方发行，在某一地区流通使用的货币；还有的只是打制了样币，或少量的试制币，并未正式发行；有的则只有少量流入市场，随即便被收回，或者停止发行。它们是中国近现代机制币发行历史的真实记录，在中国钱币史上都占有一席之地，在中国的钱币学研究中，都是重要的实物资料，具有重要的学术价值和文物价值。

在钱币学里，钱币的主体应该是国家或地区正式发行的货币，包括主币和辅币。同时，还有货币文化的衍生物。中国的货币文化衍生物，在古钱中称为"压胜钱"，在机制币中称为"纪念章"。"币"和"章"最直观的区别是："币"是货币，置有面值，是物物交换的媒介；"章"不是货币，不行使货币的职能，所以不置面值。中国的机制币收藏者，一般不太注重币和章在职能上的区别，他们更关注的是文化要素，是现在的存世量，以及它们的文物价值和经济价值。

---

① 本文与沈鸣镝合作。

二、中国银元诞生的内因——白银货币和银两制的发展

白银货币的使用和银两制的发展是中国机制币诞生的内因。明以后，白银在中国已经取得完全意义上的货币地位，所以清代的货币，已经是大数用银，小数用钱。这为银元制的诞生奠定了基础，但中国历史上白银一直是称量货币，银两制的缺陷又是显而易见的。

清政府的财政收支以银为标准，实际收付可以折钱。白银是称量货币，铸成一定形状的白银称为"银锭"。大锭重五十两左右，中锭重约十两，小锭重三、五两或一、二两。各地实际流通的银锭，形式和重量并不一致。银两的衡量标准是平砝，还有成色的区别，平砝和成色合称为"平色"。官方的衡量标准称为"官平"，其中又分库平、漕平、关平等等，各地市场通用的衡量标准则统称为"市平"。

库平是清政府部库出纳银两的衡量标准，中央和地方的库平又不一致。光绪三十四年（1908）农工商部和度支部拟订了划一的度量衡制度，规定库平一两合37.301克。漕平是漕米折银征收时的衡量标准，各地的漕平也不一致，其中申漕平一两约为36.65克。关平是海关出纳银两的衡量标准，关平一两合37.7993克，可是各关又不尽相同。

市平种类繁多，应用较广的有公砝平、公估平、钱平、司马平等。由于各地衡法不统一，加上白银成色的不一致，在使用白银时要经过称量和计算，十分不便。

鸦片战争前，"纹银"被看作成色十足的标准银，实际上纹银并非纯银，成色约为935.374‰。银两有虚实之分，虚银两指虚设的银两，从实银两折算而得，纹银即是虚银两。鸦片战争后，随着商品经济和对外贸易的发展，大商埠的银两计算标准有统一的趋势。这种统一只是计算标准的统一，所以也都是虚银两，主要有上海的规元、汉口的洋例、天津的行化等。

铸造宝银的机构是银炉，或称"炉房"，有官营和民营两种。在设立公估局的地方，银炉要把所铸宝银送公估局批定，未设公估局的地方，银炉对所铸宝银兼负保证责任。经公估局批估后的宝银，可按批定的分两在本地区流通，不必再称重和鉴色，从而化繁就简，便于商业往来的授受，对商品流通起到了促进作用。

银两制度是一种比较原始的称量货币制度，它不是全国统一的货币制度，种类繁杂，换算不便，不能适应社会经济发展的需要。虽然经公估局批估的宝银，可以不再

称重和鉴色，但只能限于同一地区的流通，并不能根本改变银两制度的落后性，这便为银元制的诞生提供了方便。

三、中国银元诞生的外因——外国银元的流入

西方银元的流入，促成了中国银元的诞生。

明朝后期已经有外国银元流入中国，一是葡萄牙人来到澳门、广州、泉州、宁波等地经商；二是菲律宾的华侨往来于中、菲之间，成为外国银元流入中国的主要途径。

早期流入中国的外国银元有葡萄牙、西班牙、墨西哥等国的打制银元（见彩插图28-32），这些十七世纪前后制造的打制币，坯饼在打制前没有加工成固定的形状，重量不一，按面值成比例，图一至图五面值分别为8、4、2、1及0.5里亚尔（REAL），实测重量分别为27.4、13.6、6.3、3.0及1.3克。各国流入中国的银元，重量自然不会一样，譬如荷兰的马剑银元（图33）重量成色一般都比较高，葡萄牙的十字银币（图34）个头要小得多。所以在乾隆以前，外国银元在华使用是凭重量和成色流通的，实际上许多外国银元被改制成银锭。

清康熙二十三年（1684）开放海禁后，外国银元大量涌入中国。虽然不同种类的外国银元有重量、成色的区别，但同一种银元则具有划一的规格，而且凭个数流通，使用方便，银元制的优势逐渐显现出来。

清政府曾一再禁止外国银元流通，但并无实际效果。到道光十六年（1836），政府终于规定："嗣后行使洋钱，必以成色分两为凭，不得计枚定价"，这实际上是在法律上正式承认了外国银元在华参与流通的合法性。

西班牙银元流入中国的量最多，币面有双柱图案，双柱代表直布罗陀海峡两岸的山峰，柱上各有一条卷轴，成"$$"形，相传Dollar的符号"$"即起源于此。早期的西班牙银元有地球版（图35），边为麦穗，制作工艺已很精致，后期的银元面为国王头像（图36），银质重量稳定，逐渐被清政府认作标准银元，称为"本洋"。

墨西哥银元币面有一鹰，被称作鹰洋（图37），自咸丰年间开始在中国流通，后来用以代替来源日见枯竭的西班牙银元。在华的外国银行发行纸币，多用它作为兑换准备金。

英国禁止本国钱币出口，中国境内基本没有英国银元流通。在1866至1868年间，

英国在香港制造过银元（图38），正面为维多利亚女王的头像，一元的背面有"香港壹元"四字。另有半元的一种，含银量低于鹰洋，1868年便停止铸造，流传至今的已不多。另外，英国于1895年在印度孟买等地铸造了不列颠尼亚女神站像的贸易银元，俗称"站洋"，流入中国甚多（图39）。英国在这一地区铸造的印度卢比、马来西亚银元等也曾在中国部分地区流通。

美国银元也比较早流入中国，币面有展翅的鹰，有的被称作"蝙蝠"，后又打制手中持花的女神坐像的贸易银元（图40），专在远东使用。

此外，日本龙洋也有一定数量流入中国，有的币面写有"贸易银"（图41）。

自十九世纪初开始，外国银元流到中国，就以个数流通。外国银元的大量流入与广泛流通，对中国的社会经济有着很大的影响。它助长了资本主义列强的经济侵略和掠夺，逐步成为控制中国政治经济和财政金融的重要工具。外国银元的流通往往形成各自的势力范围，同时在中国市场的价格也因地而异，染上了封建的区域性色彩，使中国的货币制度更趋复杂和混乱。

同时，外国银元的大量流入和广泛流通，也体现了有统一价格标准的制币比称量货币更具有优越性，从而打破了银两制度一统天下的局面，促使中国自制银元的诞生，以适应社会经济发展的需要。

《金融博览》2012年第8期

广东龙洋与张之洞的故事①

标志中国近代机制币正式发行的是广东制造并发行的光绪元宝龙洋。

一、"反版"银元

光绪十五年（1889），时任两广总督的张之洞在广东试制七钱三分银元，俗称"七三反版"。并有辅币四种，重分别为三钱六分五厘、一钱四分六厘、七分三厘、三分六厘五。后据汇丰银行意见，随即又改制为七钱二分银元，俗称"七二反版"。辅币四种的重量亦相应递减。

试制币正面中间列"光绪元宝"四字，周围环列英文省名和记重文字，背面中间为蟠龙图案，周围环列汉文省名和记重文字。因为英文字母设在币的正面，和后来的定制相反，故称"反版"银元。

二、正式发行的广东龙洋

经清政府批准，正式发行的七钱二分银元系列，将试制币正面的英文移至背面，主币为一元，辅币分别为五角、二角、一角、五分。因此，钱币界称英文在正面的试制币分别为"七三反版"、"七二反版"。又称广东正式发行的这套系列币为"广东龙洋"。

三、广东龙洋背面的故事

光绪十二年，已任两广总督两年的张之洞，在目睹成色低下的外国银元可以高于高成色纹银的价值在中国市场上流通，造成'利归外洋，漏厄无底'的状况。于当年十

---

① 本文与沈逸林合作。

月初六（1886年11月1日）致电驻英公使刘瑞芬和正在巴黎的驻法、德、意、荷、比、奥公使许景澄，询问英、德两国关于铸币机的有关情况。十一月初九再次去电询问置设造币厂所需厂屋、设备、人员及经费等情况。光绪十三年正月，因京城制钱短缺，户部奏请"于滨临江海各省应解京饷内，酌易制钱，解存天津备用……先令直隶、江苏各督抚添购机器，制造制钱"。于是在正月二十四日，张之洞请奏《购办机器试铸制钱折》，经户部议奏准行。又和伦敦数次电函往来后，于光绪十三年四月初三（1887年4月25日），张之洞委托驻英公使刘瑞芬在伦敦与伯明翰喜敦厂签订合同，订购制造铜钱兼银钱的全副机器设备。并在广州大东门外黄华塘择地建厂。

四、反版银元由英国设计制模

"七三反版"的模具由英国制造，随同机器一同交付。据张之洞光绪十五年八月初六日《洋商附铸银元请旨开办折》中称："所有银元遵旨尚未开铸……臣前奏因中国之银中国所用，故拟定为库平七钱三分，兹据汇丰洋行声称仍拟铸七钱二分，则与向有银钱一律，便于交易……"，并呈上"七三反版"银元十套。"七三反版"银元是在机器安装完成至十五年八月初六日之间校验试机时所打制的，故流传较多，而"七二反版"则是在制模后所铸的样币，存世极少。

五、广东银毫

广东所打制的银币，初期大小兼制，后因所定章程中面额贰毫以下配料成色最低、利润最丰厚，故以面额贰毫的银币为生产的主要品种。而广东市面交易也逐渐以银毫为本位。

六、各地仿制龙洋

张之洞调任湖广总督后，于光绪二十年（1894），又在武汉发行湖北龙洋。从此各省相继仿效，蔚然成风。先后制行龙洋的有：江南、北洋、浙江、安徽、奉天、吉林、湖南、福建、四川、云南等地。

光绪二十二年（1896），北洋机器局首先采用银元的面值以"元"、"角"来表示，壹元以下辅币有五角、二角、一角、半角四等。银辅币又称"银角"、"小洋"或"银毫"。

因为各地制度不一，所制的龙洋成色、重量各有不同，省与省之间无法通用。光绪二十五年（1899），清政府以此为由，曾令各省银元归并广东和湖北两省制造。但政令不通，不久有些省局又重新恢复制造。

七、张之洞和湖北银元

光绪十五年（1889），在广州创办了中国第一家造币厂的两广总督张之洞，调任湖广总督。在湖北开办工厂，编练新军，创办新式教育，成为洋务运动后期的代表人物。

光绪十九年（1893）八月，张之洞因市面制钱短缺，湖北各府、州、县、城、乡、市、镇，市面渐形萧索，会同湖北巡抚谭继洵奏请援照广东成案，开铸银元。奉旨允准后，利用武昌阅马场原守备署改建了厂房，仿照广东银元的式样制造银元。光绪二十一年（1895）五月，湖北银元局开制。

据光绪二十一年闰五月初二张之洞致武昌蔡道台电报，湖北银元局日铸仅数千。闰五月初四蔡道台回电称："初办入手未熟，拟从少日铸五千，一两月后日铸二万无难"，可知银元局开铸于五月底。湖北银元品种自七钱二分至三分六厘共五种规格，当时湖北行用银元不广，主要行销于苏、皖等省。

光绪二十二年，由于制钱缺乏，银元一元只能兑换到制钱八百四十文。为在湖北推广银元，湖北在当年开铸背面加镌"本省"字样的湖北银元。每"本省"银元一元定价为制钱一千文，民众可至官钱局购取。因为此种银元定价不合市场流通法则，以至发行半年后还无法正常进入流通，最终淘汰出局。

光绪三十年，张之洞向朝廷提议，由湖北试制一两重银币，用于民间往来用款及交纳赋税。以纯银铸币替代需称量计重的生银，并可抵制外国银元的流入。试用期间如流通顺畅，即可以一两重银币为国币。但行用时间不长，即退出流通。

近代机制币的佼佼者——金币①

　　清末和民国时期，曾经多次提议并讨论过，在华实行金本位制的问题。但是，每次都只是停留在讨论和试制金币的阶段，并未真正实施。所以，除了少数地区曾经短暂发行和流通过地方性的金币之外，在全国范围内几乎没有正式发行过金币，也很少有金币流入市场。正因为这样的缘故，近代机制金币遗存至今者都是凤毛麟角，成为收藏爱好者梦寐以求的佼佼者。

一、清代金币

　　清代金币，至今见有遗存者，只有三类：

　　一是天津造币总厂试制的样币。光绪三十二年（1906），造币总厂曾试制过少量的丙午年造"大清金币"，重库平一两，直径38.6毫米；次年又试制过丁未年造库平一两"大清金币"，直径39.2毫米。并分有光边与齿边两种，背面龙纹图案亦有变化，形成两种不同的版式。这两种"大清金币"的制作都非常精美，但分量过重，并不适宜流通，也没有正式发行。其他所见到的"大清金币"均系后人伪作。

　　二是新疆地区的地方性金币。清同治年间，曾发生过安古柏叛乱，并制造过效仿土耳其货币的维吾尔文金币，直径约20.7毫米，史称安古柏金（1867—1878）。左宗棠入疆平定叛乱后，为补助地方政府协饷的不足，于光绪三十三年，由新疆迪化机器局制造过"饷金二钱"、"饷金一钱"金币，并在短时期流通使用，分别重7.4、3.7克左右，直径分别为23.8、18.7毫米左右。

　　三是西藏地区的地方性金币。宣统年间（1909—1911），西藏曾制造过薄片金币流通使用，一直延续到民国初年。有几种不同的版式，因正面制有狮子图案者，亦称狮像薄片金。重约11.1克，直径约为26.2毫米。

――――――――

① 本文与沈逸林合作。

二、民国金币

民国金币所见者，有以下几类：

一是中央政府的制币或试制的样币。

民国成立之初，南京造币厂制造了开国纪念金币，面为孙中山像，背为铁血十八星旗与五色旗相交图。银币一元型者重约47.8克，直径约为39.5毫米；银币二角型者重约9.7克，直径约为23毫米。

民国三年试制过袁世凯像金币，形似五元金，但未标注面值，重约4.2克，直径约为18毫米。

民国五年，袁世凯称帝，改元洪宪，仅83天，但已制成"中华民国洪宪纪元拾元"金币。重约7.6克，直径约为21.4毫米。

民国八年，财政部考虑实行金本位制，天津造币厂用旧模试制了袁像贰拾元、拾元金币两种，有少量进入市场流通。分别重16.3、7.8克左右，直径分别为26.1、22.2毫米左右。

二是利用打制银币、银章的钢模，来打制金质的"样币"、"样章"，业内称之为"银币金样"。

如：四川卢比，孙中山开国纪念币，袁世凯侧像、半侧像币，共和纪念币，飞龙纪念章，徐世昌仁寿同登纪念币、章，曹锟文装、武装纪念章，段祺瑞纪念币，张作霖纪念币，褚玉朴纪念章，龙凤纪念币，湖南省宪成立纪念币，等等。"银币金样"的品种比较多，但数量都很少，都不是流通货币。伪造者却不少。

三是地方性金币。

云南是金币流通使用较多的地区。民国五年、六年（1916—1917），为推翻洪宪帝制，曾制有：唐继尧像拥护共和纪念金币，有当银币十元和当银币五元两种。分别重9.1和4.4克左右，直径分别为23.7和18.5毫米左右。又有在背图的飘带下，当十元的加制"1"字，当五元的加制"2"字等不同版别。这些币所见者多有明显的流通痕迹。另外还有分别当银币十元、五元的光背金币；"滇"字金币等几种。

民国十五年（1926），张宗昌任山东都督，曾试制过山东贰拾元、拾元金币两种，币背使用龙凤黼黻图案。分别重13.8和7克左右，直径分别为23.8和19.1毫米左右。

　　西藏在罗堆造币厂也曾短期制造过金币"色章果木"（1918—1921），面值藏银20两。

　　四是民国金币的尾声。

　　民国三十八年（1949），纸币崩溃，国民政府岌岌可危，想通过发行金币来挽回败局。但梦想怎能成真，现在只能看到几种铜质的样币，如：五钱、二钱五分；二十元、十元等金币的铜样，均没有打制过金样，更没有正式打制过金币。

红色政权发行的货币①

本文所述红色政权发行的货币，有人称之为"中国革命根据地货币"，也有人称之为"新民主主义革命时期人民货币"。指的是新民主主义革命时期，由中国共产党领导或影响的金融机构、经济组织，以及政权、军队、团体所发行的各类货币，包括纸币、布币和银元、铜元等金属制币。

一、红色政权发行的纸币（含布币）

红色政权发行的货币，就历史时期而论，可以分为四个阶段：

1. 第一次国内革命战争时期农民协会的货币（1924—1927）

1926年春，湖南衡山柴山洲建立共产党组织，成立秘密农会，同年12月成立柴山洲特别区第一农民银行，发行了壹圆面值的竖型布币。这是目前所知道的，我党领导下最早发行的货币。

此后，湖南浏东平民银行、浏阳金刚公有财产保管处、醴陵地方银行、浏南文市生产合作社、湖北黄冈农民协会信用合作社、鄂城商民协会等组织都发行过兑换券性质的纸币。

2. 第二次国内革命战争时期的革命根据地货币（1927—1937）

第二次国内革命战争时期开始建立苏维埃政权，发行银行兑换券，包括有早期苏维埃政权的货币，中央革命根据地货币，还有湘赣、湘鄂西、湘鄂赣、闽浙赣、鄂豫皖、川陕、陕甘等根据地货币，以及东北军民的抗日货币。

这个时期发行的纸币，票面上大多印有政治口号、文告、章程等文字，以宣传红色政权货币发行的宗旨和共产党的货币政策。

3. 抗日战争时期边区和根据地的货币（1937—1945）

① 本文与沈逸林合作。

　　抗日战争时期边区和根据地的货币，可以1941年皖南事变和太平洋战争爆发为界，分为前、后两期。前期，因为1937年"七·七"事变，国共第二次合作，所以发行的货币和法币挂钩；后期，国共合作破裂，所以逐渐形成独立自主的货币体系。

　　这个时期的货币，包括有陕甘宁边区、晋绥边区、晋察冀边区、晋冀鲁豫边区、山东抗日根据地、华中根据地、浙东根据地、琼崖根据地发行的货币。

　　4.第三次国内革命战争时期解放区的货币(1946—1949)

　　抗日战争胜利后，中国共产党领导了为期三年的解放战争，各解放区货币的发行工作，随着解放战争的发展而发展，最终酝酿并诞生了第一套人民币。

　　这个时期是大发展走向大统一的时期，原有的陕甘宁边区银行、陕甘宁边区贸易公司、西北农民银行、晋察冀边区银行、冀南银行、北海银行继续发行货币。随着解放区的迅速扩大，华东、东北、内蒙古、中原和华南解放区也都相继成立了新的银行，发行货币。同时，随着解放战争的节节胜利，原来被分隔的解放区逐步连成一片，货币也随之向统一的方向发展。

　　1948年12月1日，中国人民银行在石家庄正式成立，同时开始发行人民币，为新中国统一的货币制度奠定了基础。

　　红色政权发行的货币，就其性质而论，大致可以分为三个阶段：

　　第一阶段是1926—1935年，发行的是可以兑现的银行券性质的纸币，有着良好的信誉；第二阶段是1935—1941年，是以直接或间接的方式和法币联系(或者说是挂钩)的纸币，所以其稳定性受到法币币值涨落的影响；第三阶段是1941—1949年，红色政权发行的纸币逐渐与法币脱钩，建立地方本位制度，独立自主发行，由解放区政权的信誉担保，因此是不再兑现的纸币。

二、红色政权发行的银元

　　在第二次国内革命战争时期，中国共产党领导的鄂豫皖省苏维埃政府、川陕省苏维埃政府和中央苏区等根据地，分别打制过银元。

　　在1932—1934年间，制造的银元，面值一元，币面置有制造部门、年份及"全世界无产阶级联合起来"等字样，图案主要是地球及交叉的镰刀和锤子。由于当时的设备条件有限，银元打制的数量不多，制作粗糙，币面字迹一般比较模糊，图案的细微处也多有不同的版式变化。

中央革命根据地制造过面值二角的银辅币，分别有1932、1933年两种年份。

三、红色政权发行的铜元

中国共产党领导的革命根据地，在1931—1934年间先后发行了苏维埃货币，其中制造铜元的有中央苏区、皖西北苏区、湘鄂西苏区及川陕苏区等。

中央苏区发行有五分、一分两种面值的铜元，于1932年由中华苏维埃共和国国家银行发行，五分币币面中央为中国地图，上为镰刀锤子图案，外圈书"中华苏维埃共和国"、"每贰拾枚当国币一元"；背面中间横书"五分"，上有小五角星，下为嘉禾图。一分币正面书"中华苏维埃共和国"，中间有"1"字及镰刀锤子图案；背面中间直书"一分"，图案同五分币。

皖西北苏区制有五十文、二十文的铜元，发行时间为1931—1932年间，铜元币面上书"皖西北苏维埃造"，中间有一大五角星，星两侧为嘉禾图，星内置有面值；背面中间圈内有地球、镰刀、斧头图案，外圈书"全世界无产阶级联合起来呵"。

中华苏维埃共和国国家银行湘鄂西特区分行，曾于1931年底以湘鄂西苏维埃政府的名义，试制过一分面值的铜元。

川陕革命根据地建于1933年，同年制造二百文铜元，正面书有"川陕省苏维埃政府造币厂造、一九三三年"，中间为面值及图案；背面书"全世界无产阶级联合起来"，中间为镰刀、锤子及五角星图案；次年又制赤化全川小二百文铜元，币面书"川陕省苏维埃、铜币、二百文"；背面书"赤化全川、1934"，中间一大五角星内为镰刀、锤子图案。川陕苏区在1934年还制有五百文铜元，图案类似。

此外，1945年浙东革命根据地浒山区曾制造过"五角"、"二角"、"一角"三等的铅币，是铅和锡的合金，亦称镴币，作为临时辅币使用。

当代中国钱币的文化试析

就文化意义而言，当代中国钱币应该包括货币和货币文化的衍生物。

1. 当代中国钱币的种类

就硬币系统而言，有普通流通硬币、普通纪念币、贵金属纪念币，以及相关的衍生物——各种金银条块、金银制品，和不同材质、不同形制的纪念章、牌等等。

就纸币系统而言，有普通流通纸币和纪念钞票，以及它们文化意义上的衍生物——防伪的票据、证件、水印纸张、手工雕刻印制品等等。

就电子货币系统而言，有银行卡，以及相关的各种信用卡，包括具有货币性质的信用卡和不具有货币性质的信用卡。

从现行钱币的上述种类来看，归纳起来，可以划分为两大类：一类是货币，一类是货币文化的衍生物。不同的钱币具有不同的性质，有着不同的用途。

货币，是物物交换的媒介，是社会经济生活中不可或缺的媒介。它的主要职责是价值尺度、流通手段、贮藏手段、支付手段和国际货币的职能。

作为货币文化衍生物的钱币，它们不能行使货币的职能，却具有一定的实用价值。它们往往和民族、民俗文化相结合，会注入更多的思想、文化、科学技术元素。它们中间，有的是具有实用意义的制品，譬如各种防伪的证券、票据；有的是财富的象征，譬如金银条块及其他金银制品；还有的是为了满足人们精神、文化生活的需要，是一种精神的追求和寄托，一种艺术的欣赏和享受，譬如各类证书、奖牌、奖章、纪念章（张）等等。

2. 当代中国钱币的定位及其文化内涵

普通流通货币包括纸币和金属硬币。如果从钱币文化的层面来分析，普通流通币的文化含量，从一个侧面反映了当代社会的综合实力，包括经济实力、科学技术实力和文化的素养，所以有人说它是社会的名片。它的技术含量应该是当代科学技术水平的代表，或者略高于时代的一般水平。因为普通流通币的主要责职是要满足市场货币流通的需要，是要满足广大人民群众经济、金融生活的实际需要，所以必须注重它的实用性。中国的国土辽阔，人口众多，对于流通货币的需用量巨大，所以普通流通币只能采用已经成熟的生产工艺，是形成规模的大生产的产品，而不是高精尖产品。但它的技术含量会略高于时代的一般水平，这是由货币本身的特性决定的，是由货币防伪和安全的必要性决定的，也是为了维护国家尊严、社会形象的需要所决定的。因此，货币在设计、选材和制造的时候，会尽量聘请优秀的设计和技术人员来参与设计、雕刻、制版、制模；在财力允许的范围内，会尽可能选择优质的原材料、先进的生产工艺技术和先进的防伪手段。

关于纪念币和纪念钞，则是另外一个概念。无论是普通纪念币（钞），还是贵金属纪念币，都是国家的法定货币，但纪念币（钞）的生产量和普通流通币相比，小得太多，对造币厂、印钞厂而言是小生产，这在客观上为纪念币（钞）的精工细作创造了条件。更主要的是，纪念币（钞）所要表现的主题多是高标准、高规格的，具有重大历史和现实意义的题材，或者是具有丰富文化内涵的题材。因此，对于纪念币（钞）的设计、选材、用料和技术力量的投入，势必会要求更高更严，所以它势必会拥有更多更高的技术含量。对于金银纪念币来说，其材质的高贵，会更加凸显出它们的脱俗气质。在金银纪念币中更有不少大规格的币种，如5公斤银币、10公斤金币等直径大、面积大的纪念币，还有长方形、扇形等不同形制、不同规格的纪念币，都为设计雕刻人员提供了优越的表现平台。同时，金银纪念币还具有另外一些特性，譬如材质细软，可塑性比较强，为打压成型提供了有利条件；又如金银纪念币既是货币，却又不是用于市场流通，而是专门为了提供收藏和投资的需要，它可以比较少考虑货币在流通过程中会造成磨损等不利的因素……所以纪念币（钞）拥有众多的优越条件，我们有充分的理由可以认定，当代钱币文化的创新，责无旁贷地应该落在纪念币（钞）的身上，它们应该是开创当代先进钱币文化的主要载体。

纪念章（张）以及其他与货币文化相关的制品，不是货币，所以它们的设计、制造不会像货币那样受国家的严格控制。货币文化的衍生产品内涵庞杂，既有国家企业制造的，也有民间企业制造的；既有高质量的精品，它们会引领当代钱币文化的新潮流，也有不负责任的劣质产品，势必成为时代的糟粕。对于国家造币厂和印钞厂而言，应该是高标准的，应该充分利用包括纪念章在内的衍生产品比较自由开放的属性，为科研探索，为攀登新的钱币文化高峰，把它们作为实践的载体，去摸索经验。在这些衍生产品中，设计人员可以充分解放思想，在手法的运用上，可以灵活多样，各尽所能；技术人员也会拥有比较广阔的天地，个人的技巧和风格可以尽情发挥；因为它们的发行量少，对造币厂、印钞厂来说不仅是小生产，而且可以把它当作试验田、练兵场。先进的工艺技术，包括原材料的新选择和新配制，都可以在纪念章（张）上试验、实践，即使不成功，也不会影响大局，还可以为下一次试验积累经验和教训，所以纪念章（张）和其他与货币文化相关的衍生产品，可以扮演先进钱币文化开拓者的角色。事实上，由国家造币厂精心制作的高质量的纪念章，由国家印钞厂精心印制的高水平的手工雕刻制品，以及水印防伪制品等等，已经成为当代钱币文化创新的载体。

3. 当代中国钱币的文化特色

任何一种钱币都会有属于自己的设计理念和文化内涵，中华民族有着五千年的文明历史，形成了传统的民族文化，中国钱币又走过一条独立发展的道路，形成了具有自己特色的中国钱币文化，在历史上成为东方钱币文化的代表。这样厚实的文化积淀，是不可多得的一笔巨大财富，它为当代中国钱币的文化奠定了坚实的基础。没有根基的东西是没有灵魂的，是没有生命力的，中国钱币的生命源泉，就是中国的传统文化，所以只有立足本土，放眼世界；立足当代，通贯历史，才能创造出真正属于自己的钱币文化，这便形成了当代中国钱币的文化特色。

当代中国钱币的文化特色，不只是简单的继承传统文化，而是在现代化的理念下有新的开拓，所以是传统钱币文化和现代化理念相结合的成果。这里，首先要做好的是传统文化的继承，只有真正理解了传统文化的真谛，取其精华，才能在现代化的理念下有新的开拓，才会有真正意义上的发扬光大。

当代中国钱币的文化特色，不是故步自封，而是兼容并蓄。事实上，自古以来，东西方钱币文化之间，都是相互交流、启迪、影响的，外来的先进的东西，经过学习、消化，可以变成营养，可以更新我们的理念，丰富我们的艺术，发展我们的文化。但这绝不是生搬硬套，否则就不能融会贯通，只会格格不入。

当代钱币的设计图稿，是传统书画艺术和电脑制作等现代创作手段相结合的作品。电脑制作无疑是一种先进的创作手段，但是如果只依赖电脑的制作，虽然快捷灵便，却丢掉了自己的特色，丢掉了个性，这是非常可怕的事情。那只是匠人所为，没有了艺术，也就根本谈不上什么开拓创新。

当代钱币的雕刻技术，是传统手工雕刻和电脑、机器雕刻相结合的作品。传统手工雕刻技术具有个性特色，到目前为止，仍是最有效的防伪手段之一，所以不能忽视，甚至荒废了手工雕刻技术。这和雕刻技术的创新，不仅没有矛盾，相反是雕刻技术创新的基础，是雕刻技术特色化的基础。

总之，当代中国钱币的文化是具有中国特色的钱币文化，她和西方钱币文化、世界各国的钱币文化交相辉映，共同编织着当代世界的钱币文化。

在上海国际博协第22届大会上的发言，2010年11月8日

关于人民币版别的收藏和研究

　　版别的区分是钱币学研究的重要内容。古钱有版别问题，譬如宋钱，同铭同时代的宋钱往往有很多不同的版式，有的多达几十种、几百种。不同的版式标志着它们之间的铸期不同、铸地不同；也标志着它们具有不同的学术、文物和经济价值。宋钱的版别研究，我们的前辈学者已经非常重视。其实历朝历代的钱币都有不同的版别，尤其是我国幅员广阔，人口众多，对于钱币的需求量极大，导致钱币有不同的版别，是自然的事情。所以宋钱有不同的版别，辽钱、金钱也有不同的版别；古钱有不同的版别，近、现代机器打制的金币、银币、铜币也都有不同的版别；金属币有不同的版别，纸币也一样有不同的版别。

　　我国是世界上最早发行和使用纸币的国家，在一千多年前的北宋时期就已经诞生了纸币。现藏国家博物馆的南宋时期的"行在会子库"版，就有"第壹百拾料"的字样，可见当时发行的"会子"已经设有"料号"（图见彩插）。从金代遗存的钞版，我们知道，在金代"交钞"的上部中间位置书有面值，面值的两侧分别列有某"料号"和某"字号"的字样。这里所谓的料号，实际上就是现代纸币的冠字的前身；这里所谓的字号，实际上就是现代纸币的号码的前身。由此可见，在纸币上设定冠字和号码的制度由来已久，或者说，从纸币诞生伊始，就已经有了相关的规定。因为它是发行部门统计和控制纸币发行量的一种手段，也是鉴别其印制单位和印制时间的一种手段，更是纸币防伪和安全检查的一项重要措施。不同的印制单位、印制时间、操作人员，制作环境也会完全不同，原材料也不可能完全一致，因此印制出来的纸币自然也会发生细微的变化，这便产生了纸币版式的区别。

　　人民币继承了这一传统的制度。第一套人民币，尽管是战时货币，因为条件的限制，分散在各地印刷，它们的纸张、图案、油墨和印制的设备条件，都不可能有统一的标准，但冠字和票号的制度却始终没有改变。第二套人民币的元、角票，采用双冠字双号码的制度，分别由3位冠字和7位号码组成。至于分票的情况，从现存的实物验证，可以知道分票的冠字存在有大、小的区别，并有2位冠字和3位冠字的区别；票号开始是7位号码，后来取消了号码，只保留冠字，即所谓的无号分票。第三套人民币的元、角票，分有3位冠字配7位号码和2位冠字配8位号码两种；冠字和号码均为红色，唯1角票中，除红色者外，也曾经用过蓝色的油墨。第四套人民币的元、角票均为2位冠字和8位号码，其中1元、5元、50元的冠字号码为蓝色印刷，其余均是红色印刷。所有这些变化，自然是和印制时间、印制单位的不同有关。

二十年前，辽宁的人民币收藏爱好者开始注意到无号纸分币的冠字变化，并着力收集、分类和研究。记得当年吴振强先生曾送给我一本他们专门设计定制的纸分币定位册，并告诉我有关无号纸分币研究的大概情况。我知道这里除了朋友的情谊，也包含着宣传的目的，事实上，我的确是从那个时候才对纸分币有所关注，有了一些了解。二十年过去了，对于人民币的收藏和研究，由几十人发展到几百人、几千人、几万人，甚至更多的人，真是星星之火已成燎原之势。对于人民币的专题收集和研究，已从纸分币的无号冠字，发展到分币、角币、元币等各类币种的冠字和号码的研究，而且延伸到图案、色泽、油墨、纸张、水印等各个领域的版别问题。研究成果和心得体会不断进步、日趋丰富，这些成果不仅见诸有关的网站、网页，也见诸有关的刊物杂志，和专门编辑的专刊。

对钱币作真伪的判定，去伪存真，是钱币学深入研究的前提，也是钱币版别区分的基础。对人民币的收藏和研究同样必须建立在去伪存真的基础上，所以要开展群众性的人民币专题收藏和研究，必须和人民币的反假斗争相结合，必须和群众性的人民币知识的普及和教育相结合。只有这样，人民币的专题收藏和研究才会有可靠的基础，才会更加扎实、更有成效。

今年5月在沈阳召开了纪念群众性人民币冠字号收藏二十周年座谈会，8月又在广东茂名举办了人民币

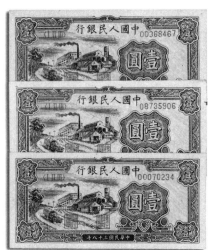

第一版人民币壹圆

收藏学会十一周年会庆和首届人民币收藏品交流会。这两次活动犹如两股热流，进一步推动了人民币收藏和研究的热潮，对人民币开展专题研究，从当代钱币这个领域，再一次把钱币学研究推上了一个新的台阶。

在广东茂名举办的人民币收藏学会十一周年会庆上的发言，2010年8月6日

古与今的历史绵延　中与外的文化交融①

　　1995年举办首届北京国际钱币博览会以来，今年已经是第16届了。每届博览会的召开都给参与其中的钱币爱好者留下深深的记忆与回味。同时还有件实实在在的藏品会成为每位钱币爱好者永久的珍藏，那就是北京国际钱币博览会纪念银币。

　　从1995年到2006年发行的博览会纪念银币，都是在当年的熊猫纪念币上加制博览会纪念币字样。而自2007年起，北京国际钱币博览会纪念银币实现了单独立项。这意味着北京国际钱币博览会已经逐步走向成熟，并且要在文化的分量、张力、影响上做好文章。

　　钱币文化丰富多彩，但真正独立发展的钱币文化并不多，一支是以希腊罗马为代表的西方钱币文化，一支是以中国为代表的东方钱币文化。这个系列的国际钱币博览会纪念银币确定了这样的主题：选择东、西方钱币文化中，在各个历史时期具有代表性的钱币来反映并勾勒历代钱币走过的踪迹。

一、2007博览会纪念银币

　　2007北京国际钱币博览会纪念银币，主图案是由空首布币与猫头鹰银币两枚币构成的（图见彩插）。

　　公元前八世纪，也就是中国历史上的春秋中期，中国的金属铸币正式诞生。在中原的农耕地区，铸币的形态由曾经充当过实物货币的青铜农具演变而来；在北方的游牧地区，铸币的形态由曾经充当过实物货币的青铜刀、削演变而成；在南方的楚地，铸币除了由实物货币海贝演变而来的蚁鼻钱，还有用黄金浇铸的金版。这枚纪念银币选用了在中原黄河流域铸行的耸肩尖足"甘丹"空首布币，钱文"甘丹"为古篆书体，即"邯郸"两字，记铸造地名(今河北南部)。"布币"之"布"即"钱镈"之"镈"的同声相通字。"钱"和

① 本文与杨君合作。

"镈",在中国古代都是农具的名称,钱是向前推的铲子,镈是向后拉的锄头。

公元前七世纪末,在西方的小亚细亚,希腊人和吕底亚人最早发明了铸币,最初是以天然的金、银合金铸成简单的金属丸,一面打印记号,一面是金属浇铸后,在冷却过程中,因气流运动而自然形成的划线图纹。这枚纪念币则选择了始发于公元前六世纪末,希腊本土雅典发行的最著名的猫头鹰银币,因其背面图案猫头鹰(雅典娜的守护鸟,智慧的象征)而得名。其正面图案则是雅典娜女神的头像。

二、2008博览会纪念银币

2008北京国际钱币博览会纪念银币,主图案由半两钱与古罗马钱币两枚币构成。

半两钱,青铜质地,最早铸造于战国时期的秦国,秦王嬴政统一六国后,半两钱成为中国历史上第一个统一的封建王朝——秦朝的法定货币。因而,半两钱是中国最早的全国发行流通的金属铸币。半两钱是典型的记重货币,字体为秦代的篆书体,钱文"半两",按照秦代的度量衡制约相当于8克,即1枚标准的秦半两钱大致重8克左右。

半两钱是早期的圆形方孔钱。战国时期,诸侯国割据,当时货币形制繁杂,秦国、燕国和齐国等都曾尝试铸造圆形方孔的货币,最终只有秦半两钱随着秦朝的统一发行全国。此后,半两钱圆形方孔的形制特征被后世效仿,在中国沿用了两千年。

古罗马钱币,一般指罗马共和国和罗马帝国时期发行的货币。随着贸易的发展和帝国的扩张,流通在环地中海的广阔的国家和地区。古罗马钱币的材料主要是金、银、铜等,工艺仍以打制为主。罗马共和国时期钱币正面通常是罗马诸神,后面则是舰船、马匹、武士等,没有文字。罗马帝国钱币正面是当代皇帝头像等,周围是一圈拉丁文字,背面图案则丰富多彩。此枚为罗马城建立者罗穆卢斯兄弟幼时喝母狼奶图案的钱币。

三、2009博览会纪念银币

2009北京国际钱币博览会纪念银币,主图案由五铢钱与波斯萨珊王朝钱币两枚币构成。

五铢钱,青铜质地,最早铸行于西汉武帝元狩五年(前118),历经两汉、魏晋南北朝和隋朝,沿用到唐朝武德四年(621),通行七百余年,是中国历史上流通时间最长的金属货币。五铢钱是中国"铢两货币"的典型代表，属于记重货币。"五铢"字体为汉代风格的篆书，"铢"是当时的重量单位，"1两24铢"，五铢约重3.3克。

五铢钱用铜充足，铸造精美，形制标准，增加了民间不法盗铸的难度，很大程度上抑制了社会上的盗铸行为。后世一直尊崇五铢钱为铸币的典范和样本。

波斯萨珊王朝钱币，是古代波斯(今伊朗及其周边地区)在萨珊王朝(229—652)时期的货币，材质有金、银铜等，都系打制货币，其中以银币流通最广，影响最大。波斯钱币正面一般为戴王冠的国王头像，背面为拜火教祭坛，币面文字为巴列维文，内容包括国王称号、记年、造币地点等。萨珊王朝时期，新王即位都要打铸印有自己头像的钱币。此枚为阿尔达希尔一世金币。

波斯钱币随着丝绸之路这条东西方经济文化交流的孔道广泛流通，见证了历史上东西方经济文化交流的频繁和深入。

四、2010博览会纪念银币

2010北京国际钱币博览会纪念银币，主图案由开元通宝钱与阿拔斯王朝钱币两枚币构成。

开元通宝钱是唐朝的开国铸币，为青铜质地，最早铸行于唐高祖武德四年(621)，唐朝结束以后，五代十国时期的一些政权仍有铸造。此枚为"容弱"版式。

开元通宝钱是中国封建社会最鼎盛时期的代表性铸币。开元通宝钱文为初唐著名书法家欧阳询所书，基本为隶书体，其中含有楷书笔意，开创了一代钱文书风。开元通宝钱的铸行，结束了记重的"铢两钱制"，开创了"通宝钱制"。钱文不再记重，而代之以国号、年号或吉语起首，并附之"通宝"或"元宝"等，是中国古代货币演变的重要里程碑。

阿拔斯王朝钱币，是阿拉伯帝国阿拔斯王朝(750—1258)的货币。阿拔斯王朝是阿拉伯帝国最繁盛的历史时期，因旗帜和服装尚黑，中国史书称之为"黑衣大食"。阿拔斯王朝钱币材质有金、银、铜等，都为打制货币，其中，金币单位被称为"第纳尔"，银币为"迪拉姆"，铜币为"法尔斯"。此枚为第纳尔金币。

阿拔斯王朝钱币带有浓厚的伊斯兰教色彩，钱币主题文字都为阿拉伯文书写的《古兰经》教义，此外钱币边缘的文字涉及伊斯兰教义、造币厂和造币时间等。阿拔斯王朝钱币采用的这种钱文内容和布局成为榜样，被后来的各伊斯兰政权长期仿效。

五、2011博览会纪念银币

2011北京国际钱币博览会纪念银币，主图案由大观通宝钱与东罗马帝国金币两枚币构成。

大观通宝钱，青铜质地，铸造于北宋徽宗大观年间(1107—1110)，是北宋后期的代表性货币。大观通宝钱文为北宋皇帝徽宗赵佶亲笔用瘦金体撰写，故称"御书钱"。钱文充分体现了瘦金体"铁划银钩"、瘦直挺劲、恣肆秀美的特点，可称为中国古代钱币中最美钱文之一，广受历代钱币收藏爱好者的青睐。

大观通宝钱形制规整、铸造精美，除小平钱(即一文钱)外，还铸行有折二、折三、折五、折十等大钱，版式丰富，极有收藏研究的趣味，此枚为折十大钱。

东罗马帝国(亦称拜占庭帝国)钱币，是东罗马帝国(395—1453)时期的货币，材质多种多样，都属于打制货币，其中以金币流通数量最大，也最为知名。东罗马帝国金币正面图案以皇帝或皇后的半身像为特征，背面图案通常为十字架或皇室成员肖像。东罗马金币文字主要为拉丁文和希腊文，内容涉及皇帝名号、祝福语、金币成色、造币厂等。此枚为"索里都斯"金币。

东罗马帝国地跨亚欧两洲，雄踞丝绸之路的西段，随着东罗马帝国和中国封建王朝频繁的往来，东罗马金币曾大量流入中国，是著名的"丝绸之路货币"。

这一系列北京国际钱币博览会纪念银币的背面图案均由两枚东西方早期的代表钱币搭配组合而成，融东西方钱币文化于一体，充分反映了钱币文化的国际性、多样性，同时又形象地揭示了东西方钱币文化的两个源头，从它们那里揭开了世界钱币文化的历史长卷。进而还可以引发鉴赏者、收藏者在充满遐想的乐趣中，去进一步遨游、追求和探索钱币的历史。同时，这一系列的银币工艺精细，合理把握了浮雕、镜面、喷砂等多项技术，整个币面不仅层次丰满，而且清晰明亮，展现了很好的立体效果。其刀法的细腻，甚至连这些古代钱币上的斑斑锈迹，仿佛也在发出呼唤，数千年前的故事又在透着新的活力。

《中国金币》2011年第4期

关于熊猫金银币收藏入门的一点意见[①]

一、简　介

中国人民银行自1982年开始，以熊猫作为题材制作金银币。熊猫币的材质，分有金、银、铂、钯、铜，以及双金属币、镶嵌币等。有大小不同的规格。此外，还可以分为普制币、精制币和加字熊猫币等不同的系列。

熊猫金币已被公认与美国鹰洋金币、加拿大枫叶金币、南非福格林金币和澳大利亚袋鼠金币并称为世界五大投资金币。

二、版　别

熊猫金银币属于投资币性质，但也有收藏价值。因为种种原因，熊猫币现存的数量各不相同，版式也有区别，其中有的存量极少，成为钱币收藏者、爱好者争相追逐的对象。

熊猫币分别由上海造币厂、沈阳造币厂和深圳国宝造币厂生产。各家生产的熊猫币，每年的图案应该是相同的，但有个别例外，币面年号的字体也会有差异，这便形成了不同的版别。

譬如：1999年的普制熊猫金币三家造币厂都有生产，其中上海造币厂年号字体比较小，沈阳造币厂字体较大，深圳国宝造币厂字体虽也较大，但年号"1"字下有横划（见彩插图9）。

普制熊猫银币的版别也非常多。有的是因为生产厂不同，而造成不同的版别：如1995年普制银币，上海造币厂制作的熊猫正在吃竹子，竹叶丰满，而沈阳造币厂制造的，币面少了6片竹叶（图10）。又如2000年上海造币厂制造的普制熊猫银币与深圳国

[①]　本文与沈逸林合作。

宝造币厂制造的也有明显区别，正面天坛图案的外圈，深圳版采用的是喷砂工艺，而上海版采用的是镜面工艺。

在年号研究中，也发现有极其珍贵的版别。如1998年沈阳造币厂版普制熊猫金套币、2000年上海造币厂普制熊猫金套币都非常稀见；又如：1995年沈阳造币厂制造的普制熊猫银币中，年号字体分大小两种，其中年号字体特别小的，俗称"95年小小字版"，十分稀少。

熊猫币的版别，又有大版别和小版别的区分。制造年份不同、厂家不同，造成熊猫币的版别差异，钱币界称之为"大版别"；同一厂生产的普制熊猫币，也会有不同的版别，如喷砂程度的不同，熊猫眼睛、鼻子、颈部、四肢等细部图案的细微差别等等，钱币界称之为"小版别"。小版别的差异，多数是由于银币生产量大，生产过程中会遇到喷砂砂粒的不同；模具破损后会有人工修模的不同；镜面处理、贴膜过程中也会出现工艺处理上的差别；如此等等，都会造成版式上的差异。

现在发现的版别中，还有一种所谓的"普精制银猫"。一般精制熊猫银币的币面会有英文字母"P"，普制币当然不会加铸"P"字，但有些普制银币的镜面效果非常好，甚至超过精制币，于是这些银币被藏家称之为"普精制银猫"。

除了上面所述的普制熊猫币外，熊猫币中还有如精制熊猫金银币、大规格熊猫金银币、熊猫铂金币、熊猫钯金币等许多品种。尤其是各种加字熊猫金银币，从1995年北京国际邮票钱币博览会开始，至2011年，已经发行61个品种，形成了相对独立、自成体系的加字熊猫金银币系列。

对于版别的区分，最重要的是大版别的区分，在小版别的区分中，必需要弄清其形成的原因，要有充分的依据，不能吹毛求疵，更不能把发行以后的磨损、改刻等等也视为不同的版别，这样把版别研究庸俗化，也就失去了版别区分的意义，实际上也就没有版别可言了。

三、获奖熊猫币

不少熊猫币曾经获得过国际上的硬币大奖，如：1983年、2001年的1oz熊猫金币；1983年的27克精制熊猫银币，都分别获得了世界币坛最具权威性的克劳斯硬币大赛"最佳金币"、"最佳银币"大奖。

又如：1989年、2001年、2003年的普制熊猫银币及2002年、2004年、2009年熊猫普制金币，也都获得过德国钱币杂志评选的年度世界十佳硬币大奖。其中2009年熊猫普制金币更是获得了十佳硬币的第一名。

对于获得过各种殊荣的熊猫金银币，当然应该引起我们的重视，可以作为收藏和研究的一个课题。

四、投资与收藏

综上所述，熊猫币虽然属于投资币性质，但同样也具有一定的收藏价值，成为钱币收藏的一个门类。收藏者要凭自己的聪明和睿智，以及收藏实践经验的积累，要看不同的版别、品相、存世数量。既可以对熊猫币不同的系列，做系列收藏，也可以做专门的珍品收藏，精品收藏。

《收藏快报》2013年8月21日

读中华人民共和国成立六十周年
纪念金银铤有感

今年是中华人民共和国成立六十周年的大庆之年。六十年，是花甲之年，在中华民族的传统理念中，尤为重视，因为按照农历天干地支纪年的话，正好完成一个循环，并将迎来新的一轮花甲。由中国金币总公司深圳经销中心主创，沈阳造币厂生产，中国金币总公司发行的纪念六十周年大庆的金银盘、金银铤，不仅为庆典提供了极佳的礼品，也为中华民族传统文化的推陈出新做出了贡献。金银盘和金银铤不仅是贵金属制品，具有富贵之气，而且都有内涵丰富的文化底蕴，是我们民族的吉祥之物。金银盘寓意聚宝盘，有聚财的灵气，它预祝我们的国家，在挑战和机遇并存的时期，能择机而起，广开财路，广进财源。金银铤则是寓意"铤（定）升（胜）"，它祝福我们的国家，一铤（定）高升，步步登高，前程锦绣。

金银铤，为什么用"铤"字？

"铤"，是一个多音字，可以音tǐng，是快走的样子；也可以音dìng，指成块的金属。金银铤的铤，就是音dìng，它和"锭"字同音，而且字义相通，所以金银铤，亦即金银锭。

在中国历史上，金银铤的名称有一个变化的过程，用"铤"字在先，后来才改用"锭"字。现在知道，早在南北朝时期已经开始称"铤"。《南史·梁武帝诸子传·庐陵茂王续》中，有这样一段记录，"王薨，至内库阅珍物，见金铤"。在《北齐书·陈元康传》中也记曰，世宗因陈元康有功，"赏元康金百铤"，可见当时是称"铤"的。两晋南北朝时期的金银，至今尚未找到遗存的实物，唐朝遗存下来的金银也是凤毛麟角。在唐朝金铤的铭文中，我们发现有"铤"字，如："金贰拾两铤专知官长员外同正"（见《中国山西历代货币》），可见唐朝的金银也是称"铤"的，这个习俗一直沿用到两宋。两宋金银铤铸额很大，所以遗存比较多，在宋铤中，我们经常可以看到这个"铤"字，包括錾刻的铭文、钤印的戳记，譬如"京销铤银"、"真花铤银"等等。到宋金以后，才逐步把"铤"改写为"锭"字。现在发行的中华人民共和国六十周年纪念金银铤，是一组金银文化的系列产品，所以追根溯源，还其本来名目，既给人以耳目一新的感觉，又揭示了金银铤在我国的历史渊源，寓历史知识、文化知识于其中，所以，我说它是设计者的用心之作。

为什么它的器型是束腰的"定胜形"，而不是长方形、长条形？也是有历史渊源的，也是设计者的用心所在。

大家知道，文房四宝有笔墨纸砚，一张纸，一杆笔，一方砚，一锭墨。这里的锭字，即块的意思，一锭墨即一块墨。至于是什么样的一块墨，是方形的？是长方形的？还是圆柱形的？则不是"锭"要表达的意思。同样的道理，金银铤（锭）的形制，因时代不同，地区不同，器型也是不同的。

春秋战国时期，楚国的黄金货币叫"爰（称）"，如郢爰、陈爰等，器型似龟甲板状，故称之为楚金版；秦始皇统一货币，规定黄金为上币，铜钱为下币，白银不是法定货币，秦汉时期的黄金称"饼"，因为形状酷似晒干的柿子饼，故俗称之为柿子金；西汉武帝时发行的金饼，状如马蹄、麟趾，所以又称之为马蹄金、麟趾金；秦汉的金饼或许一直沿用到两晋南北朝，此时，在对外交易中已经使用白银。唐朝的金银没有定制，有饼形的，有长方形的，也有类似牙板状长条形的，称之为"笏"（如上面提到的"员外同正"金铤，器型类似大臣上朝面君时手捧的牙板）。唐金银的大小、厚薄、重量，都没有统一的规定，所以随意性很大。出现这样的情况，是因为当时的金银只是一种财富，并没有货币的职能，政府没有设定统一的铸造标准。到唐晚期出现的束腰形五十两银铤，才奠定了后来金银铤的基本形制，开启了金银铤的新的历史。因为这种银铤的周边隆起，特别是两头高翘，所以俗称之为船形银铤。船形银铤到北宋以后，器型做了改造，删去了隆起的周边，特别是删除了两头高翘的翘，形成所谓的"定胜（升）"形状。这种束腰的定胜形金银铤，最终成为两宋时期全国通行的金银铤的主要模式，无论是官炉制作，还是民间铸造，都采用这样的形制。后来的金、元、明各朝也继续沿用这种形制，长期使用。元朝曾在银锭的背面添铸"元宝"两字，意为元代的宝货，作为国家平准库的库银，"元宝"之名由此而得。但当时"元宝"的器型并无改变，仍是束腰的定胜形，一直到明中期以后，才有所变化，至清朝，才形成现在人们印象中的元宝器型。明清的银两制度混乱，所以金银锭的形制多有变化，各地的制作、器型、成色都不一致。纵观中国金银锭的历史，束腰定胜形不仅使用时间最长，而且是全国通行的一种形制。

两宋以后，金银铤（锭）的形制相对稳定，有两个明显的标志：一是重量有了统一的要求。大铤重五十两；中铤重二十五两，或二十两（因时而异）；小铤重十二两半、十两或五两（亦因时而异）；五两以下为散碎金银，称金银锞子。二是器型制作有了基本一致的规定。不论大小铤，均为定胜形。这里仅以南宋五十两银铤为例，对器型做一简要介绍：铤的两头为圆弧形，两侧为束腰弧形，一般通长约16、首宽约8.5、腰宽约6.4、厚1.8厘米左右，正面略大于背面，故侧面成倒八字形。金银铤的正面光洁平滑，一般周边略高于中心部位，且有浇铸后冷却时留下的水波纹，正面多有錾刻或钤印的铭文；背面虽有浇铸时留下的蜂窝状气孔，但整体制作平整。这样的形制，不仅可以平稳摆放，而且可以一层一层叠压着摞起来，既便于存放，更便于运输。金银铤可以一层层往上摞，便是"铤（锭）升"，谐音"定胜"，定胜形即由此而来。所以，束腰的定胜形金银铤，不仅是我国古代金银的主要形制，而且寄予了特定的文化内涵。

　　现在人们过生日、做寿，送生日蛋糕，是西方传来的时尚。其实，中国传统的习俗，是送寿桃、定胜糕。寿桃是用糯米粉或面粉制作的桃形糕点，寓意长寿，寿比南山；定胜糕是用米粉或面粉制作的形似金银铤（锭）的糕点，寓意一定升高，铤铤高升，福如东海。所以中华人民共和国六十周年纪念金银铤采用束腰定胜形，自然寓有祝福、祝寿的深刻含义。

　　金银盘和金银铤是由沈阳造币厂生产的，沈阳造币厂是老资格的国家造币厂，我多年来参与贵金属纪念币的评审，在实践中体会到，沈阳造币厂具有丰富的实践经验，先进的造币技术，尤其在三个方面形成了他们的优势：一是高，就是高浮雕的工艺精湛；二是大，擅长于制造大规格的产品，5公斤的纪念金币、10公斤的纪念金币，都由沈阳造币厂生产；三是异，擅长于生产异形产品，我记得，我国最早的三角形纪念章就是由沈阳造币厂生产的。金银盘、金银铤都是异形产品，也正是沈阳造币厂的技术优势所在。

　　新颖的设计理念来源于深厚的文化积淀，悠久的历史传承，更着以现代化的先进的工艺技术，自然是献给建国六十周年的最好的礼物。祝福我们的金币事业前途无量，再创新高。希望它，为我们带来吉祥，带来福份，祝福我们的祖国，国富民强，蒸蒸日上，步步登高，前程锦绣。

《金融博览》中国金币增刊，2009年第3期

大铜章的中国情结

　　我到欧洲，到法国、德国、奥地利、意大利、西班牙、英国、俄罗斯，看到西方的雕塑艺术太漂亮了，看到欧洲的大铜章太漂亮了，不能不为之心动。但每每回到旅馆，回到下榻的房间，便会想起中国古代的青铜器，尤其是商、周的青铜礼器；唐朝的海狮葡萄镜；也会想起古代的压胜钱，尤其是唐、五代十国的人物故事钱、神仙瑞兽钱、四灵、四兔钱等等。这是中国传统意义上的高浮雕的青铜浇铸艺术，这是东方的雕刻艺术，东方雕刻的美。

　　中国古代的钱币可分为两大类，一是"正用品"，即正式发行的货币；二是"非正用品"，即压（厌）胜钱，亦称花钱、民俗钱，它们被称为"钱"，但不行使货币的职能，从文化意义上理解，是货币文化的衍生物。

　　中国的压胜钱源远流长，它和金属铸币应是诞生于同一母体——实物货币。实物货币是有双重职能的，它既可以行使货币的职能，同时也保留着它原本具有的功能。譬如中原农耕地区的"钱"、"镈"，便是古代的农具铲、锄，它们在取得实物货币的职能以后，仍然可以作为农具使用。这个意义，在当时社会也确保了它的实物货币地位，这或许便是货币和货币文化衍生物的渊源和情结。

　　在中国早期（春秋战国时期，始于公元前8世纪）的金属铸币上，往往会铸有一些和祭祀有关的用语或吉祥词语。譬如在平肩弧足空首布中，会铸有牲畜等祭祀名物的文字；刀币的背面会铸上"吉"、"大昌"、"安邦"等吉语；战国秦"半两"钱的背面也曾经发现过祈求财富的吉语"千贝"。这样的现象或许是承继于实物货币双重职能的衣钵。

　　到秦、汉以后，压胜钱的文化有了明显的发展，品种和涉及的内容都有拓宽，逐步形成了相对独立的一支，即所谓的"非正用品"。古钱中的"正用品"和"非正用品"一直相伴而行。压胜钱的形制活泼多样，内容丰富，从文化、艺术的意义上讲，是正用品的补充和延伸。压胜钱中的精品，几乎都出自"官炉"（也就是现在我们所谓的国家造币厂），它们代表了那个时代钱币铸造的精华。所以我称压胜钱是中国古钱的"半边天"，是古钱中的"半壁江山"。

到今天，当代的钱币仍然由两部分组成，即货币和货币文化的衍生物。纪念章、大铜章便是当代货币文化衍生物的一部分，是中国传统压胜钱的继续和发展。特别是由国家造币厂设计生产的纪念章，与货币有着更加密切的关系，因为它们拥有共同的设计师、共同的雕刻家，甚至是一样的操作技术，大致相仿的工艺流程，所以造币厂设计生产的纪念章、大铜章和同时代的金属货币诞生于同一个母体，它们之间的手足之情、血缘之亲不言而喻，也可以说是当代的"官炉"。

其实，从文化意义上讲，一枚好的纪念章，尤其是大铜章，或许更能比较充分地反映这一个时代的钱币文化，因为，它可以突破货币设计生产中的很多条条框框、清规戒律，设计人员的思想可以更加解放、更加活跃，表现的手段可以更加灵活多样，技术运用可以更加充分，可以淋漓尽致地去探索、去创造。对于面积比较大的大铜章而言，设计者、雕刻者可以拥有更加广阔的用武之地，他们的思想和技巧、风格和情操，可以在这里得到更加完美的表现，更加充分的发挥。事实上，经过大铜章的试验和实践，一些成熟的工艺技术已经被应用到纪念币，乃至流通货币的设计和生产中去。从这个意义上讲，高水平、高质量的纪念章、大铜章，不仅是当代货币文化的补充和延伸，而且是当代先进钱币文化的创造者、开拓者，它们是开路先锋。

今天，中国钱币学会币章艺术专业委员会正式成立，它势必会更加有效地调动和组合各方面的专业人才和技术力量，为推进我国的币章艺术，开创先进的钱币文化，发挥积极的作用。

在大铜章专业委员会揭牌仪式上的讲话，2015年11月北京

近现代钞版的制作和分类

　　清末新式纸币诞生，起初主要是委托美国钞票公司代为制版和印刷，后来在北京首先创建了我国自己的印钞厂，但制版技术和制版设备仍是主要依靠美国钞票公司，专门引进了他们的设备，甚至厂房的设计和建造也都是学的美国钞票公司。还专门聘请美国的雕刻师来华雕刻钞版，并传授技术，带出了中国自己的第一代雕刻师。这种工艺技术一直沿用到新中国成立以后，到上个世纪八十年代才逐步有了新的生产工艺诞生。在这一百多年中，根据当时的工艺技术和操作过程，形成了不同性质、用途的各类钞版：

　　一是原雕刻版。包括：主景版，有人物、头像、风景、龙纹等各种图案的雕刻版。主景版主要是手工雕刻版；各种辅版，或称另件版，诸如：轮廓版、底纹版、花边版、面额版、行名版、印章版、签字版、年号版、印制单位名称版等等。另件版多数是机器雕刻版，其中也会有一部分是手工雕刻的；此外，还有试刻版、习作版以及因各种原因落选而被淘汰的各类雕刻版。一般情况下，手工雕刻的原版文物价值比较高，特别是著名雕刻师的作品，它们中的精品自然更为名贵。原雕刻版均为阴纹版。

　　二是原轴，即滚筒过程版。将主景版和相关的原雕另件版分别翻制到原轴上，形成滚筒过程版。滚筒过程版均为阳纹版。这个阶段的原轴，也可以称之为"一原轴"。

　　三是一原版，即由一原轴组合翻制而成的主版。一原版均为阴纹版。一原轴和一原版，就文物价值而言，也是比较高的，尤其是一原版，是第一次正式成形的主版，其地位相当于机制硬币的祖模。

　　四是二原轴，即由一原版翻制而成的滚筒过程版。二原轴也是阳纹版，而且是完整的主版图案。

　　五是工作版。由二原轴翻制而成的主版，亦可称之为二原版。二原版以及由此类推、循环往复制作而成的三原版，都是工作版。工作版均为阴纹版，其地位相当于机制硬币的母模（也叫工作模）。工作版的数量应由需要印制钞票的数量来决定，因此，工作版的数量自然会相对多一些。用工作版（包括底纹版、主版及其他相关的辅助工作版）分色套印纸币，一般讲，最后印刷的是数字编码。

中国民俗钱币学会十周年纪念章题字

——半壁江山　独领风骚

今年是中国民俗钱币学会成立十周年，11月将在成都召开纪念会和研讨会，陆昕准备做一枚纪念章（传统浇铸工艺的方孔压胜圆钱）以资纪念，并约我为之题字。还提议写："半壁江山　独领风骚"八个字。此八字是我去年为四位压胜钱收藏家的精品合拓上题的词（图1），当时写的是行书体，这次用在纪念章上改为楷书体（图2，直径4.8厘米）。

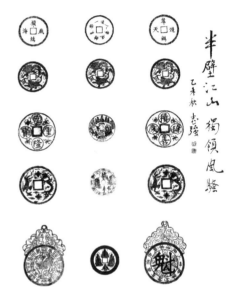

图1　半壁江山

半壁江山。中国的古钱分为两类：行用钱和非行用钱。传统的观念是重视行用钱，看轻非行用钱。这是站在货币的立场上提出的观点。其实，从实物货币具备双重职能的源头看，两者的职能是互补的。民俗钱、压胜钱虽然不是货币，不行使货币职能，但它仍然有着各自的实用价值。从文化艺术的角度而言，压胜钱更可以发挥它的优势，补充正用品的欠缺。因此它们是兄弟关系，是同胞兄弟，是互为补充的两个方面，由此我提出：民俗钱是整个中国钱币的半边天，是"半壁江山"。

图2　半壁江山 纪念章

独领风骚。前面说了，是出自精品合拓的题字，因为它们是压胜钱中的精华，所以称之为"半壁江山　独领风骚"。这次用到中国民俗钱币学会成立十周年的纪念章上，含义可以有所引申，也可以用来称誉中国民俗钱币学会成立以来对推进和引领我国压胜钱集藏和研究事业做出的功绩。进而寄希望于今后，再接再厉，再创伟业，引领全体会员对压胜钱、对民俗钱的研究更加深入，认识更加提高，努力把压胜钱在整个中国钱币事业中的地位，恢复到它本来应该有的位置。所以等待着我们要去做的事情还很多很多。

　　另：十年前，储建国在杭州创办世界钱币博物馆，铸过一枚纪念章——方孔小平铜钱，2008年曾邀我题字"世界通宝"（图3，直径2.5厘米）。

世界通宝正面　　　　　　　　　　世界通宝背面

图3

2017年

听戴志强讲中国钱币故事^①

记者：新中国成立六十年，您认为中国钱币事业的最大变化是什么？

戴志强：六十年在整个历史长河中只是短暂的一瞬间，然而，新中国成立以来的六十年，中国人民从被歧视的"东亚病夫"，变成了举世瞩目的经济大国。新中国的钱币事业可以用两个词来形容，一个是翻天覆地，一个是日新月异。

记者：翻天覆地的变化具体体现在哪些方面？

戴志强：一是币值的稳定。1949年前夕，经济被破坏，货币贬值，物价飞涨，国民党政府发行的金圆券、银圆券、关金券，不断贬值。有一张照片形象地展示了当时的情形，购物人骑着自行车，车头上挂着大包成捆的纸币。那时候，老百姓用钱真的是用麻袋装的。有一个故事更具有讽刺意义。1949年前，北京印钞厂的工人发工资的当天，家属就在大门外等着，工人拿了工资，就匆匆忙忙把钱递到大栅栏门外。一个原因是因为经济拮据，但更重要的原因是担心物品涨价，抓紧时间把粮食买到家里，这样才心里踏实。当时新疆银行曾经发行过币值60亿元的纸币，完全是个天文数字。新中国成立后，党和政府采取了各种措施，发展生产，稳定金融，人民币保持了币值稳定。

人民银行发行的第一套人民币还是战时货币，1955年3月起发行的第二套人民币，新币一元换旧币一万元，从此以后，人民币始终保持了货币基本稳定的局面，在国际上有较高声誉。现在，更是在向国际货币的职能迈进。

二是新中国贵金属纪念币的诞生。1979年10月1日发行的中华人民共和国成立三十周年纪念金币和同年发行的国际儿童年纪念金、银币是最早发行的两套贵金属纪念币。当时发行贵金属纪念币，不是为了收藏和增值保值，只是为了解决外汇问题，把我们库存的金银当外汇使用。那时候我们的外汇储备只有一二十亿，因为外汇紧张，1980年，我们第一次向国际组织借外债7亿。当时规定贵金属纪念币主要是外销，开始还留5%内销，只有人民银行北京崇文门支行一个点，可以凭条销售。有一个时期，内销

---

① 本文由孟黎执笔。

的5%也给了在香港设立的长城公司对外销售。作为钱币研究人员，我们清楚这是亏本买卖，中国金银币真正的市场还是在中国，最后还会以高价倒流回来，后来的事实证明了这一点。但当时是应急措施，从大局看，也的确帮助国家度过了外汇紧缺的难关。如今，我国的外汇储备已经是世界上最高的，现在是如何花外汇储备的问题了。贵金属纪念币也成了老百姓可以随意购买和收藏的物品。

记者：日新月异具体体现在哪些方面？

戴志强：一是钱币的品种和质量。原来只有单纯的流通币，没有收藏市场。现在，除流通币外，已经有了流通纪念币、纪念钞，还有了专供收藏用的纪念币和纪念钞，以及银行卡等电子货币。前一段时间，中国银联卡已经登陆我国台湾地区。人民币已经发行了第五套人民币，形成纸币与金属币、普通纪念币与贵金属纪念币等多品种、多系列的货币体系。有纸制的和塑料的纪念钞，塑料材质的纪念钞目前只有少数几个国家发行。贵金属纪念币包括投资性纪念币和专供收藏用的纪念币，即所谓的普制币和精制币，包括黄金、白银、白金（钯、铂）币。还有各种形制的金银锭，包括条、块、锭、元宝，以及各种各样的纪念章，范围涉及货币和货币文化的各类衍生物，品种齐全。现在就品种而言，已经完全和国际接轨。

二是钱币印刷制造技术。上世纪五十年代初期，第二套人民币发行的时候，我们的技术不过关，大面值的3元、5元、10元货币只能让苏联印制，后来中国和苏联关系恶化，第三套人民币的大面值货币就只能自力更生。现在我国的印钞造币技术已经跻身世界先进行列，还常帮助别的国家印制货币。

我曾经对当代贵金属纪念币的新技术、新工艺做过统计，从上世纪九十年以后，特别是1996年以后，一直到今年，几乎每年都有一项或者几项新的工艺、新的技术应用到货币的制造和生产上。

三是钱币市场和金银币市场的开放。"文革"以后，钱币没有公开的市场，包括其他文物，实际上地下市场始终没有断绝，这是市场规律。改革开放以后，钱币市场作为试点首先开放。钱币是文物，成为文物市场开放的先行者。350种普通钱币可以出口，逐渐带动了其他文物市场的开放。进入本世纪以来，金银币市场也相继开放，先是金银首饰市场开放，到金银工艺品市场，到期货市场。

2002年，上海黄金交易所成立，提供黄金、白银、铂等贵金属交易的场所、设施，以及相关服务的金银市场，钱币市场已经逐步和国际接轨。

记者：中国钱币学由濒临绝学的危险到充满生机，变化之大令人称奇，请您谈谈钱币研究逐步壮大的过程。

戴志强：上世纪六十年代前期，我在上海上学。上海《解放日报》曾经发表一篇文章说，有3个学科濒临绝学，其中就有钱币学。"文革"时期，更是雪上加霜，钱币研究基本凋零。改革开放以后，1982年，成立中国钱币学会，目前，钱币学会会员已经6万多人，钱币学充满生机活力。

2002年10月14—18日，国际钱币与银行博物馆委员会第九届年会在北京举行，30多个国家，150多名代表参加了会议。国际钱币与银行博物馆委员会是上世纪九十年代以后，联合国教科文组织为推动钱币文化和金融文化事业的发展，在国际博物馆委员会下设的一个行业组织，主要由世界各中央银行博物馆和钱币专业类博物馆组成。这次会议是该组织第一次在中国，也是第一次在亚洲国家召开的会议。为纪念这一盛会首次在中国举办，人民银行发行了一枚纪念银章，发行量为500枚。在此之前，世界钱币界一直忽略东方钱币，这次会议，使国际钱币界彻底改变了对中国钱币界的认识。其实，以希腊、罗马钱币为代表的西方钱币和以中国为代表的东方钱币应该是互补的。我国还是国际钱币银行博物馆委员会成立的发起者。

1992年，中国钱币博物馆成立，主要从事钱币的收藏、展览和研究，肩负指导和推动钱币收藏、研究及宣传钱币文化的任务。三年前，国内大大小小的钱币博物馆、陈列馆已经有了100多个，有私人博物馆、有大专院校办的博物馆，还有一些图书馆、科研单位办的博物馆。有些大专院校还专门开办了钱币学、货币史的研究生班；钱币专业类期刊、书籍二十年前基本找不到，现在日益丰富，逐渐成为一个门类；电视、电台开办了钱币栏目；还有了专门的钱币网站，比如，钱币园地网站，1秒钟的点击量二十几次，颇受关注。

目前，钱币学发展已经具备一定基础，从绝学变成了显学。我们有理由坚信，钱币事业一定会蒸蒸日上。

《金融时报》2009年10月9日

钱币定级述要[①]

一

对于钱币的集藏和研究，在我国有悠久的历史，至少在一千四百多年前的南北朝时期，已有人收集和研究钱币。此后，历代都有人编纂钱谱，目前所见最早的是南宋洪遵编的《泉志》。研究古钱的学问称作"古钱学"，"古钱"指的是古代铸造的金属钱币，因为古代钱币多为铜质，所以，有的博物馆把古钱列在青铜类的门下，也有的博物馆列在金石类的门下，当然，也有的博物馆是单独立项的。

中国古代的铜钱多数是由青铜铸造的，但到明朝嘉靖以后，逐步改为黄铜铸钱。此外，古钱中也有不少是纯铜（红铜）铸造的。除了铜钱，古钱中还有大量的铁钱、铅钱，以及锡钱、金钱、银钱等等。就古钱的材质而论，除了金属铸的钱外，还有木雕的、牙雕的、玉雕的、玳瑁的、陶质的……

在历史上，古钱的用途主要是作为货币流通使用的，这样的钱称之为"正用品"。另一类则是非货币的需要而铸造的"钱"，如吉语钱、镇库钱、信钱、花钱、打马格钱、瘗钱等等，统称为"压胜钱"，属于"非正用品"。这些"钱"不是货币，但它们的取材、形制、铸造工艺等等均和货币类同，其中的精品亦多出于政府设置的钱监，即所谓的"官炉"铸造，所以从文化意义上讲，它们是货币文化的衍生物。作为收藏者和研究者，也把它们和正用品一起收藏、研究。国外也是如此，所以国外的钱币博物馆叫作币、章博物馆，收集、研究钱币的部门叫作币、章部。

"古钱"一般不包括金、银锭等称量货币，也不包括古代的纸币——古钞。因为是"古钱"，自然也就不会包括近现代的金属打制币（俗称机制币）、银行兑换券等信用货币，更不包括由近现代的货币文化衍生出来的各类纪念章。所以随着时代的前进，集藏和研究范围的扩大，"古钱"一词已经不能容纳钱币的全部，于是人们便逐渐用

---

① 此稿是为《文物藏品定级标准图例》（未刊本）写的总论。

"钱币"一词取而代之，"古钱"只是其中的一部分。研究钱币的学问便是"钱币学"，于是，我们把这一卷定名为"钱币卷"。

现在我们理解的"钱币"，应该是以历代货币，包括各种性质各种质地的货币为主体，同时也包括各个时期由货币文化衍生出来的相关文物和工艺品——各类压胜钱和纪念章，以及和钱币制造有关的其他物件，诸如钱币的设计图稿、母钱、样钱、钱范、钞版等等。

二

中国货币有着独立发展的历史，它经历了自然物货币（实物货币）、金属称量货币、金属铸币和信用货币等各个历史阶段。这些阶段基本是循序渐进的，但在很多时候又是相互交错，同时并存的。海贝是中国早期的一种实物货币，在河南二里头的夏文化时期的遗址里，我们发现了贝，距今约四千年。实物货币具有两重性，它既可以充当物物交换的媒介，又具有除了货币职能之外的实用价值，贝在取得实物货币职能以后，仍然是一种装饰品，甚至被视为可以保佑妇女顺产的一种信物。这或许便是货币和货币文化衍生物的历史渊源。

青铜块是中国早期的一种金属称量货币，在长江下游地区和黄河流域的中原地区都有所发现，它取得货币职能的时间应该是在西周时期，距今约三千年。

殷商时期（前1300—1046）出现的青铜仿贝是我国金属铸钱的鼻祖，安阳殷墟出土的青铜贝和山西保德晚商遗址出土的青铜贝，不仅器型有别，而且从考古发掘的资料，可以知道它们的用途也不一样，前者应是作为货币殉葬的，后者则是殉马的饰件。

我国青铜铸币的大量铸行始于春秋战国（前770—221），当时列国纷争，铸币各归其主，器型也大相径庭，有布币、刀币、圜钱、蚁鼻钱等不同的形态。公元前221年，秦始皇统一中国，随即也统一了货币，宣布青铜铸的"半两"方孔圆钱是统一的流通货币。西汉以后，除青铜铸钱外，也出现了铁钱、铅钱。汉武帝时改"半两"为"五铢"钱，唐、宋以后又推行了宝文钱、年号钱，方孔圆形的铸币形态一直延续到清末民国初年，至1914年以后，才最终退出历史舞台。金属铸币诞生以后，作为货币文化的衍生物——各类压胜钱也应运而生，一直伴随着它的历史进程，其文化内涵则随着前进的脚步，不断充实、日益丰富。

　　春秋战国进入金属铸币的时代，但黄金白银一直处于称量货币阶段，在汉以后的长时间里，更是主要作为宝货用于贮藏，很少参与流通。在中国古代，用金银制作的方孔圆钱多属于压胜钱，并不作为货币流通。唐宋以后金银的使用逐渐增多，金章宗承安二年（1197）曾经铸承安宝货银锭，推行白银货币，到元朝白银的使用已经相当普遍。但白银真正取得价值尺度的地位是在明英宗正统年间（1436），白银作为打制货币参与市场流通则在清朝。乾隆五十八年（1793），经清政府批准，西藏首先试铸乾隆宝藏银币。光绪十五年（1889）广东试制光绪元宝龙纹银币（俗称龙洋）以后，各地大量制行银币，到清末宣统二年（1910）颁布币制则例，企图统一币制，但有清一朝并未真正实现币制的统一。民国三年（1914）确定中华民国国币条例，制造袁像银币，银币的发行才趋于统一。民国八年（1919）曾经议论过是否推行金本位的货币制度，但在中国历史上始终没有实施，所以，即使在清末和民国时期，真正流通使用的金币很少。光绪二十六年（1900）广东试制新式铜元，作为银元的辅币，各省竞相效仿，机器打制的铜元，实际上起到了顶替方孔铜钱的作用。随着近现代机器打制货币的诞生，近现代的压胜钱——纪念章也应运而生，它既是历史的延续，更是新时代的开拓。

　　中国是世界上最早使用纸币的国家，大约在十一世纪初，即北宋真宗景德年间，益州地区（四川成都）民间已经有"私交子"行使。仁宗天圣元年（1023）政府在益州设交子务，并于翌年正式发行"官交子"，这便是政府正式发行的最早的纸币。元、明两代都发行了国家统一的纸币，并作为主要的流通货币行用。到清咸丰年间（1853—1861）发行的大清宝钞（对铜钱作价，亦称钱钞）和户部官票（对白银作价，亦称银票），既成为后来"钞票"名称的来由，也是我国古代纸币（即古钞）的尾声。光绪二十一年（1895）北洋铁轨官路总局和"台湾民主国"先后发行了我国最早的新式钞票——银元票。光绪二十三年（1897）中国最早的银行——中国通商银行成立，并开始发行银行兑换券。民国二十四年（1935）开始实行法币政策，标志着金银币在中国正式退出流通领域。纸币发行以后，自然也会有纸币文化的衍生物，诸如各种有价证券和纪念张（券）等等，它的范围应该如何确定，外延的界限如何确定，还有待于进一步研究。

　　1948年12月，中国人民银行成立，并开始发行人民币。中华人民共和国的成立，为统一的新中国的货币发行提供了有力的政治保障，从此结束了近代中国货币发行和流通的混乱局面。

三

在历代遗存中，钱币有着明显不同于其他文物的个性特征，这些特征又会直接关系到钱币定级的标准：

一是钱币的数量众多。遗存数量多的原因主要是：（一）钱币中最主要的是货币，包括历代中央政府发行的货币，地方政权发行的货币，还有民间私铸的货币。货币作为物物交换的媒介，是商品交易中不可或缺的中介物，所以商品社会越发达，对货币的需求量越大，货币的发行量也就越多；（二）中国地域广阔，人口众多，货币发行量大。而且中国的货币文化又是东方货币文化的代表，在很长的历史时期里，周边的很多国家和地区不仅效仿中国货币来制造和发行它们的货币，而且还大量使用中国货币，这在客观上又增加了我国货币的发行量；（三）货币是财富的象征，根据东方人的哲理，人们视之为宝货，具有强烈的占有欲，一旦拥有，便会妥善保护，即使风云突变，战云密布，也会窖藏密处，以保后世永享；（四）货币的属性决定它应该是耐磨、防腐、不易毁坏的。金属铸币如此，即使是纸币，也会尽量选择耐磨防腐的材质。货币的体积小巧，亦有利于保存；（五）作为货币文化的衍生物，各类压胜钱、纪念章，虽然不是作为货币行用，但它们具有和货币相类似的材质和制作工艺。各类压胜钱、纪念章虽有各自不同的用途，但多数是为了讨取吉利，纪念庆典，或是为了镇魔避邪，人们都视之为信物、宝物，予以妥善保护。如此等等，都决定了钱币遗存的数量众多。

钱币遗存的数量众多，但具体到每一种钱币，情况就各不相同。由于不同的历史时期、不同的社会环境，有些钱币或是铸期短、发行量小；或是遇有特殊情况，没有大量发行，便改弦更张；或是由于战乱，还是其他种种原因，有的钱币遗存至今的，已经十分稀少，甚至成为孤品、绝品。即使是在宋钱、清钱……人们常见的遗存数量很多的钱币中，也同样会发现稀世的珍品，这便是钱币收藏和研究的魅力所在。

二是钱币的门类繁杂。钱币门类繁杂的原因主要是：（一）钱币取材不一。既有金、银、铜、铁、铅、锡、铝、镍等金属材料铸造的，也有陶、瓷、木、玉、牙、胶等硬性材料制造的，还有布、帛、纸、塑料等软性材料制造的。当代钱币更有了引进电子技术的银行卡等等。不同历史时期，不同地区的钱币，取材不一；同一历史时期，不同地区的钱币也会取材不一；即使是同一历史时期，同一地区的钱币，有时也会使用不同材质的钱币，同时并用。如两宋时期，推行铜、铁互补并行的政策，有的地区只行铜钱，有的地区只行铁钱，有的地区则是铜、铁并行。两宋时期又诞生并发行了纸币，开始是交子，后来又有钱引、会子、关子等等，它们多是分区行用，名目繁多。清末民国时期，货币的情况更是复杂，旧式的方孔圆钱仍在使用，新式的机器打制货币已经诞生；旧式纸币逐步退出，但影响尚在，新式的纸币银行券已经诞生。包括金、银、铜、铁、镍、铝等各种材质的金属货币并行使用，性质不同的纸币和银行券也同时流通，再加上外国侵华势力发行的货币，更加剧了中国近代社会货币的混乱；（二）货币政策和制度不一。不同历史时期和不同地区会有不同的货币政策和货币制度，这便会直接影响到货币的取材、形制、名称、面值，不同的分等制度，以及不同货币之间的折值关系等等。如北宋时期以折一的小平钱为主，很少铸行大钱，南宋时期则以折二钱为主，小平钱相对要少；两宋时期推行年号钱，每更换一次年号，就要重新铸行一种新的年号钱，有时又因其他的一些原因，不铸年号钱，改铸国号钱，有时又延用旧钱，不铸新钱；两宋铸钱的数量太多，所以在各地设局监铸，各地铸钱，又会造成版式的某些差异，所以同一个时期，同一种钱名的钱，也存在着不同的版式。2005年12月，由中华书局出版的《中国钱币大辞典·宋辽西夏金编》便收录了北宋钱4102种，南宋钱1746种，其中仅北宋神宗的"元丰通宝"钱就收录了632种之多。（三）钱币制造工艺不一。不同历史时期的制造工艺不一；同一历史时期，不同地区的制造工艺也不一样。我国幅员辽阔，边疆地区和中原地区的制造技术会有很大的差异，如五代十国时期，中原地区的铸钱技术早已进入翻砂工艺时代，而在闽地（福建地区）铸钱还停留在原范浇铸，一钱一范的原始阶段；即使是同一历史时期，同一地区的制造工艺也会有所区别，官炉铸钱和民间私铸会有很大的反差。

钱币的门类繁杂，版式不一，对于钱币收藏者、研究者而言正是引人入胜之处，特别是同类钱币的版式区别，往往都在细微之处。所以对于钱币的鉴定和辨识，既要立足于宏观，掌握其时代和地域的共性特征，又要着眼于微观，做细微的考察，区分出不同的版式，了解造成不同版式的根由和存世情况。

三是钱币的优劣参差不齐。造成钱币质量优劣不等的原因主要是：（一）铸期不同、铸地不同、取材不一，钱币制造的工艺流程不同，技术水平不一；（二）受政治、军事等外界社会的影响，一般而言，国力强盛、社会稳定、经济繁荣时期，政府的铸币质量比较划一，都会尽力选用当时的先进技术、成熟工艺，以保证钱币的质量，防止民间的私铸、盗铸。相反，国力衰退、社会动乱、经济萧条时期，政府无能为力，铸币质量便会降低，或轻钱、小钱、劣钱滋生；或采用廉价的原材料；或铸"大钱"，加大面值，维持生计。所以钱币是社会的名片，时代的晴雨表，是见证历史的第一手资料；（三）官铸和私铸的区别，在中国货币史上，私铸的问题始终没有解决，各个历史时期对于私铸的政策是不同的。有时候允许民间铸钱，如汉初，所谓的即山铸钱，实际是允许私铸；而唐朝则是严禁私铸，几度强令禁铸，但收效甚微，私铸现象屡禁不止。私铸自然是有利可图的，其最重要的手段便是偷工减料、降低成本、制造劣钱。

但是，钱币的文物价值，有时并不完全取决于它自身的质量优劣。十国时期闽的开元通宝小平背殷钱，论铸造工艺，钱体的质量远不如盛唐开元通宝钱，但因铸额偏少，遗存至今的数量更少，同时，又是十国闽地铸钱的代表，其文物定级自然会高于盛唐开元钱。所以，决定钱币的精美与否，只能是同一类钱之间的相互比较，决不能统而论之，概而论之。对于钱币的收藏和研究，必须从实际出发，才能做出符合客观实情的判断。

四是钱币的文物价值参差不齐。钱币中既有曾经在某个历史时期作为流通货币使用过的普通钱币，至今尚有大量遗存。在钱币中，也不乏历史、艺术和科学价值的珍稀之品，也有踏破铁鞋不可寻觅的孤品。

四

文化部2001年4月颁布的《文物藏品定级标准》规定："文物藏品分为珍贵文物和一般文物。珍贵文物分为壹、贰、叁级。具有特别重要历史、艺术、科学价值的代表性文物为壹级文物；具有重要历史、艺术、科学价值的为贰级文物；具有比较重要历史、艺术、科学价值的为叁级文物。具有一定的历史、艺术、科学价值的为一般文物。"

根据定级标准规定的原则，结合钱币自身特征，以下几点需要我们在做钱币定级工作的时候予以重视，适当掌握。

一是要看存世数量、看稀有程度。钱币中，绝大多数是在某一个时期、某一个地区作为物物交换的媒介，正式发行流通过的货币，譬如汉的"五铢"钱，唐的"开元通宝"钱，清的龙纹银元、民国的孙像、袁像银币等等，它们在中国货币史上都享有极其重要的地位，它们在一个很长的历史时期里，成为国家的主要流通货币。从学术研究的角度来看，它们也都享有重要的地位，它们对于我国古代货币形制、合金成分、铸造工艺技术、每枚钱币单位重量的研究，以及近代机制币的形制、重量、纹饰等等的研究，都有着重要的意义，所以它们在博物馆，特别是钱币博物馆的收藏和陈列展览中都是不可或缺的基本文物。但是由于存世数量太多，从文物定级的角度而言，不可能太高。

二是要看品相、看精美程度。钱币的艺术魅力，只有好的品相，才能充分得到反映。普通钱币虽然数量众多，但是它们多数在社会上经历过流通使用，所以要保持其全品相很难；一般钱币体积不大，文饰简单，如果再锈蚀严重，漫漶不清，自然也就很难体现它的历史、艺术价值。同一种钱，其品相精美者可以作为珍贵文物保护收藏，而品相严重损坏者，或许便和"珍贵"二字无缘。

三是要看历史价值，看它在中国钱币史上，或是在中国文化史、科技史、民俗史等相关学术领域的地位。钱币学上有一个术语叫"纲要钱"。所谓纲要钱，就是指在钱币史上，或在某一个学术领域中具有重要地位的钱币。有了它便可以说明一段历史、证明一个事实、解开一团迷惑。譬如西汉武帝继位以后铸造的第一种钱——"三铢"钱，便应该属于"纲要钱"之列。

理由之一，"三铢"钱是汉武帝进行币制改革的第一次实践（建元元年，即公元前140年），它第一次打破了长期以来铜钱钱名定格为"半两"的习俗。秦始皇统一币制时，规定铜钱以"半两"为名，重如其文（即重十二铢）。秦始皇以后，虽然钱文仍曰"半两"，实际上已经减重。西汉初年，经济萧条，社会上劣质的榆荚钱已经泛滥成灾，迫于这样的现实，政府深感秦钱重难行，所以才允许铸减重"半两"钱。于是吕后二年（前186）行八铢"半两"钱，吕后六年（前182）行"五分"钱（重五分之一"两"，即24铢的五分之一，实际重量接近五铢），文帝五年（前175）行四铢"半两"钱等等。这几次改革都只是调整政府对钱重的规定，钱名"半两"则始终未变，一直到武帝铸"三铢"钱才真正变更"半两"的钱名。从这个意义上讲，"三铢"钱是"五铢"钱的先声，是汉武帝币制改革实施中的第一步。

理由之二，"三铢"钱是我国早期在摸索钱的单位重量标准的实践中一个重要的环节。汉初因秦钱重而一直采取减重措施，钱重由十二铢到八铢，到五铢，到四铢，武帝执政初又减到三铢。经过四年实践，在当时经济发展的情况下，武帝便体会到"三铢"钱的重量已经偏轻，于是建元五年（前136）又复铸四铢"半两"，史称"三分钱"（即重三分之一的"半两"，亦即重四铢）。而实践证明，四铢钱还是轻，经过这样长时间的实践，终于到武帝元狩五年（前118）才最终确立了"五铢"钱的体制。每枚钱的单位重量确定为五铢重（接近4克），这对后世中国的货币制度产生了深远的影响，而钱重"三铢"是这次实践的一个谷底。

理由之三，"三铢"钱在铸钱工艺上也是一次重要的改革实践。"三铢"钱的钱体制作，一改以往"半两"钱没有边廓的制度，而是加铸了钱的外廓。因为有了外廓的"三铢"钱，才有了后来的有廓"半两"钱，才有了有廓的"五铢"钱，才有了所谓的赤仄（侧）钱的制度，即钱币铸成以后，要经过净边磨光的制度。综上所述，"三铢"钱是一种纲要钱，它不是一般的版别差异，"三铢"钱虽然铸期很短，但在中国钱币史上享有重要的地位，再加上目前存世量的稀少，所以更应重视。由此，"三铢"钱的文物定级，应该在二级品文物以上。

在2005年嘉德的春季拍卖会上，辽早期的古钱"会同通宝"，以55万元人民币的成交价创造了当时中国古钱币拍卖史上的最高纪录。"会同通宝"钱能卖出这样的高价，当然是由诸多因素促成的。就目前所知，这种"会同通宝"钱不仅是孤品，它还是纲要钱，它会帮助我们科学、正确地认识辽早期的铸钱历史和货币制度，所以它在货币史上享有重要地位，不同于其他别品，不同于一般小版别的差异。除"会同"钱之外，辽早期的年号钱，包括天赞、天显、天禄、应历、保宁、统和所铸的通宝钱几乎都是孤品或珍品，都是纲要钱。因为辽早期主要使用的是宋钱，辽初虽然已经开始铸年号钱，但主要只是起国家政权的象征性的意义，并没有作为主要通货使用，所以铸造量极少。一直到辽兴宗重熙年（1032）以后，辽钱的铸额才比较多，所以重熙以后的辽钱遗存至今的也就相对比较多。此外，诸如：十六国时期夏赫连勃勃的"大夏真兴"钱（这是我国第一个国号和年号合在一起作为钱文的钱，也是孤品）；南北朝时期南朝宋的"大明四铢"钱、"永光"钱、"景和"钱（这几种钱的钱体轻薄，但制作尚佳，客观地反映了当时经济拮据的现状。从南北朝所处的历史时期看，主要流通的货币是"五铢"钱，年号钱极少铸行）；北宋徽宗建中靖国时期的"建国通宝"钱（1101年，宋徽宗改元"建中靖国"，因"建中"一词在唐德宗时［780—783］已经用作年号，并曾经铸造过"建中通宝"钱，故不宜再用作钱名，所以这个时期铸行的主要通货是"圣宋元宝"钱，属于国号钱。"建国通宝"应是当时所铸的一种样钱，未被采用，故未正式铸行）；元朝的"至正之宝"权钞钱（"权钞钱"只在江西吉安一地短暂铸行过，在中国货币史上是一个特例。元朝推行纸币，但纸币只是价值符号，其本身并无价值，所以用金属铸币来"权"，来代表纸币，从理论上讲，是违背常规的。它的铸行，一方面说明元朝纸币的影响深远；另一方面，我们也可以把它理解为："权钞"，实际是"权银"，是对白银作价，因为当时民间用银的现象已经相当普遍）。如此等等，都属纲要钱之列。这样类似的例子，几乎每个朝代都有。

四是要看其性质功能，看它在钱币铸造、使用过程中的地位、作用，以及对后世的影响。一般认为在我国的铸币史上，唐"开元通宝"钱已是用翻砂法铸造。而从"开元通宝"钱铸造工艺的成熟程度，以及隋开皇"五铢"钱的铸造精良来看，翻砂法铸钱的历史应该会早于唐朝，甚至会早于隋朝的开皇"五铢"钱。而翻砂铸钱的下限一直延续到清末。据史料记载，翻砂铸钱一般会有如下的程序：（一）上报样钱，称为上呈样钱；（二）批复样钱，称为部颁样钱；（三）依样制作钱模，一般是先雕制母钱（亦称祖钱），再由雕母钱翻铸母钱，亦称为铸母。雕母钱和铸母钱都是钱模，前者为原模，后者为子模；（四）由钱模即母钱翻铸制钱，亦称子钱，即正式发行流通使用的钱币。区别样钱、祖钱、母钱和子钱，是钱币鉴定的一项重要内容。祖钱是原始雕模，数量最少，遗存至今的更是凤毛麟角，一般都应归入壹级品文物。样钱中除去铜样之外，还有牙样、玉样、木样等不同质地的样钱，它们都属上呈样钱，为数极少，应该也是壹级品文物。现在所见清钱中的铜铸样钱多是外廓比较宽阔，制作比较厚实的，和一般制钱有所区别，铜样和铸母钱则要根据具体情况再予定级，一般亦应在贰级文物以上（当然还要考虑品相制作等其他因素）。

古钱中，除了大量的正用品（即正式作为货币铸造和发行的钱币）外，还有数量众多的压胜钱，其性质和当代发行的纪念章相近。从遗存的情况看，大部分压胜钱出于民间工艺，但其中也不乏官炉所铸的精品，有的具有很高的艺术价值和学术价值，它们可以代表当时的铸钱工艺技术水平，代表当时当地的铸钱风格，反映当时当地的民俗风情。所以其中也有不少文物价值较高甚至很高的珍贵之品，如：西汉窦绾墓出土的宫中行乐钱，是迄今为止已经发现的我国最早的酒令钱；唐宋官炉铸造的打马格钱精品，充分反映了当时铸钱的工艺技术，具有极高的艺术价值；辽代"大康六年"瘗钱，既有绝对纪年，又能充分反映辽钱制作特有的风格，还能说明辽朝特有的葬俗，如此等等，都应是贰级品以上的文物。

五是要注意细微的版别差异。唐宋以后，同名的钱币一般都是同时代的钱币，只有个别的特例除外，如"开元通宝"钱是唐朝的主要通货，但唐以后的某些时候，也铸过"开元"钱，如十国南唐、吴越和闽，清太平天国农民起义时期都曾经铸过。又如"太平通宝"钱是北宋太宗时期的古钱，但宋以后的某些时候，也铸过"太平"钱，如清太平天国农民起义时就曾经铸过。对于这些不同时期铸的同名钱，因为时间相隔比较远，早期钱和后铸钱的铸期处于不同的时代，所以反映在钱币上的时代烙印也比较明显，相对讲是比较容易区分的。当然我们也要注意到，一些周边国家的仿铸古钱，如日本、朝鲜、越南等东亚、东南亚地区的国家都曾经仿铸过中国的古钱，包括唐、宋、明各个时期的古钱。因为是异国他乡的仿铸品，其神韵气息自然不同，即使是拿中国古钱作模翻铸，其材质轻重和铸造工艺的某些不同，也会在钱币上留下烙印，相对而言也是比较容易区分的。所以我们重点还是要注意同时代的同名钱币的区别，因为它们不仅是钱币鉴定的重要内容，也是钱币鉴定中难度比较大的一部分，它们又直接关系到钱币的文物定级。

北宋是中国古代铸币登峰造极的时期，因为盛行"年号钱"、"对钱"制度，推行铜铁钱并行或分区流通的制度，推行大小钱并行的制度等等，所以不仅是铸行的数量最多，钱名经常变更，钱文书体也是真、草、行、隶、篆无所不有。再加上两宋钱监（铸钱局）林立，兴废变化无常，尽管中央王朝有样钱颁布，也有严格的工艺流程要求，但各地钱监在雕刻和翻铸母钱时不可避免地会有细微的差异，这便导致了同名钱币会有不同的版式。

有人认为宋钱数量众多，没有什么文物价值，其实在大量的宋钱中，也蕴藏着难得一见的稀世珍品。譬如"宋元通宝"、"太平通宝"等北宋钱中，曾经有过铁范浇铸的铜钱，也有人称之为铁母钱、试范钱（其制作与铁钱相同，最明显的特征是广穿）；"皇宋通宝"钱中有九叠篆书体的小平钱（九叠篆书体多用于官方印玺，一般不作钱文）；"元丰通宝"钱中有小平隶书钱（常见的元丰钱，钱文多是行书或篆书字体）；"元祐通宝"钱中有背"陕"篆书、行书对钱（背文"陕"字系记地，北宋钱多是光背，钱背有字者少见）；"元符通宝"钱中有真书平钱（普通的元符铜钱，钱文是行书和篆书字体）；"圣宋元宝"钱中有"木宋"平钱（普通"圣宋"行书钱，"宋"字木部作行书"才"，非楷书"木"）；"大观通宝"钱中有行书平钱，应属铁母钱（大观铜钱一般都是宋徽宗的瘦金体，行书只见铁钱）；"政和通宝"钱中有抱"正"小平钱（即"政"字的文部一撇特别长，延长至正部的下面，犹如伸手抱住"正"）；"宣和通宝"钱中有巨头"宣和"（钱文字大，特别是四个字的头部硕大）、圆贝"宝"平钱（钱文"宝"字贝部的方框呈圆形）；而靖康钱中除了折二篆书、隶书钱相对略多见一些外，几乎都是大珍之品，如此等等，均应在文物贰级品以上。

　　1985年夏，在京杭大运河高邮段清除污泥时，出土了一批两宋铁钱，其中就发现了"纯熙元宝"背"同"小平铁钱等几十种以前从未见过的新品。这里仅举三例：1."纯熙元宝"背"同"铁钱，经查考"纯熙"是南宋孝宗拟用的年号，《宋史·孝宗本纪》、《皇宋中兴两朝圣政》、《建炎以来朝野杂记》等史书均有记载。乾道九年（1173）十一月戊戌（初九），孝宗曾诏曰"改明年元为纯熙"，六天后，又从议，改元"纯熙"为"淳熙"，所以，以前我们只知道有"淳熙"钱，不知道"纯熙"还铸过钱。"纯熙元宝"背"同"铁钱的发现，证明在孝宗改元"淳熙"之前同安监已经铸过"纯熙"钱。"纯熙"钱和清朝的"祺祥"钱有类似的情况。1861年，咸丰帝死前和肃顺等密谋，立载谆为帝，年号祺祥，不久慈禧又杀肃顺等人，废祺祥年号，改为同治，所以大量铸行的是同治钱，遗存的祺祥钱多为样钱或雕母钱，并未正式铸行。2.三种书体的"淳熙元宝"铁钱，此钱分别以真、篆、行三种书体书写钱名，这种现象在正用品中很少见到，两宋盛行对钱，但是以两种或三种书体的钱名分别铸钱，相互成龙配对，并非几种书体的钱文同铸于一枚钱上。在宋钱中，偶尔也有一枚钱上出现两种书体的情况，均属特例。3."淳熙元宝"背篆书"泉"字，此钱面文真书，和真书铜钱相似，背文篆书，又和篆书"淳熙元宝"铜钱相似，由此可以推测，严州神泉监在淳熙七年（1180）前也曾铸过两种书体的铁钱。此处只是举出几例，说明铁钱中亦有版别问题，亦有珍品，它们都在文物贰级品以上。

　　古钱有版别，古钞也有版别，近现代的机制币和纸币仍然有版别，造成版式差异的原因，又是错综复杂的。而版别问题的存在，自然会关系到它们的文物定级，随着钱币学研究的不断深入，这一点已经为越来越多的人所认识、接受。

聊聊钱币鉴定的体会

　　爱好钱币，集藏钱币，研究钱币，首先要对钱币做出鉴定，是真，是假？有多少价值？所以，钱币鉴定是钱币学的基本功，或者说是基础知识。

　　要对钱币做鉴定，自然对钱币要有一定的了解，如果一无所知，或者一知半解，那只有先交学费了，当然学费交得越少越好。

　　对钱币做鉴定，鉴定者需要掌握三方面情况：

　　一是要了解和掌握真钱的情况。一要了解各历史时期、各地区铸钱的情况；二要掌握不同时期、不同地区的钱币所具有的各不相同的制作特征和制作风格；三要了解各种古钱自身独有的个性特征。

　　二是要了解和掌握假钱的情况。1. 了解假钱的种类和做假手法；2. 掌握不同时期、不同地区做伪的不同特征；3. 特别对做伪程度比较高的假钱，作剖析研究，掌握它们的主要手法。

　　三是要了解和掌握有效的鉴定途径，包括传统的鉴定方法和科学方法的应用。

　　这三个方面，缺一不可。只知真钱，不知假钱；或者只知假钱不知真钱；或者缺乏有效的鉴定途径，都会产生鉴定中的盲区。

　　有人问我，要想学习鉴定的知识，应该先看真钱？还是先看假钱？先入为主，当然是要先看真钱。只有知道了真钱的本来面目，掌握了真钱的制作特征，见了假钱，才会识别，才会知道它假在哪里。

　　在古钱鉴定中，既要看器型，看铸造工艺，也要看文字书法、图案纹饰，还要看材质色泽等等，各方面要综合考虑，缺一不可。鉴定中，经常会提到的一个词，那就是："神韵"，所谓神韵气质，精神面貌，制作风格的对与不对，无非就是说它是不是符合它所处的时代和区域的制作特征，是不是具备符合它所处时代和区域特征的自然姿态和特有的气质，而不是牵强附会，拘泥做作，故作姿态。

　　和万事万物一样，钱币制作特征的演变，也是循序渐进的。每一个时期的制作风格,包括器型、文字、书法,制作等各个方面,都是前一时期的继续和发展,又是后一时期的肇始和先河,对于超越时代的异常现象,就需要引起我们的警惕,要认真分析它的产生原因,找到合理的理由,否则,不可轻易相信。

要做好钱币鉴定,决非一日之功。归纳起来,最重要的是三条:

一是实践出真知。精明的钱商和钱币的专门收藏家,身处第一线,过手大量的实物,听到来自各方面的信息,他们的实际经验最多,也就容易练出"火眼金睛"。钱币鉴定的功夫,单靠书本的知识是不可能练就的,必须在过手实物的过程中,才能得到,这一点大家都知道,这里就不多说了。

二是胸中有全局。我举一个例子,两宋盛行年号钱,有人便认为宋代每个年号都铸有年号钱,甚至说两宋57个年号都铸通宝钱。第一,宋钱并不都是通宝钱,除"通宝"外,也有"元宝"、"重宝"等其他宝文的钱。第二,两宋共有57个年号,实际上真正铸年号钱的只有43个年号,有5个年号铸的不是年号钱,还有9个年号没有改铸新的钱铭的钱。因为北宋初年继承唐代钱制,宋太祖铸行的第一枚钱是宋元通宝,太宗继位后,太平兴国年间虽然铸有太平通宝钱,但年号钱作为制度真正确立,是在太宗淳化以后,所以在淳化以前,不是每个年号都铸年号钱。南宋后期,度宗时国力已经衰竭,所以到度宗咸淳九年以后,实际上已无力铸钱。两宋真正推行年号钱,只是淳化元年至咸淳九年(990—1273)之间的事情。然而,即使是这段时间里也还有例外。譬如,北宋真宗最后的年号乾兴(1022),只建元几十天,真宗驾崩,仁宗即位,改元天圣,所以没有来得及铸乾兴年号钱。再如,仁宗宝元年间(1038—1040)铸的皇宋通宝是国号钱,并非年号钱。宝元之后,康定年间(1040—1041)年号钱只见铁钱,只在部分铁钱区铸行。康定之后,庆历年间(1041—1048)年号钱只见当十大钱,亦未见小平铜钱。庆历之后,皇祐年间(1049—1054)史书记载铸钱,且铸额甚巨,但至今未见皇祐钱。由此推测,在这个时期所铸的小平铜钱,或许均延续前朝旧制,并未改变钱文,一直到至和(1054)以后,才重新恢复年号钱的制度。我们掌握了这样一个大局,便会对两宋的年号钱有一个比较全面的认识。即使有了新的发现,也会慎重对待,经过反复推敲后,再做决定,以免犯大的错误。所以胸中有了全局,就可以避免很多盲目性,也就不会局限于就钱论钱的狭隘境地。

三是与时俱进。尤其在当今,我们正处在一个变革的时代,经济繁荣的时代,文物的收藏热,钱币的收藏热,必然会带来文物的造假,钱币的造假"运动",我称之为"运动"，大概也不为过，其猖獗的程度，可谓前所未有。所以，必须随时了解新情况，掌握新变化，否则就会落伍，就会被淘汰。

有了这三条，对于钱币的鉴定，才可以有发言权，才会有高人一筹的资本。

在北京钱币学会、德胜门古钱币博物馆的讲座提要，2015年5月16日

对同类、同名古钱的辨识

一、钱币的文物价值

在收藏界，钱币收藏的人数之多，仅次于邮票，收藏者几乎来自社会的各个阶层，普通老百姓，包括一般的工薪阶层，甚至农民、战士、学生都有收藏钱币的，还有百万富翁、亿万富翁。著名的收藏大家也有收藏钱币的，1949年前江浙豪富南浔的张家，一门出了两位收藏大家：一位是张珩先生，书画收藏大家；一位是张叔驯先生，钱币收藏大家。

钱币，既包括古钱，也包括近现代的机制金、银、铜、镍币；既包括古钞，也包括近现代的各种纸币及其他信用货币。既有数以千计、万计的曾在某个历史时期充当过流通货币的普通钱币，它们的文物价值不高，却有一定的历史地位，所以初涉足者，不需要用多少财力，便可以收集到历朝历代的普通钱币；也不乏珍稀之品，有价值几万、几十万、几百万的珍品、名品，也有踏破铁鞋不可寻觅的孤品。正因为钱币具有这样的特征，所以它可以满足来自不同阶层，不同需求的收藏者。

钱币应该是我国目前遗存数量最多的一种文物，不仅国家和各地的博物馆有大量收藏，民间也有大量收藏。随着我国各地基本建设工程的开展，还经常会有古钱币的窖藏发现。在国家博物馆，原中国历史博物馆的藏品中，钱币的数量大约占藏品总数的一半以上（藏品总数约38万件，钱币有20多万件），在藏品中，属于一级品文物的钱币数量也十分可观，约有760多件。而散藏在社会，在私人的藏品中也不乏钱币的珍品，甚至是孤品。

二、钱币的鉴定

对钱币作鉴定，是一个大题目，不是一篇短文可以交代的。一般认为钱币鉴定主要有两方面的内容：一方面是真伪的鉴别，进而确定其铸行的时代、流通的区域，及其性质、用途。是正用品，还是非正用品；是官铸、还是私铸；是样钱、母钱、还是纪念币、压胜钱；如此等等。另一方面则是文物价值的判定，也就是要确定其是属于常见的普通文物，还是别品、名品、稀世珍品；它的历史价值、文物价值和学术价值又作如何定位。本文主要侧重于对后者的讨论，侧重于对同类、同名，而又有着版式差别的古钱进行讨论。

大凡形制上有别于普通方孔圆钱的古钱，容易引起我们的视觉的敏感。譬如先秦的刀、布、圜钱，新莽时期的刀币、布币，它们的形制和后来的铜钱有明显的区别，所以你一定会对它们有特别的注意，不会轻易放过。譬如压胜钱、大花钱以及其他各类异形的古钱币，在普通古钱中也很显眼，你也一定会对它们比较关注，自然会用心思去推敲。再如金银币、古代的纸币，因为材质不同，你也决不会把它们混同于普通古钱，轻易放过的。即使是当五以上的大钱，我想也容易挑出来，会给以另眼对待。所以对于形制上有个性的古钱，不是本文讨论的重点。

实际上最容易忽略，最容易漏眼的是形似普通古钱，和普通古钱形制相仿，甚至钱名相同，却又有着版式区别的古钱。因为对于不是专门研究古钱的人而言，他们不会有这方面的敏感，一看是宋钱、是清钱，便把它们作为普通品放过了，这是要特别引起我们注意的。因为很多国宝，很多上文物等级的古钱或许就此流失。

1985年，国家文物局曾经下发过允许出口的350种古钱币的图样（[85]文物字第499号《关于对北京文物商店试点外销古钱币进行鉴定并钤盖火漆标识的通知》），

所列图样自然都是普通品，但是我们必须强调，国家文物局允许出口的350种钱币，只是以图样所列者为限，决不等于说，凡是图样上所涉及的钱名的钱都在放行之列。譬如"开元通宝"钱，图样所列者是普通"开元通宝"钱，同样是"开元通宝"的钱名，有"开元通宝"背云纹、背雀纹者；有右挑"开元通宝"钱，即"元"字第二

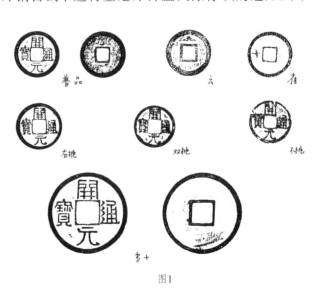

图1

笔右侧上挑者；有双挑"开元通宝"钱，即"元"字第二笔两侧均上挑者；还有不挑"开元通宝"钱，即"元"字第二笔两侧均不上挑者；还有当十"开元通宝"大钱（图1），如此等等，均非普通"开元通宝"钱，当然不在允许出口者之列。所以古钱和其他文物的鉴定，如果说有所不同的话，那么，同类同名的古钱，因为版式的细微差别，便会决定它们的文物价值完全不同。

三、同类古钱币的区别

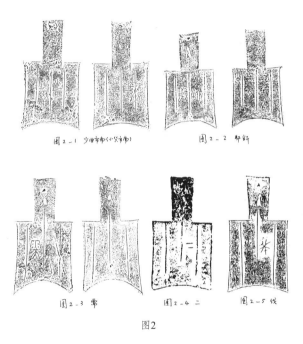

图2-1 少曲市南(小型市南)　图2-2 邨釿

图2-3 鬲　图2-4 二　图2-5 伐

图2

这里所谓的同类古钱币，是指形体制作大致相仿，但钱文不同的同一类钱币。因为钱文不同，它们的文物价值也就不同，这种情况在先秦货币中有，在后来的各类钱币中也有。譬如同是平肩弧足的空首布，器型大小基本一致，但单字者常见，有记数的、记地名的，也有记名物的；两字、多字者少见，如"（邨）釿"、"少曲市南"、"少曲市西"等等（图2）。多字者文物定级应属一级，单字者文物定级一般在二级或三级。因为单字者，钱文不同，稀有程度也不一样，所以文物定级也有区别。布币如此，刀币亦如此，燕刀、齐刀，还是赵刀无一例外。当然，除了钱文之外，器型和制作的细微变化，也决不可以忽视，因为这些变化意味着它们的铸期铸地或许会有不同，也会关系到文物价值的变化。以前我们知道直刀是战国赵的铸币，后来随着中山刀的发现，我们认识到，中山国铸的刀币也是直刀的器型，但赵刀的刀柄部分一般是两根筋的，如"邯郸"刀。中山刀的刀柄部分是一根筋的，如

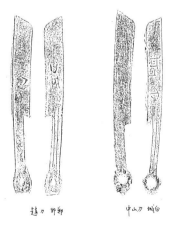

赵刀 邯郸　中山刀 城白

图3

"城白"刀（图3）。同是战国燕的"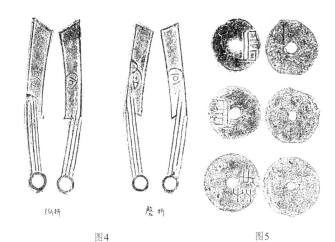"刀，有刀脊呈弧形的，有刀脊呈磬形的，前者应是早期"刀，后者则是晚期""刀（图4）。另外，钱文的位置也会影响到文物价值的变化，譬如战国圜钱中的"共"字币、"垣"字币，一般钱文在穿右，偶然也会发现钱文在穿左的，钱币界称

图4　　　　　图5

之为"传形"。普通"垣"字币属于一般文物，精美的最多是三级文物，"传形"者，品相好的便可归入二级文物；"共"字币，普通版应属三级文物，"传形"者当然也要归入二级文物（图5），这种情况在后来的"半两"、"五铢"、"大泉五十"（图6）等方孔圆钱中也有存在。不仅

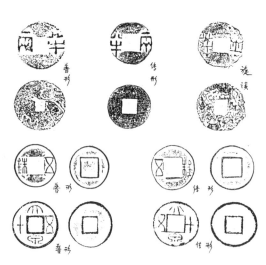

图6

图7

图8

有"传形"的，还有旋读的、反书的。但对这一类别品钱的真伪问题要特别小心，做伪者往往采取"剔"、"补"的手段，挪换钱文的位置来造假，所以要有所提防。

大概在战国中期以后，中国的铸币史上已经有了方孔圆钱（图7），秦始皇统一货币时，便正式规定作为主要流通手段的"半两"铜钱其器型是方孔圆钱（图8）。这样的铸币形制，一直延续到清末，民国初年才最终退出历史舞台。如果从战国秦惠文王二年（前336）"初行钱"算起，在中国货币史上，方孔圆钱几乎有二千二百五十年的历史。其中最初的二百一十八年主要是"半两"钱（期间也铸

过"三铢"等钱）；西汉武帝元狩五年（前118）以后的七百三十九年，主要是"五铢"钱
（期间也铸过莽钱等非"五铢"钱名的钱）；唐高祖武德四年（621）以后，一直到民国
三年（1914）的一千二百九十三年间，主要是冠以年号或国号的"宝"文钱。不同时期，
不同铸地的方孔圆钱，无论是"半两"、"五铢"，还是"宝"文钱，都有版式的差别，它
们的文物价值也就各不相同。

对古钱作文物价值的鉴定，有几个概念必须清楚：

一是要看存世量、看稀有程度。所谓物以稀为贵，便是这个道理。因为钱币中，绝
大多数是在某一个时期、某一个地区作为物物交换的媒介，正式发行流通过的货币，
因为其发行量大，所以遗存下来的实物也就多。对于大量遗存的古钱，其文物定级自
然不可能高。譬如西汉"五铢"钱、唐"开元通宝"钱，它们在中国货币史上都享有极
其重要的地位，它们在一个很长的历史时期里，成为国家的主要流通货币。从学术研
究的角度来看，它们也都享有重要的地位。它们对于我国古代货币形制、合金成分、铸
造工艺技术，乃至每枚钱币单位重量的研究等等，都有着重要的意义，所以它们在博
物馆，特别是钱币博物馆的收藏和陈列展览中都是不可或缺的。但是由于存世数量太
多，从文物的角度而言，它们不可能享有太高的文物价值。

二是要看品相、看精美程度。古钱的艺术魅力，只有好的品相，才能有效地充分
地得到反映。第一，普通古钱虽然数量众多，但是它们多数在社会上经历过流通使
用，所以要保持其全品相很难；第二，一般古钱体积不大，文饰简单，如果再锈蚀严
重，漫漶不清，自然也就很难体现它的艺术价值和学术价值；再加上人为的破坏，譬
如用利器磨擦、挑剔，强酸的浸泡，烈火的焚烧等等，破坏了原来的品相。钱币品相的
好坏，可以直接影响其文物价值。同一种钱，其品相精美者可以作为珍贵文物保护收
藏，其品相严重破坏者，可能因此和"珍贵"文物无缘。

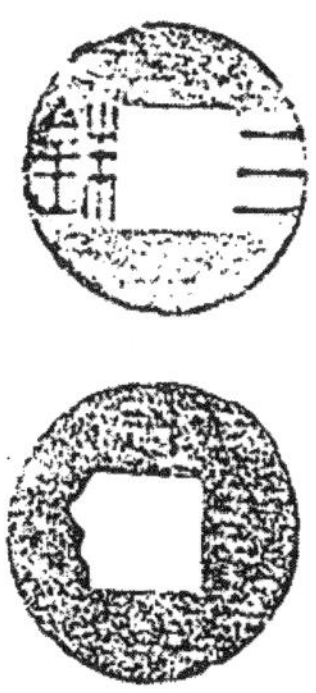

三是要看历史价值，看它在中国钱币史上，或是在中国文化史、
科技史、民俗史等相关学术领域的地位。钱币学上有一个专用名词叫
"纲要钱"。所谓纲要钱，就是指在钱币史上，或在某一个学术领域
中具有重要地位的古钱。有了它便可以说明一段历史、证明一个事
实、解开一团迷惑。譬如西汉武帝继位以后铸造的第一种钱——"三
铢"钱（图9），便应该属于"纲要钱"之列。理由之一，"三铢"钱是汉
武帝进行币制改革的第一次实践（建元元年，即公元前140年），它第

图9

一次打破了长期以来铜钱钱名定格为"半两"
的习俗。秦始皇统一币制时，规定铜钱以"半
两"为名，重如其文（即重十二铢）。秦始皇
以后，虽然钱文仍曰"半两"，实际上已经减
重。西汉初年，经济萧条，政府深感秦钱重难
行，社会上榆荚钱已经泛滥成灾，所以政府允
许铸减重"半两"钱，于是才有了后来的吕后

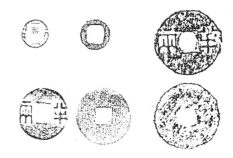

图10

二年（前186）行八铢"半两"钱，吕后六年（前182）行"五分"钱（重五分之一"两"，
即二十四铢的五分之一，实际重量接近五铢），文帝五年（前175）行四铢"半两"钱等
等（图10）。这几次改革都只是调整政府对钱重的要求，钱名"半两"则始终未变，一
直到武帝铸"三铢"钱才真正变动"半两"的钱名。从这个意义上讲，"三铢"钱是后来
"五铢"钱的先声，是汉武帝币制改革实施中的第一步。理由之二，"三铢"钱是我国
早期在摸索钱的单位重量标准的实践中一个重要的环节。汉初因秦钱重而一直采取减
重措施，钱重由十二铢到八铢，到五铢，到四铢。武帝执政初又减到三铢，经过四年实
践。在当时经济发展的情况下，体会到"三铢"钱的重量已经偏轻，于是建元五年（前
136）又复铸四铢"半两"，史称"三分钱"（即重三分之一的"半两"，亦即重四铢）。经
过这样长时间的实践，终于到武帝元狩五年（前118）才最终确立了"五铢"钱的体制，
每枚钱的单位重量确定为五铢重（接近4克），对后世中国的货币制度产生了深远的影
响，而钱重"三铢"是这次实践的一个谷底。理由之三，"三铢"钱在铸造工艺上，也是
一次重要的改革实践。"三铢"钱的钱体制作，一改以往"半两"钱没有边廓的制度，而
是加铸了钱的外廓。因为有了外廓的"三铢"钱的实践，才有了后来的有廓"半两"钱、
有廓的"五铢"钱（图11），才有了所谓的赤仄（侧）钱的制度，即钱币铸成以后，要经
过净边磨光的制度。所以，"三铢"钱是一种纲要钱，它不是一般的版别差异，"三铢"
钱虽然铸期很短，但在中国钱币史上享有重要的地位，再加上目前存世的稀少，所以
更应引起我们的重视。由此，"三铢"钱的文物定级，应该在二级品文物以上。

图11

图12

近年来,古钱币市场的行情见长。在2005年嘉德的春季拍卖会上,辽早期的古钱"会同通宝"(图12),以55万元人民币的成交价创造了中国古钱币拍卖史上的最高纪录。"会同通宝"钱能卖出这样的高价,当然是由诸多因素促成的,但其中起决定作用的,我认为主要是两条:一是现存的"会同通宝"钱是孤品,至今所见者,除这一枚外,都是伪造的赝品;二是"会同通宝"钱是纲要钱,有了它,会帮助我们科学、正确地认识辽早期的铸钱历史和货币制度,所以它在货币史上享有重要地位,不同于其他别品,不同于一般小版别的差异。其实,除"会同"钱之外,

辽早期的年号钱,包括天赞、天显、天禄、应历、保宁、统和所铸的通宝钱几乎都是孤品或珍品,都是纲要钱(图13)。因为辽主要使用的是宋钱,辽太宗天赞年(922)以后,虽然已经开始铸年号钱,但主要只是起象征性的意义,并没有作为主要通货使用。一直到辽兴宗重熙年(1032)以后,辽钱的铸额才比较多,所以重熙以后的辽钱遗存至今的也就相对比较多。此外,诸如:十六国时期夏赫连勃勃的"大夏真兴"钱(图14,这是我国第一个国号和年号合在一起作为钱文的钱,也是孤品);南北

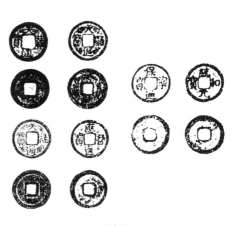

图13

朝时期南朝宋的"大明四铢"钱、"永光"钱、"景和"钱(图15,这几种钱的钱体轻薄,但制作尚佳,客观地反映了当时经济拮据的现状。从南北朝所处的历史时期看,主要流通的货币是"五铢"钱,年号钱极少铸行);北宋徽宗建中靖国时期的"建国通宝"钱(图16,1101年,宋徽宗改元"建中靖国",因"建中"在唐德宗[780—783]时已经用作年号,并曾经铸造过"建中通宝"钱,故不宜再作钱名,所以这个时期铸行的主要通货是"圣宋元宝"钱,属于国号钱。"建国通宝"应是当时所铸的一种样钱,未被采用,故未正式铸行);元朝的"至正之

图14

图15

图16

宝"权钞钱（图17，"权钞钱"或许只在江西吉安一地短暂铸行过，在中国货币史上是一个特例。元朝推行纸币，但纸币只是价值符号，其本身并无价值，所以用金属铸币来"权"，来代表纸币，从理论上讲，是说不通的。它的铸行，一方面说明元朝纸币的影响深远；另一方面，我们也可以理解为："权钞"，实际上是"权银"，是对白银作价，因为当时民间用银的现象已经相当普遍）。如此等等，都属纲要钱之列。这样类似的特例，几乎每个朝代都有，不胜枚举。

图17

四是要看其性质功能，看它在古钱铸造、使用过程中的地位、作用，以及对后世的影响。一般认为在我国的铸币史上唐"开元通宝"钱已经是翻砂铸钱。而从"开元通宝"钱铸造工艺的成熟程度看，翻砂法铸钱的历史应该会早于唐朝，甚至会早于隋朝的开皇"五铢"钱。唐以后的方孔圆钱只有个别例外，如五代十国时期的闽钱"永隆通宝"背"闽"铁钱（图18），还在用钱范浇铸，而且是一范一钱，这是在边缘地区，所以还保留了原始落后的铸钱工艺；又如清末也曾经有过机器打制的方孔圆钱，如机制的"光绪通宝"钱（图19），这是浇铸技术向机器打制工艺技术过渡时期的产物。除此之外，几乎都是运用翻砂法的铸钱工艺铸造的。

图18

据史料记载，中国古代铸钱一般会有如下的程序：一是上报样钱，称为上呈样钱；二是批复样钱，称为部颁样钱；三是依样制作钱模，一般是先制雕母钱（亦称祖钱），再由雕母钱翻铸母钱，亦称为铸母。雕母钱和铸母钱都是钱模，前者为原模，后者为子模；四是由钱模即母钱翻铸制钱，亦称子钱，即正式发行流通使用的钱币。为了鉴别的方便，我们选了清道光年间宝源局（工部）的一套标本，其中雕母钱（祖钱）有未开金口（即内穿尚未凿开，没有使用过的）和金口已开（即内穿已

图19

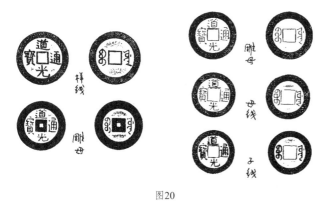

图20

经凿开、准备使用，或已经使用过的）两种。区别样钱、祖钱、母钱和子钱（图20），是钱币鉴定的一项重要内容，祖钱是原始雕模，数量最少，遗存至今的更是凤毛麟角，一般都应归入一级品文物。样钱中除去铜样之外，还有牙样、玉样、木样等不同质地的

样钱（图21），它们都属上呈样钱，为数极少，应该也是一级品文物。现在所见清钱中的铜铸样钱多是外廓比较宽阔，制作比较厚实的，和一般制钱有所区别，铜样和铸母钱则要根据具体情况再予定级，一般亦应在二级品文物以上。

图21

　祖钱之所以亦叫雕母，顾名思义，它是用刀直接雕刻出来的，所以祖钱的主要特征是有明显的雕刻痕迹，而且雕工细腻，钱体精美，钱文轮廓挺拔有神。母钱是由祖钱精心翻铸而成，数量很少，所以钱体上仍然会保留部分雕刻的痕迹。有的母钱铸成后还经过局部刀刻加工，以保证其钱文轮廓的清晰，但一般铸母会比雕母略小一些，这是因为铜液浇铸后的冷缩所造成的。子钱是由母钱成批翻铸而成的，所以不仅会比母钱又略小一些，而且精美程度要逊于祖钱、母钱，但初铸的子钱也有非常精美的。这就和洗照片一样，每洗一次总要丢掉一些东西，洗的次数越多，清晰度越差。母钱使用的时间越长，次数越多，总会受到磨损，会逐步失去棱角，也会影响子钱的精美程度。上呈的样钱，一般也是直接雕刻而成的，但也有少数铜样是精工浇铸而成的。上呈样钱一般会比较夸张，比正式流通使用的钱要硕大得多，牙样、玉样、木样尤其如此。部颁样钱则比较接近正式流通使用的钱币，包括材质和大小尺寸，但一般都会加宽外廓，以示区别。

　从上列工部宝源局"道光通宝"钱的标本看，清朝的雕母、母钱是铜质的，这是比较常见的情况，但我国早期的情况不一定都是这样。我们从四川广元出土的北宋济众监、南宋绍兴监的遗物发现，两宋时期利州路铁钱监的雕母钱是由硬木雕制的，铸母钱也可能不是铜质的，而是由一种铁锡的合金浇铸的（拙文《两宋木质雕母钱的发现和研究》，见《戴志强钱币学文集》，中华书局2006年），可见我国古代的样钱、祖钱和

母钱的材质是因时因地而有所变异的。

古钱中，除了大量的正用品（即正式作为货币铸造和发行的钱币）外，还有数量众多的压胜钱，也有人称之为花钱，其性质和当代发行的纪念章相近。从遗存的情况看，大部分压胜钱出于民间工艺，但其中也不乏有官炉所铸的精品，有的具有很高的艺术价值和学术价值。它们可以代表当时的铸钱工艺技术水平，代表当时当地的铸钱风格，反映当时当地的民俗风情，所以其中也有不少文物价值较高甚

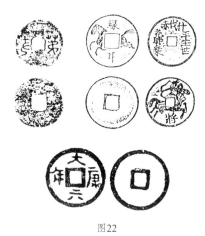

图22

至很高的珍贵之品，如：西汉窦绾墓出土的宫中行乐钱，是迄今为止，已经发现的我国最早的酒令钱；唐宋官炉铸造的打马格钱精品，充分反映了当时铸钱的工艺技术，具有极高的艺术价值；辽代"大康六年"瘞钱，既有绝对纪年，充分反映了辽钱制作特有的风格，还能说明辽朝特有的葬俗，如此等等，都应是二级品以上的文物（图22）。

四、同名古钱币的区别

这里所谓的同名古钱币，即指钱名相同的同类古钱。唐宋以后，同名的古钱一般都是同时代的钱币，只有个别的特例除外，如"开元通宝"钱是唐朝的主要通货，但唐以后的某些时候，也铸过"开元"钱。如十国南唐、吴越和闽，清太平天国农民起义

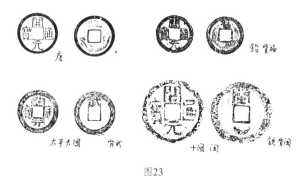

图23

时期都曾经铸过（图23）。又如"太平通宝"钱是北宋太宗时期的古钱，但宋以后的某些时候，也铸过"太平"钱。如清太平天国农民起义时就曾经铸过（图24），如此等等，

图24

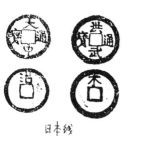

日本钱　　　　朝鲜钱　　　　越南钱

图25

总的讲只是个别的现象。对于这些不同时期铸的同名钱，因为时间相隔比较远，早期钱和后铸钱的铸期处于不同的时代，所以反映在钱币上的时代烙印也比较明显，相对讲是比较容易区分的。当然我们也还注意到，一些周边国家的仿铸古钱，如日本、朝鲜、越南等东亚、东南亚地区的国家都曾经仿铸过中国的古钱，包括唐、宋、明各个时期的古钱（图25），因为是异国他乡的仿铸品，其神韵气息自然不同，即使是拿中国古钱作模翻铸，其材质轻重和铸造工艺的某些不同，也会在钱币上留下烙印，所以也是比较容易区分的。这里重点还是要讨论同时代的同名古钱的区别，因为它们不仅是古钱鉴定的重要内容，也是古钱鉴定中难度比较大的一部分。

早期　　　　中期　　　　　　晚期

图26

同是唐的"开元通宝"钱，我们根据钱文书写的不同和其他制作上的特征，可以区分它们的铸期，是早期、中期还是晚期（图26）。早期"开元通宝"是指唐高祖武德四年（621）至玄宗开元元年（713）的铸币，特点是：制作规整，文字轮廓纤细挺拔，字体偏小，"元"字第一笔短，"通"字走部三点不连，"宝"字贝部中间两划较短，与两竖不连。中期"开元通宝"是指唐玄宗开元元年至武宗会昌四年（844）的铸币，特点是：制作规整，字体偏大，"元"字第一笔较长，"通"字走部三点相连，"宝"字贝部中间两划较长，接近两竖。钱背或有纤细的星、月纹。晚期"开元通宝"是指唐武宗会昌四年以后，至哀帝天祐四年（907）的铸币，特点是：钱体趋小，制作漫漶，钱背多铸有地名或"会昌"年号的简称"昌"字，背文位置很不规矩，深浅不一，钱背或有粗犷的星、月纹饰。同样是唐会昌以后铸的所谓会昌"开元通宝"钱，这一类钱总体而言，"其貌不扬"，但其中一样有珍品、别品。如上海博物馆收藏的"开元通宝"背"太平蓝大王"、背"蓝"和三朵如意云纹，均属压胜类孤品（图27，钱背"蓝"字，代表河南蓝田县，系记地钱）。而"开元通宝"背"永"（图28），是陕西永州铸造的记地钱，不仅存世稀少，而且属于纲要类钱币，应该给予重视，这些钱的文物定级都应在二级以上。当然其中也有不少伪造的赝品，必须通过鉴定，予以剔除。

图27

北宋是中国古代铸币登峰造极的时期，因为盛行"年号钱"制度。盛行

图28

"对钱"制度，推行铜铁钱并行或分区流通的制度，推行大小钱并行的制度等等。所以不仅是铸行的数量最多，钱名经常变更，钱文书体也是真、草、行、隶、篆无所不有，再加上两宋钱监 (铸钱局) 林立，兴废变化无常。尽管中央王朝有样钱颁布，也有严格的工艺流程，但各地钱监在雕刻和翻铸母钱时不可避免地会有细微的差异，这便导致了同名钱币会有不同的版式。2005年12月由中华书局出版的《中国钱币大辞典·宋辽西夏金编》共收录钱图7541幅，其中北宋钱4102种，南宋钱1746种。同是北宋神宗的"元丰通宝"钱，就收录有小平铜钱401种，折二铜钱136种，小平铁钱15种，折二铁钱80种，合计632种。此外，同是北宋徽宗朝的"政和通宝"钱，收录有小平铜钱154种，折二铜钱42种，小平铁钱19种，折二铁钱122种，合计337种。可见其版别之繁杂。又因为它们铸行时间的长短不一，发行数量的不同，和其他种种不确定的因素，造成遗存的多寡不一，也造成了今天它们的文物价值的不同。

有人认为宋钱数量众多，没有什么文物价值，其实在大量的宋钱中，只要我们用心去考察，便会发现其中同样也蕴藏着难得一见的稀世珍品，譬如"宋元通宝"、"太平通宝"等北宋钱中，曾经有过铁范浇铸的铜钱，也有

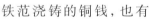
普通版　　　铁母　　　　普通版　　　铁母

图29

图30

人称之为铁母钱、试范钱 (图29，其制作与铁钱相同，最明显的特征是广穿)；"皇宋通宝"钱中有九叠篆书体的小平钱 (图30，九叠篆书体多用于官方印玺，一般不作钱文)；"元丰通宝"钱中有小平隶书钱 (图31，常见的元丰钱，钱文多是行书、篆书字体)；"元祐通宝"钱中有背"陕" (记地，北宋钱多光背，钱背有字者不多)，篆书、行书对钱

（图32）；"元符通宝"钱中有真书平钱（图33，普通的元符铜钱，钱文亦是行书和篆书字体）；"圣宋元宝"钱中有"木宋"平钱（图34，普通"圣宋"行书钱，"宋"字木部作行书"朩"，非楷书"木"）；"大观通宝"钱中有行书平

图31　　　　图32　　　　图33

钱，应属铁母钱（图35，大观铜钱一般都是宋徽宗的瘦金体，行书只见铁钱）；"政和通宝"钱中有抱"正"小平钱（图36，即"政"字的文部一撇特别长，长至正部的下面，犹如伸手抱住"正"）；"宣和通宝"钱中有巨头"宣和"（钱文字大，特别是四个字的头部硕大）、圆贝"宝"（钱文"宝"字贝部的方框呈圆形）平钱（图37）。而靖康钱（图38）中除了折二篆书、隶书对钱相对略多见一些外，几乎都是大珍之品，如此等等，均

图34　　　　图35　　　　图36

应在文物二级品以上。1985年夏，在京杭大运河高邮段清除污泥时，出土了一批两宋铁钱，其中就发现了"纯熙元宝"背"同"小平铁钱等几十种以前从未见过的新品，这里仅举三例（图39）：1. "纯熙元宝"背"同"铁钱，经查考"纯熙"是南宋孝宗拟用的年号，《宋史·孝宗本纪》、《皇宋中兴两朝圣政》、《建炎以来朝野杂记》等史书均有记载。乾道九年十一月戊戌（初九），孝宗曾诏曰"改明年元为纯熙"，六天后，又重议，改元"纯熙"为"淳熙"，所以，以前我们只知道有"淳熙"钱，不知道"纯熙"还铸过钱。"纯熙元宝"背"同"铁钱的发现，证明在孝宗改元"淳熙"之前同安监已经铸过"纯熙"钱，"纯熙"钱和清朝的"祺祥"钱有类似的情况。1861年，咸丰帝死前和肃顺等密谋，立载淳为帝，年号祺祥。不久慈禧又杀肃顺等人，废祺祥年号，改为同治，所以大量铸行的是同治钱，祺

图37　　　　　　　　　　图38

图39

祥钱只有样钱和雕母钱，并未正式铸行；2. 三种书体的"淳熙元宝"铁钱，是钱分别以真、篆、行三种书体书写钱名，这种现象在正用品中很少见到，两宋盛行对钱，但是以两种或三种书体的钱名分别铸钱，相互成龙配对，并非几种书体的钱文同铸于一枚钱上，在宋代铜钱中，偶尔也有一枚钱上出现两种书体的情况，均属特例；3. "淳熙元宝"背篆书"泉"字，是钱面文真书，和真书铜钱相似，背文篆书，又和篆书"淳熙元宝"铜钱相似。由此可以推测，严州神泉监在淳熙七年前也曾铸过两种书体的铁钱。谨此，只是举出几例，说明铁钱中亦有版别问题，亦有珍品。它们的珍稀程度和文物价值应该都在文物二级品以上。

唐钱有版别问题，宋钱、清钱也有版别问题，最近中华书局即将出版《顺治通宝钱谱》，便是专门讨论和研究清朝顺治钱版别的专谱。其实，历朝历代的古钱都存在版别的问题，而造成版式差异的原因，又是错综复杂的，其中不乏值得我们关注的课题。随着钱币学研究的不断深入，这一点已经为越来越多的人所认识、接受。

《中国文物报》2006年11月8、15、22日

传统和科学方法结合鉴定古代钱币

　　科学家和古钱学家结合,把科学方法应用到古钱学的研究之中,是传统的古钱学的一次革命,它把古钱学引进了新的时代,也是现代钱币学作为一门独立学科,立于学术之林的重要支柱。

　　传统的古钱学是一门"眼学",人们凭经验、阅历对古钱进行鉴定,做出判断,来认定它的真伪,它的铸行时代、使用区域,以及它的性质、用途,到目前为止的存世量、保存至今的文物价值、历史价值和学术价值。

　　所谓"眼学",当然只能局限在目验所及的范围之内,眼睛所能观察到的,只能是古钱的表面现象。虽然古钱学家在力所能及的范围内,对于古钱的鉴定,也会采用一些辅助的手段,诸如对古钱重量的测定、对其质地比重的手感,或者借助嗅觉的某些敏感,等等。但他们不可能了解和掌握古钱内在的实质,包括它的合金组成情况,原材料的组合和性能。科学方法则通过大量的实验数据了解和掌握不同时期、不同地区的钱币采用了不同的原材料,有不同的合金组成和铸造工艺,并且形成了循序渐进的演变轨迹,所以他们的内在组合是有规律可循的。有了科学家的参与,使古钱的鉴定不仅仅局限于表面现象的分析,而是可以找到内在的依据。

　　科学方法在古钱研究中的应用,既是古钱学研究的需要,它帮助古钱学的研究方法实现了质的飞跃,使古钱学的学科建设跨上了一个新的台阶;同时也是科学技术研究的需求,使自然科学史的研究,包括金属冶铸史的研究,找到了切实可信的,各个历史时期延续不断的实物依据。所以科学方法在古钱研究中的应用是钱币学家和科学家的共同需要,共同的事业,其学术成果的取得,只有依赖于两个学科之间的密切配合,才能相互取长补短、相得益彰,共赢共进。

一、简要回顾

科学家和钱币学家的结合，在西方发达国家已经有一百多年的历史。但由于种种原因，在中国真正起步，只是上世纪八十年代以后的事情。

1982年9月，河南省考古学会成立了金属考古研究会，我以古钱金属成分分析为主题领取了研究会的第一个课题。并首先在北宋铜钱中选出样品，请洛阳铜加工厂的工程师王体鸿先生协助做了样品的成分分析，根据分析数据，撰写出课题报告，即后来发表的《北宋铜钱金属成分试析》（《中国钱币》1985年第3期），这或许是国内对中国古钱做成分分析研究的第一次实践。

同期，中国科学院自然科学史研究所副所长华觉明研究员和北京大学化学系赵匡华教授等几位科学家也正在酝酿对古钱币的科学分析和探索。1985年夏，他们成立了专题研究组，开始这方面的工作。1986年初，在国家文物局，我和华觉明先生会面并讨论了相关的合作事宜。

1993年，华觉明先生的助手，也是赵匡华先生的研究生周卫荣正式调入中国钱币博物馆，从此，我们合作开展了研究并取得了一些成果（见周卫荣、戴志强《钱币学与冶铸史论丛》，中华书局2002年；周卫荣《中国古代钱币合金成分研究》，中华书局2004年）。

此后，北京大学、中国科技大学、中科院和北京科技大学等高校和科研单位也都开展了相关的学术研究工作，取得了丰硕的学术成果。

二、成果举要

1. 青铜块在西周文化时期曾经取得称量货币的职能

根据马克思主义货币理论的指导，货币的沿革轨迹应该是：自然物货币—金属称量货币—金属铸币—信用货币。那么，古代中国的金属称量货币是什么？曾经在什么时候行使过货币职能？

上世纪八十年代初，在江苏镇江地区的考古发掘中，在西周土墩墓及其文化层中多次发现青铜块，我们开始意识到这种青铜块可能就是我国早期的一种称量货币。后来又在黄河中游地区的西周墓葬中找到了青铜块。但最后确认其为称量货币，则是在九十年代。我们对长江下游地区出土的青铜块做了取样实验，得到了大量的合金成分分析数据，再结合考古发掘资料和文献资料，进行综合研究，才终于得到了足以信赖的科学依据，证明青铜块在西周文化时期（公元前十一——八世纪）曾经取得称量货币的职能，从此解开了长期困惑的谜团。

2. 北宋是中国古代青铜铸币最成熟的时期

《宋史·食货志》载，北宋"铸钱用铜三斤十两，铅一斤八两，锡八两"，也就是说，它们的合金成分为：铜64.44%，铅26.67%，锡8.89%。我们得到的实测数据（平均值）是：铜62%—68%，铅20%—29%，锡6%—10%，实际情况与文献记载基本吻合。这一合金比例刚好控制在铜、铅、锡三元合金的最低熔点区，这样的铸币不仅熔点低，易于熔铸，而且硬度大，耐磨性强，所以既能保证优品质，又可以降低成本。可见，北宋时期已经掌握了这一科学规律，铸币工艺技术已经登上了古代铸钱的新高峰。

3. 明中期，我国的青铜铸币向黄铜铸币过渡

经过对大量明钱的实验分析，发现我国的青铜铸币到明中期逐渐向黄铜铸币过渡。而且知道明朝在使用黄铜铸币的初期，曾有过一个明显的过渡期，即从嘉靖年间（1522—1566）至万历中期（1615前后），大约有半个多世纪的时间。实测数据，嘉靖年间平均值为：铜60—70%，锌13—19%，铅2—13%，锡5—9%。这种情况一直沿续到万历前期，这个过渡期内的铸币，就成分而言，应当属于半黄铜半青铜。到万历后期锡铅含量明显下降，锌含量明显上升，合金成分大致是：铜60%，锌30%，铅2—3%，锡1%，至此才真正完成对黄铜铸币的过渡。

4. 为不同版别的同类古钱提供铸期、铸地的参考依据

开始时，我们的注意力集中在主要合金成分的分析，譬如青铜中的铜、铅、锡合金比例；黄铜中的铜、锌合金比例的变化等等。

在实践中，我们的视野逐步拓宽，开始注意到某些杂质元素的变化，譬如铜钱中的铁元素含量的变化（汉唐铜钱中铁含量较高，可达1—3%，到北宋铁含量下降，一般在0.5%以下，说明当时硫化铜的冶炼技术已经成熟）。

甚至还注意到一些微量元素的变化，譬如镉、锑等等含量的变化，并且会有预想不到的收获，取得决定性的结果。尤其是对同类古钱中不同版别钱币的铸期和铸地的考证，会有特殊的意义。譬如清顺治钱、康熙钱，有中央铸造的，也有地方铸造的，不同地区、不同铸期的铸币，因取材不同，所含的微量元素会有所变化。再结合文献

史料的考证，便可以分清哪些是中央铸，哪些是地方铸；哪些是中原地区铸，哪些是云贵地区铸（云贵地区的铸币一般会含锑，因为它们的共生矿中有锑的成分。北方地区的铸币则不会含锑）……由此出发，还可以对同时期的压胜钱的断代和铸地做出推论，取得预期之外的收效。

三、一点体会

传统和科学方法结合鉴定古代钱币是一条必由之路，近三十年的实践，既有成功的经验，也有一些失败的实例。

实践告诉我们，科学方法在古钱币研究中的应用，应该有三个环节组成：

一是，实验取样要先做传统钱币学的鉴定，免得误把伪钱，或根本不是我们所要研究的那个时代、那个地区的钱币作为实验对象，那么实验不仅没有意义，还会以假乱真，贻误他人；

二是，在实验室里就样品实物做科学分析，以便取得确凿的实验数据；

三是，集中相关实验所取得的数据，提供给研究人员，综合考古学、钱币学、文献学、历史学等相关学科的研究手段和研究成果，做深入分析。这个过程，也是对最初认定的再验证，在此基础上，我们才能得到最终的科学的结论。

在首都师范大学第二届艺术品科学鉴定学术研讨会上的发言，2015年6月3日

确定钱币文物价值的几个因素

文化部2001年4月颁布的《文物藏品定级标准》规定："文物藏品分为珍贵文物和一般文物。珍贵文物分为壹、贰、叁级。具有特别重要历史、艺术、科学价值的代表性文物为壹级文物；具有重要历史、艺术、科学价值的为贰级文物；具有比较重要历史、艺术、科学价值的为叁级文物。具有一定的历史、艺术、科学价值的为一般文物。"这是确定文物价值的准绳，也是确定钱币文物价值应该遵循的总的原则。

根据上述规定的原则，结合钱币自身的特征，在确定钱币文物价值的时候，以下几点需要我们予以重视，适当掌握。

1. 纲要钱和版别钱的区别

纲要钱是指某一个时期或者某一类钱币的代表作品，尤其是铸行时间不长，遗存数量不多，但在钱币史上，或者在某一个学术领域中具有重要地位的钱币，有了它便可以说明一段历史、证明一个事实、解开一团迷惑。譬如西汉武帝继位以后铸造的第一种钱——"三铢"钱，便应该属于纲要钱之列。因为"三铢"钱是汉武帝进行币制改革的第一次实践（建元元年，即公元前140年），它打破了秦始皇以后铜钱钱名定格为"半两"的习俗；其二，"三铢"钱是我国早期摸索钱币单位重量标准的一个重要的环节，为后来确立"五铢"钱的体制，即每枚钱的单位重量确定为重五铢（合今4克弱）积累了经验；其三，"三铢"钱在铸钱工艺的改革上，也是一次重要的实践，它改变了秦"半两"钱不铸外廓的习俗，因为有了铸外廓的"三铢"钱，才有了后来的有廓"半两"钱、有廓"五铢"钱，才有了所谓的赤仄（侧）钱的制度，即钱币铸成以后，要经过净边磨光的制度。所以，"三铢"钱虽然铸期很短，但在中国钱币史上享有重要的地位。

在2005年嘉德的春季拍卖会上，辽早期的古钱"会同通宝"以55万元人民币的成交价，创造了当时中国古钱币拍卖史上的最高纪录。"会同通宝"钱能卖出这样的高价，当然是由诸多因素促成的。其中一个重要原因就是：它是一枚纲要钱。因为它的发现，弥补了辽早期年号钱的一个空白，可以帮助我们正确地认识辽早期铸年号钱已经成为制度。但每种年号钱的铸额极少，只是象征性的铸钱，其政治上的用意要远远大于作为货币的实用价值，所以它在货币史上享有特殊的地位，不同于其他别品、不同于一般小版别的差异。除"会同"钱之外，辽早期的年号钱，包括天赞、天显、天禄、应历、保宁、统和所铸的通宝钱几乎都是孤品或珍品，也都属于纲要钱之列。

所谓版别钱，是指不同书法、不同制作、不同版式的同类钱币，只是小版式的区别，其中有的遗存也极少，它们的存在，当然也有重要的文物价值，但和纲要钱相比，其影响和意义是不可同日而语的。

2. 样钱、祖钱（雕母钱）、母钱和子钱的区别

据史料记载，我国古代翻砂铸钱一般会有如下的程序：一是上报样钱，逐级上报，直至皇帝，称为上呈样钱；二是根据御批的样钱，由主管部门铸造标准样钱，分送各铸钱局（监），称为部颁样钱；三是各铸钱局（监）依照部颁样钱，制作钱模。一般是先雕制出祖钱，亦称雕母，再由雕母钱翻铸母钱，亦称为铸母。雕母钱和铸母钱都是翻砂铸钱用的钱模，前者为原模，后者为工作模；四是由钱模，即母钱翻铸制钱，亦称子钱，即正式发行流通使用的钱币。区别样钱、祖钱、母钱和子钱，是钱币鉴定的一项重要内容。上呈样钱除铜样之外，还有牙样、玉样、木样等不同的质地，但凡是上呈样钱，为数极少，正常情况下，应该都归为壹级品文物。现在所见清钱中的部颁铜铸样钱，多是外廓比较宽阔，制作比较厚实的，和一般制钱有所区别，部颁样钱和铸母钱的遗存都不多，但和前者相比自然会多一些，所以要根据具体情况再做决定，一般亦应是贰级品以上的文物。祖钱是原模，遗存者极少，当然是珍贵文物。子钱则是普通使用的钱币，一般遗存数量比较多，文物价值也会比较低。

3. 设计、铸造过程中形成的版别和发行、流通以后造成的变异之间的区别

在钱币鉴定中，要注意细微的版别差异。同名钱币的版别差异，一般有这样几种情况：

一是不同时代、不同地区铸造的同名钱币。唐宋以后，有些同名的钱币在不同时代、不同地区都铸造过。如"开元通宝"钱是唐朝的主要通货，但唐以后的某些时候，也铸过"开元"钱，如十国南唐、吴越和闽，清太平天国农民起义时期都曾经铸过。又如"太平通宝"钱是北宋太宗时期的钱币，但宋以后的某些时候，也铸过"太平"钱，如清太平天国农民起义时就曾经铸过。对于这些不同时期铸的同名钱币，因为时间相隔比较远，早期钱和后铸钱的铸期处于不同的时代，所以反映在钱币上的时代烙印比

较明显，相对讲是比较容易区分的。不同地区铸造的同名钱币，甚至是不同国家铸造的同名钱币，诸如日本、朝鲜、越南等东亚、东南亚国家和地区，都曾经仿铸过中国的古钱，包括唐、宋、明各个时期的古钱，因为是异国他乡的仿铸品，其神韵气息自然不同，即使是拿中国古钱做模翻铸，其材质、轻重和铸造工艺等也会有所不同，都会在钱币上留下烙印，所以相对而言也比较容易区分。不同时代、不同地区铸造的同名钱币，它们的文物价值当然是不一样的。

二是同时代的同类同名钱币也会有版式的区别。同类钱币的版式区别往往都在细微之处，它们不仅是钱币鉴定的重要内容，也是钱币鉴定中难度比较大的一部分，它们又会直接关系到钱币的文物价值。譬如，北宋盛行"年号钱"制度，盛行"对钱"制度，钱局（监）林立，兴废变化无常。尽管中央王朝有标准的样钱颁布，也有严格的合金比例和工艺流程的规定，但各地钱监在雕刻和翻铸母钱的时候，由于匠人的手法不同，不可避免地会出现细微的差异，这便导致了同名钱币会有不同的版式。不同的版式钱，因为铸地、铸期、铸额、遗存数量不同，便会有不同的文物价值。譬如，北宋的"圣宋元宝"钱中有一种称为"木宋"的平钱（普通"圣宋"行书钱，"宋"字木部非楷书"木"）；"宣和通宝"钱中有巨头"宣和"（钱文字大，特别是四个字的头部硕大）、圆贝"宝""宣和"（钱文"宝"字贝部的方框呈圆形）等等。这些版别差异都是在钱币设计、铸造过程中形成的，对于钱币的铸地、铸期等研究，都是重要的实物资料，且遗存极少，所以都属于珍贵文物之列。

三是钱币发行以后，在流通、使用，乃至传世过程中造成的"版式"区别。一般情况下，对于钱币发行以后形成的版式变异、磨损、破坏，应该不属于钱币的版别问题，也就谈不上文物价值。所以钱币版别的鉴定必须分清它们形成的原因和不同的性质，然后才能对其文物价值做出正确的判定。

4.正用品和非正用品的区别

在历史上曾经作为货币正式流通使用过的钱，或者可以把概念扩大一些，理解为：由于货币的需要而铸造的"钱"，它们是古钱的主体，古钱学家称之为"正用品"。正用品当然应该受到重视，在历代遗存的正用品中，也的确有不少属于珍贵的钱币，前面所述的纲要钱，多数都属于这样的性质。但正用品中如汉的普通"五铢"钱，唐的普通"开元通宝"钱，清的普通龙纹银元，民国的普通孙像、袁像银币等等，它们在中国货币史上都享有极其重要的地位。它们在一个很长的历史时期里，成为国家的主要流通货币，无论从货币史还是从学术研究的角度来看，它们都享有重要的地位，所以它们在博物馆，特别是钱币博物馆的收藏和陈列展览中都是不可或缺的基本文物。但是由于存世数量太多，从文物价值的角度而言，就不可能太高。

除正用品外，还有不是因为货币的需要而铸造的“钱”，如吉语钱、镇库钱、信钱、花钱、打马格钱、宫钱、瘗钱，等等，古钱学家统称之为“压（厌）胜钱”，也称之为“非正用品”。这些“钱”不是货币，不能行使货币的职能，但它们的取材、形制、铸造工艺等等均和货币类同，其中的精品亦多出于政府设置的钱监，即所谓的“官炉”。所以从文化意义上讲，它们和同时代的正用品铸币是孪生兄弟，它们应该是货币文化的衍生物。作为钱币收藏者和研究者，也把它们和正用品一起收藏、研究，不仅中国是这样的，国外也是这样的，所以西方的钱币博物馆叫做币、章博物馆，收集、研究钱币的部门叫做币、章部。

从遗存的情况看，大部分压胜钱出于民间工艺，但其中也不乏精美之品。尤其是官炉所铸的精品，具有很高的艺术价值和学术价值，甚至可以代表那个时代的先进的铸钱工艺技术，代表当时当地的铸钱风格，反映当时当地的民俗民情，所以其中也有不少文物价值较高甚至很高的珍贵之品。如：西汉窦绾墓出土的宫中行乐钱，是迄今为止，已经发现的我国最早的酒令钱；唐宋官炉铸造的打马格钱精品，充分反映了当时铸钱的工艺技术，具有很高的艺术价值；辽代“大康六年”瘗钱，既有绝对记年，又能充分反映辽钱制作特有的风格，还能说明辽朝特有的葬俗，如此等等，都是压胜钱中的纲要钱，具有很高的文物价值。

正用品和非正用品只是性质和功能的区别，从文化遗存的视角来看，没有贵贱之分，所以不能一概而论。在确定它们文物价值的时候，只有从实际出发，才能做出科学的判断。

5. 官炉铸钱、地方铸钱和私铸钱的区别

官炉铸钱指的是由皇室或中央政权直属钱局（监）铸造的钱币。但在中国铸币史上，私铸的问题始终存在，而且各个历史时期，对于私铸的政策并不一样。有时候允许民间铸钱，如汉初，所谓的即山铸钱，实际是允许地方铸钱，允许私铸，当时的私铸钱可以堂而皇之作为货币在市场上流通使用；而盛唐时期，则是严禁私铸，政府几度强令禁铸，也出台了许多具体的实施办法，但私铸现象仍然没有杜绝，至今都有遗存。私铸钱自然是有利可图的，其最重要的手段便是偷工减料，降低成本，制造劣钱。所以私铸钱和官炉铸钱，包括地方铸钱，不仅质量不同，同时也反映了不同的工艺水平，它们之间的文物价值自然会有区别。

但是，钱币的文物价值有时并不完全取决于它自身的质量优劣。譬如，唐会昌（841—846）以后，允许地方铸钱，地方铸钱的质量远不如盛唐时期的开元通宝钱，史称"会昌开元"。但会昌开元钱中，有的因铸额偏少，遗存至今的数量更少，如背"永（四川永平监之简称）"字者，既是晚唐地方铸钱的一方代表，又遗存很少，所以其文物价值自然要大大高于比它精美得多，却有大量遗存的普通盛唐开元钱。又如安徽东至发现的一组"关子"铅版，经鉴定是南宋末年私印关子的伪版，尽管是一组伪版，但毕竟是目前所能见到的唯一的南宋钞版遗物，所以它仍然具有极高的学术价值和文物价值。

6. 品相好坏、精美程度的区别

钱币的艺术魅力，只有好的品相，才能充分得到反映。普通钱币虽然数量众多，但是它们多数在社会上经历过流通使用，所以要保持其全品相的很难。一般钱币体积不大，文饰简单，如果再锈蚀严重，漫漶不清，自然也就很难体现它的历史价值、艺术价值。所以钱币的品相好坏会直接影响到它们的文物价值。同样的钱，其中特别精美者可以作为珍贵文物保护收藏，相反，因为品相严重损坏，或许便和"珍贵"文物无缘。然而钱币品相的好坏，必须是在同类钱币中相比较而言，不是同一类的钱币，便不存在可比性，正如前面提到的盛唐开元钱和晚唐开元钱之间是无法以一个标准比较的。

7. 存世数量、稀有程度的区别

钱币中，曾在某个历史时期作为流通货币使用过的普通钱币，因至今尚有大量遗存，所以，它们的文物价值并不高，却有一定的甚至是重要的历史地位，收藏者不需要花费多少钱财，便可以收集到的历朝历代普通钱币；也不乏历史价值、艺术价值和科学价值同时兼备的珍稀之品，有价值几万、几十万、几百万的珍品、名品，也有踏破铁鞋不可寻觅的孤品。正因为钱币具有这样的特征，所以它可以满足来自不同阶层、不同需求的收藏者，从普通老百姓，包括工人、农民、战士、学生，到高级知识分子、巨商富贾、政府的高官要员，都有爱好、收藏钱币的。收藏者可以由浅入深，由初级到高级，渐入佳境。对于钱币的收藏，不仅在民间收藏界中数量最多，即使在博物馆的文物藏品中，钱币的数量也是最多的，其中作为珍贵文物入藏的钱币种类和数量也都不在少数。

物以稀为贵,这是普遍认同的观念。但钱币遗存的数量众多,只是一个笼统的概念,具体到每一种钱币,情况就各不相同。由于不同的历史时期、不同的社会环境,有些钱币或是铸期短、发行量小;或是遇有特殊情况,只铸了样钱,没有大量发行,或者根本没有发行,便改弦易辙;或是由于战乱,还是其他种种原因,有的钱币遗存至今者,已经十分稀少,甚至成为孤品、绝品。即使是宋钱、清钱……人们常见的遗存数量很多的钱币中,也同样会有这样的现象,同样会发现稀世的珍品。如北宋的"皇宋通宝"钱中,有一种九叠篆书体的小平钱(九叠篆书体多用于官方印玺,作为钱文,仅此一列),"元丰通宝"钱中有一种小平隶书钱(常见的元丰钱,钱文多是行书或篆书字体)便都是珍贵的名品。这或许就是钱币收藏和研究的魅力所在。

8. 社会知名度的区别

同是古钱,同是一个级别的名誉品,但人们关注的程度不一样,市场的价值也不一样。譬如,王莽时期铸造的刀币"一刀平五千",制作工整,器型独特,尤其是"一刀"两字由黄金镶嵌,受到历朝文人墨客的追捧,享有较高的社会知名度,成为钱币收藏者青睐的热门藏品,所以它的市场价格往往会超出同类同级的其他钱币。相反,有些珍钱,虽然有很高的文物价值,但不被人们认识,致使人们对它不了解,不关注,它们的市场价格也就上不去。这样类似的情况,古钱中有,机制币中有,各门类的钱币都会有,这是外界影响、社会影响所起的作用。由此可见,钱币的文物价值和它的市场价格往往会有偏差,不一定完全一致。

在文物收藏热高涨的时期,文物市场红火,成为社会关注的热点,文物价格不断走高。当文物收藏热降温,趋向低潮的时候,文物市场萧条,无人问津,文物价格也就走低。钱币作为文物的一个门类,也会受大形势的影响有所起伏。这是从宏观上讲文物价值的走势,会受到社会的影响。从微观来看,不同门类的文物,在不同时期、不同地区,受重视的程度也是不一样的,它会随着社会关注程度的变化而变化。就钱币而言,有时候古钱走红,过一个时期金银币受到青睐,继而纸币又走俏,即使是同一类钱币,在不同时期、不同地区也会有不同的热点,这也是社会的影响,外界的作用。

总之,在确定钱币文物价值的时候,一定要考虑到各方面的因素,做综合分析,才能做到准确无误,不失偏差。

《中国收藏拍卖年鉴》,当代世界出版社,2012年5月

必须从中国的实际情况出发才能对中国
近代机制币做出科学鉴定

对于中国近代机制币的鉴定，引进西方（特别是美国）的技术手段和管理模式是完全必要的，也是时代进步的必然，所以必须给予充分肯定，并且要采取积极措施，大力推进，使之真正落到实处。但是对于中国近代机制币的鉴定，包括金、银币，也包括铜元等其他金属币的鉴定；包括机制币的真伪鉴定，也包括品相的鉴定，性质用途的鉴定，都必须根据中国社会的实际情况，对每一种币作出具体的分析和界定，才能得到真正科学的符合实情的判定。否则，简单套用西方的鉴定模式和标准，恐怕会走很多弯路，甚至付出很大的代价。所以，我们既要吸取西方的先进技术、科学手段和规范的管理制度，同时又要结合中国的实情，制订出中国的标准，甚至是不同类型的币种，会有不同的标准来规范，才能保证鉴定工作的顺利开展。尤其是，目前机制币的伪品充斥市场，有的高仿品几乎可以乱真，有的高仿品甚至比真品的成色更好，制作更精。所以中国钱币界有一条经验：做假者往往容易做"过"，做得更规矩，更精美，却做不到"自然"，做不出原来的"精神"。所以，必须还真品以本来面目，才能设置出科学的鉴定标准。不要因为高仿伪品的干扰，乱了我们的方寸。在此，仅举出几个实例，说明之。

1. 我国早期银元有时代烙印，和后来正规的造币技术有区别，流通的环境也不一样。譬如，福建、台湾的早期军饷银饼由于机器的压力不够，真币的纹饰比较浮浅，地张的光洁度比较差，正背往往会有错范的现象。又因为流通使用过程中，要验明正身，所以真品一般都打有戳记，有的甚至伤痕累累，没有戳记的倒要有所怀疑。又如上海银饼，也是由于机器的压力不足，导致地张的光洁度差，地张上甚至会有隐隐约约的丝痕，正背也会有错范现象，文字笔划上尖下宽，从侧面看，呈宝塔形，制造技术和一般西方银元有较大的反差。

2. 革命根据地打制的银元，也有自己的个性。因为设备简陋，生产环境恶劣，往往是土法上马，土办法打制，所以制作粗糙，不可能精美，图案纹饰亦极不规范。譬如，镰刀和锤子的大小、位置、上下排列的顺序、空心还是实心，等等，变化无常，如果以一个标准来衡量，就会出错。而做假的根据地银元，往往做得比真品更规矩，更漂亮。又如加盖的"苏维埃"字样，以及"工"字等其他戳记，它们字体的大小、加盖的位置，也不是统一的标准，也是有变化的，但又不是没有一点规律，而这个所谓的"规律"，是由操作工人的习惯造成的。现在我们的鉴定，关键是要掌握整个币的精神面貌和时代气息，戳记加盖的手法和特征，如果不了解这些，仅仅依靠机器设备，依靠放大镜、显微镜，恐怕是难以解决问题的。

3. 军阀混战时期、地方割据势力打制的机制币，也会有上述类似的现象。因为他们的政治势力不同，经济实力不同，掌握的技术水平不同，反映在造币水平上，也各不相同。譬如川陕币、四川卢比、云贵地区的金银币等等，它们和欧美正规造币厂打制的钱币有着明显的差距，所以用一个标准来衡量、定级，恐怕也是不行的，不同时期、不同地区的钱币，应该有不同的设定和规范。

4. 关于原模后制的问题。这种情况虽然不多，但的确有，要做具体分析。譬如京局光绪元宝，当时只打制过样币，既然是样币，当然打制的数量极少。据说后来曾经用原模补打过，打制过几次？打制过多少？都是什么时候打制的？需要研究。因为是原模打制，鉴定自然就非常困难了，但机器不同、压力不同；坯饼不同、成色不同，后制者和原样当然不会一样。这种情况必须掌握，否则鉴定结论就会有误差。

5. 后制的高仿品。由上述情况，我又联想到后制的高仿品。科技手段进步了，电脑雕刻等先进技术也应用到伪币的制造上，不仅机器设备、技术手段先进，更有行家里手参与，譬如1949年前的平玉林、杨成麒，都是精于此道的行家。如今的伪作，或许也不乏此道的行家，这是利益所驱。所以我们必须具备比别人更高更多的心眼，才能魔高一尺，道高一丈。

6. 所谓的金样、银样和铜样。不管是金币、银币，还是铜币，在正式制造之前，都要先打制样币，供审查核准，这是造币厂生产过程中必然会有的一个环节。正式发行和参与市场流通的金属币，在发行之前，也会打制一部分样币，公布于众，或者下发到各地银行作为标准样，以保证正常的流通使用，这也是符合制度的。至于用银元的模具打制黄金的样币，是特定情况下出现的特殊现象，是特例，当然是极少、极个别的。现在市场上，时不时会有金样露面，令人费解。还有铜样，更是莫名其妙。铜元要先打铜样，符合常理，是造币厂生产过程中的一个环节，但金元、银元打铜样就奇怪了，与常理不合。一般情况下，打样币是非常严肃的事情，如果是上呈样币，是要呈报给上级主管部门的要员，甚至是皇上、政要审核的。所以金币就是金样，银币就是银样，规规矩矩，不可有半点差错。怎么会用铜材去打制金元、银元的样币呢？如果真有这样的事情，唯一的解释，只能是造币厂内部的戏作，只会是特殊情况下的特例。现在市场上，铜样居然也频频出现，实在是值得深思的事情，必须提高警惕，否则就会上当受偏。这些恐怕也不是机器可以解决的问题。

　　总之，机器、设备、科学、技术，都是靠人来掌握的，机器再先进，技术再发达，都离不开人，而人是活的，人是可变的。各国、各地、各个时期的情况，也会因时因地而不同，所以我们在引进外国的先进技术和管理模式的时候，必须考虑到中国的实际情况，必须和中国的实情相结合，制订出适合中国的鉴定标准，只有这样，我们才会立于不败之地。

2009年未刊稿

做好钱币的鉴定评估逐步规范中国钱币市场

今天有幸参加广州国标钱币收藏品鉴定评估有限公司的业务研讨会，我感到非常高兴。广州国标钱币收藏品鉴定评估有限公司是NGC在中国的总代理，NGC在国际钱币鉴定评估公司当中有较大的影响，很好的声誉，成功的经验。能够把国际上成功的经验引入中国是一件十分可喜可贺的事。同时，广州国标钱币收藏品鉴定评估有限公司又是我国第一家专门的钱币鉴定评估公司。我想这个头开得好，也一定会开好头。它将会为规范中国的钱币市场开拓一条新路，做出积极的贡献。

下面，我想就三个方面，谈一谈自己的看法。

一、当今中国的钱币收藏和钱币市场

随着国内文物市场、金银市场开放，钱币的收藏热潮逐步形成、日益高涨。上个世纪六十年代"文化大革命"以前，已经有人担心中国的钱币有绝学的危险。大概就在"文化大革命"前几个月，《解放日报》发表了一篇文章，表示有三门学科，其中包括钱币学科，恐怕后继无人，濒临着绝学的危险。就在这篇文章发表了几个月后，"文化大革命"开始，更令这一情况雪上加霜。因此六十年代至七十年代甚至八十年代初，中国钱币学科领域出现了青黄不接的现象。

那么现在的情况又如何呢？举一个例子，几天前我参加钱币天堂网友聚会，到会几乎都是年轻人，其中最年轻的只有18岁。生机勃勃、热情奔放的这样一个劲头和四十多年前的冷落形成非常大的对比，现在不用担心后继无人，甚至有人说，钱币学已经成为一门显学，我想，这样的说法也并不以为过。当然一门学科要成为一项热门的事业，所需的条件是很多的，包括收藏和研究的水平及成果等等。

从钱币市场情况来看，我认为也可用"火爆"二字来形容。最初，拍卖行是没有钱币专场的，在拍品当中，钱币的比例很小，直到2004年，才有钱币的专场拍卖。从2004

年至今，几乎每年都有钱币专场拍卖。一开始较受收藏者青睐的是贵金属金银币，后来有了古钱币的专场拍卖，去年又新增了纸币的专场拍卖。拍品的成交比例、成交额和单件拍品的成交价一再攀升、屡创新高。有些数字每每突破以往的记录，这是我所没有想到的。去年下半年，因为国际金融危机的影响，整个拍卖市场大幅度下滑，在这样的形势下，钱币的拍卖专场当然也有所下滑。但是和其他拍品相比，钱币专场的成交比例还是比较高的，恐怕是文物拍品当中成交比例最高的。就单项成交额来看，还有上升。这一点也的确是非常不容易的，当然它也有一些特殊的原因。今年的春拍，中国几家大的拍卖公司的钱币专场，从我现在得到的数字看来，成交价全面上涨。嘉德今年举办的丁张弓良纸币专场拍卖，据说是100%成交，这在拍卖历史上是非常难得的。而且其中最高的一张纸币拍出了69.44万，这在纸币拍卖史上应该说是破天荒的，也可以说是天价。钱币收藏者的人数是越来越多，钱币市场的火爆已经成为事实，中间当然也会有起伏，但这一总的趋势是无可置疑的。而且可以预料，今年的秋拍形势一定会继续走高。

举这些例子，只是想说明，钱币收藏者增多，钱币市场逐步扩大，钱币市场的趋势将会越来越热。

钱币市场人数增加、钱币市场活跃的形势势必会同时带来两种现象。第一，钱币的价格攀升。市场人数增加，要的人多，藏品紧缺，价格自然往上升。事实上，最近这五年钱币的成交价一直升高。第二，钱币造假的数量会越来越多。现在文物界有个词叫"高仿品"，所谓的"高仿品"，我想在钱币界是指造假的程度很高的钱币。那么原来比较冷门的比如说金银币、金银锭，金银锭以前几乎没有做假的，要做假那也是以假金假银仿制，水平是非常低的，只要会看金银的人都会看其真假。现代金银锭做假手段把普通的金银锭特别是银锭做成银锭中的稀有品来卖高价，非常容易令人上当。如果没有功底的话，光看金银是真的，但实际上它并不是金银锭的稀有品，所以最近这几年金银锭做假是要引起我们注意的。另外还有纸币做假，在纸币收藏不是很热的时候，纸币做假也相对比较少，当然我所指的不是现在流通的货币造假，那是假钞了。最近这几年，纸币的做假花样也在不断翻新，特别是根据地货币的做假。除了历史上的货币之外，当代金银币也有做假的状况出现，包括流通纪念币的做假情况也非常普遍。我记得那时正是流通纪念币红火的时候，差不多每出一种新的纪念币都有假币。可恶的是，当你说出什么地方假了之后，过几天新的假币又出来了，这样你就成了教唆犯了，这种手段是非常讨厌的，造假手段高，信息传播快。因此去年中国金币总公司下了非常大的力量去防止假的金银纪念币，做正面的宣传教育工作，在这方面我觉得非常重要。

树欲静而风不止，钱币收藏的升温和钱币的伪造日渐嚣张，它们与集币市场实际上是相生相伴的，我们必须直面这种现象。现在收藏市场一热，自然有人做假，而且是挖空心思地做假。有些同志不熟悉这个圈子，会提出说——你们可以采取一些措施防范啊等等。做假事实上是一种客观规律，是止不住的，有关方面重视，是通过正面的教育和采取一些法律的措施，可能会有所改善，但事实上是不可能杜绝的。所以我们必须面对这样的事实，必须对钱币收藏品做鉴定评估，以之来保护收藏者的利益，维护钱币市场的规范操作，使之能健康发展。

二、中国钱币鉴定评估的现状

我们现在成立的是钱币专业的第一家鉴定评估公司，所以我说，广州国际钱币收藏品鉴定评估有限公司是第一家钱币鉴定的公司。民间的鉴定活动，应该说，到现在为止是很不规范的，几乎没有一个统一的标准，更没有一个专门的钱币专业的鉴定评估公司。我所知道的这些鉴定公司一般是不出证书的，更没有像国际上的鉴定盒和一套很规范的鉴定程序，而这鉴定盒本身又是防伪的。咱们国内的这些文物鉴定公司到现在为止没有统一的鉴定标准，有的的确比较规范，但有些是很马虎的，很不负责的。特别是由于没有专门的钱币鉴定公司，所以钱币的鉴定一般都放在文物的鉴定里。随着钱币收藏事业的发展，对于钱币专业性的鉴定评估已经是迫在眉睫，因此广州国际钱币鉴定公司的成立应该说是应势而生，应运而生。

三、吸取国际上的成功经验，做好钱币鉴定与评估，逐步规范钱币市场

中国有句俗话叫："开头难，难开头"，现在已经开了头，我想前半句的"难"已经闯过来了，接下来是如何再闯过后半句的"难"字，任重道远、责任重大，每一步都需要处理好。其中包括硬件，比如说鉴定盒；要重视的是软件，所谓的"软件"，最关键的是鉴定人员的水平和素质，既包括业务水平、专业能力，也包括他的道德修养，对事业

的责任心。鉴定人员的素质一定要高，有了高水平、高素质的专家来把关参与鉴定，才能有信誉，有权威，才能得到社会的真正认可。事实上，大大小小的错误还是难免的，那么就必须要有一定的补救措施，必须要有充分的思想准备，碰到这些问题之后有什么相应的措施来挽回？国际上一些大的，有影响力的公司，只要有权威专家提出非议，它就可以把评级结果撤回。所以说必须要有这个措施，这样的话即使错了，你马上更正而且赔偿，那么坏事就变成好事了。你的声誉不但没有受到影响，反而提高了。因此我们没有做这个事情之前，就要有一定的思想准备，好在国际上已经有了一套成熟的经验。

另外一点，就是钱币的范围很广很大，既有当代钱币，也有历史上各个时期的钱币；既有中国的钱币，也有外国的各个国家和地区的钱币；既有金属货币，也有纸币等不同材质的信用货币；既有国家政策发行的货币，也有形形色色的各种文化的货币衍生物。如此广泛的领域，在钱币界严格来说是找不到一个门门都通的全才，所以，作为专家要认识清楚，专家不是杂家。

就钱币的鉴定而言，国际上已经有了成功的经验，特别是三大钱币鉴定公司，其中当然包括NGC。吸取他们的经验非常重要，包括管理模式、相关的制度、鉴定专家的作用发挥、鉴定和技术的应用等等，有了这些成功的经验，再结合中国钱币收藏和钱币市场的实际情况，使之逐步纳入正确的轨道。我相信，广州国标钱币收藏品鉴定评估公司一定会办好、一定会成功，一定会得到社会的认可，受到钱币收藏界的欢迎！

2009年6月1日（广州）中国钱币鉴定业务研讨会发言

又载于《广东钱币》2009年第3期

钱币鉴赏 (删节稿) ①

一、钱币的概念

以大家最直观的理解来说,钱就是货币。实际上,钱币、钱,既是货币,又不是货币。钱币和货币之间,是有区别的。

我先讲与货币有关系的"钱"字的不同含义。现在上街去买东西,首先会想,带钱了没有。这个钱,当然是指货币,而且是人民币,这是第一个概念。

但是在中国钱币史上,中国古代最早的"钱"是什么呢?是钱镈。春秋战国时期,钱镈是铲田的农具。钱是铲子,是往前推的;镈,是锄头,是往里拉的。所以,钱和镈,都是农具的名称。因为中原地区是农耕地区,钱和镈是家家户户都需要的东西,所以它后来有了一般等价物的功能。也正是因为这样,后来在钱和镈的基础上,产生了中国的金属铸币,即"布币"。"布币"的"布",现在写成"布匹"的"布",实际就是"金"字旁这个"镈"字的谐音。那么在中国古代,钱是什么呢?钱镈实际上是一种农具的名称。

衡制,即度量衡中的衡,现在人们一般讲公斤、千克。实际上,像我这个年龄的人,在年轻的时候,主要讲"斤"、"两"。衡制的"斤"底下是"两",开始是小两,1斤等于16两,后来是大两,1斤等于10两。那么,"两"下面的重量单位是什么呢?是"钱",1两等于10钱,这个"钱"就是度量衡,是一个专用的重量单位的名称。

货币制度的变更,是能影响到度量衡制度的,这个在中国货币史上可以找到实例。最初,"两"底下的单位是"铢",1两等于24铢。唐高祖武德四年,开始铸行"开元通宝"钱,当时要求1两铸10个开元通宝钱。这个制度要求是非常严格的。1两等于10钱,实际上,最初的含义是,1两重等于10个开元通宝钱,也就是10个开元通宝钱重1两。正因为有了这么一个规定,这个"钱",便成了我国度量衡中的一个重量单位。

---

① 本文为在中国社会科学院研究生院的讲稿,刘强整理初稿。

　　所以"钱"既是货币的名称，又是度量衡重量单位名称，还是农具的名称，我讲这个的意思就是说，"钱"字不单是货币的意思，还有多种含义。

　　接下来我要讲的是"货币"和"钱币"，它们是两个不同领域的专用名词。货币是经济领域的专用名词，是物物交换的媒介，有五大职能。我认为"钱币"是文化领域的一个专用名词。它要研究的是钱币的材质、铸造工艺、颜色和其他锈色，钱币的遗存情况，包括现在收藏界比较关心的钱币的真假，它的文物价值、经济价值是多少。我们现在所理解的钱币，我认为，是货币和货币文化衍生物的总称，简单地讲，可以叫货币+货币文化衍生物。也可以称为"币"+"章"。"币"指的是货币，"章"指的是货币文化的衍生物。在中国历史上有"压胜钱"、"花钱"等等钱币，就是货币文化的衍生物。但是在西方，没有"钱币"的专有名词，所以西方的钱币博物馆，就叫"币"和"章"的博物馆，它的管理部门就是币"和"章"的管理部门。所以用现代的话来说，钱币也可以说是"币"+"章"。现在我们所谓的"纪念章"实际是个舶来词，是由西方的货币文化传来的一个名称。在中国历史上，古钱除了正用品之外，还有非正用品，这个所谓的非正用品，就是我们现在所谓的"章"。"币"和"章"的区别，我想最明显的就是："币"是货币，"币"是标有面值的；"章"不是货币，是没有面值的，这是最直观的区别。现在的收藏爱好者，甚至金融系统的一些同志，也很少有人把它们区别清楚。比如说今年（2014）是马年，明年（2015）是羊年，我们现在已经准备做羊年的纪念币了，图稿已经确定了。一般在春节以前，实际在元旦以前，就开始发行了。收藏者、爱好者，或者一般老百姓，可以买来作为过年的贺礼。真正有面值的羊年生肖币发行量是有限的，大量发行的是没有面值的"章"，有金的、银的，还有铜的。人民银行是中央银行，是负责这个事务的，快到过年的时候有的同事就问："今年新年的羊币出来了没有？"他所说的"羊币"，实际上指的并不是真正的纪念币，而是"章"。所以在收藏圈子里，"章"和"币"没有绝对的区别，因为它的原材料、制造工艺和很多文化属性都是类同的，真正好的、质量高的纪念章也都是造币厂生产的。因其原材料来源是一样的，技术人员，包括设计人员也都是相同的，它们的制造工艺包括技术也基本上是相同的，所以"币"和"章"基本上是一对孪生兄弟。为什么要讲这个问题呢？直到目前，还有人在争议，说中国钱币博物馆为什么不叫中国货币博物馆？我讲这些的意思就是要说明，钱币是文化领域的一个专用名词，研究钱币的学科就是钱币学。

二、钱币的鉴赏

中国货币经历了实物货币到金属称量货币，到金属铸币，再到纸币的发展过程。用马克思主义的观点来说就是由实物货币到称量货币，再到金属铸币，最后到信用货币，大概就是这样一个过程。

中国最早用的实物货币，海贝是其中的代表，在古文字里，与货币有关系的很多字都有"贝"字，说明这个"贝"在中国古代，特别是中原地区是曾经取得过实物货币地位的。将海贝作为实物货币不仅是中国的做法，世界上很多地方都曾经用"贝"作货币。海贝之所以能够取得实物货币的位置，是因为它有很多属性，其中最主要的两项：一是海贝本身很漂亮，种类非常多，五颜六色；二是也许与当时的信仰有关系，海贝在中国古代曾经是一种神器，妇女在生产的时候手里要握一个海贝，以保佑顺产，母子平安。正因为有这么一个特殊的用途，海贝是家家户户都需要的东西。也正因如此，它占据了实物货币的地位。当然它成为实物货币有很多原因，刚才说的两个是主要原因。出于这些原因，不仅中国，世界上很多地方都把海贝作为实物货币来用。在中国古代，实物货币除了海贝之外，还有工具、农具，包括粮食、牛羊牲畜等。

古钱在不同的时期有不同的形态。我们现在说的古钱一般是指方孔圆钱以前的古代钱币。方孔圆钱的最后使用时期是什么时候呢？应该是清末民国初，因为个别地区在民国三年以前还在使用方孔圆钱，所以方孔圆钱的时间下限应该是清末民国初。我们现在整理的古钱，一般是金属铸币，那么金属铸币的时间上限是什么时候呢？是公元前八世纪，也就是春秋中期，金属铸币正式诞生，到秦始皇统一货币，再一直到清末民国初，中国古钱的使用时间是非常长的。古钱根据性质可以分为两大类，一类是正用品，所谓正用品实际上就是正式发行的货币；另一类和正用品相对，是非正用品，是货币文化的衍生物，古钱界也把它叫作"压胜钱"。随着时间的推移，压胜钱的内容越来越丰富。

古钱中正用品和非正用品这两大类应该说是从实物货币开始形成的。因为实物货币是具有两重性的，它在取得实物货币地位以后，既行使货币的职能，也保留了原有的使用价值。例如，海贝是一种装饰品，又是一种信物，一种神器，它有它的使用价值，那么取得实物货币以后，它又行使货币职能。我们在商周的考古发掘中发现了墓葬出土的海贝，在殉葬的时候，根据用途不同，它摆置的位置是不一样的。一般地讲，在取得实物货币地位以后，作为货币殉葬的贝，是放在死者墓主人头部的旁边。妇好墓出土的大量海贝，成堆地放在她的头边。除了作为货币殉葬的贝以外，还有很多摆放位置不一样的贝，譬如，有些死者的脖子上有一串海贝，或者是在手臂上有一圈海贝。很明显，贝是作为项链、手链殉葬的。还有的海贝被放在死者的嘴里，或者捏在死者的手里，也有的是放在死者的腰下面。那放在死者腰下面的贝是起什么作用的呢？是"厌胜"，是护佑墓主人的作用。我们在殷墟的殷商大墓中，发现在墓主人、死者的身下有一个腰坑，这个腰坑是做什么用的？一般是殉葬一条狗，或者是殉葬一个奴隶，腰下面的狗或者奴隶是起什么作用的呢？它的主要作用是保佑墓主人，也就是所谓的"厌而胜之"。所以在中、小型的墓葬中，死者腰下的贝，便是要起大墓腰坑里的狗或者奴隶的作用。我们看古代的电视剧，宫廷斗争里往往有这样的情景，做一个布人，或者是木头雕一个小人，然后用箭去射它、用针去扎它，要把它弄死。这就是厌胜，即把仇人"厌而胜之"。所以中国的纪念章，最原始的名称应该叫厌胜钱。厌胜钱的"厌"字，繁体字是"压迫"的"压"字底下加一个"魔鬼"的"鬼"，就是要把魔鬼镇压住。后来人们把"厌胜钱"也叫作了"压胜钱"。

金属铸币也是这样的。春秋中期以后已经有了金属铸币，这是中国最早的金属铸币。我们发现，在先秦布币中有很多铭文含有祭祀的意义，或者是和祭祀活动有关的。例如，在布币中，我们发现了子丑寅卯的"卯"字底下加一个"田"字，就是"留"；还有"卯"字底下加一个"牛"，"卯"字底下加一个"羊"，"卯"字底下加一个"丁"，"丁"就是奴隶，就是男丁。"卯"字底下的"牛、羊、丁、田"是什么呢？或许便是在卯时要祭祀的一种祭品。由此我们知道金属铸币在开始的时候，也具有两重性。从文献记载中我们也可以找到，它除了行使货币职能，还在祭祀活动中作为祭品。

特别是到战国以后，周王势力已经萎缩了，势力范围越来越小，"平首布"已经取代了空首布。实际上"空首布"已经不再行使货币的职能，但是周王朝还在铸造空首布，一直铸到战国末秦统一中国。在战国后期，铸的这些"空首布"，恐怕主要不是行使货币的职能，而是周王权力的一种象征，主要用在祭祀活动上。所以金属货币在一开始实际上就继承了实物货币的两重性，不过它的主要职能转化了，主要职能从实用价值转为货币职能。到战国末、秦以后，它的两重性——作为货币的职能和非货币的反映其他民俗文化的职能终于分家，所以有了正用品和非正用品之称，这个非正用品也就是后来我们所说的压胜钱。随着时间的推移，它越分越细，名目繁多，用我们现代的话来说，就是把"货币"和"章"完全分开了，变成两个体系，或者说形成两大类。

　　下面我们讲讲早期的金属铸币。在中原地区，先秦时期金属铸币主要有布币、刀币、蚁鼻钱、圜钱（音yuán，指圆孔圆钱）、方孔圆钱五个类型，或者把圜钱和方孔圆钱合称为圆钱。我们现在看到的这个叫"空首布"，应该是公元前八世纪以后出现的，一直用到战国早期。为什么叫"空首布"呢?因为农具"钱"是实用器，布首称为"銎"，是空心的，可以插进木棍，以便锄地，铲东西。中原早期的金属铸币就是由农具"钱"演变过来的，它们还保留着空心的首部，故称"空首布"。"空首布"可以分为三类，第一类叫"平肩弧足空首布"，第二类叫"斜肩弧足空首布"，第三类叫"耸肩尖足空首布"（见彩插）。

　　"平肩"的和"斜肩"的"空首布"，主要出现在黄河以南地区，从目前出土的资料来看，是一个以洛阳为中心的不是很大的区域。北以黄河为界，南以河南平顶山为界，东以郑州为界，西以三门峡为界，也就是周王畿地区。"平肩弧足空首布"的出土范围基本就是这样。"斜肩弧足空首布"的出土情况与"平肩弧足空首布"基本一致，但是根据它的铭文和其他史料综合分析，"斜肩弧足空首布"主要流通于三晋地区的韩。"耸肩尖足空首布"则流通于黄河以北地区，也就是现在的山西、河南的北部以及河北的南部。

　　"空首布"的时间下限是战国的早期，此后，布币就由"空首布"逐步演变为"平首布"，器型由立体变成平面，变成了一块铜板。"平首布"主要有以下类型：一是"桥足布"，所谓"桥足布"就是它的裆和足组成一个像桥洞的形状，因此被叫作"桥足布"。学术界也有人把它称作"釿布"。"桥足布"大概铸行于战国早中期。二是"锐角布"，其特点是首部有两个尖角，它分为大小两等，也有不同的名称。三是"尖足布"，是由"耸肩尖足空首布"演变而来的，出现在黄河以北地区。"桥足布"和"锐角布"都是战国早中期的布币，"尖足布"开始铸造的时间也相当于这个时期，但是一直用到战国末。四是"方足布"，是先秦布币中遗存数量最多的，它开始铸造的时间应是战国中期偏晚一点，是在"桥足布"和"锐角布"的基础上演变产生的。五是"圆足布"，它的品种比较少，只有两种铭文，即"离石"、"蔺"，是战国赵的铸币，在今黄河东边。六是"三孔布"，对"三孔布"的争议比较大，最近这几年不断有新的发现。"三孔布"很有意思，重复的非常少，出土的要么是孤品，要么就只有两三枚，数量非常少，所以现在的拍卖价格在二三百万元左右。为什么要单提一下"三孔布"呢?就因为它在钱币界备受瞩目。"三孔布"实际上是由"圆足布"演变而来的，"三孔布"和"圆足布"的铸造时间差不多，二者都是战国中期偏晚赵的铸币。关于"三孔布"的产生时期，主流学派认为是赵；也有人认为是战国晚期的；还有人认为是秦的，是秦兼并六国时铸造的。我认为，"三孔布"是赵的，但是它不是战国晚期，应该是战国中期的，这一点大家可以讨论。我还认为"三孔布"应是一种纪念币。"三孔布"的数量比较少，但其铭文已经发现了三十几种，每一种的数量又很少，因此我认为它可能是纪念币。

战国时期楚的主要货币是黄金和蚁鼻钱，但是到战国中期以后，受中原地区布币的影响，楚国也制造了布币。因为它器型比较大，所以也叫它"长布"，或者"大布"，主要的流通区域是现在的江苏、河南、安徽交界地区，也就是战国后期楚国把吴越兼并之后的驻地，即楚的东部地区。

另外，燕在战国后期也曾经铸过"方足布"，但是燕的"方足布"和中原地区的"方足布"是有区别的，不单是铭文的书法不一样，铸币的器型也略有差别。燕的"方足布"一般都是"收腰"的。总体来说，春秋战国时期最早诞生的金属铸币应该是布币，也就是刚才说的"空首布"。

在北方游牧民族，即现在的河北北部、山西北部，最初的金属铸币应该是"尖首刀"，始铸的时间应比"空首布"略晚，但也相当于春秋中期或略偏晚一些。

"尖首刀"主要也是根据器型来命名的。尖首刀之后便是"明刀"，为什么叫"明刀"呢？因为它的正面都铸有一个"明"字。这个"明"字，在钱币学界和古文字学界还有不太一致的观点。古文字学界认为这是一个"明"字，因为在青铜器、礼器上已经多次出现过这个字，所以古文字学家对于这个"明"字没有异议。但是对于钱币学界来说，这个字究竟是什么意思？为什么要铸一个"明"字？学者们还有不同的看法，有人说是眼睛的"眼"，有人说是宴会的"宴"，其实都是从"燕"字出发来考虑的。明刀大概出现在战国的中期。

"截首刀"主要出土于河北、山东交界地区，即现在德州地区附近。现在所见的截首刀多是由尖首刀截去首部而成。

"齐刀"也叫"齐大刀"，分有"三字刀"、"四字刀"、"五字刀"、"六字刀"几种，从文物价值来说，字越多价值越高，因为存世越少。这枚"六字刀"也有人认为是当时的纪念币，所以发行量比较少。三字刀以前释读为"齐法化（货）"，现在古文字学家认为应该读作"齐大刀"，它本身器型大，称之为"大刀"亦无不妥。关于"齐大刀"的铸造时间，现在学术界的观点也不完全统一，我们倾向于春秋中期以后，一直到战国末。

"直刀"有甘丹等几种铭文，是赵国的，它的出现时间应该也是战国中期以后。

中山被灭以后，在战国中期又复国，复国以后铸了这种"中山刀"。"中山刀"和"直刀"的铭文不一样，"中山刀"的铭文正面都是统一的"成白"两个字。

除了"布币"、"刀币"之外，还有一个大的系列，就是"圜钱"，我们现在可以叫它"圆钱"。"圆钱"可以再分成两类，一类是"圜钱"，即圆钱中间是圆孔，出现时间是战国时期，以前认为出现时间比较晚，将之看成战国中期以后的铸币，但从现在的考古资料来看，恐怕它要早于战国中期。还有一种"半釿"的圜钱，这是一二十年前在陕北新出土的，它的器型很怪，好像是半圜钱，它的铭文就是"半釿"两个字。正式出土的就这一批，遗存的数量并不多。它出土以后，不到半年仿品就出来了，所以真假混淆，影响了它的经济价值和市场价值。真的"半釿"数量是很少的，文物价值也是比较高的。另一类是方孔圆钱，如战国秦"半两"钱，战国晚期齐、燕也铸过方孔圆钱。

春秋战国的青铜铸币共有四个体系，即"布币"、"刀币"、"圆钱"和"蚁鼻钱"。"蚁鼻钱"的铸造地区是南方的楚国和孔夫子所在的鲁国。

"蚁鼻钱"是海贝发展的最高形式。最初是海贝，后来出现好多仿制贝，其中有青铜贝，青铜贝最后发展为战国出现的有铭文的"蚁鼻钱"。从文献记载来看，"蚁鼻"这两个字就是"小"的意思，"蚁鼻钱"就是小钱的意思。1949年前，老的钱币界人士认为，"蚁鼻钱"上面的铭文是瘦长的，看不出来究竟是什么字，它的字体就好像一只小的蚂蚁趴在上面，所以叫"蚁鼻钱"，这个说法是牵强附会的，是民间的一些说法。现在大家看到的这个，我们也可以叫它"鬼脸钱"，这个字上面有两个"眼睛"，还有一个是穿孔用的，就像是嘴巴，所以像个骷髅、鬼脸。这也是蚁鼻钱中发行量比较大的一种。现在古文字学家的意见还没有完全统一，一般认为这就是个"贝"字，应该是从海贝演变过来的。

下面我们来讲秦始皇统一货币。秦始皇统一货币时候的"半两"钱是正式发行的货币。

秦始皇统一六国以后，统一了文字、度量衡、货币，但实际上他并不是推翻一切重来，他只是把战国秦的文字、制度推广到全国。比如文字，六国统一前，各国的文字是不统一的，但总体上都属于大篆体系，只是书写上有地域的差异。秦始皇统一六国以后，把文字统一为秦篆，也就是战国秦李斯发明的小篆。统一货币也是一样的，他也是把战国秦的货币制度推广到全国，原来战国三晋地区用的是布币，东方的齐、北方的燕都用的是刀币，南方的楚用的是蚁鼻钱，秦始皇统一六国后都取消了，统一用铜钱——半两钱。这个半两钱实际上是战国秦半两的延续。秦始皇统一货币的时候，明文规定：第一，币材是青铜；第二，重量是半两，铭文也是"半两"两个字，小篆书体。我这里选的半两钱应该是比较标准的秦半两钱。

第二个钱是五铢钱。这个五铢是西汉五铢，是汉武帝时期的。在中国历史上，秦始皇和汉武帝是两个伟人。在货币史上，秦始皇和汉武帝也都是非常有影响力的人物。秦始皇统一了货币，把货币定成半两圆钱。汉武帝时铸五铢钱，我刚才也提到了，一两是二十四铢，半两就是十二铢。到秦末，秦汉战争爆发以后，经济遭到破坏，到汉初就有一种呼声，认为秦钱重，难行。所以在汉初，民间用的是一种"榆荚钱"。所谓"榆荚钱"就是特别轻、薄、小，穿孔又很大的那种钱，就好像四片榆荚叶子架起来的，其实是民间的私铸钱。到吕后八年，西汉的经济开始有所恢复，才第一次明确可以铸八铢"半两"。半两钱实际重量应该是十二铢，但吕后规定，仍铸"半两"钱，不过钱的重量由十二铢减到八铢。后来，又从八铢半两变成五铢、四铢，最后到三铢。到汉武帝的时候，才把它统一成"五铢"钱。所以汉武帝在货币史上的第一个功绩，是他把中国铸币的单个重量明确到了五铢。这个五铢的重量大概是多少呢？是3.5—4克。这个重量后来成为中国历朝历代不成文的一个标准，凡是天下太平、经济繁荣、政局稳定的时代，铸币的单位重量就是3.5—4克，也就是五铢钱的重量。凡是政局不稳定、经济衰退、社会萧条的时代，就铸小钱或者铸大钱。这个重量标准不仅在中国是这样，世界各国凡是使用时间比较长、信誉比较好的货币，它的单位重量都是在4克左右。

汉武帝的第二个功绩，是把铸币权集中到了中央。秦始皇虽然统一了货币，但是他没有统一铸币权，因为秦统治时间很短就亡国了，到了汉武帝才真正开始由中央集权铸币，就像我们现在的中央造币厂、国家造币厂。

汉武帝的第三个功绩，就是明确了钱币要铸边。秦始皇的铸币是"不修边幅"的。到汉武帝的时候第一次明确了钱铸造出来以后，必须磨边，成为铸造工艺的最后一道工序。所以在货币史上汉武帝的贡献是很大的。

下面我们再看唐开元通宝。唐朝是中国历史上非常强盛的一个时期。我刚才讲了，一两铸十个钱，这十个钱就是唐开元钱。这个开元钱不是年号钱，它的意思是"开辟新纪元的通行宝货"。唐玄宗的"开元"年号是在开始铸开元钱之后，因为开元钱的正式始铸是在唐高祖武德四年。唐朝除了开元钱之外，其他钱都是年号钱。因为唐开辟了铸造年号钱的先例，所以唐朝铸币在中国货币史上也是应该大书特书的。

宋朝，特别是北宋时期，尽管军事上并不强大，但是北宋的皇帝基本上都是文化人，好多都是书法家，所以北宋从最上层的领导起就对文化很重视。铸钱工艺到了北宋已经成熟，到了炉火纯青的地步，达到了中国古钱币史的顶峰。事物的发展规律一般都是这样，一个事物诞生以后，逐步成熟、发展，最后衰退。货币也是这样，古钱从春秋战国开始铸，逐步完善、提高、成熟，至北宋达到发展顶峰。顶峰以后，北宋就开始出现纸币了。所以元代以后，中国流通的货币主要是纸币，以白银、古钱作为辅助。如果要研究古钱的话，宋朝绝对是一个重点。

宋朝的古钱数量最多。有一个日本的考古学者做了统计，日本出土的古钱90%以上都是中国钱，日本自己铸的钱只有百分之几。而在这90%多的中间，有80%多是宋钱，而且主要是北宋钱。北宋钱在中国周边国家和地区，出土得非常多，西边一直到欧洲、非洲，所以北宋钱的数量非常多。只要是官炉铸的钱，宋钱的制造工艺都是非常好的。其合金比例一般为：铜是60%多，铅是20%多，锡是8%—9%左右，或者稍微高一点。这个比例是青铜制造中成本最低的，同时又是硬度最好的，所以北宋制造工艺已经非常成熟。也正是因为这个原因，北宋钱的版别研究，成为中国古钱研究的一个亮点。

宋钱不单数量多，而且版别非常多。宋朝盛行年号钱，每一个皇帝有好几个年号，最多的一个皇帝有九个年号。每改一次年号，就要重新出新钱。北宋钱不光数量多，种类也多，北宋钱讲究书法，好多北宋钱都是皇帝亲自写的钱文，这便是北宋所特有的"御书钱"。开始是宋太宗写了楷书、草书、行书三种字体的钱文，铸钱的人，就把这三种字体都铸成钱了。这就开了两宋时期所谓"对钱"的先河，就是说每一种新钱铸造的时候，都会有两种或者两种以上不同的书体的钱文。"对钱"的盛行，加上北宋铸钱局的众多，年号更替频繁，使版别众多，导致宋钱研究的复杂性。

元朝主要使用纸币。马可波罗在元朝，来中国的时候写了游记，里面专门记录到在东方的一个大国，一张纸就可以当货币用，这在当时的西方是天方夜谭。元朝、明朝主要流通的货币都是纸币。

"至正之宝"是一种地方货币，这个钱遗存比较少，是一级文物，为什么要专门提出来讲呢？因为有它的特殊性。它的钱背，穿孔上有一个"吉"字，这个"吉"字是指吉安地区，也就是现在的江西井冈山地区。这种钱分为大小五等，定名为"权钞钱"。为什么叫"权钞钱"呢？有一点货币知识的人都知道，只能是纸币去权金属货币，金属货币——黄金、白银本身是有价值的，纸币本身是没有价值的。怎么能把黄金、白银去权纸币呢?当然不可能。所以这是中国货币史上的一个特例。但是反过来也说明，元代的纸币是跟白银作价的，所以所谓的"权钞"实际上是权银。因此这个"权钞钱"是比较特殊的。

"永乐通宝"是在明朝最强盛时期铸造的，铸造得也很好，但是明朝的主要流通货币是"大明宝钞"，是纸币。当然民间的小额交易，主要流通的货币还是"永乐通宝"，是铜钱。我选"永乐通宝"的原因在于，它曾经在一个时期被作为日本的标准钱。日本最早是使用中国钱的。上世纪八十年代，我们去日本举办钱币展览，在日本大阪博物馆，中国和日本同时举办一个展览，他们的宣传口号是"三千年的文化交流"，但实际上他们的钱币历史哪有三千年?日本在唐以后才有钱币(这一点他们是承认的)。所以他们展览的第一部分叫"渡来钱"，就是摆渡过去的钱，是从中国摆渡到那里的钱。

从半两钱到清钱，讲的都是古钱当中的正用品，下面我们看几个非正用品。先秦的时期铸币有两重性，也可能已经有了纪念币。春秋战国的晚期，在方孔圆钱中，除了"半两"圆钱外，还有"文信"钱和"长安"钱。这两种钱，以我现在的观点看，都不是正用品，应该是吕不韦、成蟜他们内部使用的一种信钱。如果此说不误，这两种钱便是方孔圆钱中最早的压胜钱。从那以后，压胜钱的内容就越来越丰富。譬如在河北汉中山王刘胜墓，在他夫人窦绾的墓里出土了一套完整的酒令钱，也可以说是"宫中行乐钱"，可见其内涵已经涉及生活的方方面面。

压胜钱中的官炉钱，用现在的话说，就是国家造币厂生产的，一般工艺水平都比较高。老的钱币界只注重正用品，不太注重非正用品。我这次之所以要专门提到非正用品，是因为我认为对非正用品应该有所重视，因为我们是从文化的角度来看问题的。现在一般的收藏者、爱好者有一种舆论，认为"币"的信誉比较高，因为它是有面值的;而"章"是没有面值的，信誉不太好，所以大家喜欢收藏"币"，不太重视"章"。这就跟古钱正用品和非正用品的关系是一样的。根据我的实践(我在中国人民银行工作)，我认为真正的国家造币厂，也就是所谓官炉生产的纪念币、纪念章，它的文化含量绝对不会低，甚至比正式发行的货币更高。我曾经提出过一个文化定位，即正式大量发行的流通的货币，所谓社会的名片，实际上它的技术、文化含量应该是这个时期已经成熟的技术，或者说比一般的水平略高一些，因为它有个防伪的因素，但成本又不可能太高。但是纪念币和纪念章是这个时期先进文化的开拓者，或者说是主要的承载者。举一个例子，中国钱币博物馆引进过一个奥地利的钱币展，这个展览有几百件展品，其中最好的，文物价值最高的是两枚纪念章，而不是币。

下面我们讲金银锭。金银锭也是称量货币。

马克思主义的货币理论认为，货币是从实物货币到称量货币，然后到金属铸币，再到信用货币。中国的货币史是不是这样的呢？我们发现了西周时期的青铜块，现在已经可以基本确定，西周的青铜块应该是中国早期的一种称量货币。但是金银称量货币在中国出现得比较晚，青铜铸币诞生以后，在很长的时期里，金银一直处于称量货币的形态。所以称量货币在中国古代是与实物货币、金属铸币长期交叉并存的。

春秋战国时期的楚金版。黄金在中国历史上究竟是从什么时候开始使用的？在河南安阳殷商遗址的考古发掘中已经发现有金箔，但是发现得太少。金箔在当时的性质究竟是什么？它的用途是什么？现在还很难确定。但可以肯定的是，大量使用黄金货币应该是战国时期南方的楚国。从考古发掘资料来看，春秋时期楚国的政治中心在湖北地区，但是现在湖北出土的楚金版很少，几乎看不到，而大量出土是在安徽以及河南。楚金版的大量出土主要集中在寿春地区。寿春是战国楚的最后一个国都，即现在的安徽寿县。我们现在看到的这枚楚金版，是一块完整的金版，就是寿县出土的。所以我们说楚金版是春秋战国时期的东西，但实际上主要是在战国时期。

秦汉金币，以前我们都把它叫作西汉金币，因为从出土情况来看，可以认定的多数都属于西汉时期。但实际上这类金币的铸行时间，上限应该是战国秦。我曾经在陕西咸阳看过一个出土文物展览。战国秦开始用黄金，主要是用楚国的金版，后来战国秦仿制楚国的金版，最后就自己铸造金饼。咸阳地区是产黄金的，因此秦国就地取材。这个金饼在秦国兼并六国的时候发挥了很大的作用。秦兼并六国，最主要的是武力征服，但是在武力征服的同时，秦用大量的金银财宝去买通敌国的奸细。秦始皇统一货币，刚才我们讲过半两铜钱，根据史书记载，秦的货币制度，上币是黄金，下币是半两，实际上是把战国秦的黄金和铜钱作为统一货币的标准。到西汉时期继续铸金饼，而且大量铸，所以遗存比较多，人们也都称之为西汉金饼。这种金饼也俗称为"柿子金"，因为它的器型像个干柿饼，后边的云龙纹像干柿子的蒂头。

汉武帝时铸马蹄金和麟趾金，这二者的区别就是前者底部是圆形的，后者底部是椭圆形的（西汉刘贺墓的发掘出土，让我们对马蹄金和麟趾金有了全新的认识——可参见前文）。

　　唐宋的银锭。唐朝银锭器型没有统一，有饼形、长条形、板形等。就性质而言，可分为进贡银锭和税收银锭。税收银锭是上缴国库的，进贡银锭是进皇帝的小金库的。如杨国忠进贡银锭，就是杨国忠进贡给皇上的，上面刻得清清楚楚，是"杨国忠进"。船形银锭的两端应该是翘起来的，两个角翘起来如船形，故称"船形"银锭，铸造时间应该是唐后期到北宋。

　　北宋银锭的器型是由船形银锭的底部演变而来，中间束腰，上下大致平直，形如"定胜"，或者说像老人用的线板。北宋银锭的器型基本统一，到南宋银锭的器型有些变化。北宋银锭的上部和下部都是平的，到了南宋就变成弧形的了，另外铭文也有区别。

　　大约二十年前，在南京出土了南宋的金叶子，这应该是我们知道的最早的黄金叶子。另外南宋还有长条金锭和金牌，其实金牌很小，器型像是长条金锭切下的一部分。

　　元代的银锭与南宋的银锭、金的银锭器型接近。把金银锭称为"元宝"，应该是从元朝开始的，意即元朝的通行宝货。关于这一点，学术界还有一些不同的看法。但是有的元代银锭背面铸有"元宝"两字，而且"宝"字是简体字，所以元宝这个词是从元代开始的，当无异议。

　　明代的五十两金锭，大金锭遗存下来的很少，我估计不会超过十个。现在人们理解的"元宝"的器型——马蹄型，是从明朝开始的，明清两朝都在沿用。

　　清的银锭和民国的银锭种类非常多，非常复杂，不同的地区器型都不一样。过去人们没有把银锭当作文物来看，认为银锭就是白银，金银本身就是财富。最近，金银锭被列为钱币中的一个大类，全国一些大的拍卖公司都有金银锭的专场，因此现在金银锭的价格涨势非常迅猛。

《千年文化的回响》，社会科学文献出版社，2015年

收藏钱币需要明确目标①

《中国收藏拍卖年鉴》：您是钱币学的资深专家，对中国艺术品收藏的现状您是怎么看的？

戴志强：最近这几年收藏热，原因是多方面的。一方面是国泰民安，大家搞收藏。造成这样的形势也不仅是这样一个简单的原因，还有其他的原因。不管怎么说，这几年市场确实非常热，包括各类文物，包括艺术品甚至工艺品，当然也包括钱币，市场价涨得非常厉害。钱币原来的基数比较低，所以从涨幅看非常大。两三年前我跟他们聊起钱币的涨幅，我说这十年不是翻番，而是加零。现在看来，这两三年有的还在加零。当然，不同的门类涨幅不太一样，但是，收藏界确实非常热，价格飞涨，圈子里的人都认为"不可理解"，"看不懂"了。对于收藏来说，这也许是一个好事，要一分为二地看，尽管有的地方有些虚涨。

我知道钱币的收藏家好多是暴发户、煤矿老板。最近这几年，有好几场钱币拍卖成交率是百分之百，在国际的拍卖行当中，这样的事情不是很多见。百分之百里面，据我了解，有几场，就是一两个老板，只要是报价就举牌，只要有人争就举牌，有的一场拍卖会下来，半场都是他收走了，甚至还不止半场。其实他并不是懂钱币的人，所以我觉得这里面也不是完全正常的。所以真正搞市场的，恐怕还是要谨慎。从眼前的情况来看，一时半会儿热度还不会下来，如果是真正的收藏家就无所谓，什么时候都是只进不出，只要我喜欢的，我认为就是合算的。但是，其中有好多买家并不是以收藏为目的，而是作为一种投资，甚至想要保值、升值，那恐怕这里面就有风险了。

收藏的事情，我想应该包括两方面的内容，最基本的是你要鉴定它的真伪，这是基本知识，如果搞收藏的人，不会鉴定，不管是哪个门类，那是非常危险的。现在的文物，包括钱币，假得太厉害了，几乎每一种钱币，不论铜币、银币还是纸币，都有假的，而且每一个门类里面，每一种钱只要好一点的，都有假的。市场，我去得不多，但是我

---

① 马继东采访整理。

看到的，除了假的就是普通品，真正好的恐怕是微乎其微。所以我想搞收藏第一个基本的东西你要知道它的真假，这就需要你有一定的经验；第二要确定它的价值，不管是真是假，有些真的普通品，价值也不高。价值包括文物价值和经济价值，当然里面要包括艺术、历史、科学价值等，最后落实到经济价值。一般要问值多少钱，这在以前是回避的，不好意思说的，现在我看也没有什么可回避的，就是公开的。恐怕价值的鉴定，从某种程度上，比真伪的鉴定，难度还要大一些。因为整个脑子里面要有一个数据库，对你所要收藏的东西，要非常的清楚，清楚它究竟是在哪个价位上。

从钱币来看，我的想法是跟其他的文物不一样。其他的文物一般地讲，以前说，考古不下三代，周以后就不算古了，就没有意思了。当然现在这个观点已经过时了，唐宋元明清都是古代，但一般是指清以前，民国时期的当然也有了。而从钱币的角度说，恐怕应该是从古到今。从有货币开始到现在是三千多年，一直延续到当代人民币。从古到今，古往今来，恐怕这跟其他文物不太一样。其他文物，如陶瓷，要不就是古陶瓷，要不就是当代工艺陶瓷；书画当然也有这个问题。

《中国收藏拍卖年鉴》：能否谈谈钱币的大致分类？

戴志强：老一代把钱币分成四大门类，古钱是一个门类，金银机制币是一个门类（就是近代机制币，清代和民国年间的），铜板是一个门类（其实铜板和机制币应该算是一个门类，就是主币和辅币的区别）纸币是一个门类，过去一般讲是这四大门类。现在已经增加了，古代的金银，除了机制币以外，还有金银货币，包括早期的称量货币，一直到唐宋元明清的金银锭。以前，收藏者对这一块是不太重视的，现在已经形成一个门类了。如果按照原来的四大门类来看，是不包括这个的。再加上当代的机制币、纸币。现在收藏人民币也非常热，人民币的价格，不仅是第一套人民币价格非常高，就是第三套、第四套，甚至第五套人民币都是可以收藏的，而且价格在飞速上涨。

所以钱币和其他的门类比，国家文物局在讨论的时候，给文物作基本解释的时候，或者说是对出口文物的时间界限怎么划分，有三条杠，制定相关文物法规的时候，我曾经说过，钱币恐怕是古往今来，不仅是古代，不能划哪一条线，比如乾隆啊，1911年辛亥革命啊，不能这么划。普通的宋钱多的是，也不值钱，以前几毛钱，现在也就几块钱，十来块钱差不多，但是当代的钱币有些价格非常高。所以我觉得钱币有它自身的特性。

钱币，你要鉴定它，确定它的价值，我想首先要知道什么是钱币，这个概念要弄清楚。以前在老的收藏家那里，钱币就是古钱，所以钱币学也叫古钱学，那就是方孔圆钱，清末民国初以前的东西，当然后来概念又扩展了。其实，古钱里面也是包括两部分的，一个是正式流通的货币；另一个是货币文化的衍生物。所谓货币就是国家正式发行的流通货币，在某一历史时期，某一个地区，它是作为物物交换的媒介。除了货币之外，还有的就是货币文化的衍生物。现在收藏厌胜钱、花钱的人很多，"花钱"这个名字我是不太同意的。花钱应该是厌胜钱的一个门类，所谓厌胜钱实际是有了货币以后，货币文化和民俗文化相结合的东西。所以，在古钱中，正式的流通货币，古钱学界就称为正用品，而衍生物就叫作非正用品（实际上就是厌胜钱），应该是包括这两大部分的。

到当代，还是这样，除了正式流通货币外，还有金银纪念币，也是人民银行发行的。也有面值，当然面值和实际价值是完全脱钩的，面值无非就是一个标志，不像流通币5块就是5块，10块就是10块，1块就是1块。纪念币上面标了50块，恐怕500块也买不来。而且这个纪念币，名义上是人民币，也是正式发行的货币，但是主要是供收藏投资用的。标的10块面值，拿到市场上，没有人去拿着花，所以实际上跟货币已经脱钩了。再有就是各种各样的纪念章，岁末年初，人民银行金币公司会发行，比如兔年就发兔年的纪念章。需要注意的是，纪念币和纪念章是两个概念，纪念币是有面值的，纪念章是没有面值的，但是它跟纪念币之间是孪生兄弟。也可能是一个娘胎，但是不能流通，并非货币。各式各样的纪念章，各种性质的都有，可以是国家造币厂生产的，也可以是民间私人公司生产的。实际上中国当代的"纪念章"，这个名词是舶来品，是外来语，当代的纪念章其实就是古代厌胜钱的继续。

所以我觉得要搞钱币，首先要弄清楚什么是钱币，你给了一个正确的定位，就可以确定它们的文物价值、艺术价值，可以最后确定它的经济价值。有人说钱币就是货币，那就错了。货币是经济领域的一个专用名词，钱币是文化领域的一个专用名词，货币有货币学，是研究货币理论的，货币是怎么流通、使用，货币的理论是什么等。钱币主要是研究钱（本身）的，怎么生产出来的，基本特征是什么。有什么不同的版面，最后来确定历史价值，不是为了流通，所以我想钱币和货币是两个概念，你对钱币进行鉴定和收藏，就要了解钱币的基本性质。

《中国收藏拍卖年鉴》：钱币的鉴定又有哪些自身的特性？

戴志强：根据我自己的经验，我想要做好钱币的鉴定，最基本的一条，当然跟其他的文物门类一样，就是要接触实物。文物的鉴定包括钱币的鉴定在内，只看书本是没有用的。现在有很多的钱币鉴定书，包括其他文物的鉴定书，我也写过这方面的书，实际上只能是把你领进门，告诉你钱币有哪些，就是这样而已。真正的鉴定那就要靠实践，就是要大量地接触钱币，才能对它有所了解，有所感悟，这是书本中找不到的。我的书也好，包括其他的鉴定书，也说了怎么鉴定，也讲了真伪之间的区别，但这些都是理论性的，等你真正去做，去鉴定，便是两回事了。而且书上的照片，真的和假的对比，要反差非常大，否则看不出。你说这个是真的，那个是假的，区别在哪里，为了好看，好理解，往往选一个最典型的，但是真正拿到你手里，用它区别真伪，那是需要实际经验的。你不接触大量的实物，去做鉴定都是空话。现在有好多人，书上背得滚瓜烂熟，拿了钱，说这个钱我在图谱上对过了，是真的，其实完全是两回事，实际上是有区别的。

钱币的区别和其他的文物门类瓷器、青铜器不一样。瓷器一件是一件，每一件都不一样，铜器也是每一件都不一样，而钱币的差别是在细微之中。我以前讲过很多次，譬如宋代的"淳化元宝"，是最普通的一种钱，但"淳化元宝"中也有比较珍贵的。有一种叫"缩水淳化"的钱，就是"淳"字的三点水，比普通的三点水稍微收紧一点，给它起了一个学名叫"缩水"，它就比普通淳化钱的存世要少，文物定级至少在三级以上。你如果不了解这一点，一看都是淳化元宝，没有太大的区别，你就不可能把它区分出来。所以我说钱币的鉴定是有个性的，所谓版币的区分，实际是观察和区分每个钱在细微处的变化，这和其他文物的鉴定就不一样。

另外，钱币的鉴定，还要掌握钱币的历史，每一个时代有每一个时代共性的东西，我们叫它时代特征；每一个地区有每一个地区的特征，我们叫它区域特征；像这些东西是共性的。比如说先秦货币，当时古文字还没有隶书，更没有楷书，都是篆书，大篆、小篆，如果在先秦货币里出现了隶书，出现了其他的文字，那看都不要看，就是假的，这是时代的东西。中原地区的钱币，和西藏地区的钱币，那是不一样的，有明显的区别，这是区域特征。像这些共性的东西必须要掌握，否则就无法鉴定钱币。

此外，也要掌握个性的东西。比如说唐朝的钱是什么风格，宋钱是什么风格，都是方孔圆钱，正面都是四个字，背面都是光背，什么字也没有，但是有经验的人不用看正面，只要看背面，就知道这是宋钱，这是明钱，这是清钱，分得很清楚，绝对不可能把一个清钱当作唐钱去看。好比我和你熟悉，你在前面走，我在后面，看到你的背影，就知道是你了，就是这个道理。

另外，搞钱币的人不仅是要了解古代的钱币，还要了解当代钱币是怎么造出来的，是怎么一个过程，开始有样稿、样币，再开模子；有了样票之后才制版，然后再印刷，像这些基本的东西需要了解。我们要看历史文献，要看资料，当然不错，各个时期都不一样，但是你也要知道当代的东西，你就可以推想历史上是怎么一回事。拿我自己的体会，我在文物部门待过，我后来到了银行，我管过发行，也在印钞厂待过，世界各国的一些主要造币厂也都看过。看了这些以后，对你研究古钱，历史上的货币，完全有另外一种感觉。所以什么是"祖钱"，什么是"母钱"，什么是"流通货币"，你就好理解了。今天搞瓷器也一样，先恢复窑口，然后再去仿制，在这个实践过程中，去思考当时瓷器是怎么出来的，这与研究钱币是一个道理。

另外一点，钱币的涉及面很宽，特别是厌胜钱，跟中国的民俗文化、民族文化有很大关系，里面包含各种各样的文化。厌胜钱中，我认为使用时间最长，直到现在，还在继续的是"冥钱"。厌胜钱中"厌"的繁体字是上面压迫的"压"，底下一个"鬼"，要把魔鬼镇压住，这就是厌胜钱，是辟邪的。商代的流通货币是海贝，今天出土的海贝，都埋到地下，埋在墓葬里，已经不是流通货币，就是冥钱。而且海贝埋下去有不同的用途，有的可能是作为财产埋下去的，有的是出土的时候就在死者的手脖子上，套着一圈，那就是饰物，是当饰物埋进去的。有的小墓，死者腰底下有一个海贝，这个海贝是做什么的。咱们看大墓，墓主人底下有一个腰坑，这个坑里面有时候有一个人，有时是一条狗，这是做什么用的，就是保佑死者在冥途上通达，是保护他的。大墓属于奴隶主，才有这个权力。小墓没有，就拿一个海贝，当时的货币，压在腰底下，作用跟殉狗和殉人是一个道理，这就是最早的冥币。

《中国收藏拍卖年鉴》：也就是说，最早的冥币，在死者生前使用时是流通货币，死后随葬就是冥币？

戴志强：是的。实物货币跟后来的货币不一样，实物货币本身具有两重性，在使用的时候，可能是流通货币，也可能是装饰品（或有别的实用价值）。海贝为什么作为最早的实物货币，当然有很多原因，一个是很漂亮，大家都喜欢，可以作为装饰品；另一个它是一件神器，它的器型跟妇女的阴部相仿，所以妇女生产的时候，要捏着一个海贝，保佑她顺利生产。因为有这个功能，所以家家户户都需要它。你如果只是装饰品，富人家有，穷人家可以没有，之所以穷人也要用它，是它有特殊的功能。你说这是迷信也好，但在那个时代就是谁都要，也只有这样才能做货币。物物交换的时候，你拿一个锄头换米，你换米的时候，买米的人不要锄头，就换不成，海贝就大家都可以要。所以商代就有了冥币，也就是最早的厌胜钱。这个习俗一直延续下来，有了各种各样的厌胜钱。到了今天，开汽车的，前面会挂一个方孔圆钱，保佑出入平安，不就是厌胜钱嘛，有的甚至挂一个毛主席像，也是为了祀求出入平安，毛主席像在这个地方就是厌胜钱。

鉴定恐怕不只是对货币本身了解，了解货币的文化、理论，了解货币为什么会有不同的版别。为什么多的就便宜，为什么少的就值钱，这就是钱币。你还要了解这些厌胜钱，历朝历代的厌胜钱怎么去利用它。恐怕只有货币文化是不行的，还要有民族文化、民俗文化。当然，你还要有一些包括美学史、美术史的知识，钱币看着很简单，若没有一点美术史和审美观点，没有一点书法知识，甚至是绘画知识，没有这些知识，恐怕也是不行的。因为厌胜钱里面很多没有文字，只有图案。包括古钱虽然只有4个字，实际上中国钱币的艺术性就集中在这4个字上。古钱的钱文一般都出自书法家之手，都是那个时期有名的书法家来书写的。有的古钱的钱文，我们知道了是某某人写的，有的不知道是谁写的，但肯定也是出于某书法家之手，无非你现在不知道而已。所以做假的人，恐怕不太容易做成，你如果有一定的书法技艺，要辨别就很容易。所以我说咱们看钱的时候，它自己是会说话、会开口的。

《中国收藏拍卖年鉴》：从这点来讲，传统文化这些门类是共通的，涉及几门艺术之间的交流。

戴志强：实际上，各个门类之间，都有共通的地方。两宋时期是书画的高峰时期，宋代的诗词也是高峰时期，钱币也是高峰时期，都是共通的。当然反过来说，隔行如隔山。现在有些搞鉴定的，有的电视台节目里，有人看什么都会，但是往往说不到点子上，圈子里的人一听就不行了，那你就不是专家，是杂家。杂家和专家的分量是绝对不一样的。我觉得钱币的鉴定就是面要宽，一般地讲，除了实践，大量的接触实物之外，跟你的文化素养、文化修养，有很大的关系。现在钱币的爱好者很多，包括小学生、中学生，普通群众当中都有爱好者，但是要真正成为收藏的大家、专家，那恐怕要有相应的文化素养。这个文化素养，不一定就是说你非要是什么学历，非要是大学毕业，今天自学成才的人多得是。

另外，鉴定还是要有一点灵气，有一定悟性，不是说有了学历，鉴定就一定行。有时候就是要有灵性，所谓"第六感觉"。同样一枚钱，这个人看了是一个结果，换个人看就不一样了，感觉就不一样了。所以有些东西是咱们说得清楚的，有些东西是说不清楚的，要靠个人去领悟，要有悟性。所以圈子里有人说，"只可意会，不可言传"。有时候，有些东西已经讲得很清楚了，但是你听不懂。一个中学生和一个小学生，你拿中学生的知识跟小学生讲，他能听得懂吗？如果你已经讲得很明白了，他还是不懂，那你就没有办法了。

《中国收藏拍卖年鉴》：您刚才讲，要成为真正的钱币收藏家，可能有非常漫长的路要走，要通过实践，要有综合的知识，对各个时代的特征、对各门类有一个了解，在这个领域钻研和不断琢磨。按照这个标准，根据您平日所接触的情况，您认为中国真正的钱币收藏群体大概是什么样的规模？

戴志强：跟其他文物相比，钱币收藏爱好者的队伍应该是人数最多的，这是广泛的，因为门槛比较低。刚才说了小学生也可以，普通的市民也可以，身上有几块钱就可以买。但是反过来说，真正要投身进去以后，那就是汪洋大海。我可以负责任地说，钱币圈子里面，每一个门类都通的，到目前为止没有一个人，包括我自己在内。有人说，古钱、纪念币、纸币等我都能看，对不起，那是不可能的，你只能给外行说这个话。说实在的，从外面来看，这个圈子很小，是一个小门类，进去以后却深不可测。

所以，真正要成为"家"的，我觉得首先你要确定你自己的目标。开始时，你可以广泛地接触，可以喜欢纸币，可以喜欢金银币，也可以喜欢古钱，可以先大概地接触一下。但是到了一定阶段，你就要明确一个主题，你不可能面面俱到，纸币跟金银币之间的文化含量，距离是很大的。此时你可以根据你的优势来确定，是古钱、金银币还是纸币，明确了方向以后，可以再实践一段时间。再经过若干年后，你应该再明确一个目标，比如说古钱，是以先秦货币为主，还是以唐宋货币为主，还是以明清货币为主；纸币当中是以古钞为主，还是以当代币为主，是以中央银行的纸币为主，还是以商业银行的纸币为主——只有这样你才能够逐步深入、继续探究下去。比如我确定了先秦货币，先秦货币到了一定的时候，还要再分类，我是以三晋地区为主，还是以燕赵地区为主，只有这样逐步地深入下去，才能成"家"，否则是永远成不了家的。一个人要是说自己什么都懂，那你本身就不懂。道理都是一样的，瓷器、青铜也是这样的，你要想方方面面谈，谁都能谈，但不能解决实际问题，该上当还是要上当，该买假的还是买假。

《中国收藏拍卖年鉴》：今天我们庞大的爱好者群体中间，能够称为钱币收藏家的人数大概是多少？

戴志强：我也说不清楚，但肯定是少数。任何事情的规律都是这样，中间的群体会大一点，但是再往上、再要拔尖，那是非常少的。

《中国收藏拍卖年鉴》，2011年

钱币收藏和钱币市场

国泰民安，盛世收藏。现在收藏文物，收藏工艺品、艺术品成为一种时尚，成为投资的一个方向，成为保值增值的一种手段。文物价格的上扬，带动了文物市场的火爆，也成为媒体宣传的一个热点，中央电视台先后开设了多个有关收藏、鉴赏类的栏目，诸如艺术品投资、鉴宝、寻宝、国宝档案等等，栏目名称不断翻新。经济台播、科技台播、教育台播、国际台播、新闻台也播，还上了"百家讲坛"，从不同的视角切入，议题都是文物，或者是和文物相关的事情。经济台的节目自然要和经济利益相关，不仅是演播，而且组织专门人员到各地去寻宝，又组织四面八方的"持宝者"到北京来鉴宝。这的确是宣传了文物知识，提高了人们对文物的认识，有利于对文物的保护和重视，同时也是多么大的推动力，多么大的诱惑力。各省、市的电视台、广播台，乃至报纸杂志、大小网站都设有收藏类的栏目。各种收藏类的专刊、报纸也办得热火朝天。古玩市场，从地摊到专门的店铺越来越多，古玩城的占地面积越来越大，还时不时组织义务鉴定，举办艺术品文化节等等活动来造势，烘托气氛。文物、艺术品的拍卖价一再攀升、屡创新高，到2008年春季的拍卖成交额创造了历史的最高点。在钱币的专场拍卖中，明嘉靖五十两金锭以280万元人民币成交，第一套人民币以205万元成交，都创造了历史最高纪录。价格一向比较低廉的纸币，在2008年嘉德公司的春拍中，湖北官钱局张之洞、端方"双像"银两票以117万元人民币成交，首次突破中国纸币单枚成交价的百万元大关，也创造了历史记录。2008年的秋季拍卖，受到金融风暴的影响，成交总额有明显回落，但就钱币类的拍卖来看，受到的影响比较小。因为在文物、艺术品市场中，钱币价位的基础本来并不高。在嘉德的秋季拍卖中，趁热打铁，以纸币收藏家徐枫的藏品为主，又第一次举办了纸币的专场拍卖，拍卖现场气氛热烈，百分之九十以上的拍品成交，创造了纸币拍卖新的历史。近年来拍卖公司成为热门行当，除了有影响的大公司外，众多规模比较小的拍卖公司也成为盈利大户，与此同时，流失海外的文物也逐渐回流，成为拍品中引人注目的亮点。

在收藏热的大潮中，钱币收藏是一个重要的门类，随着收藏热潮的高涨，人们对于钱币的青睐决不亚于其他文物，钱币价值的升幅也决不低于其他文物。下面就钱币收藏的有关情况，谈一点自己肤浅的认识。

一、钱币收藏

1. 钱币收藏的对象

钱币应该是指：历朝历代发行的货币，以及由货币文化衍生出来的物品。譬如，在古钱中有正用品和非正用品之说，所谓"正用品"是指某个历史时期、某个地区曾经发行使用过的货币；所谓"非正用品"，也可以统称为"压胜钱"，是指不是以货币为目的、不能作为货币行用，但器型、制作、质地等要素都和货币类同的"钱"。它们就文化意义而言，和同时代的货币形同神似，它们中的大部分出自民间，但其中有代表性的、高质量的，则是由国家的钱监 (即现在所谓的国家造币厂) 铸造，业内称之为"官炉"。它们不是货币，各自有着不同的用途，或镇魔避邪、或喜庆作乐，多数是和民俗、信仰有关。压胜钱只是一个总称，它的门类和内含极其丰富。如"出入平安"、"五谷丰登"一类的吉语钱；行酒作乐用的酒令钱；专为殉葬用的冥钱等等。到近现代，铸币由浇铸改为机器打制，钱币界称之为机制币，有金币、银币、铜币等等，同时也出现了它们文化意义上的衍生物——纪念章，就性质而言，纪念章应该是压胜钱的继续和发展。信用货币诞生以后，纸币也有它的衍生物，譬如各种有价证券，有防伪需要的证书、证件等等，其中重要的，也都是由国家印钞厂印制。现在有了银行卡，它同样也有衍生物，譬如电话卡、加油卡、交通一卡通等形形色色的信用卡。所以在钱币学上，"钱币"和"货币"是两个不同概念、不同领域的专用名词，"货币"是经济领域的专用名词，"钱币"是文化领域的专用名词。在西方国家，没有"钱币"这个词，所以在英文里得用两个词汇来表达，即"币"和"章"，所以"钱币"是币和章的总称，也就是传统意义上的"正用品"和"非正用品"的总称。所以钱币收藏的对象，不仅仅是历朝历代的货币，除了货币之外，还有形形色色的由货币文化衍生出来的物品。事实上，币和章都是钱币收藏的对象，在钱币收藏者中，还有不少人是专门收集各种压胜钱，或各种纪念章的，所以现在除了各地的钱币学会之外，有的地方还有诸如民俗钱、大铜章这样的专门的社会团体，像这样的专业团体，收藏和研究的范围自然更加集中，目标更加专一。

2. 钱币收藏的特点

第一，在遗存文物中钱币的数量最多。钱币的主体是货币，因为是货币，正常情况下都会有相当的发行数量，与此相应，遗存的数量也就多，这是一；相对而言，钱币又是比较容易保存的一种文物，金属铸币的牢固性，自不容置疑，即使是纸币，也会尽量选择耐磨耐折的材料，这是由货币的性质决定的，以保证其比较长的寿命，这是二；钱币的体积小，占用的空间小，也易于收藏和保护，这是三。钱币和人们的日常生活又贴得非常紧密，所以家家户户或多或少都会保存一些钱币。

第二，钱币的门类众多。不同门类、不同钱币的文物价值、经济价值的落差又很大。在钱币中，既有非常便宜的普通钱币，几元钱、甚至几角钱，就可以买到，就可以收藏，尽管钱不贵，却有较高的历史价值，每一枚钱都可以演绎出一段故事，从中获取丰富的历史知识、文化知识；遇到制作精美的，钱文书法秀丽的，又是一件上好的艺术品，工艺品。同时，钱币中又不乏有价值连城的精品、珍品、孤品，甚至是踏破铁鞋不可寻觅的绝品，这是收藏钱币的魅力，也是对收藏者的强力的吸引力。鉴于这样的特点，钱币收藏和其他文物的收藏相比，进入的门槛会比较低，然而进去以后，却是汪洋大海，深不可测，具有较大的提升空间，几十万、几百万、几千万也是一枚钱币，所以它可以满足不同层次、不同品位的收藏者的不同需求。

第三，钱币的版别众多。钱币版式的细微差别，会导致其文物价值和经济价值的截然不同，这是钱币收藏和其他文物收藏的一个比较大的区别。铜器、玉器、瓷器、字画等等，一件是一件，只要不是赝品，就是真品，就可以根据它的时代特征，根据它的艺术性和学术性，来确定它的文物价值。钱币则不一样，同样是方孔圆钱，同样是一枚宋钱或者清钱，同样是一枚"政和通宝"钱，或者一枚"宣和通宝"钱，其材质、大小、厚薄、重量，甚至锈色坑口都基本一致，只是因为某一个字的位置略有变动，某一个字的某一个笔划略有变化，或者书体变异，或者版式不一，便会导致截然不同的文物价值和经济价值，这又是使收藏者可以入迷的地方。譬如，北宋徽宗时期铸行的"政和通宝"钱中，有一种版式叫"抱政"的钱，就是"政"字反文的一撇延长至"正"部的下面，犹如伸手把正字抱起。常见的隶书"政和通宝"钱是普通文物，抱政版的"政和通宝"钱则是珍贵文物。虽然这只是一个细微的差别，但它们的存世量截然不同，而且在其背后应该还会有一段关系到它们之间不同铸期和铸地的故事。再如祖钱、母钱和子钱（亦称制钱），是钱币铸造过程中不同阶段的产物，它们之间的区别自然不大，不是专门研究和收藏的人，很难辨认，但它们的性质和用途却完全不同，遗存的数量也截然不同，它们的价值也就有着天壤之别。正是钱币收藏的这种特点，使具有慧眼的智者，可以有机会在大堆的普通钱币中，淘到稀世的珍品，可以花很少的钱买到珍贵的钱币。这不仅仅是经济上的利益，也不仅仅是保护了一件珍贵文物，在学术上有所贡献，对于收藏者来讲，或许更多的是精神上的享受，这种乐在其中，其乐无穷的滋味，不是亲身经历者，是不可能体会到的。

3. 钱币收藏的要领

一是要真爱。要真喜欢、真钟爱，只有真爱才能有真投入，才会有灵犀相通。任何一件事情，用心去做，和敷衍了事去做，其结果是截然不同的。对于专业、主业是这样，对于副业、茶余饭后的文化生活，道理也是一样的。

二是要专一。兴趣广泛，见什么都喜欢，都想收藏，这也是一种收藏意识，但这是杂家，不是专家。这样的收藏，量很大、面很广，但不会精、不会深。要想在收藏领域有所造就，必须是专一的收藏家，确定了一个门类、一个目标之后，便要始终如一，锲而不舍，这样才会收藏别人所没有的，具有个性特色的系列藏品。在圈子外面看，钱币只是文物中的一个小项目，但到了圈子里面看，却是汪洋大海。仅就中国钱币而言，究竟有多少种，谁也说不清楚。所以，钱币收藏者开始时可以先把面放得宽一些，经过一段时间的实践以后，有了一定的认识、积累了一定的经验，必须根据自己的条件，确定自己的收藏重点。或做断代收藏，譬如专收先秦货币、秦汉钱币、宋钱、清钱等等；或做专项收藏，譬如专收压胜钱、机制币、纸币等等。在此基础上，还可以进一步专门化，譬如在先秦货币中，可以重点收藏布币或者刀币，布币中又可以重点收藏方足布或者尖足布，刀币中又可以重点收藏齐刀或者明刀；在纸币中，可以专收军用票或者专收私钞、票帖，如此等等，收藏的面越小、越集中，越容易深入，越容易出成果。

三是要研究。真正的收藏家应该是他所收藏的这个门类的专门家，如果你根本不懂，或者说知之甚少，只了解一点皮毛，那么收藏就不会引起你的兴趣，也就没有什么意义可言。有人所谓的"收藏"，只是为了显示自己的财富，那不是真正的收藏家，那是故弄玄虚，最后是对钱财的糟蹋。我曾经看过一位大富豪的藏品，他自称所有的名贵钱币都收入了囊中，在他的藏品目录中确有不少名贵之品，可惜他收藏的所谓的"珍品"却都是伪品。其实，他的藏品都是由管家代为操办的，自己并没有真正过问，只是钱没有少花，但都打了水漂。也有人所谓的"收藏"，只是单纯为了增值、保值，那也不是真正的收藏家。其实，想要保值、增值，基本的条件是要真正了解你的藏品，真正知道你的藏品的真实价值，同时还要随时掌握市场的行情，否则所谓的保值和增值只是"理想"中的事情，能否变成现实是另外一件事情。

要提高钱币收藏的水平，就必须研究钱币。因为收藏和研究的对象是钱币实物，自然首先要了解钱币，这就需要大量接触和经手实物，只有大量过手以后，才会对它们有真实的了解。因为每一个时期的钱币、每一个地区的钱币，都会有不同的时代特征、不同的区域特征，对它们的认识和理解，只有在长期接触钱币实物的过程中，才能积累经验，增长知识。举一个通俗的例子，譬如每个人的穿着，不同时代、不同民族、不同地区就会有不同的特征，前清的人决不会穿中山装，更不会穿西装；藏族同胞决不会穿维吾尔民族的服饰。那么，钱币也是一样的，先秦的钱币文字决不会出现隶书或者楷书的书体，宋钱和清钱都有着各不相同的制作特征，西藏地区的铸币和新疆地区的铸币也有着各不相同的制作特征，对于这些特征的认识和区分，只能在实践中去摸索、去掌握。

至于对钱币小版别的认识，更是只能从实践中去体会。也举一个通俗的例子，譬如每个人都是两个肩膀扛一个头，都有两只眼睛和鼻子嘴巴，但每个人的长相都不一样，每一个家庭成员，每一个亲朋好友，谁都不会认错。对于钱币版式的区别，同样也是这个道理，关键在于熟识。所以要研究钱币，首先要大量接触钱币，只有在实践中才能找到感觉、取得真知，除此之外，没有任何捷径可走，这是书本上无法得到的东西。接触钱币实物，可以先从普通品着手，一方面是普通品容易得到；另一方面，更重要的是，只有接触过大量的普通品，了解并掌握了各类普通品的基本情况，才可能对珍品有所体会，如果没有这样的基础，急于求成，一味去追求珍品、名品，那只会是空中楼阁，最终是要上当受骗的。

要提高收藏水平，在大量过手钱币实物的基础上，还必须提高自己的文化修养。首先要熟悉和钱币有直接关系的文化知识，譬如相关的历史、考古、文物学方面的知识等等。如果重点收藏先秦货币，那么必须要掌握先秦文字书法的一些基本特征，要了解先秦时期有关的历史地理知识，因为先秦货币上的铭文书体都是大篆书法，而且各地的书法还不一样，现代人对这种书体已经不太了解，铭文又多数是记的地名；如果重点收藏两宋钱币，那么必须了解两宋时期的货币政策，因为两宋推行铜铁钱并行的政策，有的地区行使铜钱，有的地区行使铁钱，有的地区又是铜、铁钱并用。还需要了解一些书法艺术，因为两宋的钱文书法多变，而且推行"对钱"制度，同一类钱的钱文会采用不同的书体来分别铸行，真、草、行、隶、篆各种书体都在宋钱中出现；如果重点收藏压胜钱，那么必须要多了解一些民俗学方面的知识，因为压胜钱的铸造和民俗民风有很大的关系，而且应该了解一些美术史和绘画艺术的知识，因为压胜钱往往是图文并茂，甚至是以图为主的。总之，只有实践经验是远远不够的，有了实践的经验，又有相关的文化修养，才能相得益彰，才会有比较高的鉴赏水平。文化修养越深厚，知识面越广，鉴赏水平也会相应提高，进而会在鉴赏的同时，对相关钱币开展研究并提出具有学术性的见解。所以高明的收藏家不仅是精明的鉴赏家，同时也是他的藏品的专门家。因为收藏而研究，通过研究又能促进收藏，这是良性循环的过程，只有这样，才会步入高雅的文化殿堂。

4. 钱币收藏的天敌

赝品、伪品是钱币收藏的天敌，所以在收藏钱币（包括收藏其他文物）的时候，要特别注意鉴别真伪，切忌上当受骗。初学者，交一点学费，是难免的，也是可以理解的。但是要吃一堑长一智，及时总结，从教训中提高阅历，增长知识，并且要学会举一反三，这样可以少交学费。怕的是不用心，或者是执迷不悟，吃了亏，不吸取教训，那么同样的错误会一犯再犯，学费就交大了。

钱币做伪，主要有两种类型，一是当时代的人做伪，二是后人伪作。

当时做伪，主要是仿制当时的流通币，其目的是以低廉的成本，伪造当时正在流通使用的货币，以牟取暴利。从货币诞生的时候，假币就相伴而生，而且随着货币的变迁而变迁，随着货币的发展而发展，只要社会上有货币存在，就会有仿制货币出现。中国早期的实物货币海贝，因为产于东南沿海地区，数量有限，于是便有了骨贝、蚌贝、玉（石）贝、铜贝、陶（泥）贝等各种各样的仿贝，事实上它们成了后来仿制钱币的肇始。在古钱中，有"官铸"和"私铸"的说法，所谓"官铸"，就是指由政府正式铸造和发行的钱币；所谓"私铸"，则是指由民间私人铸造的钱币。在中国历史上，有时候（特别是国力衰弱、经济萧条的时期），政府是允许私铸的。譬如西汉初期，政府提倡即山铸钱，所谓"即山铸钱"，实际上是允许民间私铸钱币。在大一统时期，经济繁荣、国力强盛，政府自然不会允许私铸，甚至是严禁私铸货币，为此还专门制订了严厉的法律规定，对伪造者要绳之以法。但不管是什么时候，采取什么样的措施，私铸的现象始终存在，无法杜绝。实物货币如此，金属称量货币如此，金属铸币如此，纸币等信用货币更是如此。所以假币和真币是相伴而生的，假币是真币的天敌，在货币流通使用时要识别假币，在钱币收藏时更要识别假币。当然，就当今而言，对于历史上的私铸钱、伪造币，已经是历史的遗存，所以从文物的角度来审视，应该给以客观的评议，不能采取全盘否定的态度。前不久，因安徽省文物局邀请，我曾参加了东至"关子"版的鉴定会，鉴定的结果，认为这套"关子"版是南宋末年为了伪造关子而刻制的铅质伪版，同时又确定其为馆藏一级文物。既然是一套伪版，为什么还能定为"一级文物"呢？理由很简单，因为它是南宋的遗物，是目前研究南宋关子的唯一可以借鉴的实物资料，而且也是研究宋代纸币，研究我国早期纸币历史的难得的实物佐证。

后人做伪，主要是伪造古董，其目的是为了冒充文物，牟取暴利。这也是当今钱币收藏和钱币鉴定，需要特别警惕的地方。一般情况下，后人做伪都是仿制珍稀钱币，以便换取高价，但近些年来，在收藏热潮十分高涨的情况下，就有点特殊了，不仅几乎所有的珍品、名品都会有可能被仿制做假，即使是存世较多的普通钱币，诸如宋钱、清钱中的普品，也都有大量的仿制品，在一些文物市场的地摊上摆得满地都是。出现这样的现象，一方面也是可以蒙骗一些初入收藏领域的无知者，但更主要的应该是为了满足制作钱剑等一类由古钱作为原材料的工艺品的需求。开始制作古钱宝剑时，选用的材料是唐开元通宝钱、宋钱、清钱等普通古钱，随着市场销售量的急剧上升，普通古钱量再大也满足不了市场的需求，于是便出现了批量仿制古钱的行为。

近些年来仿制的古钱，还有两个需要引起我们重视的地方：一是，对于新出土、新发现的名钱、名品，甚至是新见品的模仿速度非常快，今天刚刚发现，在很短的时间里，就会有仿制的伪品出现，鱼目混珠，混淆视听，使一般的收藏者无所适从，要么上当受骗，要么连新出土的真品也怀疑了。譬如，前几年陕北发现新出土的"半釿"半圜钱，是以前从未见过的先秦货币新品，不仅"半釿"钱从未见过，而且半圆形的器型奇特，也是以前从未见过的，在先秦货币的集藏和研究中具有极其重要的地位。但"半釿"钱发现不久，很快便出现了仿制的伪品。这样类似的实例可以举出很多，不能不引起我们的关注。二是，金、银制作的假钱，不仅数量剧增，而且品种翻新，使不少收藏者上当受骗。改革开放以前，我国的金、银是由国家统一管制的，尤其是经历过"文化大革命"以后，老百姓手中的金、银数量极其有限，所以用金、银制做假钱的情况也很少。改革开放以后，金、银市场相继开放，老百姓手中的金、银数量大增，于是用金、银仿制假钱成为当今钱币造假的一个新的特征、新的动向，不能不引起我们的关注。

当代金、银制作的假钱几乎涉及金、银钱币的各个领域，既有金、银仿制的古钱，诸如金、银的"半两"钱、"五铢"钱、"开元通宝"钱等等，上起汉、唐，下至明、清，涉及各个时期，既仿制有正用品的古钱，也仿制有宫钱、佛藏钱等压胜类的古钱。也有金、银仿制的各类称量货币，诸如唐、宋以降的各类金、银锭，金、银条、块，元宝，以及金叶子等等。还有金、银仿制的各类近、现代的机制币、章。改革开放初期，多用粉末冶金压制，涂以银粉，而且多数是仿制普通的"袁大头"、"孙小头"，制作粗糙，目的只是伪造假银元。现在档次提高了，这种现象已经不多了，而是用真金、真银伪造档次比较高的珍稀纪念币（章），制作精准得多，做工也比较细腻，也可以称之为"高仿品"，目的是伪造假文物。

钱币数量庞大，品种繁杂，体积又小，尤其是小版别的区分，只在丝毫之间，所以和其他文物相比而言，造假相对容易。而各时期、各地区，甚至每个做伪者的手法又各不相同，这又给钱币的鉴定增加了难度。所以刚刚涉足钱币收藏的人，因为不知道其中的深浅，是很容易上当受骗的。

文物造假，包括钱币造假，和收藏市场有直接的关系，这是符合市场规律的。收藏热情高涨的时候，也是文物造假的高峰时期。譬如清乾、嘉时期，民国时期，包括当代，都是属于这样的情况。另外，文物造假，包括钱币造假，都会有明显的时代特征和地域特征，譬如前面谈到的当代钱币造假的特点，就很具有时代的特征。由于当今是信息社会，信息的传递迅捷，查阅方便，市场开放，再加上现代化的做伪手段，是以往任何时期都不曾有过的。至于地域特征，则主要是取决于当地收藏者的兴趣和伪造假钱的客观条件。譬如新疆地区，特别是南疆地区，伪造新疆近代的金、银币水平极高，一是这在当地有需求，有市场；二是南疆地区始终保留着传统的民间金、银打制作坊和打制技术。而这些地区特有的现象，在其他地方已经很难找得到了，所以不是身临其境，是很难体会的。

二、钱币市场

（一）钱币市场和钱币收藏的关系

钱币收藏者的藏品多数是通过市场获取的，所以收藏者和市场关系密切，收藏热情越是高涨，对藏品的需求越多，钱币市场就越活跃、繁荣，反之，钱币市场便会冷落，便会萧条、萎缩。所以钱币市场和钱币收藏也是相伴而生的，这一组供求关系，是一组矛盾的共同体，既是矛盾错综复杂，又是相互依赖，可谓是一荣俱荣、一衰俱衰。

钱币收藏者要增加藏品，获取信息，必须依靠钱币市场，而市场上的钱币又是真真假假，东西是真假都有，编的故事更是真假都有。多数公开摆放的钱币，要么是普通的常见品，要么就是假货，圈子里的人，称之为垃圾货。而真货，高档的钱币，一般都藏之秘室，等待真正识货、又能开出高价的顾主到来，才神秘地从后室取出，经过一番切磋，多数可以成交。或者干脆登门造访，送货上门，因为圈子里的人，心里最清楚，谁是真正的买主。而对于初涉钱币收藏的人来说，市场布满了陷阱，这就需要收藏者随时提高警惕，保持冷静的头脑，无论是看东西，还是听介绍，都要给自己提个醒，要有自己的主见，因为没有人会告诉你，他的东西是假货，除非他是智力障碍者，诚心不想成交。而且现在的卖主都会把自己的东西说得活灵活现，要么是几代的祖传，要么是在某地某时出土，而且还有什么同出的东西，说得有鼻子有眼的。即使是拍卖公司也不能保真，有的公司甚至把拍卖行为视作买者的"消费行为"，与买家订有"不负责保真"的合同，他们只管抽头。交一点学费是必然的，也是必需的，没有这样的实践，不会有深刻的体会，但必须是有心人，要吃一堑，长一智，要从故事中找漏洞，在实践中增长才干，提高钱币鉴定的水平。钱币鉴定的能力越高，不仅可以避免上当受骗，而且可以从成堆的钱币中捡选出别人没有发现的珍品，也就是收藏界所谓的"捡漏"。我这里必须强调，"捡漏"不是凭空而来的，需要有钱币鉴定的真本事，投机取巧的可能性极小，没有过硬的学识，只是想去碰运气，那么最后只会是掉到陷阱里，吃亏的是自己。但真正具备了一定的实力，"捡漏"就不是高不可攀了，特别是在成堆的"普通"钱币中，在最不起眼的宋钱、清钱中，往往是可以挑选出别品和珍品的，因为真正懂得钱币版别的人并不多，从这个意义上讲，钱币"捡漏"要比其他文物"捡漏"容易得多。

（二）钱币市场经营的内容

根据钱币集藏的对象，钱币市场经营的内容大致可以区分为历史上遗存下来的钱币、当代钱币和外国钱币三大类。

第一，历史上的钱币，主要有：1. 古钱，包括历朝历代的正用品和各类压胜钱；2. 机制币、章，包括金、银、铜等各种金属打制的各类货币和纪念章；3. 金属称量货币，包括各类金、银饼、条、锭、块和元宝，以及早期的称量货币青铜块；4. 废钞，包括清以前的历代古钞，已经退出流通领域的各种近现代纸币和其他信用货币，以及它们在文化意义上的衍生物；5. 各种有价代用币、券。

其中古钱市场历史最悠久，是我国钱币市场传统经营的项目，市场经营最成熟，收藏者的队伍也相对比较稳定。古钱的成交价起伏波动比较小，稳中有升，特别是最近几年一路攀升，而且升幅比较大。机制币市场是上个世纪三四十年代以后崛起的一个钱币市场，就收藏者而言，其中金、银币（章）收藏和铜币、铜章的收藏又分别形成不同的圈子。近年来，金、银币（章）的行情一直见涨，而且升幅也比较大；长期不被大多数人重视的铜币、铜章，近年来也有比较大的起色，行情也在见涨。称量货币是近一二十年才逐步引起收藏者的兴趣，并逐步形成了市场活动。废钞和金属币本来是两个收藏圈子，收藏废钞的人数比较少，他们往往和收藏邮票的人集结在一起，最近一二十年来，废钞收藏的人数逐步增加，废钞收藏也开始走向专门化，逐步引起市场的关注和重视。代用币以前并不被人们认识，所以并没有形成真正意义上的收藏队伍，近年来才引起人们的关注。其中纸质的代用币一般归入废钞系列，金属或其他硬质材料制造的代用币则归入古钱或机制币的系列。

第二，当代的钱币，主要有：1. 当代流通币和普通纪念币、钞，包括纸币和硬币、主币和辅币；2. 当代金、银等贵金属纪念币，包括投资币和收藏币；3. 金、银条、块、元宝等投资性制品；4. 各类金属纪念章；5. 银行卡及各种信用卡。当代钱币的品种齐全，基本上和国际钱币市场接轨。

当代钱币市场是二十多年来新兴的钱币市场，发展速度比较快，正在逐步趋向成熟。由于当代钱币发行不久，有的甚至是刚刚发行，市场上有一定的数量，容易被人利用炒作。所以收藏者，包括投资者必须要有冷静的头脑，切忌跟风起哄，否则会被人利用，掉入陷阱。购买当代钱币，必须要分清币和章的关系，要了解它们的发行单位和发行数量，要了解它们的技术含量和文化含量，更要明确自己购买和收藏的目的，总之，心中必须要有一杆秤。我还要提醒一句的是，因为当代纪念币，包括普通纪念币的市场价大大高于它的面值，市场上也都有假币，所以也要提高警惕。银行卡和各种信用卡是钱币中的新成员，有心收藏的人，可以捷足先登，做好了，或许会收到预期的成效。

第三，外国钱币。收藏本来是没有国界的，随着改革开放政策的实施，和国外的交往越来越多，也为外国钱币的收藏创造了各种有利的条件，所以外国钱币已经在钱币市场占有了一席之地，而且应该还会有它们的发展空间。

　　（三）当今中国的钱币市场

　　当今的钱币市场，大致有三种类型：一是文物市场中的钱币市场。历代遗存的钱币，相继进入文物的行列，成为文物的一个门类，所以文物市场中自然会有钱币的席位。二是专门的邮币卡市场。"邮"是邮票、邮品，以当代的为主，也兼营历史上的和外国的邮票、邮品；"币"是钱币，也是以当代的为主，兼营历史和外国的钱币；"卡"是电话卡等信用卡。邮票和邮品实际上是纸币文化的一种衍生物，是一种有价证券，最初的邮票本来就是由印钞厂印刷的。在中国，在北京，邮票印刷开始是北京印钞厂的一个车间，后来因为印刷量大了，才派生出来，成立了独立的邮票印刷厂，这是新中国成立以后，大概是上世纪五十年代末的事情。银行卡则是当代的电子货币，电话卡等信用卡也可以说是银行卡文化的衍生物。所以，邮币卡市场说到底就是钱币市场，因为钱币是货币和货币文化衍生物的统称。三是拍卖公司的钱币市场。这在中国可以说是新生事物，因为拍卖行是改革开放以后才出现的一个行业，2004年以后，拍卖公司才开始正式举办钱币专场拍卖，钱币才作为独立收藏门类出现在拍卖市场。

　　除此之外，也还有一些其他的市场形势，譬如钱币博览会，北京的国际钱币博览会创办至今已经有十几年了，今年上海也创办了钱币博览会。钱币博览会是国际上通用的一种市场形势，大致会有相对固定的地点和时间，但一般是每年举办一次，每次三四天，散会以后，业主便返回各自的国家、各自的根据地。东京、新加坡、中国香港等城市都举办这样的钱币博览会，它有利于国际之间的钱币交流、信息交流，有利于钱币市场的繁荣和发展，因此也受到钱币收藏者、研究者的欢迎和热情的参与。

2008年写于北京

货币反假任重道远（删节稿）

一、货币反假是一项历史任务

自从货币诞生，假币就相伴而生，它们随着货币的变迁而变迁，随着货币的发展而发展。只要社会上有货币存在，就会有假币存在，就会有货币反假的任务。回顾中国货币发展的历史，可以清晰地看到，无论是实物货币，还是金属货币，还是信用货币，只要它们取得了货币的职能，就会有仿制品、私铸钱，假钱充斥其间，与此相应，货币的反假斗争也会始终不断，长期开展。国力强盛时期，货币反假的力度比较大，反映出来的是币制稳定，国泰民安。相反，货币反假的力度不大，劣币肆虐，货币贬值，社会动乱，人民遭殃。所以，我们必须认识到货币反假斗争的长期性、复杂性和历史性，充分认识假币的劣根性、顽固性和危害性。只有这样，才能在反假货币的斗争中变被动为主动，发挥积极的主观能动性，才能树立起长期斗争的思想，坚持不懈地开展反假货币的斗争，为捍卫我们的金融稳定和经济繁荣做出应有的贡献。

二、假币的种类、做假的手段和辨伪的要点

就客观而论，假币可以分为两大类，一是货币正式流通使用时期的仿制做假，二是货币退出流通领域以后的仿制做假。

（一）货币正在流通使用时期的仿制做假

货币正在流通使用时期，假币主要是伪造最常用的流通币、普通货币，而且多数是伪造面值较大的货币。因为其目的是要冒充货币，按货币的面值投入市场，所以其做为敛财的手段，也就形成了自己的特点。兹分别介绍如下：

1. 金属币的做假和辨伪

（1）流通金属币的做假手段

①贵金属币：

一是偷工减料，使用劣质材料，伪造假币。譬如用铜、铅等低值金属打制成银币的形状，然后镀银，冒名顶替，投入市场。铜制的假银元，钱币界称之为"红板"，铅制的假银元，称之为"铅板"，近些年，还有用粉末冶金打制或浇铸的假银元。

二是窃取真币的原材料。有挖取银币内在部分材料的，譬如用铜、铁、铅等低值金属块填入银币内，换取白银，其中有挖补、镶嵌、夹板等不同的手法；也有窃取银元表层部分材料的，譬如有锉边、磨边、剪边等不同的手法；也有用硫酸、硝酸等化学药物浸泡，使之表层氧化脱落，窃取白银的。

②普通金属币：

一是传统的翻砂做假，按照真币来翻砂制模，或者直接用刚刚发行的，全品相的真币为模，翻砂浇铸。

二是打制假币。近代机制币诞生以后，假币的制作工艺也相应改为打制技术，有手工打制的，也有机器打制的。一般情况下，假币打制的压力都比较小，所以其内在质量和外观的精致程度和真币相比会有较大的差距。

（2）流通金属币的辨伪要点（仅以当代为例）

一是观察图纹色泽。如果是伪造者自己制模制造的假币，其图案纹饰、文字书体、浮雕的层次和清晰程度、边缘和币面的光洁度，均不如真币，而且往往会在某一细微之处与真币不合，所以真伪对比容易分辨。如果是以真币翻制，其立面的深度，清晰的程度，以及光洁度、精神气也不可与真币相比。尤其是金属的质感、光亮度，也和真币不可同日而语。

二是测其重量。因为假币的币材和真币不可能完全一样，所以其重量和真币就不会完全一致。再加上制造工艺上的水平限制，其重量标准也不会完全统一。用心的人，手感便会不一样。

三是听其音响。由于币材不一，制造工艺不一，真假币发出的碰击声不会一致，真币的声音纯正，假币往往会有杂音相伴。

四是分析币材。假币的伪造者不知道真币的合金配比和附加材料，所以通过成分分析，即可辨出真伪。

五是分析加工方法。国家造币厂的加工设备昂贵，管理和操作严格，工艺流程规范，一般伪造者不可能具备这样的规模和条件，所以假币的制造不会达到真币的精细程度。

六是观察边缘的处理。光边的平整光洁，丝齿的齿数、形状、深度，齿间的距离，边部的滚字制作等等，伪造者不容易做到完全一致。

上述各条都是有机联系的，在鉴定辨伪时要综合分析，要防范只见一点，不及其余的片面观点，还要考虑到流通过程中人为破坏的因素，以保证鉴定的科学性、正确性。总之，实践出真知，真币经手多了就会有比较深刻细致的了解，一旦遇上假币，只要留神去看，思想上提高警惕，应该是可以识破的。

对于历史上的货币，也同样是一个道理，官炉钱见得多了，对其制作情况有比较深入的了解，对其大小轻重有比较清晰的概念，那么如何分辨官炉还是私铸，也就比较容易。历史上的官炉和私铸，都是同时代的遗物，总的制作风格应该是一致的。它们与后人制作的假古董、假文物的鉴定应是两个概念。

2. 纸币的做假和辨伪

（1）流通纸币的做假手段

流通币做伪，有私人印制的伪钞，也有敌对政权出于某种政治、军事、经济的目的，专门组织印制的伪钞。私人印制的伪钞，有手绘、拓印、彩色复印、机制等多种手段。一般规模比较小，印制的质量参差不齐。但是随着现代科技的发展，不仅伪造的数量不断增加，而且伪造的技术也在不断提高，出现了有相当规模的专门的印制伪钞的团伙，它们掌握相当高的伪造技术和设备条件，进行批量生产。而敌对政权的有意做伪，则往往是有计划的批量印制，做伪技术和手段都比较高。

（2）流通纸币的辨伪要点（仅以当代为例）

一是看图案。看人物头像和主景，特别是手工雕刻的部分，是防伪的重要手段，造假者不容易做到完全一样。

二是看颜色。油墨调色每次不会完全一样，更何况纸币的油墨配比和添加剂，造伪者不会知道。

三是凭手感。人民币的纸张是专门制造的，纸质挺括，厚薄均匀，表面光滑，手感好。

四是看水印窗的位置，水印图案的立体感和层次，以及水印的清晰度，满版水印的钞票纸应该也有凹凸感。

五是看安全线的位置、制作和纸张结合部的情况。

六是看前后对印部分是否严密对合。

七是看光变面额数字，是否在不同的角度变色。

八是听纸张的声音，钞票纸在手抖、弹、甩时，会发出清脆的声音，一般假币的纸张质量比较差，声音发闷。

（二）货币退出流通领域以后的仿制做假

货币退出流通领域以后，便是历史货币，进入文物的行列，所以对于历史货币的仿制做假，属于后人仿制，多数是古董商、钱币商所为。大致有四种情况：

一是珍品做伪。在多数情况下，仿作的对象都是珍品、名誉品，或者是某一地区、某个时期不易得到的罕见品。做伪的目的，是为了骗取高价，牟取暴利。譬如新莽的"国宝金匮"，以前传世至今，只有两枚真品，在钱币界享有很高声誉，钱币商便利用收藏者的求索心理，做假冒充，所以市面上可以见到"国宝金匮"假钱。

二是利用某些假象臆造。譬如唐宋以后盛行年号钱，但并不是每个年号都铸年号钱，初集钱币者不谙此道，盲目想把所有年号的钱配齐，钱币商便利用这种心情，制作历史上根本没有的所谓的年号钱，投其所好，骗取高价。

三是毫无依据的别品。这类钱是钱币商利用收藏者猎奇取胜、好奇斗富的心理，制作的别出心裁的异品。譬如大"半两"，上下加铸"第四十"，冒充秦半两别品。特大的半两钱，是否属秦，尚是疑问；"第几"一类的钱，现在知道，是汉代的一种宫中行乐钱、酒令钱，把"第几"和"半两"凑合到一起，冒充秦钱别品，于情理不通。但这种莫名其妙的异品，对于初涉泉域者，也是容易上当的。

四是特定条件下，普通品做伪。譬如，在对外开放的初期，有些文物摊店曾仿制古钱，作为工艺品或馈赠的礼品外销；又如博物馆为筹办展览，有时也做一些复制品，诸如此类在古钱鉴定中，亦应有所注意。

1. 古钱的做假和辨伪

（1）古钱做假的手法

①翻砂做伪

一是依据钱谱中的拓图，制模翻砂。参照钱拓做伪的人，自己手中并没有实物，有的甚至根本没有见过原物，所以做假的程度一般不会太高。譬如永光、景和，是很轻薄的小钱，做假的人，没有见过原件，只能在钱面文字上比着葫芦画瓢，却不知道真钱的厚薄，所以做出的假钱往往偏厚，显得笨重。

二是依据同时代的其他钱币，开模制作类似的新品、别品。譬如，莒帮刀是齐刀中的大名誉品，传世有一枚残断的刀头，保留了一个"莒"字和半个"帮"字，做伪者不可能见到实物，也不可能看到完整的拓本，只能仿照同时期的其他齐刀，临摹文字，开模制作。

三是利用精美的真钱为模，直接翻砂做伪。譬如阜昌重宝钱，制作比较精，因此有人便拿它直接做模，翻砂做伪。用真钱做模，再用普通旧钱熔化的铜液浇铸，制作的假钱，往往容易乱真。

②改刻做伪

一是用普通品为模，在砂盘上改刻其中一字，或添刻云、雀等纹饰记号。如以大观通宝钱为模，在砂盘上将"大"字抹去，改刻"贞"字，浇铸出来的是"贞观通宝"。

二是选用钱体较厚实的古钱，直接在原钱上改刻或者添刻。如将齐三字刀改刻成六字刀，只需把三字刀中间的一字抹去，再补刻四字即可。

三是利用旧钱的流铜，或原钱地张较高的部位，改刻、添刻文字，或星、月等纹饰。如在地张厚实的半两钱上加刻巨星，在唐钱、宋钱背面添刻文字，或星、月纹饰。

③挖补做伪

一是把普通古钱中的文字剔去，另用铜片打制其他钱文，贴补成稀见品。如将普通单字的平肩弧足空首布，挖补成"东周"、"西周"等多字空首布。

二是把相同的两枚普通品上的钱文剔下，互相交换贴补，变成两枚别品，如将"五铢"挖补改造成"五五"、"铢铢"；"货泉"挖补成"货货"、"泉泉"等等。

三是剔去普通品中的一个文字，再用生漆或环氧树脂填补成异文。如将"五铢"小钱挖补成"两铢"。

四是用生漆或环氧树脂挖补改造钱体。如将方孔"半两"钱填补成圆孔"半两"钱。

五是在普通钱的背面贴补钱文。如在崇宁通宝钱的背面再补贴"崇宁通宝"四字，使一枚普通品变成了一枚合背的别品。

④拼合做伪

一是将两枚大小相仿的钱各磨去一面，再贴合在一起，变成一枚合背钱，或者一枚合面钱。这种情况在明钱、清钱中比较多见。

二是将旧铜片裁剪打制成圆足布、三孔布或其他战国刀币、布币。

⑤假色做伪

假钱必须有假色伪装，古钱的假色主要包括假锈和假的传世古色。铜钱的锈色主要有绿锈、红锈、蓝锈三种，以绿锈为主，其间或夹有红、蓝等其他锈色。做假锈的手法，有以下几种：

一是将假钱埋入潮湿带有酸性的土壤之中，几个月以后，便有锈色，时间越长，锈结越厚。

二是将假钱先在盐酸、醋酸等酸液中浸泡，再埋入土中，一年半载后取出，即有锈蚀。

三是将假钱煅烧后，浸入冷水退火，再在酸液中浸泡，埋入土中。这样做成的假锈，绿里透红。

四是用不同颜色的瓷漆调和，涂抹在钱上，再行做旧。

五是用环氧树脂或松香等调和需要的颜色，涂抹在钱上。

六是将真钱上的真锈剔下来，再调和粘贴到假钱上，形成假钱真锈。

做假传世古色的办法是：将假钱煅烧后，或在酸液中浸泡后，随身携带磋磨，天长日久，便会产生发亮的传世古色，造成一种古朴的假象。铁钱做假色，一般都是做传世古色，而且着色需要的时间较铜钱短，做假的效果也比较好，容易乱真。

（2）古钱辨伪的要点

有人说，古钱鉴定是一门眼学，主要靠眼检目查。其实，传统的古钱辨伪方法，除了眼睛观察外，还要依靠手感、耳闻、鼻嗅等人体其他感应器官的感受，然后汇总到大脑，综合分析，作出决断。其具体方法是：

一是文字制作辨伪，这是最关键的一条。首先要从宏观上考察它的整体制作风格，是不是符合时代气息、区域特征，是不是符合这枚钱应该具备的个性特点。然后要着重看文字，中国古钱上的钱文，既是钱币的标志，也是最集中反映钱币艺术的部分。因为，中国古代正式流通的货币，一般没有图案，所以古钱的主要修饰是文字。同时，钱文也是古钱防伪的重要内容。先秦古钱，钱文虽是出于匠人之手，但先秦文字古奥，做伪者不懂古代文字，往往因此出错；秦汉以后的钱文，多出自书法大家之手，这不仅有益于提高古钱的艺术水平，而且每人所书各有特色，正是最有效的个性特征，别人的临摹，难以做到尽善尽美。对于真钱为模直接翻铸的假钱，文字制作不容易找到破绽，但经过一次翻砂，其精美程度总有减色，显得精神不足。尤其是因为热胀冷缩的原因，新翻的假钱，会比原钱略小一些。

二是色泽辨伪。唐宋以前的古钱，因年代久远，一般锈蚀严重，无论硬绿锈，还是土化锈，都是锈色入骨，甚至通体锈透，锈结与钱体咬在一起，不可轻易剥离。假锈则只是浮在钱体表面，容易剥落。在色泽辨伪时，要特别注意对真钱伪锈和伪钱真锈的识别。所谓真钱伪锈，是由于某种特殊原因，真钱遭遇火灾，火烧以后的品相是极其难看的，或者碰到酸液等其他化学物品，真锈剥落，附上了一层"新"锈，给人以假的感觉。对于这种情况，不能只凭锈色，轻易否定，关键要看文字制作，做综合分析，方可决断。所谓伪钱真锈，是把普通真钱上的老锈剔下来，粘补到假钱上，以假乱真，对于这种情况，也不能只凭锈色，轻易作出结论。

三是重量、音韵辨伪。古钱无论是出土品，还是传世品，都是年代久远，火气已脱，不像新钱压手。特别是锈蚀严重的钱，实际重量已经大大减退，所以有经验的人，一枚古钱拿到手上，就会有一种特殊的手感。所谓灵气相通，实际是一种知情者的特殊感受。然后再轻轻地把古钱放到桌上，看来是一个自然动作，实际是听其接触桌面时发出的声响。古钱发出的响声纯厚，不会有转音，新做的假钱则会发出清脆的转音。为了避免新钱的转音，做伪的老手，会把新钱放在火上烧一下，烧过后的钱，再放到桌上，发出的声音发哑，或者有意破坏钱体，或敲碎一角，或使之破裂，破损后的钱，也只会发出哑声，而且给人一种古旧的假象。所以，对于被火烧过的钱和破损有裂纹的钱，鉴定时要特别留神。此外，对于改刻的钱，因钱体本身是真的，鉴定时也不能单凭手感或音韵来判定。

四是气味辨伪。新出土的古钱有一种土香气味，经常接触古钱和文物的人，会有一种亲切的感觉。伪造的假钱则往往带有某种难闻的气味，用松香、胶水、环氧树脂等粘贴的假锈，也会有不同的异味。

2. 机制币的做假和辨伪（以金银币为例）

（1）机制币做假的手法

一是杜撰臆造。历史上本来没有的金银币，凭空杜撰臆造。这类假币是1949年前后北京、天津、上海的银楼或首饰作坊所为。如"光绪大婚纪念币"、"慈禧作寿纪念币"等等。近些年出现钱币收藏热以后，这一类的假钱也随之复生。

二是仿制稀币。仿制的程度大有好坏，有的铜板、铅板等低值金属打制后镀金、银制作的，即所谓的"红板"、"铅板"；有的粉末冶金打制后镀金、银制作的；有的真金真银仿照打制的。有旧时银楼和首饰作坊手工打制的，也有机器打制的。特别是最近几年，随着科技的进步，打制假币的水平也越来越高。

三是挖补改刻或拼合造假。如将民国二十二年、二十三年的普通帆船币改制为二十四年的样币。

四是添刻造假。如将普通的袁世凯大头币添刻"甘肃"两字，变成"甘肃"版稀币，或将普通大头币添刻成乔奇签字版稀币。

（2）机制币辨伪的要点

对于机制币的鉴定，也是通过文字图案的制作、色泽、手感和音韵等方面，综合分析，作出决断的。仿制品的程度大有好坏，仿得差的，形神不符，容易分辨。仿得好的，虽然相貌类似，但精神总有不及，文字图案呆板，不能生动，特别是边齿，往往不易磋磨工整。各地发行的机制币，都有不同的个性，不同的风格，仿造者不可能完全领会，因而露出马脚。譬如早期的军饷银饼，以及后来的贵州币、新疆币等，仿制者往往做得太精，却不能仿得自然。又如清咸丰年间上海的几种银饼，边缘阔狭，打制时多有移动，仿造者勉强为之，便有故意做作的姿态。上海银饼的文字特点，更是一般人所不知道的，真币文字笔画，上细下宽，剖面呈宝塔形，而仿制者则不能领会，仿造的假币都是上下一样齐整的。仿制币多因机器压力不足，所以地张往往浮而不实，纹饰模糊不清，毛而不挺，字口犹似宿墨书写，会有洇渗的感觉。机制币的色泽，新打制的有一种"极光气"，光泽逼人，而清和民国时期的制币，流传至今，一般都有一层陈旧的包浆，给人一种自然的旧意。金银币的音韵也是辨伪的重要手段，金银制币音纯而回音婉转，红版则音尖而短促，夹板则音哑而无韵。

3.纸币的做假和辨伪

后人仿制的纸币，主要是遗存极少的珍稀币的造假。做伪者不惜工本，精工细作，必须引起收藏者的高度注意和警惕。

（1）纸币做假的手法

一是杜撰臆造，如前一时期革命根据地的纸币引起收藏者的兴趣，于是就有杜撰伪造的农民运动时期的纸币出现。

二是移花接木，将几张不相干的普通纸币剪开，然后再重新拼凑组合变成所谓的别品。

三是涂改面值、票号、年月等。譬如大清宝钞小面值改成大面值"百千文"，户部官票手书年月或字号的改写等等，将普通常见的纸币改成稀见的珍品。

（2）纸币辨伪的要点

一是看文字图案制作。从宏观上看它是否符合所处时代的特征，以及区域特征和特定社会的环境。譬如两宋的钞版，首先要看它的文字书体是否和宋版书体相符，行文措辞是否和两宋文献吻合，图文内容及笔画走势是否符合宋时的特征。又如，革命根据地发行的纸币，因为在白色恐怖和战争的环境下，纸张、油墨及印刷设备、印刷技术等都受各种条件的局限，所以，一般都比较简朴、直白，而且在票面上也蕴藏着浓厚的政治斗争气氛，没有更多的修饰和做作。

二是看花押、签字和印章。古钞多有花押、印章，私帖也有花押或签字，即使是机器印制的现代纸币，也有签字或印章，特别是手书的花押或签字，不易模仿得完全真切。

三是看纸张用材。各种钞票纸的材料，都不一样。譬如，元钞的材料取用桑树皮制成，纸纹粗糙而有韧性。近现代的钞票纸，一般都是特定生产的专门用纸，纸浆中要配制专门用料，多数是目测者所不能分辨的，但也有的在纸浆中加入彩色纤维，则是一目了然。

四是看雕刻工艺。关键是手工雕刻部分，如人物头像及其他主景的手工雕刻，不仅一般人不易仿制，即使本人再刻，也难做到绝对一致。

五是看印刷技术。国家发行的钞票，都是采用当时比较先进的印刷技术，譬如，人民币的彩色接线技术、对印技术、凹凸印交错使用技术等等，仿制者一般不易做到。

六是看油墨色泽和印泥朱砂的颜色。因为仿制的油墨，很难将颜色调得和原钞的色泽完全一样，而现代钞票在印制时，油墨中往往要注入常人所不可得知的某些配料。古钞中所用的印泥朱砂，各时期也不完全相同。

七是看各类暗记。包括不同的冠字、编号、水印、安全线、微缩雕刻，以及隐藏在图纹中的种种暗记符号。

八是凭手感，听声响。多数伪钞用纸偏薄，质地偏差，不及真钞挺括，尤其是做旧以后，更显得软弱无声。当然，这只是一般情况，对于特殊情况，则要作具体分析，不能一概而论。

古钞、废钞的鉴定，现在主要是凭目测，凭经验。然而，现代科学手段和仪器的测试技术，在纸币鉴定中已经开始应用，而且会用得越来越多，特别在现行纸币的反假斗争中，科学仪器的测试手段已经比较广泛地应用，并在迅速发展和大力推广之中。

三、货币反假是钱币学的基础知识，也是钱币学的核心内容

钱币学的基础知识，或者说钱币学的核心内容，是对钱币进行鉴定，并在鉴定的基础上开展研究。对于历史上的钱币做鉴定，首先是要鉴定其真伪，鉴定其铸行的时间和地区，进而再鉴定其版式，鉴定其存世的数量，它的历史、艺术和学术价值，最终的目的是要确定它的文物和经济价值。对于当代的钱币做鉴定，主要内容无疑是流通货币的反假，当然也包括纪念币、章以及其他货币文化衍生物的鉴定，但重中之重是流通币反假。所以当代货币的反假，上升到理论，是当代钱币学的核心内容，是当代钱币学的基本功、基础知识，是钱币学研究的最新成果和最新发展。现在银行卡已经以崭新的面貌进入信用货币的行列，银行卡以及它的文化衍生物已经进入人们的经济生活。与之相伴，银行卡的防伪、反假、包括防止和打击冒领盗取等不法行为，都已经提到了我们的议事日程，如何保护这一新生事物，保护人民的切身利益、保护我们的金融安全，将是当代钱币学研究的一个新课题。从这个意义上讲，就学科而言，当代货币反假工作的不断实践、总结，也是钱币学不断创新和发展的过程，更是钱币学服务现实，服务社会，造福人民的具体表现，是钱币学现实意义的集中反映。

《钱币研究》2007年第1期

又载《文史纵横》第1期，江西人民出版社

赝品肆虐难挡金银币投资良机

鉴宝：目前珍贵钱币品种的增值幅度是怎样的，未来的前景如何？

戴志强：钱币市场的真正上扬起自2004年，钱币作为独立的收藏门类现身拍场。2005年和2006年整体涨幅较大，频频创出高价，有的钱币价格比之前几年甚至提高了十余倍，未来的增值潜力不可低估。值得一提的是，出于东方人自古"藏金收银"的传统，更由于国际金银价格的上涨，目前艺术品市场上金银币的拍卖价格也被带动起来，金银币乃至金银锭以其独特的艺术价值和不可再生、数量稀缺的特点，逐渐进入了收藏领域，受到了投资、收藏者的追捧。

鉴宝：相较于其他门类的收藏，钱币收藏有何特点或是优势？

戴志强：钱币收藏是一项老少皆宜的收藏活动，因为其种类多、数量多，所以受到了上至富豪，下至百姓的喜爱，因此在我国钱币收藏领域有着广泛的群众基础。而其他门类的收藏，如书画、瓷器等由于目前已经价格高昂，为一般的老百姓不可问津。但是钱币则没有这个状况，收藏者可以先以少量的资金，从基础做起，随着知识的积累和经济实力的提高，慢慢提升收藏水平。

鉴宝：在中国历史上，发行并使用的金银币可谓品种丰富，数量众多。就您的角度来看，目前哪一大类的投资前景较好？

戴志强：从投资收藏角度看，我认为近代老银元珍品更值得关注，近期的市场表现更为出色，一些珍稀的老银币已成为市场瞩目的亮点。在2006年春季北京诚轩拍卖会上，一枚1898年湖南光绪元宝7钱2分银元，以236.5万元拍出。在2007年北京嘉德春季拍卖会上，一枚民国十八年孙中山壹圆银币金样，以616万元人民币的价格成交，刷新了中国钱币拍卖的世界纪录。

近代银币深受集币爱好者青睐，我认为主要有以下几方面原因。首先，近代银币是由贵金属或白银合金铸造，材质珍贵，制作精美，具有很高的艺术观赏价值和文物收藏价值，也具有一定的保值和升值功能。其次，近代银币制作量比铜币、纸币少得多，而且并不普及，加上各种历史原因，使得银币的损耗极大，数量稀少，这增添了近代银币的身价。再次，虽然其近期价格走势强劲，但从整体看，近代银币的价格依然不高，普品大多在百元左右，这给收藏者提供了投资良机。

鉴宝：金银币既是货币，也可作为收藏品，随着当前金银的价格日益飞涨，作为古代的金银钱币，能否依据当前市场上金银的价格，来判断其价格？

戴志强：并不能完全挂钩，因为古代金银币作为收藏品或者文物，它的价格是会出现飞跃的。对此我可以举个例子来说明，在战国中山国的墓葬中，曾经出土过四枚银贝，后来银行在收兑金银时收到了四枚战国时期的金贝，它们分别被两个单位收藏保管。经过协商，这两个单位在各自收藏的金贝和银贝中各取出一枚相互置换，于是两家分别都有了金贝和银贝。如果仅从材质来看，黄金和白银的价值相差甚远，但作为战国时期的文物，金贝和银贝都是稀世珍品，它们的文物价值就可以相当，使得这一交换实现了对等。另外，如果仅从材质来看，钱币大小的金、银，没有多少重量，价格并不会太高，但考虑其文物性、稀有性，价值自然就会高得多。

总之，因为金银本身是贵金属，是财富象征，所以受到人们的喜爱，而当它成为古代钱币，或者变成艺术品，那么它价值就不能等同于金银的价值，要高于金银几倍、几十倍、甚至百千倍。

鉴宝：据了解，当前蜂拥的做假行为也侵袭到了钱币收藏品，请谈谈这方面的状况？

戴志强：目前钱币的做假很是厉害。早些年我国的金银是不开放的，是受到国家管制的，所以老百姓手里的金银很少。但随着政策的放开，金银在市场上可以随便买卖，有了这样的条件，造假币便有了原料。再加上目前钱币艺术品价格的普遍上扬，使得一些不法人员，可以大批量地制作钱币赝品。

制作钱币赝品并不是什么复杂的工作，运用一些简单的机械就可完成。但在这里，可以分为低级伪造和高级仿制两个层次。比如制作一些普通的币种，如袁大头等，其大多运用镀金镀银的方式，其质量较次，仅从颜色上就可以分辨。而高层次的做假则不同，其采用真金白银制作，成色甚至比真品还高，如不注意很容易上当。在高科技的手段下，制作赝品可以说是一本万利的，一个模具并不会花费很多，但完成的赝品一旦交易成功，即可获利几十万甚至上千万。

我曾经接触过几位自称藏品丰富且有珍稀品种的收藏家，但当我看到他们手中的藏品时，只能令我赞叹做伪者技术的高超，可惜的是藏家手中的"珍品"全是伪作。其实珍贵的金银币藏品都是在特定的历史条件下由皇家铸造发行的，数量极为稀少。如果有人向你兜售的话，首先就要怀疑其是否来源可靠，是否真品。因此我建议收藏者尽量到拍卖会上去选购藏品，特别是像嘉德、瀚海、诚轩这样有品牌、有信誉的大公司组织的钱币专场，其真品率相对可以得到保障。

鉴宝: 既然赝品这么多，收藏者应当怎样做，才不会受损失呢?

戴志强: 这个东西是相辅相成的，中国的钱币在历史上有几个做假高潮，一个是两宋，特别是北宋，当时的社会盛行收藏热，带动了做假的风潮。到清朝乾嘉时期，由于社会富裕，收藏风起，也引起了做假的高潮。再就是民国时期和当代，所以当前也处于一个高潮时期。

集币爱好者在收藏金银币时可由浅入深、由易到难，先从价格便宜、存世量较多的晚清和民国时期的低档银币入门。在对藏品进行挑选时，要关注品相，因为品相的好坏是收藏品能否稳定增值的关键。集币爱好者要掌握这样一个原则，那就是情愿多花几元钱，也要挑品相最好的购进。除非是存世量极少的稀世珍品，没有选择的余地。

其次要注意防伪。目前许多珍稀金银币，能够在市场上见到的几乎都有赝品，收藏爱好者在挑选时尽可能去固定摊位上购买，或去拍卖场上竞拍。同时还应多看一些参考书籍，向有经验的收藏家学习、揣摩和了解各种真伪金银币的区别。总之收藏爱好者，要理智收藏，谨防上当。

鉴宝: 您谈到近代银币有着良好的升值前景，那么在这方面进行鉴伪有何方法?

戴志强: 近代银元的造假手法不外乎全造假与半造假，全造假即用现代材质制做假文物银元，而半造假则是将普通文物银元稍做改造，对此可以采取这样几个方法识别真假。

首先可以观察银色与神韵。一般而言，真品色泽润白柔和，如用手或软布擦拭包浆，可反射出强烈的亮光。而赝品多为白铜、铅、锡等合金，颜色发青灰或干白。真币多为雕版高手雕模，以机器冲轧，图案精美，齿边深且有序，赝品则与其略有差异。

其次可以称重量，银元一般重量在25.5克至27克之间，每枚真银元之间误差不会超过0.4克。而假银元由于掺入了较大比例的铜、铅、锌等其他金属，因此只要用同等体积的假银元与真银元比较一下，用手指轻轻一掂，就会发现假银元轻，真银元重，一般来说误差1克以上的即为赝品。

　　第三可以听音韵，据了解，假银元材质分银包铜等多种。用食指轻托银元中心部，以另一银元轻敲边缘，真银元发出的声音纯正婉转、柔和，声音悠远绵长。而声音尖锐短促的是全铜镀银的仿制品，含铜量高的假银元被击声尖而高，含锌量高的假银元声音脆而响，夹铜或夹铅的假银元声音呆滞而没有转音，挖补的银元声音低哑或成"哑版"。

"鉴宝" 2008年7月

时代成就收藏的发展与进步

——访当代钱币研究第一人戴志强[①]

记者：从1993年到2013年，《收藏》杂志创刊整整二十年，这二十年同时又是中国收藏市场高速发展的二十年。您身处其中，一定有很多感触愿与广大读者一起分享吧？

戴志强：你们的来访勾起了我的回忆，二十年前的场景好像还在眼前一样。那时是杨才玉社长亲自来到北京，通过时任国家文物局局长的吕济民，寻找各文物门类的鉴定专家担任杂志的顾问，我第一次知道了《收藏》杂志。以后《收藏》杂志一直开设钱币栏目，不曾间断过。该栏目介绍各大博物馆的钱币藏品、民间藏家的收藏，也关注各种古币和新中国成立后发行的金银纪念币。作为一名钱币爱好者、研究者，我每期都会看，非常感谢你们。

很敬佩你们两点：一是持之以恒。骐骥一跃，不能十步；驽马十驾，功在不舍，二十年坚持下来不容易。二是你们不仅坚持下来了，还不断提高，连同编辑的水平、作者的水平都在步步提升，精进不休，这使得你们背后有一支充满力量的作者队伍在支持。现在的钱币栏目责编戎畋松，我对他有了解，他基本功扎实，博学多才，又对钱币界的人员熟悉，所以《收藏》现在的钱币栏目从专业的角度看，很不错。正是因为有了你们这样的专业媒体的存在，收藏领域才有了更快、更好的发展。媒体的作用是很大的，它让更多的人直观地学习，从而认识到文物的价值。

记者：据您了解现在从民间成长起来的真正的钱币研究专家，在全国多不多？是否具有一定代表性？

戴志强：在民间成长起来的藏家很多，但能达到高水平的毕竟又是不多的。今天收藏的人群大体可分成两大类：一是民间所谓的"实战派"。这些人多是有收藏爱好，长期在市场中躬行实践，摸爬滚打，他们见实物多，有着丰富的实践经验，眼力佳；另外

---

① 朱有仪采访整理。

一部分人是民间所谓的"学院派"，特点是在做学问上。如大学里的本科生、研究生，所学专业本身就是考古、文物专业，以及研究所、社科院从事相关研究的人员。这类人的特点是史学和古文字的功夫很深，但对实物的鉴定功力却不一定够。

这两类藏家其实也是两大流派，我认为这两类人若能相互结合起来会更好。我举一个例子。若钱币学家要进行先秦货币研究，就一定会涉及古文字，先秦的文字，特别是战国文字，多数都在货币上，这时若没有古文字学家的参与，先秦货币研究是没有办法开展的。同时没有真正的钱币收藏家和钱币学家，光有古文字学家，恐怕也是不行。因为古文字学家不靠实物，只靠书本、照片、拓片，恐怕也会走弯路。现在两个流派的界限已经越来越不分明了，我们以前搞钱币收藏的老一辈藏家，只讲求"物以稀为贵"，但凡是稀有古钱，在市场上没见到过的，就购藏了。而关于这枚钱的其他信息不会多问，如在哪里出土，出土情况是什么?他不关心。而现在出现一枚古钱，是在什么地方出的，什么情况下出的，藏家们会问，会考究，其实这就是把钱币学跟考古结合在了一起，这是一个很明显的进步。

近些年来我参加过一些民间收藏爱好者组织的活动，动辄是好几百人参与，会场上济济一堂的多是年轻人，说明这些年我国不光收藏钱币的人数增多了，而且人员结构也发生了变化，年轻人多，钱币界后继有人了。另外，这些年轻人在学历、文化修养方面整体都比以前高出不少。

记者:民国时期的钱币收藏是钱币收藏史上的一个高峰，与民国时期的藏家相比，您认为当代的藏家有哪些不足?

戴志强:在二十世纪三十—五十年代，江浙一带钱币收藏研究的中心是上海，老一代的知名钱币鉴定家，包括其他有关的文物鉴定研究专家大部分出自上海。当时在上海成立了一个泉币学社，这是中国最早的专门研究钱币的团体。因为我父亲是这个学社的骨干成员，所以我有幸可以参加他们的聚会。我赶上了五十年代的一个尾巴，所以老一辈的钱币专家我都有机会接触到。当时的社团活动是每个周末都有一个聚会，印象中他们的活动规矩和谐又自由，常把一些新发现的钱币拿来供大家评论，也将一些疑难的值得研究的问题拿出来大家讨论，大家议论的结果是什么，都有记录。这些收藏家多是些文化人、儒商，确实修养很高，谈吐优雅，气度不凡。

钱币在今天是收藏人数最多的一种文物，因为钱币和其他文物不一样，收藏的门槛可高可低、可大可小、可深可浅，所以普及面就宽。普通的中小学生、工人、农民都可以收藏，几块钱几十块钱就可以收藏一些普通的钱币。但是，入门之后，随着收藏境界的提高，收藏知识的增加，经济实力的增强，需要循序渐进。我刚才讲藏家的水平、修养提高了，也只是相对来说的，事实上还远远不够。但只要矢志不渝，坚持进步，就一定能够迎头赶上。相信再过二十年肯定会更好。

记者：在您看来，新时代的收藏市场又有哪些变化？

戴志强：直观地看，这些年的收藏市场在规模上变得更大了，在各方面也更加完善与丰富。不过实质性的东西我认为并没有变。我们认为过去的收藏市场没有今天火爆，其实，现在的古玩市场，你平时去人也是不多的。像北京琉璃厂、上海的古玩市场都一样，除非周末，平时人也并不多。

我从小是在上海的古玩市场泡大的，从我家到小学去读书必须经过古玩市场，所以每天放学以后，我都是先到古玩市场，在那里泡一两个小时后再回家。现在古玩商的交易模式，同民国时期相比并没有实质性的变化。收一件东西，什么年代的，应该卖多少钱，应该卖给谁，他自己脑海中很清楚。圈子外的人去看时，桌面上摆放的都是普通东西、垃圾货，好的也都是赝品。而某先生来了，他是懂行的，古玩商就会把他想要的东西拿出来。民国时也是这种情况，不过那时是古玩商直接送到对方府上罢了。

过去收藏都是上层人士玩，而现在却是一种大众行为了。从收藏结果看，大藏家依然是那些有实业支撑的人。民间的一些藏家是很可怜的，收藏的东西全是假的，但他还执迷不悟，倾家荡产把所有财富都押了进去，还津津乐道于此，到最后是一文不值。他们不知收藏市场有时是很凶险的。

记者：艺术品市场经过这些年的发展，趋于成熟。现在藏家开始将目光更多地转向二级市场，即拍卖市场，对此您怎么看？

戴志强：拍卖市场近些年总的说在向好的方向发展。拿钱币来说，二十年前刚开始出现拍卖时，钱币还混迹在杂项里，没有专场拍卖，拍品也是很少的几件。而今天不仅钱币从杂项中独立出来，有了自己的专场，而且钱币拍卖又分成古钱专场、机制币专场、纸币专场，甚至当代币也有了专场。每一次春、秋季的大拍，送来的图录都是一大摞，拍品数量也大大增多了。因为市场需要，还应运而生了只经营钱币拍卖的公司，有的公司还试水了网络拍卖，这在以前是根本不可想象的。

我一直认为：收藏一定要有专题，这样才能不断深化，才能超越别人，才能收藏出自己的特色和个性。钱币拍卖专场的细分，也反映出了钱币藏家近些年的分工越来越细了，藏家们有了专项收藏的方向，向更加专精型发展，这是一种进步。

记者：近年拍卖业迅速崛起，拍品增多，拍场热闹异常，您认为这种现象正常吗？

戴志强：拍品多首先是与拍卖行方面绞尽脑汁征集拍品有关，另一个重要原因，是有很多过去流往海外的高质量文物今天在回流、倒流。十七八年前我到香港，与当时香港钱币学会的马会长交流。那时的情况是，尽管有法律约束和海关把控，钱币走私的情况仍很严重，钱币在大量外流。可当时我们有一个共同看法，就是这些文物早晚是要回流的！这种钱币外流的情况，从上世纪三十年代起直到新中国成立后的一段时间里一直存在。那时没有人听说过谁从国外买了一枚钱币，从外国买"钱"简直是天方夜谭。但为什么我们会有那样的看法呢？因为我们清楚中国文物的市场在中国本土，在外背井离乡，只能是暂时的。果不其然，中国改革开放后，经济形势日益趋好，老百姓手里有钱了，他们自然就有了收藏愿望。从上世纪八九十年代开始，特别是九十年代，很多古币开始回流，到现在不光是以前流入中国香港、台湾地区，日本、东南亚等国的中国古币在回流，包括流入西方的也都在回流。张叔驯的藏品现在回来了，日本大藏家曾收购我们的珍稀古币回来了。北京诚轩那件创纪录的"下邲阳"背"十七·两"三孔布以368万元成交，是我们旧谱所见的东西，我猜测就是四五十年代出去的，现在也回来了。拍卖公司让这些钱币回流，他们赚取了利润，而从大局来说，我们的钱币、我们的文物返回祖国是好事情，对学术研究、文化传承都很有益处。

但是我觉得现在拍卖行中也存在很大问题。一大问题就是拍卖行不保真，使得一些赝品流入了拍卖市场。其实每个拍卖公司开拍前也都让国家的文博机构检查把关，但把关时对我们这些专家的要求仅仅是把握两个原则：一、是否是新出土的；二、是否是珍贵文物，对拍品的真假却没有要求，事实上这是个漏洞。一些拍卖行因为没有了约束与监管，将一些赝品堂而皇之地输入市场，而这些有了"著录"的赝品更因此被人传播，对后人的学习、研究会产生很多负面影响。

现在随着拍卖行数量增多，拍场上的赝品也在增多，很多小拍卖行的拍品更是不堪入目，有时翻出100件拍品，有几件是真的，就不错了，但是它们也盈利。我曾就此现象与某拍卖公司的老板聊过，告诫他：你的品牌只有一个，你要注意。让你保证100%真品率，不可能做到，也没有人会这样要求你，但你假东西的比率在上升，就不可以。极个别的高仿品你漏鉴上拍了，是情有可原，而你明知道是假货，也放任自流允许上拍，你的牌子是早晚要被敲掉的。现在这些不守规矩的拍卖行，我看以后绝大多数都将被淘汰出局，留存不了几家。

记者：这些年民间的钱币博物馆层出不穷，您认为近年诞生了这么多的博物馆真是社会的刚性需求吗？

戴志强：民间博物馆的水平确实是参差不齐的。有的水平很高，藏有一些具有地方特色的藏品；但有的博物馆展出的全是假东西。以前我们把博物馆看得很神圣，认为没有很好的藏品不敢称之为博物馆，现在不一样了。其实，国外也是如此，有两件好的藏品，再配上几件辅助展品就叫博物馆了。欧洲一个很小的城市会有几十家博物馆，中国有一百八十个钱币博物馆也没有什么了不起，属于正常现象。博物馆是征集、典藏、陈列和研究代表自然和人类文化遗产实物的场所，是为公众提供知识、教育和欣赏的公共文化机构。博物馆有无存在的必要，关键是看它如何更好地发挥博物馆的作用，而不是另有目的，念歪了经。

记者：我们刚谈了许多硬实力方面的变化，身体跑得太快，灵魂会跟不上。什么是这些年来被我们忽视的又亟需提升的软实力呢？

戴志强：我认为搞钱币收藏首先要讲泉德，要讲收藏的道德。这不光是那些拍卖公司的人要追求，收藏者也要追求。现在我们有的收藏者买了假货，回去后一研究，或者经高人一指点，发现是假的，一般选择是扔了，因为这不是他要的范围。而另一种人则是今天一万元买进了赝品，明天会一万二三再出手，总之他不能吃亏。这就是缺少道德。我父亲为什么在圈内声誉高呢？就是因为他很讲泉德，凡从他手里出去的东西，他保真；如果从他那拿到的东西有疑问，他包退。我看今天咱们的拍卖行都没有这个气魄。这其实是做人的基本素质，是我们买卖钱币的基本素质。我想对今天的藏家说，不要怕买到赝品，以前的人眼界为什么高呢？他吃进一个假货，对他是刻骨铭心的。我父亲也曾经吃进过一个"政和元宝"铁钱赝品，他开始以为是真的，后来发现假了，他没有扔，而是一直悬挂在腰上，几十年如一日，时不时看看，提醒自己。

第二，藏家一定要有学养、修养。新中国成立前说到钱币就是指古钱。古钱学那时是个三级学科，历史学下包括考古学，考古学下才有古钱学，古钱学是学科分类中最低的一级。而现在"钱币"一词已经被叫响，在词典中有了属于它的条目；"钱币学"也突破了古钱学的意义，不能再被历史学、考古学完全包括。当钱币学成为一个独立的文化学科时，收藏钱币的你就是一个文化人，基本的文化知识、历史知识你没有，你能成为一个钱币学家吗？能成为一个收藏大家吗？不可能的。一些收藏者不学习知识，也不提高自身修养，他是永远成不了才的。就是功利的只想懂得钱币鉴定，也要明白你不可能每一件东西都见过，一件新的东西出现，你怎么鉴定真假呢?所以钱币鉴定一定还要借助其他知识，知识面越宽、越厚，你的眼力才能越高。不过，现在有这么多人从事收藏事业，基数这么大，我肯定以后会出一两个大家的。

记者:您一生与钱币有着不解之缘，钱币伴随您从青丝走到白发，在走过这变革巨大的几十年后，您心底最大的感触是什么?

戴志强:上世纪九十年代，上海博物馆副馆长汪庆正跟我聊天说:现在我们的文物都死在仓库了!他为什么会说那样的话，因为那时文物只有几个保管员能看到，其他人接触不到。他的话，让我感同身受，那个时候即便再要求进步，再想学习，好多藏品也是看不到的。在当时的体制下想出人才根本不可能。现在不管我们的市场有多少问题存在，但毕竟已经很大程度地开放了，很多过去看不到的珍品现在能看到了，资源开始共享了，交流也更自由了。所以，我最大的感触是:如果没有改革开放的政策，就没有我们今天。这不是讲什么大道理，拿《收藏》杂志来说，如果在"文革"中，别说办这本杂志了，搞收藏都是要被批斗打倒的。所以一切都是要在大气候下发展成长的。

和钱币学相关的闲言碎语

读"寿泉集拓"

宋捷注重收集泉谱，尤其是原拓本，可谓不遗余力。功夫不负有心人，他居然收齐了前辈泉家的整套"寿泉集拓"。把宋藏本和先父葆庭先生遗存之"寿泉集拓"对比后，对当年的寿泉活动又有一些新的体会。谨记录如下。

一

上世纪四十年代、五十年代至六十年代，共有两轮"寿泉集拓"活动。

第一轮是1940年10月—1941年8月是近现代古泉界最早的一次有组织有计划的祝寿活动，也是中国泉币学社成立以后，商议实施的三项事宜之一，即编辑出版双月社刊《泉币》杂志；建立每周泉友谈话会制度；成立寿泉会，出"寿泉集拓"。

图1　寿泉集拓第一组

寿泉会由十人组成，以年龄长次为序，排列为：丁福保、张䌹伯、张晏孙、郑家相、陶庭耀、王荫嘉、陈亮声、戴葆庭、蔡季襄、罗伯昭。戴葆庭任总干事。

在1940年10月22日王荫嘉生日的那一天，正式成立寿泉会，会员十人聚会庆贺，每人出泉三品，每泉做拓十帧，汇拓成帙，谓"纪念册"，每册十本，成员各得其一。至1941年8月17日蔡季襄生日，出齐十册"寿泉集拓"，此即贵忱先生在《中国钱币文献》丛书第28卷中所谓之"初集"（上海古籍出版社，1993年）。

第一轮全套十册（图1），每册制有序文，或自序、或代序；序文或是手抄（由寿翁亲自书写，如䌹伯），或是排版印刷，并无一定规格。有的寿翁，如伯昭、家相，还在自藏本的后面做了补记。纪念册不设目录，每册所集之拓本总数也不一定是30品（实际上最多的一册集泉32品，最少者为25品），拓本的粘贴也不完全一致，或前后错位，或变换钱拓。今将我处所藏者和宋藏本对比发现：只有甲编（即第一册）的拓本从内容到排列顺序都完全一致，乙编以下便有不统一之处。最后的几册随意性更大。宋藏的辛集、壬集、癸集，装帧略显粗糙，周边没有切齐，故保留了书页的毛边。

从上述情况可以想见，当时或只提供空白书页和封面、封底，拓本装帧或由各人自己负责。因为一共只有十册，数量太少，集中装帧费工太大，更着这件事本身是一种乐趣，是兴趣所至，乐在其中，所以各人的玩法不同，版本也就不一。

第一轮寿泉活动，实际历时8个月，出齐十册，可谓高产。所以我在宋藏本"寿泉集拓"戊集之后题曰："从1940年10月至1941年8月，寿泉集拓出齐十册，加上每周一次的泉谈会，编辑出版双月泉刊，如此密集的聚会、出刊和编谱，创造了泉界集藏高峰，至今无有超越者。"就此也可以看到，老一代对泉学的热情、专致和投入，实在令我辈敬仰。

二

第二轮是1950年冬至1964年夏。事隔第一轮"寿泉集拓"十年之后，又有寿泉活动，重起寿泉集拓之风，但与初集时的做法不同。（一）虽是沿袭旧制，但没有再专门强调"寿泉会"之说，所以也就没有明确公布成员的名录。实际作为寿翁的成员仍是十人，即：丁福保、沈子槎、张果园、张絅伯、戴葆庭、蒋伯埙、孙鼎、郑家相、罗伯昭、陈恕斋。具体事务的操办也还是戴葆庭。不幸的是，1952年丁先生仙逝，成员改少为九人，但没有再作增补；（二）不以生日为贺，而是逢花甲、古稀、耄耋之年才贺寿；（三）不

图2　寿泉集拓第二组

必拘泥于每人一册"寿泉集拓"，事实上，开始都是两位寿翁合出一集。因丁老作古，所以最后的陈恕斋单独成册。后来张絅伯八十寿又有"寿泉集拓"之举，或为此轮的收官之作；（四）没有约定参贺者的人数，贺品也没有定数。

从1950年冬至1964年夏，历时十四年，共出寿泉集拓六册，并有附件一册。分别是：《子槎果园两翁古稀寿泉集拓》、《絅老古稀足斋

花甲，两翁祝寿泉帖》、《伯埙师匡二翁祝寿泉拓》、《家老（相）古稀伯老（昭）花甲，两翁寿泉集拓》、《恕翁八十寿泉集拓》（图2），和《纲老八旬祝虾泉拓》（图3），以及《子槎七十泉拓留存》（图4）。

　　在第二轮的"寿泉集拓"中有一些特别的地方，诸如：

　　（一）在1950年冬编辑《子槎果园两翁古稀寿泉集拓》的前后，曾有过一本《子槎七十泉拓留存》（图4.1）。此册收录了子槎自藏珍泉七十品的拓本，既无序文，亦无跋文，只在书首贴有子槎的照片一帧。这本泉拓给我们的启示是：很可能是先有子槎七十泉拓的动议，然后引发了重起寿泉集拓之风的行动。若此推理不误，那么《子槎七十泉拓留存》应是第二轮寿泉活动的开山之举。但从第二轮"寿泉集拓"的整体而言，《子槎七十泉拓留存》还是应该理解为《子槎果园两翁古稀寿泉集拓》的一册附件。

图3　纲老八旬祝虾泉拓　　　图4.1　子槎七十泉拓留存　　　图4.2　沈子槎头像

　　（二）葆庭的藏本《家老（相）古稀伯老（昭）花甲，两翁寿泉集拓》，书名称"家老"、"伯老"，而不是"家相"、"伯昭"，也没有用专门印制的《家相古稀伯昭花甲，两翁寿泉集拓》的原印本贴拓装帧，而是用《足斋泉拓》的空白本代之，故出现了书签题名与印制本不一的现象。序文和目录本由子槎起草手书，葆庭藏本却是既不用子槎手书，也没有使用统一排版的印刷件，而是由葆庭自己手抄（图5）。据我所知，这是现存最长的一篇葆庭的亲笔墨迹。

　　不知何故，在先父的存本中，我没有找到《纲老八旬祝虾泉拓》，所以原以为第二轮"寿泉集拓"只有五册。在《纪念荫嘉先生追述泉家轶事》（《苏州钱币》1989年第3期）一文中我是这样写的，后来贵忱先生在编《中国钱币文献》丛书时，我也是这样认为的，当然也只能提供前五册的书本资料，所以丛书第28卷只有五册的影印件，即贵忱所谓之"二集"。这次宋藏本中才有了新的发现，我在《䋮老八旬祝虾泉拓》（图3）的书后题曰："宋捷觅得此本，可证上世纪五六十年代共有寿泉集拓六册，此册才是真正收官之作，其补缺之功，功莫大矣。"若再加上开山之《子槎七十泉拓留存》，此轮应有寿泉集拓七册（图5）。

图5.1　戴葆庭手抄序文

图5.2　戴葆庭手抄序文、目录

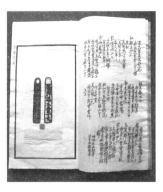

图5.3　戴葆庭手抄目录、
首页拓本

图5.4　拓本次页

三

第一轮十册共集泉拓253帧，第二轮七册共集泉拓438帧，合计691帧，其中虽有重复出现者，但它集中了当年集藏的珍品、名品和孤品，是当年钱币收藏的精华，反映了三十年代到六十年代，在近半个世纪的时间里，前辈钱币界的集藏规模，反映了那一代人对古钱的鉴定能力和研究水平。

古钱谱是古泉学的基础，钱币图谱是钱币学的基础。一本好的钱谱，对于钱币学而言,其学术意义绝不亚于一部学术专著、一篇学术专论。因为它们的选录、前后排列,和同类钱币的版别对比,都蕴含着编纂者的研究心得,所以我们必须重视钱币的谱录,尤其是早期的钱谱,和可以代表一个时代的研究水平、鉴定水平的钱谱。

原拓本古钱谱的存世本来就少,随着时间的推移,岁月的变迁,散失严重,因此如何保护和传承,是每一代钱币爱好者、收藏者和研究者必须高度重视的课题,是历史赋予的职责,决不可掉以轻心。近年来对钱谱的重视,说明我们的收藏意识在提高,是一件令人鼓舞的大好事,在这里我也要感谢宋捷做出的贡献。

补记:

2013年,在我即将进入古稀之时,由学生和泉界同好发起并编纂了《续斋古稀寿泉集拓》(图6.1);2017年又有《沈鸣镝七十寿泉》面世(图6.2);今又有《可居九秩寿泉集拓》(图6.3)已经合成。此或是寿泉活动之续篇,也可谓第三轮《寿泉集拓》。

图6.1　续斋古稀寿泉集拓　　　　图6.2　沈鸣镝七十寿泉　　　　图6.3　可居九秩寿泉集拓

戊戌蚕月字于续斋

《中国古钱谱》系列丛书总序

从上世纪八十年代以来，我国民间收藏的热度逐步升温，其中自然也包括了对于钱币的收藏和研究。经过三十多年的积累，造就了一批卓有成就的古泉收藏家。尤其是八〇后、九〇后新生代的加入，使之后劲十足，充满活力。

对于收藏者而言，他们花了几年、几十年，甚至是毕生的心血和精力，需要对自己的藏品做一个汇总和梳理。梳理的过程，是自我回味、自我欣赏的过程，是对收藏成就的一种肯定，既是一种精神的享受，更是对藏品认识的再提高过程。对于世人而言，有了这么丰富的实物资料，则是进一步开展古泉学研究的宝贵财富。所以把它们整理成书，公布于众，是一件对己、对人、对事业都大有利的事情，是一件功德无量的事情。

春节之前，佟昱来说，有几位泉友正在整理有关专题的资料，希望能够成书，能够出版发行，并先后送来了几本书稿。这些书稿具有明显的特征，即专题性很强，实物资料极为丰富，着力于古泉版别的分类研究，可以看出作者的古泉学功底，也大致反映了当代古泉学研究的水平和趋势。我高兴地和他们分别见面详谈，提出我的读后感想和意见，请他们再作提炼和修改，并希望能早日见书。节后，中华书局的编辑陈乔女士也来电话说起此事，希望我能帮助出些主意，做些审核工作。这件事若能兑现，既可以保护民间收藏，鼓励民间收藏的积极性，又可以把一己之私产变成社会的资源，让大家共享，共同推进古泉学的研究，我自然应该给予支持，尽力扶持这项工程的实施，促其成功。于是和佟昱商定，可以考虑编纂一套古钱谱丛书，作为这一类书籍出版的一个平台，它们以图谱为主，适当辅以画龙点睛的文字，使资料性更强，使书的实用价值更高。这个意见得到了陈乔女士和中华书局的支持。

从古泉收藏的历史来看，往往是先由民间收藏起步，随着时间的推移，民间收藏家的藏品又会通过各种渠道转化为博物馆的收藏，转化为国家的收藏。对于古泉的研究，多数也是先由私人起步，由民间收藏者、爱好者提出个人的心得体会；再相互切磋，交换意见，逐步形成比较一致的认识；也会请相关的研究人员一起来鉴定验证，得出定论。因此，就钱币收藏和钱币学的成长而言，我们决不可以小觑民间的收藏。

对于每一个收藏者来说，他们各有所长。有的长于版别鉴定，对名誉品、珍稀品有高度的敏感；有的占尽地域之优，对某一地区的古泉了如指掌，如数家珍；有的专攻某一时期、某一类别的古泉，形成独到的见解。近年来，钱币界对版别、品相的重视程度大大提高，对拓本（特别是原拓本）的关注程度大大提高，这是极好的现象，说明钱币收藏的整体水平在提高，收藏者的文化素养在提高，古泉学的研究在深入。在这样的大好时机，更催促我们要抓紧把当代的古泉学研究心得及时总结、汇总起来，通过著书立说的形式，保存下来，传播出去，这不仅可以扩大其影响，更可以作为我们时代的成就流传给后世。

每一个收藏者都有一己之长，通过系列丛书的形式，把它们集结到一起，犹如分散的小溪小渠注入长江大河，逐步形成浩瀚之势，于是，便有了出版这套古钱谱系列丛书的宗旨。

《王荫嘉钱币文集》序

　　王荫嘉先生是我国著名的钱币学家。上个世纪二三十年代，钱币的集藏和研究掀起高潮，荫嘉先生如鱼得水，投身钱币事业。1940年，上海成立中国泉币学社，同年创刊《泉币》双月刊。荫嘉先生既是学社的主要骨干，又是泉刊的编辑及校订。他一方面辅佐学社领导推动学社活动；另一方面身体力行，全力收集钱币资料，开展钱币研究，成为当时泉刊的主要撰稿人之一。他发表的文章、研究的成果，在泉币界产生了积极的影响。他的治学思想，不仅感染了同好、同事，而且为启迪后学做出了贡献。

　　荫嘉先生是钱币界的儒生。1989年，在纪念先生逝世四十周年时，我曾经提到过他为《寿泉集拓》辛集作的序文。1992年，《王荫嘉品泉录》由上海古籍出版社编印出版，我曾为之笔录了先生的名言："欲研泉精微，必也胸罗全史。"先生的确是有思想的人，在《寿泉集拓》辛集序中，分析了集藏钱币必备的条件，其中有一条是"须学识之丰富"，是文对钱币学识有一段清晰的解释："古泉聚历史之精神，树百世之楷模。形影相随，表里为用。史以外无他学，斯泉以外曷足以代表夫全史乎。故欲研泉精微，必也胸罗全史。私家记述，断章残简，石墨金文，无不取资。而五金之配合，冶炼之纯杂，理化学也。入土时代之深浅，原瘗燥湿之异同，五采于焉彪炳，锈蚀随而分歧，地质学也。礼失求野，本国之所不详者，或返得诸异邦，突厥番夏之文字，西域蒙古之金银，非博稽俄法英日诸儒之著述不可知，译学其尤要也。"在多数人执迷于就钱论钱的时候，先生能有如此卓识，实在难能可贵，至今仍有指导意义。荫嘉先生对于钱币的鉴定，有高人的眼力，除了他对钱币实物的感悟之外，或许便是得益于他的博学广识，得益于他深厚的文化修养。

　　读先生留下的品泉实录和现在汇编出版的钱币文集，见文如见斯人。先生是一位十分严谨、仔细过人的学者，他不是夸夸其谈，空发议论；他嗜好钱币，更关注资料的收集整理。他做的拓本，一丝不苟，要紧的是作为一位行家里手亲自制作拓本，他知道重点在哪里，要反映的关键部位在哪里，再加上洞察入微的分析点评，使人豁然开朗，收到常人难以做到的效果。正因为他的资料扎实，又博学广识，所以他的文章，往往切中要害，有较强的说服力。他对于钱币的见解，为我们留下了一笔具有重要学术价值的文化遗产。所以《王荫嘉钱币论集》（上海古籍出版社，2008年10月）的整理出版，不仅是对前辈学者的仰慕和纪念，更是为当今钱币的集藏和研究，提供了一部实用的手册。为此，我要感谢健兴兄，感谢上海钱币学会为我们的事业又做了一件实事。愿我们的事业沿着前辈的足迹，继续向前，不断进步。

　　谨此，聊以为序。

《中国钱币》2009年第2期

《中国钱币学》序

　　秦川的书稿初成，即邮寄给我，约我为之序。读是稿，引起我思绪万千，想起了三十年前在河南的一些往事，想起了三十年来关于钱币和钱币学的讨论，对钱币学认识的变化和提高。

　　我和秦川相识已有二十多年。1987年2月下旬至3月上旬我应邀赴开封，在河南大学历史系文博专科班讲授《中国古钱概论》。当时白秦川任职于河大历史系，他认认真真地听完了我的全部课程，而且对我在汴期间的生活起居照顾有加。那次授课的效果不错，听课的学生始终坐满整个教室，学生们的专心投入给我留下深刻印象；秦川踏实和认真的工作作风，以及他对于钱币知识的浓厚兴趣更给我留下深刻印象。后来他全身心地投入钱币资料的收集和整理工作，走上了钱币研究的不归之路，或许也和那次授课不无关系。

　　二十多年来，我们的联系没有中断，虽然相聚在一起的时间不算多，但书信和通话是经常的。他的每次来信、来电，都只有一个主题，就是钱币，除了钱币和相关事宜，再没有一句多余的闲话，这也是他的性格。

　　中国钱币博物馆成立以后，缺少从业人员，尤其是对于钱币资料的收集和整理没有合适的人选。这项工作平凡琐碎，却十分重要，只有具备一定的业务知识，责任心强的人，方可胜任，而且还要耐得住寂寞，坐得了冷板凳，于是我想起了秦川。我曾经几次动心，想把他调来北京，但总因由河南钱币学会负责编纂的《中国钱币大辞典》也需要他这样的人才，只能作罢。为此，我曾经不止一次地和时任中国人民银行河南分行总经济师、负责分管《中国钱币大辞典》编辑部工作的赵宁夫唠叨过："为了支持大辞典的工作，就把秦川留给你了。"言外之音，不无割爱之意。

　　中国的钱币学是在古钱学的基础上发展形成的，所以，在中国，钱币学既是一门古老的学科又是一门新兴的学科。上世纪八十年代初，中国钱币学会成立，学会秘书处就遭遇到有关钱币学学科认识的一系列问题。诸如："钱币"的确切含义是什么？"钱币学"究竟是什么样的一门学科? 它的研究对象、内容、方法,乃至研究的目的意义,究竟如何认识? 对于这些有关学科的基本理论问题,大家的分歧很大,来自文博部门的学者多持传统古钱学的观点;来自金融部门的学者则另有新见;来自大专院校和社会科学研究部门的学者也有不同的理解和认识。各种不同的观点都汇集到学会秘书处,有的是为了交流讨论,有的干脆就是要讨个说法。因为中国钱币学会挂靠在中国人民银行,各地学会的秘书处也都分设在当地的人民银行。而人民银行的体制是垂直领导的,在人民银行内部,习惯称总部为总行,各地的分设机构为分行、支行。这样的体制也会影响到学会,所以各地学会秘书处的同志都把我们视为"总行"领导,向"总行"讨个说法似乎理所当然。在这样的压力下,对钱币学学科的理解是我们不可回避必须面对的基本理论问题,如何做出满意的答复,也就一直萦绕在我的脑际。

为此,我们不仅在中国钱币学会的工作会议上多次讨论,也在相关的学术会议上多次议论。上个世纪九十年代初,《中国钱币》杂志还专门开辟了关于中国钱币学理论体系讨论的专栏。白秦川是这次讨论的积极参与者,分别在1990年第3期、1991年第2期、1993年第1期杂志上相继发表了三篇专文,阐述他的见解,并把钱币学的学科建设列为他开展学术研究的一项重点课题。

对于钱币学而言,过去的三十年,是变革的三十年。这三十年里,我们对于中国钱币学的认识和理解有太大的变化,这个变化是循序渐进的,逐步提高的。现在,我们可以说已经有了全新意义上的理解和诠释,然而,有关的讨论和争议还在继续,不同的观点仍然并存。我深深地体会到:对于一个学科的建设和发展,只能是在不同观点的讨论,甚至是争论的过程中,才能求得进步,才会有提高和完善。没有矛盾,没有讨论和争论,就没有学科的生命。秦川在来信中写了这样一句话:"吾爱吾师,吾更爱真理。"我欣赏这样的直白,欣赏这样的勇气,因为这是我们的学科得以不断进步的动力。

希望秦川的《中国钱币学》会进一步引起读者对中国钱币学学科建设的关注,希望中国钱币学在社会科学界引起更广泛的关注,得到更多的重视和爱护。

河南大学出版社,2014年6月出版

《中国货币史之最》序

袁水清先生长期从事基层金融工作，同时又热衷于钱币的集藏和研究。他好学习、善分析，勤奋敬业，用功笔耕。退休后，又接任有关钱币和收藏类书刊的责任编辑，阅历更加丰富，视野更加开阔，为这本书的最终成稿，创造了条件，奠定了基础。

有关中国货币之最、中国钱币之最的文字，先前也读过一些，但像水清先生这样深入下功夫的尚未见到。这本《中国货币史之最》所收集的资料，时间跨度长，涉及范围广，既包括金属货币，也包括纸币，甚至银行卡等信用货币；既包括正式发行的货币，也包括货币文化的衍生物；既包括古代钱币，也包括近现代钱币；既包括货币史、货币理论的信息，也包括钱币学的内容。所以，它既是一部读通中国钱币学、货币史的入门之作，又可以作为钱币爱好者、收藏者，钱币学、货币史研究者、工作者案头常备的查阅手册。

在历史上，大凡能位居"之最"者，多是立滥觞、开先河的鼻祖；或是在钱币领域中煊赫一时、彪炳史册的重大事件、重要人物；即使是失败者，亦是前车之鉴，成为教育后人的反面教员，所以它具有令人兴奋的特殊内涵，容易吸引眼球。加之作者务实求真的作风，言之有物，论之有据，且用笔流畅，读来很好上口，又配置以适当的附图，恰如其分，相得益彰，所以这本书具有较强的可读性。

由此，我相信是书的出版，不仅会迎合当前钱币收藏界和工作者的需求，受到广大读者的欢迎，同时也为进一步开展钱币学、货币史研究，做了一项十分有益的基础性工作，成为钱币学、货币史学科建设的一个方面、一项内容，从这个意义上讲，它不仅有益于当今，也一定会造福于后人。

三秦出版社，2012年5月出版

《台湾货币史略》序

　　读蒋九如主编的书稿《台湾货币史略》，倍感亲切，近三十年来的许多往事涌上了心头。我多次参加过福建钱币学会组织的学术活动，当时的场景一幕幕展现在眼前：福建钱币学会的领导和秘书处的同志，以及相关学术领域的专家、学者和同好，一张张热情的面孔，一幅幅动人的画面，一个个发人深思的启迪……其中自然也会有关于台湾钱币和货币历史的故事，譬如，关于我国早期自制银元——福建、台湾地区的自制军饷银饼的发行时间及其性质的讨论，不同的观点，各抒己见，心平气和，畅所欲言。这样的氛围的确有利于学术讨论的开展，学术研究的深入，学术成果的诞生。

　　台湾和福建隔海相望，清光绪十一年（1885）台湾建省以前，分归福建管辖，而澎湖列岛又是连接海峡两岸的天然通道和纽带。所以在讨论福建的钱币学和货币史的时候，免不了要涉及台湾的钱币、台湾的历史货币。因为海峡两岸有着切不断的历史渊源，有着怎么也无法绕开的各种情节。于是，从九十年代起，福建钱币学会便多次议论过有关台湾钱币和相关资料的问题，于是，对于台湾钱币的研究自然就成了福建钱币学会的一项工作，并一直在做着系统研究台湾货币历史的前期准备。有时候，我也给九如先生敲敲边鼓，也会时不时地给他加点"压力"，说："这是福建钱币学会责无旁贷的工作。"而台湾地区历史货币专题研讨会的召开，则是这项工程的正式启动，编撰台湾货币史的时机终于成熟，经过多年的努力和实践，现在终成正果，可以正式交稿。

　　因为这本书是福建钱币学会组织编撰的，是九如先生主编的，所以就形成了它鲜明的个性特征，那就是：钱币学和货币史的密切结合，实物考证和文献史料的相互印证。书中的每一章节，几乎都离不开以钱币研究的成果作为立论的基础，从实物出发，从实际出发，有理有据，具有较高的可读性和可信性。正是因为这个缘故，钱币实物的图版资料成为这部书的一个重要组成部分，成为本书立论的不可或缺的重要依据，因此，图文并茂、图文并重，成为这本史书的又一特色。通读此书，更可以体会到：尊重历史、尊重事实是这本书立论的宗旨。作者本着务实的精神，通过对遗存的台湾钱币实物的分析研究，再结合文献史料的分析探索，以求取客观、科学、真实的结论，孜孜以求，还原历史的本来面目。所以我相信，这部书的出版发行，一定会赢得广大读者的欢迎，赢得良好的学术效果和社会效果。

所以我真心希望这部书早日面世，谨以此为序，聊表心意，并谢九如先生和福建钱币学会做出的努力和贡献。

中华书局，2017年1月出版

《齐地贝币》序

　　孙永行先生是个急性子，2012年出版了《齐国陶拍》，2013年出版了《临淄地方币》，今年又要出《齐地贝币》。所以他日前来电说，他的《齐地贝币》书稿已经在齐鲁出版社，并约我为之序，着实把我吓了一跳。我真的为他的神速感到惊讶，佩服他的执着和勤奋。

　　三十年多前，我在安阳曾经关注过殷墟出土的贝化（货），并写过一篇题为《安阳殷墟出土贝化初探》（《文物》1981年第3期）的小文。当时所议的贝化主要是天然的海贝，述及仿贝者不多。而这次永行先生在临淄及周边地区收集到的贝币，除海贝外，还有各种仿制的贝币达15种之多，包括：石贝、玉贝、绿松石贝、玛瑙贝、蜜蜡贝、骨贝、蚌贝、珧贝、角贝、陶贝、青铜贝、包金贝、鎏金贝、铅贝、银贝等不同的质地，其内容之丰富，大大超越了前人著录的所见所闻。从而为先秦贝币的研究提供了丰富的实物资料，也为我国早期钱币的形制、性质和货币制度、钱币文化的研究提供了极其重要的实物资料，应该引起我们的关注和高度重视。

　　这本书收集的只是山东临淄及周边地区的贝币，而中国古代用贝的地域非常广泛，历史又非常长，在西南的有些地区甚至一直延续到十七世纪中叶的南明时期。由此可以想见，如果各地都能够这样去认真收集、考证，那么对我国历史上用贝的种类、形制、性质、用途，以及其他相关钱币文化的内涵，一定会有更多的新的了解和发现。到那时，我们对早期实物货币的认识和理解也一定会更加全面、深刻。所以孙永行的这本书给我们提出了很好的启示，希望在这个学术领域能够结出更加丰硕的成果。

　　是为小序，与永行先生和关注这个事业的同志们共勉。

齐鲁出版社，2014年9月出版

《空首布形制汇考》序

上世纪七十年代末、八十年代初，我在安阳博物馆工作时，谢世平慕名来访。他客气，称我老师，其实他只比我小一岁，我们是同好，因为有共同爱好，成了挚友。

世平好收藏。当时，他手头有一批货泉实物，约我一起观赏，一起做版式分类，一起做专题研究，共同合作，完成了一篇心得文章：《"货泉"初探——兼论莽钱制作特征的演变》，发表于《中国钱币》1984年第1期。

就在那一年，我调京工作，举家北上，是世平帮我搬的家，一路护送到北京新居。

同年，他正式调入安阳博物馆，专门从事钱币工作。在我国的文博界，真正从事钱币专业的人并不多，世平算是其中一个，而且几十年如一日。

河南钱币学会承担《中国钱币大辞典》的编纂工作，他积极投入，帮着出主意，参与了秦汉编的辞条编写，并任三国两晋南北朝隋编和唐五代十国编的副主编（分别于1998年、2003年由中华书局出版）。他的论文《"货泉"初探——兼论莽钱制作特征的演变》、《曹魏五铢考》，以及由他参与编写的《中国钱币大辞典》等多项学术成果，均获得了中国钱币界最高学术奖——金泉奖。他收藏的2万余件钱币及相关文物也于1989年捐献给了国家，获得相关部门的褒奖。

他对安阳博物馆藏的空首布情有独钟，对空首布形制的考察入木三分，由此开始了对平肩弧足空首布形制的研究，进而又拓展到先秦其他布币和刀币的形制研究。早在十多年前，他对平肩弧足大空首布的弧裆，已经有了"合六而成规"的思路，并着手撰写了有关的心得文章。初稿成形后，并未引起学界的理解和关注，有人还提出了不同的意见，但他始终坚持初衷，不断探索。我敬佩他的专心和毅力，敬佩他的固执和执着，看来做学问需要有一股这样的精神，有了这样一股劲，才有可能突破，才有可能创新。所以我乐以为之序。

写于2017年秋，待刊

《海岱古钱新解》序

　　孙敬明先生是一位学者型的钱币学家。他在家乡潍坊从事文物考古近四十年，对家乡的人文历史，了如指掌，每每谈及，如数家珍。他虽立足齐鲁，却不忘面向全国，以考古与古文字、古钱币、古兵器的研究相结合，对海岱区域考古与历史文化的研究做出了突出的贡献。

　　孙敬明新著《海岱古钱新解》，其探索研究的重点自然是集中在海岱区域。是书不但对海岱的钱币文化有比较深入的讨论，同时也做了一些横向的比较研究，对山左先秦古国的历史也都有所涉及，从而拓宽了研究的视野，也会启迪读者有一个比较全面的认识和思考。

　　上世纪六十年代在益都（今青州）苏埠屯商代大墓中出土海贝3790余枚，这是除安阳殷墟妇好墓出土6880多枚之外，数量最多的一次。齐、鲁为西周新封到海岱区域的诸侯国。齐国早在春秋时期已经铸造流通形体较大的刀币，后期还铸行过方孔圆钱，但墓葬中仍大量出现随葬的实物货币海贝，以及各种不同材质的仿制贝类；鲁国的青铜器铭文中也多有赏赐海贝和金属块的记载，说明当时社会尽管已经诞生了金属铸币，但贝还如以前一样继续使用。薛国据称是夏代奚仲之后，在考古发掘的数百座商代薛国墓葬中，几乎均随葬海贝，这在国内同时期的墓葬中亦属较为少见的现象。莒乃老牌的东夷古国，文献称之为少皞之后，考古证明莒文化尤为发达。尤其在春秋时期，莒与齐、鲁在海岱区域形成鼎足三分的格局，但是迄今尚未发现莒国铸行金属货币的资料，或以为莒县出土的战国时期的所谓齐明刀铭范，是莒国铸造货币的遗留。

　　秦汉时期，海岱区域的货币文化仍称发达，西汉初年临淄为齐国，《汉书·高五王传》载主父偃进言汉武帝云："齐临淄十万户，市租千金，人众殷富，巨于长安，非天子亲弟爱子不得王此。"而在临淄发现多处汉代铸造钱币的作坊遗址，充分证明此地经济和钱币文化的发达。还有先秦时期的其他城邑，尽管其社会地位因行政区划统辖发生变化，但是作为历史文化发达的城市，其商业贸易、经济发达的地位有的仍继续保留,诸如即墨、城阳、东平陵、剧、平阳、滕、薛等历史名城,则往往发现铸造钱币的铭范。

我在《文物》1981年第3期发表的《安阳殷墟出土贝化初探》,就是运用考古新发现来探索早期货币历史的。如今,从区域考古的角度来探索地方钱币文化,已经成为大家习惯使用的一种研究方法,如中原的洛阳、邯郸等地已有专著,东部的齐国、北部的燕国也有了专著,这些都是充分利用考古资料与历史文献相结合来开展钱币研究的成功范例。敬明先生的《海岱古钱新解》更是锦上添花,这些成功的实例告诉我们一个道理,那就是:当代的钱币学研究,尤其是古钱学研究,离不开科学考古发掘的新成果,离不开古文字研究的新成果,从考古学的角度来探讨古代中国的钱币文化,无疑是一种行之有效的科学方法。

三十年前,我有幸代表中国钱币学会参加了山东钱币学会的成立大会,在那次会上结识了敬明先生。此后,他每每来京,常到我处坐坐,我去齐鲁,也常有和他叙谈的机会。山东钱币学会成立三十年,也是我两相识三十年的纪念。今先生为庆祝山东钱币学会成立三十周年,专著新书《海岱古钱新解》祝贺,约我为之序,我理应尽绵薄之力,为之呐喊。谨此,草成小稿,权作引玉之篇。

齐鲁出版社,2016年7月出版

《北宋铜钱》序

　　阎福善主编，游来柱、王方闽、吴革胜、丁一副主编的《北宋铜钱》是一部传统意义上的中国古泉谱。对于北宋铜钱的版别分类和研究，不仅承继了前人的成果，充实了新的内容，而且经过多年的考察和验证，对旧见作了必要的修订。它是我们这个时代对于北宋铜钱进行钱币学研究成果的一个汇集，反映了我们这个时代对于北宋铜钱的钱币学研究水平。

　　编一部超越前人的北宋钱谱，是我几十年的梦，是我盼望看到、希望得到的一个宿愿。如今《北宋铜钱》的书稿已经摆在眼前，即将付梓，不只是圆了几十年的梦，而且是一项时代的重任有了着落，怎不让人从内心涌出由衷的喜悦。

　　此梦得圆，首先要庆幸我们赶上了一个好时代，一个国泰民安的好时代。身处盛世，盛世收藏，在举国上下，和睦相处的年代，文物收藏成为风气，钱币收藏自然也不甘落后。要收藏，便要研究，便要追究其真实的文物价值，于是便有了钱币学的进步，有了古泉学的进步；有了新一代的钱币学家，新一代的古泉学家，这是时势造英雄。其次是要感谢作者，感谢阎福善等诸位先生，是他们孜孜以求，刻苦钻研；是他们通力合作，不断探索；无数个不眠之夜，无数次推倒重来，无数次否定之后的再否定，才酿成了对于北宋铜钱的新理解、新认识，才有了我们这个时代的成果，这是英雄造时势。

　　对于宋钱研究的推动，可以追溯到二十多年前，现在回顾起来，可以说是循序渐进，步步为营，也可以说是动员了社会各方面的力量，调动了各方面的积极性。

　　一是，1985年7月，江苏高邮御码头大运河出水大批古钱，其中数量最多，学术价值、文物价值最高的是南宋铁钱。我们抓住这个机遇，从组织推动高邮铁钱的清理报告开始，重点抓好两宋铁钱研究的宣传和组织。因为铁钱研究，包括两宋铁钱的研究，是古泉学的一个薄弱环节，以前的成果相对比较少。这次有了高邮出水的大批新资料，不仅容易看到成果，而且有利于调动人们对于铁钱、宋钱的重新认识，提升人们对于铁钱、宋钱的重视和热情。这项工作我们抓了十年，看到了成果，尝到了甜头。1987年第2、3期《中国钱币》连续发表了高邮铁钱的清理报告，此后又陆续发表了有关的补充材料，而《高邮出土铁钱》的完整资料，在江苏钱币学会、扬州钱币学会的组织协调下，经过相关人员的共同努力，于1995年7月正式由中国金融出版社出版。在抓好高邮铁钱资料清理和研究的同时，我们通过中国钱币学会的相关活动，在全国范围内开展宣传和推动。其中重点抓了陕西、四川、湖北、安徽等省市，相关的资料和研究成果也相继在《中国钱币》和相关地区的钱币刊物上发表。更重要的是培养、锻炼了一批铁钱、宋钱的爱好者、收藏者和研究人员。有关中国铁钱的第一本专著，刘森的《中国铁钱》便是在这个时期完成的，并于1996年6月由中华书局正式出版。

二是，以《中国钱币大辞典·宋辽西夏金编》的编纂工作为动力，大力推动对于宋钱资料的收集和挖掘。由河南钱币学会组织编纂的《中国钱币大辞典·宋辽西夏金编》，自1986年元月召开第一次编委会，到2005年12月由中华书局正式出版，从酝酿到成书，历时整整二十年，其中的甘苦我略知一二。从1989年读到第一稿，1991年再读修改稿，深感和"大辞典"的名称差距太远，于是编辑部决定推倒重来。下决心从抓实物资料做起，借助河南博物馆馆藏的钱币，组织专人分类清理；另一方面注意从理论上再作新的探索。1992、1993年河南钱币学会接连两次组织召开了宋代货币专题研讨会，邀请国内有关的钱币学家、考古学家、宋史学家一起研究，各抒己见。这似乎和大辞典编纂工作没有直接关系，远水不解近渴，但辞典的主要人员都参加了研讨，并在会议期间对此编的编纂作了专题研究，实际上起到了换脑筋，重新思考的作用。此后又开过多少次编委会和审稿会，经过多少次的修改和补充，我们抱定了一个宗旨，那就是："这本书不超越前人，宁愿不出。"二十年间参与撰稿的人员，包括主编、副主编在内，都有过几次调整和充实，涉及天津、北京、河南、陕西、江苏、浙江等来自全国各地的宋钱收藏者和研究者，甚至是日本、新加坡等海外的古泉学家也给予了很大的帮助。

三是，陕西钱币学会着力抓了北宋铜、铁钱的研究，成绩显著。陕西既有地域之优，又得人事之利。陕西钱币学会自1983年成立伊始，便利用《陕西金融》创办钱币专辑，开设钱币研究专栏，并组织开展专题研讨。经过十年酝酿，在学会成立十周年庆典之际，编印出版了宋钱研究专辑和铁钱研究专辑。与此同时又分别成立了北宋铁钱和北宋铜钱两个课题组，开展专题研究，北宋铁钱课题组即由阎福善先生牵头。福善恪尽职守，全力以赴，经过六年多的努力，终于完成课题任务，并于2000年7月由中华书局正式出版了《两宋铁钱》一书，共收录1800多个品种。是谱的出版，也为《中国钱币大辞典·宋辽西夏金编》的编纂积累了经验，打下了坚实的基础。福善也因此可以更大的热情和更多的精力投入《北宋卷》的编纂。

　　四是，浙江钱币学会亦把宋钱研究作为学会工作的一个重点，特别注重了南宋钱币的收集和研究。屠燕治筹建了南宋钱币博物馆，钟旭洲则担任《中国钱币大辞典·宋辽西夏金编》南宋卷主编，为此编的出版做出了贡献。

　　2005年《中国钱币大辞典·宋辽西夏金编》出版以后，福善意犹未尽，立志再攀新高，于是又联络同好继续接手陕西钱币学会原定的《北宋铜钱》课题，经过两年努力，这才有了今天的《北宋铜钱》谱。

　　从1986年的宋编第一次编委会，到2000年的《两宋铁钱》出版，到2005年的《中国钱币大辞典·宋辽西夏金编》出版，再到现在的《北宋铜钱》成稿，历时二十余年，在宋钱的版别研究上登上了几个台阶，终于实现了超越前人的梦想，也为新的攀登奠定了新的基石。我曾经先后为《符合泉志》在中国影印出版（北京大学出版社1989年）、《宋代货币研究》（中国金融出版社1995年）、《高邮出土铁钱》（中国金融出版社1995年）、《中国铁钱》（中华书局1996年）、《新订北宋符合泉志》中译本（中华书局1996年）、《两宋铁钱》（中华书局2000年）等书写过序言或后记，发表了自己的感慨和见解；也曾经在《中国钱币大辞典》的有关编委会、评审会，以及中国钱币学会相关的工作会和学术研讨会上讲述过自己的体会和想法。这些都是我当时的真实思想和感受，有呼吁、有呐喊，也有进步的欣慰、成功的喜悦。然而，这一次才有了真正轻松的感觉，尽管前面还有要走的路，还有未竟的事业，但毕竟肩上的压力小了。我正是怀着这样的心情写出上面的文字，并以此谢福善及所有为之付出过辛劳的同志。

中华书局，2008年4月出版

《西夏钱币研究》序

钱币学本来不是一门显学，真正研究钱币的人很少。上世纪八十年代初，中国钱币学会成立，并大力组织和推动钱币学、货币史的研究。从八九十年代到现在，出现了这样一个引人注目的现象，那就是有一批相关学科的专家学者，同时也投身到了钱币学研究的领域，他们本来是考古学家、文字学家、历史学家、金融学家、科学家……现在，他们也是钱币学家。

牛达生先生便是其中的一位代表。牛先生几十年来一直从事西夏考古研究，是我国著名的考古学家、西夏学家。多年来，他不辞辛劳地深入发掘现场，在西夏考古领域多有发现。他既掌握西夏考古的大量出土资料，又熟悉西夏学的大量文献史料。在这个基础上，他对西夏的物质文化和社会历史做了很多研究，发表了140多篇论文，出版了多种西夏学专著，在学术界有相当的影响。他对西夏木活字印刷的研究成果，将木活字发明和使用的时间从元代提前到宋代，在国内外产生了很大影响，从而荣获了新闻出版署"毕昇奖"和文化部"文化艺术优秀成果奖"。就是这样一位西夏学家，也用心着力于西夏钱币研究，并在诸多方面有所创获，我们不能不感到庆幸，这是当代钱币学界的骄傲。

牛先生从对前人著录资料的系统整理入手，以出土西夏钱币资料为主要依据，钩沉辨定，考证存疑，并以"不湮没前人，要胜过前人"的精神，在总结、肯定、吸收前人成果的基础上，对从小到一枚钱币的辨正，大至西夏钱币制度和货币经济的研究，都取得了引人注目的重要成果，载誉海内外钱币界。

据我所知，达生先生开始研究西夏钱币是二十六七年前的事了。十多年前，他就开始筹备出版《西夏钱币研究》，但因种种原因，未能付梓问世。尽管如此，牛先生依然伏案自励，笔耕不辍，多有创见，从而使《西夏钱币研究》内容更为丰富。

这本《西夏钱币研究》的出版，是牛先生西夏钱币研究经世之作，它集中了当代西夏钱币研究的主要成果。它既是西夏学研究不可或缺的重要方面，更是钱币学研究的重要内容。它不仅开拓了我国钱币研究的一个新领域，而且为西夏货币经济研究奠定了厚实的基础。

　　有感于此，谨为小序，并谢达生先生对于我国钱币事业的贡献，谢宁夏钱币学会对于这项工作的重视和支持。

宁夏人民出版社，2013年10月出版

《顺治通宝钱谱》序

刚刚读过段洪刚先生的《中国铜元分类研究》，又读佟昱先生的《顺治通宝钱谱》，有两点强烈的感受，形成了一股冲击波。

一是后生可畏，看到了中国钱币学研究的希望，看到了年轻一代钱币学家已经成长起来，的确有一种异常欣慰的感觉。二三十年前，钱币学面临绝学的凄凉情景已经不复存在，现在涌现出来的是一派大好景象，欣欣向荣、蒸蒸日上。

段洪刚年轻有为，事实证明，他已经是我国铜元研究的专家。佟昱更加年轻，目前尚在加拿大攻读硕士研究生，但是已经在古钱币的领域里，取得了实实在在的成果。既有实物鉴定的阅历，又有开展学术研究的理论基础，他们的共同特点是，起点高、进步快、思路清晰，真是后生可畏，前程远大。而他们两位只是新一代的代表，从他们身上可以看到新一代的成长，新一代的希望。其实，新的一代钱币学家已经形成，他们正在各自不同的研究领域渐露头角，当代钱币学研究已经步入良性循环。

二是钱币学研究向专题化发展，向纵深发展。任何一门学问，要想研究透彻，必须抓住一点，刨根追底，打破砂锅问到底。只有有了这样的精神，才会有新的建树，而不是浮皮潦草，只做表面文章，只做官样文章。段洪刚在铜元研究领域是这样做的，佟昱在清钱研究领域也是这样做的，我听他说，他在涉足中国古钱领域之后，便对清钱发生了浓厚兴趣，于是便锁定了清钱，作为研究目标。起初，他想先从清的顺治、康熙两朝入手，经过一段时间的实践，觉得这样的主攻范围还是大了，于是又下决心，暂时舍下康熙朝的钱币，把目标先锁定在顺治一朝。事实证明，他的决定对了，现在硕果已经成就。事实上，吃透了顺治朝钱币版式，也就有了康熙以下列朝钱币研究的钥匙，开启之时，亦当不会久远。

对顺治钱的认识，以往学者多以钱背的不同，粗略区分为五大类，即本书所分的五式：光背钱（本书称之为"仿古式"），汉字钱（本书称之为"单字记局式"），"一厘"钱（本书称之为"一厘式"），满文钱（本书称之为"满文式"），满汉文钱（本书称之为"满汉文式")。很少有人再细究,再在正面钱文上下功夫做文章。如今,佟昱在前人研究的基础上,又对顺治钱的面文变化和钱体其他制作特征做了分类研究,并形成了一套系统的,比较规范的概念。这一进步是钱币学研究的深入,是十分重要、宝贵,又来之不易的成果。它再一次证明,对于中国古钱的研究,不仅宋钱有版别问题,清钱也有版别问题,历朝历代的古钱都有版别问题。通过版别的分类研究,可以寻找出它们之间的演变轨迹,寻找出它们之间的相互关系,寻找不同铸期、不同铸地、不同社会背景下,在钱体上遗留下来的种种痕迹,它又为钱币学研究的继续深入,提出了新的课题,开拓了新的前景。

佟昱的研究方法,是在承继传统钱币学版别分类研究的基础上开展的。他引进了现代统计学的方法,数字化管理的方法,使传统的钱币鉴定、版别分类研究的方法更加完善,使之逐步走向规范化、标准化,这不能不说是一大进步。这个进步又是和信息化时代的脉搏相吻合的,而有了信息化时代的网络沟通,它又会极大地开阔我们的视野,帮助我们最大限度地掌握和运用所有的资料,以便推进钱币的集藏和研究事业的发展。所以,我认为这本钱谱是代表新时代的一部新钱谱,它在版别分类的深度上,在分类界定的科学性上都已经超越了前人的谱录。正是有感于此,所以乐之为序,乐之为其鸣锣开道。愿新时代新人辈出,愿新时代古老传统的学问再注青春,青春常在。

中华书局,2006年12月出版

《新编顺治通宝钱谱》序

事隔十年，佟昱的《新编顺治通宝钱谱》出版在即，比之初版，内容大大充实，新收录的钱图版式居然占了全书图版的三分之一，其中珍稀版式又占了新增图版的三分之一。不仅内容充实，更重要的是，对顺治钱的理解有了质的飞跃。现在和读者见面的《新编顺治通宝钱谱》，对于顺治钱的认识已经不只是停留在"知其然"，而是在"知其所以然"上迈进了大大的一步，登上了一个全新的台阶。从这个意义上讲，它已经不只是一部古钱集藏的专谱，而且是一部顺治钱研究的专著，是当代古钱学研究结出的一个新的硕果。

如果说初版时我看重的是佟昱的年轻，作为一个在读研究生，对古钱有如此的痴迷，从他身上看到了中国钱币事业的希望，所以在对他的肯定中，包含着一份鼓励的心情。那么，这次新编的顺治通宝钱谱，让我看到了他的成熟，他锲而不舍的精神和科学的治学方法，他从方法论上突破了传统古钱学研究的陈式，让我眼前一亮，所以其中包含的，更多的是成功和喜悦的心情。

锲而不舍，要成为一名真正的钱币学家，在事业上有所成功，必须是立足在已定的学术领域，不断钻研，同时又要不断拓宽思路，借鉴和吸收相关学科的研究方法和研究成果，吸取来自各有关方面的营养，丰富自己的阅历，为自己的研究工作服务。在有理有据的基础上推陈出新，取得高人一筹的见解。在几千年的中国古钱中，顺治钱只是沧海一粟，佟昱却以此为命题，十五年来，始终如一，坚守阵地，步步为营，不断深入，终于有了今天新版的成果。

科学的治学方法，当今的古钱学已经不再是传统意义上的就钱论钱，而是在大量实物资料、出土资料、文献资料积累的基础上，经过反复的梳理和提炼，寻找出其中的内在关系，逐步形成理性的东西，上升到理论的高度。一位高明的钱币鉴定学家应该是高屋建瓴、统揽全局的，不仅要对整个中国钱币历史有系统的认识，要对自己研究领域中的每一个时期、地区的每一类钱币有清晰的了解，而且要把它们置身于中国历史的长河中，去考察、分析、认识，只有这样，钱币学研究才会得心应手，运用自如，才会掌握其真谛，揭开事实的真相。

佟昱赶上了一个好时代，如果不是信息时代，没有互联网的网络沟通，他不可能结识那么多的同好、那么多的朋友，也不可能收集到近千种不同版式的顺治通宝；佟昱遇上了一个天赐的良缘，让他读到了顺治年间的原始档案——30多篇有关制钱鼓铸和发行的内阁题本（奏折），找到了确凿的第一手文献资料，才让他发现了《皇朝文献通考》、《皇朝通志》等书的记载有失实之处，从而纠正了以前因资料误差导致的误判，或许这便是上苍对一个有心人的回报；佟昱赶上了科学家参与钱币研究的新时代，可以借助科学手段来测量顺治钱的合金成分，特别是根据少量（微量）元素锑的含量变化，对不同地区出土的顺治钱进行对比研究，使之对顺治钱不同版式的地域差异有了豁然开朗的理解；通过不同版式的顺治钱和不同出土地区的资料做对比分析，再结合明亡清兴，各个时期的军事、政治、经济形势的变化，以及政府为应对社会矛盾所采取的措施，他才得以一步一步地揭开迷雾，寻觅到顺治钱不同版式之间演变的来龙去脉及其内在的联系，才得以提出了顺治钱由沿袭明钱的制作起始，经过多次调整和变革，才逐步形成了清钱新格局的全新观念。

对古钱版式的区分是古钱学研究的一项基础性工作。其意义何在？《新编顺治通宝钱谱》作出了回答：不同版式的形成决非一种偶然现象，不同的版式其实是它们不同铸期、不同铸地的标志。所以只有把产生不同版式的原因弄清楚，才能真正明白它们之间的沿革历史；才能明白顺治钱乃至后来清钱的主要版式及其制度形成的真实原因；才能明白它们遗存数量多寡的真实原因；才能真正理解它们的历史价值和文物价值，这便是区分古钱版式的学术价值和意义所在。

其实，近三十年来，各领域的古钱研究硕果累累，譬如，先秦钱币的分类、铸期和铸地的研究，半两、五铢、开元钱的断代和研究；两宋"对钱"和版别演变的分析和研究；还有清咸丰钱的版式研究等等。今天，又有了顺治钱研究的新成果。所以对古钱币的钱币学研究，已经有了很多成功的经验，它们既是我们这个时代的成果，也为今后的进一步研究奠定了坚实的基础，的确是一件值得庆幸的大好事情。因此，我乐意为佟昱的新著再次做序，同时，也是为了表达我对中国钱币事业的发展，充满信心。

中华书局，2016年出版

《泉海撷珍——中国历代钱币精品集》序

　　由北京市古代钱币展览馆和北京市钱币学会合编的《泉海撷珍——中国历代钱币精品集》（下简称《撷珍》），是在庆祝北京市古代钱币展览馆建馆二十周年举办的专题展的基础上汇集成册的，这个展览的展品，全部来自北京市钱币学会的会员，北京市的钱币爱好者、收藏者和研究工作者。所以，这本《撷珍》既反映了钱币爱好者、收藏者和研究者对于北京市古代钱币展览馆工作的关爱和支持，同时也在一定程度上反映了北京地区民间钱币集藏的水平。

　　这本《撷珍》的内容，几乎涉及到中国钱币的各个领域，既有古钱、金银币，也有纸币及其他相关文物；既顾及了各个时期、各个领域的各类钱币，同时又注重选择其中有代表性的精品。所以，对普通读者而言，可以从中了解中国历代钱币沿革变迁的大概情况，达到普及钱币知识的效果；对钱币收藏者而言，可以满足其对于钱币精品、钱币版别的鉴赏期望；对钱币研究者而言，则可以在各自关注的领域，找到实物资料的佐证。所以，这本《撷珍》不仅是图文并茂，而且可以雅俗共赏，各有所取，各有所得。

　　北京市古代钱币展览馆和北京市钱币学会有着长期合作的优良传统，他们相互支持，相互配合，取长补短，优势互补，为宣传和普及钱币知识，组织和开展钱币研究，为营造北京地区钱币集藏和研究的良好氛围做了大量的工作，取得了实实在在的成效，这本《撷珍》的出版，将再一次记录下他们之间的友谊和共同合作的结晶。愿此风长存，愿此情长留，愿中国的钱币事业蒸蒸日上，兴旺发达，愿中国的钱币学研究步步深入，再结硕果。

　　谨此聊表贺意，是为小序。

北京燕山出版社，2013年出版

《中国珍稀钱币图典——古钱卷》序

　　中国的历史悠久，如果从夏商时期的海贝算起，中国的钱币已经走过四千多年的历程。历史上的钱币，在它行使货币职能的时候，是财富的象征，当它退出流通领域以后，遗存至今，便成了文物，它仍然是一种财富，是一种历史遗存的财富。

　　我们所说的古钱，是指方孔圆钱以前的钱币，就其性质，可分为两大类：一为正用品，是以货币的流通需要而发行的钱币；二为非正用品，是货币文化的衍生物，它们不能行使货币的职能，但各有各的用途，在古钱中统称之为厌胜钱。

　　有人说货币是一个国家的名片。历代钱币，因为制作工艺不同，精美程度不同，的确可以从中看到各个时期的社会是否稳定，经济是否繁荣，科学技术发展到什么程度。

　　盛世收藏，现在钱币是收藏人数最多的一种文物，因为钱币和其他文物不一样，收藏的门坎可高可低，可大可小，可深可浅，所以普及面就宽。普通的中小学生、工人、农民、白领人士都可以收藏，有几元钱、几十元钱，就可以收藏一些普通的钱币。但是，进去之后，随着收藏境界的提高，收藏知识的丰富，经济实力的增强，便可以循序渐进，也有价值几十万、几百万，甚至几千万的钱币可以收藏。

　　古钱市场是我国传统的钱币市场，历史悠久。因为在南北朝时期已经有人在专门收集古钱，并著有谱录，可以推测当时或许已经有古钱市场的活动。若这个推断成立，那么古钱市场在中国至少已经有一千四百年以上的历史，所以古钱市场在中国是一个比较成熟的市场。古钱市场的销售对象主要是钱币收藏者、研究者，收藏者的队伍相对比较稳定。从上个世纪三四十年代的情况看，在各类钱币中，古钱收藏者、研究者和爱好者的人数是最多的。当时钱币收藏研究的中心在上海，所以老一代的知名钱币鉴定家，大部分出自上海。

　　搞文物、搞钱币，最重要的是要大量的接触实物，接触不到实物谈不上鉴定；搞文物、搞钱币，必须要熟悉历史，要知道哪个朝代哪个皇帝，要知道不同时期，不同的经济情况，不同的政治文化背景，等等。余榴梁先生苦心集藏四十年，上起夏商，下至现代，绵延整整三十个世纪。他集藏的钱币数量之多、范围之广、品种之全，被人誉为"万国银行"、"江南有钱人"。榴梁先生不仅嗜"泉"如命，还在收藏过程中，刻苦钻研，以实实在在的学术研究成果和藏品实物，去填补钱币学研究领域的空白，去填补钱币学出版领域的空白。

余榴梁和朱勇坤两位先生编著的《中国珍稀钱币图典——古钱卷》，根据古钱的存世数量、历史价值、文物价值，以及在货币史、钱币学上的地位等要素，也考虑到部分古钱的市场价格和社会"知名度"，来确定它们的珍稀程度，客观地反映了当前钱币界，尤其是上海地区乃至江浙地区钱币界对于各类古钱的认知情况，也客观地反映了当前钱币市场的实际情况。

我有幸先读是书，有几点印象很深：一是，书曰珍稀钱币图典，故全书围绕"珍稀"两字做文章，不求全，只求真、求珍，形成自己的特色。二是，厌胜钱在书中占有相当大的比例，其中金银钱单列，自成体系。客观上反映了当前钱币收藏界的实情，也和以往的钱谱有所区别。三是，去伪存真，对钱币的评定准确，可信度高，实用性强，充分体现了作者的功力。四是，钱币图片力求原色泽、原尺寸，其准确精美，实属难得。故深感它的出版发行，一定会受到广大读者、钱币收藏爱好者的欢迎，乐之于此，是为序。

上海科技出版社，2012年6月出版

持之以恒功到自然成

——写在《中华古钱藏珍》出版之前

　　与钟旭洲相识已经快二十年了。1991年春，中国钱币学会秘书处从印钞造币总公司搬到中国人民银行总行办公，办公地点暂时设在总行大楼一层营业厅的东侧。当年夏天，旭洲从杭州来京，专门访问了学会秘书处，我接待了他。他带来了两本钱币册，装的几乎都是南宋古钱，还有一些单独摆开的古钱，有些是比较少见的，有些是不同版别的钱，引起我很大的兴趣。在北方，常见的是北宋钱，杭州是南宋的京都，对于集藏和研究南宋钱币，显然有地域之优。

　　自从1985年高邮疏通大运河时，出土一批两宋铁钱（其中主要是南宋铁钱）之后，我们以此为契机，大力开展和推进两宋钱币的宣传和研究，不仅要重视两宋铁钱的研究，更要推进两宋铜钱的研究。于是陕西、河南等地先后把北宋钱币列入研究的重点，而对南宋钱币的研究，浙江无疑是一个重点地区。所以，我和钟旭洲的会面，一见如故，一拍即合。当时就坦然告诉他，北宋钱有版别问题，南宋钱也应该有版别问题，前人却没有太多的注意，所以要特别注重南宋钱的版别区分，只有这样，才会把南宋钱的集藏和研究提升到一个更高的水平。旭洲则表示，要尽力收集，争取编出一部南宋钱谱。他的这一思路，叫我着实为之高兴。

　　从此，旭洲真的下了决心，居然辞去了原来的工作，把业余爱好变成了主业工作。此后，他每每进京，都会到我这里坐坐，用他的话说，是来"汇报"，并每次都会带来近期收集到的一些钱币，而我则每次都要询问他，编纂南宋钱谱的进展情况，希望他早日成书，早读为快。

　　由于旭洲的努力和坚持，他在南宋钱的收集和研究方面，的确有了丰硕的成果。尽管他的南宋钱谱尚未成稿，但由他主编的《中国钱币大辞典·宋辽西夏金编·南宋卷》已于2005年12月正式出版。他在重点收集宋钱的同时，还把集藏的范围拓宽到了整个中国古代钱币，因此又有了现在要和大家见面的《中华古钱藏珍》，这也是功夫不负有心人，功夫到了，自然会见诸成果。

古钱的版式区分是一门学问。它不只是哪一种版式遗存数量比较多，哪一种版式遗存数量比较少，按照物以稀为贵的原则，决定它们具有不同的文物价值、经济价值；更重要的是，因为不同的版式，意味着它们不同的铸地，不同的铸期，因此具有学术研究的价值。然而版式区分的标准如何确定，不同时期不同版式的区分标准如何规范，还是一个有待讨论的问题。要准确回答这个问题，只有在大量的实物验证的基础上，才有可能进行。所以，第一步，必须是广泛收集资料，先在现有的实物资料的基础上做好排比研究，得出初步的认识，然后再结合相关的文献史料、考古资料及其他相关学科的研究成果，开展综合分析，以期获得贴近科学的结论。

盛世收藏，目前正处在国泰民安的收藏盛世，这是上苍赐予我们的机遇，也是我们这一代人的幸运。然而，任何事情都会存在有利和不利两方面的因素。收藏盛世，同时也会带来伪造文物的疯狂，钱币也不例外，而且做伪的手段越来越高，因此在收集钱币的时候，必须加倍提高警惕，必须在实践中不断总结成败得失的经验和教训，不断提高自己的辨识能力，只有这样，才能排除各种干扰，顺利到达科学的彼岸。而它也因此成为收藏家鉴别钱币水平高低的一个关键。

因旭洲之约，有感于此，草成小稿，并祝他事业成功。

杭州出版社、美国华文出版社，2010年7月联合出版

《中国花钱的文字和造像
——探寻一个过往的信仰体系》序

　　法国的东方钱币学家弗朗索瓦·蒂埃里是我三十多年的老朋友，我们初次见面是在中国印钞造币公司的会客室。第一次见面给我留下两点印象深刻：一是他的形象。穿一身牛仔服，挎一个双肩背包，胡子拉碴、不修边幅的脸上，透着西方年轻人的精明。二是他对中国古钱的理解。第一次见面，他居然提出了五铢钱断代的问题，在当时，即使在中国的钱币界，涉足这一专题的人也不多，他作为一个年轻的西方学者居然提出这样的专题，津津乐道，一点就通。从此，我们成了好朋友，他每次来京，都会带来法国的葡萄酒或鹅肝酱，和我尽情畅谈。遇到国际间的学术活动，他会给我做翻译。

　　方称宇先生是香港城市大学中国文化中心教授。此前，他是英国伦敦大学教授，注重中国古代钱币的收集和研究，曾是英国东方钱币学会 (Oriental Numismatic Society) 的会员，多次应邀在英国东方钱币学会和英国皇家钱币学会 (Royal Numismatic Society) 作有关中国花钱的报告。2012年，他受聘为英国爱德华－罗宾逊爵士基金会研究员，在大英博物馆币章部进行中国花钱的研究和电子化工作。方称宇先生是中国民俗钱币学会的主要发起人之一，并任该会常务副会长。我久仰其名，也读过他的多篇大作，在他和蒂埃里先生合编的新著《中国花钱的文字和造像——探寻一个过往的信仰体系》即将面世之时，有幸收到他的来函，约我为之序，这是一件大好的事情，我当然应尽绵薄之力，为其鸣锣开道。

　　2008年7月14日，在中国花钱研究史上是一个值得纪念的日子，这一天在香港城市大学举办了"中国花钱与传统文化"展览，同时出版方先生的大著《中国花钱与传统文化》，并举办了中国花钱国际研讨会。现在要和读者见面的这本文集，便是在这次研讨会的基础上结出的硕果。

　　中国古钱可分为两大类，一是"正用品"，即正式发行的货币；二是"非正用品"，即压（厌）胜钱，亦称花钱、民俗钱，它们被称为"钱"，但不行使货币的职能，从文化意义上理解，应是货币文化的衍生物。

中国的压胜钱源远流长，它和金属铸币应是诞生于同一母体——实物货币。实物货币是有两重职能的，它既可以行使货币的职能，同时也保留着它原本具有的功能。海贝在中国古代取得实物货币职能以后，仍然可以作为装饰品，甚至被视为可以保佑妇女顺产的一种信物，所以海贝成为每个家庭必需的物件。这个意义，在当时社会，也确保了它的实物货币地位。这或许便是货币和货币文化衍生物的渊源和情结。

在中国早期（春秋战国时期）的金属铸币上，往往会铸有一些和祭祀有关的用语或吉祥词语。譬如，在平肩弧足空首布的铭文中，会有记牲畜等名物的文字，如从"卯"从"牛"的组合字，从"卯"从"田"的组合字等等，应是指卯时祭祀用的供物；齐刀、即墨刀、安阳刀的背面会铸上"日"、"吉"、"大昌"、"辟封"、"安邦"、"大行"等吉语；燕刀、燕圆钱的背面会铸有"吉"字；战国秦"半两"钱的背面也曾经发现过祈求财富的吉语"千贝"。这样的现象或许是承继于实物货币双重职能的衣钵。

到秦汉以后，压胜钱的文化有了明显的发展，品种和涉及的内容都有拓宽，逐步形成了相对独立的一支，即所谓的"非正用品"。然而，古钱中的"正用品"和"非正用品"一直相伴而行，所以我称压胜钱是中国古钱的"半边天"，是古钱中的"半壁江山"。

压胜钱的形制活泼多样，它并不拘泥于方孔圆形的模式，还有圆孔圆形、多边形、刀形、剑形、布形等等，还有长命锁形、挂饰形、符牌形……这些形制多数和历代货币的器型相仿，或者和财富、长命有关。就纹饰而言，有只铸文字的，有只铸图案的，也有图文并茂的。铸造工艺有镂空的，高浮雕的，浅浮雕的，还有阴刻纹饰的。手法多样，内容丰富，从文化、艺术的意义上讲，是正用品的补充和延伸。但压胜钱的取材几乎和正用品一致，设计理念、工艺流程也和正用品大致相仿。压胜钱中的精品，几乎都出自"官炉"（也就是现在我们所谓的国家造币厂），它们代表了那个时代钱币铸造的精华。

压胜钱的性质和用途各不相同，有为祭祀、礼仪活动铸造的供养钱、庙宇钱，为皇宫贵人专制的宫钱，为会、道组织专制的信钱，为镇宅、镇库、镇魔、压邪专制的厌胜钱，为婚庆、产子、生日、做寿专制的喜庆贺岁钱，为科举、讨彩、祈福专制的吉语钱，为游戏、行乐制作的棋钱、酒令钱、打马格钱，还有为死者专制的冥钱、瘗钱等等。其内容不仅与钱财有关，与护身驱邪有关，更和信仰、理念等民俗、民族文化有关。

历史进入机制币的时代，到了近现代，到了今天，仍然有正式发行的流通货币和不行使货币职能的纪念币、纪念章、纪念张……同时并存，只是因为时代的变迁，区域的差异，给它们冠上了不同的名称。所以压胜钱也好，花钱也好，纪念章也好，其实都是货币文化和民俗文化相结合的产物，若要有个统称，则呼之为"民俗钱"，或可一以贯之。

因为受"正用品"和"非正用品"的传统观念的影响，长期以来，中国的古钱收藏界对压胜钱不够重视，即使在学术界也没有得到应有的地位。但近十年来，情况发生了很大的变化，中国民俗钱币学会已经成为中国钱币学会的团体会员，民俗钱币的收藏、爱好者越来越多，有关民俗钱币的专题研讨活动越来越多，专谱、专著和专论也越来越多，研究的深度和广度都在与日俱增。方称宇先生、蒂埃里先生的努力和贡献，便是不争的事实，他们编著的这部文集必将为普及、宣传压胜钱知识，推进压胜钱的收藏和研究事业，发挥积极的作用。

谨以此文为引玉之篇，并谢先生之功德。

德国，2017年出版

《探花集》序

　　刘春声的《探花集》，是一部研究和探索"花钱"的文集。书名起得好，既紧扣主题，又儒雅灵动，讨人喜欢。

　　"花钱"是钱币学的一个专门名词。钱币学把钱币分为两类，一类是正用品，指的是正式为货币的需要而铸造发行的钱币；另一类是非正用品，指的是货币文化的衍生物，它们取货币之形，采铸币之材，用造币的工艺技术，虽亦呼之为"钱"，却不行使货币的职能，而是民俗文化的一种载体。它们几乎和货币同时诞生，最初的职能是镇魔驱邪，故称之为"厌胜钱"。随着时代的进步，它们被赋予了越来越多的不同的职能，内容涉及伦理道德、祭祀祝福、吉语讨彩、游戏作乐等各个方面，既可以是皇室祭祀等严肃的上层社会活动的用物，也可以是民间日常生活的信物、玩物。古钱币界又统称之为"压胜钱"，也有人称之为"民俗钱"，或称为"花钱"。

　　春声是我二十多年的老朋友。他早在军界供职的时候，就喜欢钱币，得空便来中国钱币学会秘书处坐坐，有时也为《中国钱币》杂志写稿。但是因为忙，我和他几乎没有真正坐下来畅谈过。

　　2007年，中国民俗钱币学会正式注册以后，他到我办公室，说他近期的兴趣主要在"花钱"的收集和研究，并介绍了有关民俗钱币学会创办及活动的一些情况。自《中国钱币》创刊以来，很少发表有关非正用品类钱币的讨论文章，如何加强这方面的讨论、研究和宣传，一直是我想做却还没有做的事情。所以他的话题一下子勾起了我的浓厚兴趣，对民俗钱币学会的成立更是觉得十分必要，并寄予厚望。这便擦出了火花，当即和他聊起了有关民俗钱的诸多问题，最后他又邀我为中国民俗钱币学会写了几句鼓励的话（见下页图）。

　　2008年3月12日，我应邀出席中国民俗钱币学会和"天下花泉"网站的一次研讨会，并就民俗钱币问题谈了一点个人的见解。同年4月初，《中国钱币大辞典》编委会研究决定，要启动压胜钱编的编纂工作，并商定请春声担纲主编一职。4月22日，《中国钱民俗钱币是中国钱币的一个组成部分。古钱有正用品和非正用品两类。非正用品亦可统称之谓花胜钱。民俗钱即今所言之民俗钱。民俗钱内容尤志于其中宫炉创作者涵丰富,其中特别重视。它们具有很高的文物价值和学术价值,是研究我国传统文化的重要实物资料,谨此祝贺中国民俗钱币学会成立

戴志强
丁亥秋月

币大辞典》元明编审稿会在郑州召开,便邀请春声等相关人员一起到会,既是请他们了解一下《中国钱币大辞典》的编写情况,同时也宣布压胜钱编的编纂工作正式启动。会后,春声怀着对压胜钱的热爱,和雷厉风行的工作作风,很快拿出了编写大纲,并于同年6月中旬通过评审。

在《中国钱币大辞典》的编纂过程中,各编(卷)会有不同的编纂难度。压胜钱编的编纂难度在于:一是正史鲜有记录,前人留下的成果也比较少;二是压胜钱的断代和铸造区域的认定比较难;三是压胜钱包含着丰富的民俗文化的内涵,研究压胜钱,需要具备比较广泛的知识面,尤其是关于民俗学方面的知识。出乎我预料的是,春声居然如约完成了这一编的编写任务,并顺利通过了书稿的审定。所以能如此顺利,其原因是:一、春声的勤奋和睿智;二、得益于时代的进步,网络信息的畅通;三、更是得到了压胜钱收藏和研究者、泉友同好们的大力支持和奉献。

在郑州召开的两次《中国钱币大辞典》评审会,春声都陪我同行。会议期间,包括由京赴郑的途中,我们都有充分的时间来交流看法。因此对他的学问、他的为人和对于事业的热情,对于钱币及相关文物的真爱,有了更深的了解和理解。

研究和探索压胜钱,本来是一门专题性、学术性很强的学问,春声的《探花集》却深入浅出,融进了很多民俗风情,人物故事,文笔舒畅,通俗好读。这本来是他随时写就的"感悟"文字,现在汇集到一起,却是鲜活生动,洋洋洒洒,成为研究探索压胜钱

的一部专集，宣传普及压胜钱知识的一部上佳之作，也可以视为《中国钱币大辞典·压胜钱编》的补充和印证，是他在完成《中国钱币大辞典·压胜钱编》之后的又一部力作。

是为小序，以谢春声之约。

作家出版社，2014年1月出版

《越王泉斋辑拓·浙炉压胜卷》序

得知陈宝祥先生的《越王泉斋辑拓·浙炉厌胜卷》即将成书，这是来自家乡的佳音，倍感亲切。

古钱界历来有一个偏见，即重视"正用品"，不重视"非正用品"。对于"正用品"和"非正用品"的定名，本来就有一个立场问题，所谓"正用品"指的是正式作为货币的需要而发行的钱币；所谓"非正用品"指的是不作为货币的需要而发行的钱币，所以它的立场是以"货币"为标准的。如果我们换一个立场，譬如以文化为标准，以艺术为标准……那么对它们的定名就会不一样。我这样说，绝没有要贬低"正用品"的意思，只是想说明，从不同的视角来看不同的古钱，便会得到不同的视觉效果，不同的文化享受。从文物的角度来品评古钱，那么所谓的"正用品"和"非正用品"各有千秋，各有属于它们自己的历史地位，属于它们自己的文物价值。

正是因为上述的原因，现在对于正用品的研究相对比较深入，分期断代的标志也比较清晰，尤其是年号钱，本身就有明确的标志；同时，多数正用品在史书中会有正式的记录，尤其在食货志里会有记载；正用品又多数是由官炉铸造，其间虽然也有民间私铸者，但毕竟不是主流。

厌胜钱，即非正用品，则没有绝对的记年标志，断代只能依靠制作特征来推论；压胜钱在史书中几乎找不到记载，所以几乎没有文献依据，只能根据钱铭内容，民俗用词，故事情节，历史背景，钱币自身折射出来的某些元素来做推理；压胜钱既有官炉制作，也有民间制作，而且绝大多数是属于后者；压胜钱涉及的内容广泛，几乎涉及人们生活的各个领域，所以没有广博的文化知识，没有一定的美术修养和对民俗历史的了解，很难做出准确的分析判断。

虽然对于压胜钱的研究基础比较薄弱，难度又比较大，但是近年对于压胜钱的专题集藏和研究活动有了很大的进步。这首先要归功于中国民俗钱币研讨会的成立和组织活动的开展；也要归功于互联网等先进通信技术的应用和推广；还有国强民富，不仅是经济实力的提高，更有人们文化修养的提升，人们对于文化生活追求的爱好和欲望。

民俗钱虽然种类繁杂，性质和用途各异，但它们都和民俗文化有关，和人们的思维、信仰有关，和人们的祈求、欲望有关。它们都是民俗文化和货币文化相结合的产物，所以统称之为"民俗钱"，可以通贯上下几千年，它们实际上成为中国钱币文化中色彩缤纷的一个独立体系。

压胜钱的内涵十分丰富，门类十分繁杂，有图、有文、有图文并茂。除了上面叙述的之外，还有反映民族文化、民俗风情的人物故事钱、八卦生肖钱；有为重大庆典活动专门铸造的赏赐钱，如西汉铸的金五铢钱，明末张献忠铸的西王赏功钱，都是为了奖励作战有功的将士。赏赐的钱一般是由金、银专铸，也有铜铸的，这一类钱，因为铸额不多，存世更为稀少，所以弥足珍贵；还有婚庆嫁娶专用的礼钱；有为游戏作乐专门铸造的玩钱；也有为某一事件、组织、部门、商号特意铸造的专门用钱；冥钱则是历史最悠久的一种压胜钱，开始用的是真钱，后来才有了为殉葬、祭祖而专门制造的冥钱。

压胜钱的制作参差不齐，工艺水平良莠不等，其中凡是宫中用品、官炉铸造者，一般工艺精湛，制作上乘，具有较高的文物价值。在民间铸造的压胜钱中，当然也有精品，也有上乘的制作，值得收藏研究，但一般工艺水平不高，甚至粗制滥造的，也就没有太高的文物价值。就质地而言，有金、银、铜、铁、锡、牙、玉、玳瑁、硬木等各种材质。就形制而言，有方孔圆钱、圆孔圆钱，有镂空的花钱，也有各种各样的异形钱，大小规格，制造工艺没有一定的陈式，没有正用品那样的统一要求。就钱文而言，与正用品相比，有两个明显的特征：一是文字的内容由用途而定，字数不太受约束；二是文字的书法没有专门的规定，比较客观地反映了当时民间实用的书体。就时代而言，早期的压胜钱遗存至今的已经不多，更应该予以重视，唐宋时期的官炉制作，则是压胜钱的精华。元明以后，压胜钱的民俗内涵越来越丰富，除少数官炉制作外，民间的制作越来越多，故遗存的数量也相对比较多。从文化和艺术的角度来看，压胜钱是正用品钱币的补充和发展。压胜钱的门类极其繁杂，从各个角度反映了不同历史时期的钱币文化、民俗风情，成为古钱研究的一个重要领域，有的甚至具有极高的文物价值和学术价值。

当代的纪念章和货币（包括流通货币和各类纪念币）在文化上有很多共通的地方。特别是由国家造币厂设计生产的纪念章，与货币有着更加密切的关系。因为它们拥有共同的设计师、共同的雕刻家，甚至是一样的操作技术，大致相仿的工艺流程，所以造币厂设计生产的纪念章和同时代的金属货币诞生于同一个母体,它们之间的手足之情、血缘之亲不言而喻。其实,从文化意义上讲,一枚好的纪念章,或许更能比较充分地反映这一个时代的钱币文化。因为,它可以突破货币设计生产中的很多条条框框、清规戒律。设计人员的思想可以更加解放、更加活跃,表现的手段可以更加灵活多样,技术运用可以更加充分,甚至淋漓尽致地、不受任何拘束地去探求、去创造。对于面积比较大的纪念章,设计者、雕刻者可以拥有更加广阔的用武之地,他们的思想和技巧、风格和情操,可以在这里得到更加完美的表现,更加充分的发挥。一般纪念章的发行量都比较少,所以对于造币厂来说,纪念章是小生产,是试验田,是练兵场,先进的生产技术可以在纪念章上试验、实践,成熟后再推广到货币生产中去。对于那些数量极少、档次很高的纪念章,在操作工艺上,更可以精雕细琢,反复锤炼,不惜工本。从这个意义上讲,高水平、高质量的纪念章又是钱币文化的开拓者、先驱者。所以不研究、不了解纪念章的情况,也不可能对当代的货币文化有更深层次的认识和理解。

2014年6月

《中国古钱石刻101品》序

钱币是五彩缤纷的艺术文化殿堂中的一员，把具有各个历史时期主要特征的钱币，运用石刻艺术手段汇集起来，是个创举。

每一种钱币，都有其特定的神韵，自己的风采。用石刻艺术再现其风采，甚至要做出"神"来，必须同时具备石刻的艺术灵感和深厚的钱币学研究功底。只有这样，才能把两个文化领域的心得交融在一起，运用自如。

任何一种艺术，任何一种文化，都蕴藏着时代的特性。同一时代的各种艺术和文化之间，会有共通的气息。用灵犀相通的同一时代的其他文物，来衬托这个时期的钱币，使之时代特征更加鲜明，更加饱满，这种艺术家的构思和实践，在这组钱币石刻中，也是成功的。

愿你——巴楚石匠，用汗水和辛苦浇铸的这朵艺术之花，为弘扬祖国钱币文化，为发掘石刻艺术领域，越开越盛，芬芳出更多更大的社会效果。

海天出版社，2007年8月出版

《金紫银青——金银钱币的研究与收藏》序

金德平先生是我二十多年的老同事、老朋友，以"挚友"相称，当不为过。

德平兄是1990年10月由西安调来北京的，在调入之前，我已阅过他的档案。有两点极平常之处，在我却留下印象很深：一、他的生日和我夫人同年同月；二、他夫人是大学本科历史系毕业，而我也是学历史出身。所以，虽未谋面，已经有了几分亲切。

德平是中国钱币博物馆、中国钱币学会的业务骨干，他为人忠厚，办事认真，思路清晰，踏实敬业。他长期从事《中国钱币》杂志的编辑工作，先后担任编辑部主任、杂志副主编。2003年初改任中国钱币博物馆保管部主任，一直到退休。

他本科学中文，有很好的文字功底。参加工作之初，从事音韵学研究，以汉唐西北方音为主要研究方向，既有成绩，是中国语言学会会员、中国音韵学研究会会员。改投钱币专业以后，因工作的性质，可以接触到有关钱币学、货币史方面的各种信息、实物，经过一段时间的实践和考察，他很快找到了适合自己的学术定位——金银货币，并以银锭作为重点研究的对象。

银锭在一般人眼里，只是一种财富的象征，老一代钱币学家并不对之重视，也无人专门把它作为文物来收藏研究。如今情况变了，金银锭已经成为钱币学中一门相对独立的新兴学科。但还是处于起步阶段，就研究人员和已经取得的研究成果而言，和其他门类相比，仍然是薄弱的。所以，德平选择的学术定位和研究方向是有眼光的、有作为的。

现在，他的《金紫银青——金银钱币的研究与收藏》出版在即，托付我为之序。今年恰好又是中国钱币学会成立三十周年、中国钱币博物馆成立二十周年，读其文，浮想联翩。纵观三十多年来，对于银锭的理解和研究，在我的记忆中，有一些故事，兹略述如下：

从筹建中国钱币学会开始，就碰到了对于银锭的调查和研究问题。1982年4月，中国人民银行历史货币组（即中国钱币学会秘书处的前身）为筹备展览，从黑龙江人民银行库房里调来了一枚"承安宝货""壹两半"银锭，并在中国历史博物馆（今国家博物馆）举办的《中国历代货币展》中展出。同年6月，中国钱币学会在北京成立，钱币界的专家学者云集首都，参观了展览。期间，对"承安宝货"银锭的情况，专门征求过有关专家的意见。因为此前谁都没有见过"承安宝货"银锭的庐山真面目，所以一时难下定论，甚至有人提出异议。为慎重起见，大家建议再作考察，最好能够得到出土资料的佐证，于是便有了更广泛更深入的社会宣传和调查。并于1985年8月10日，在黑龙江省阿城县杨树乡富勤村终于发现了新出土的，也是第五枚"承安宝货""壹两半"银锭；1986年，又在辽宁省人民银行库存杂银中发现了两枚"壹两"的"承安宝货"银锭，以及1987年在内蒙古兴和县又发现了一枚"壹两半"的银锭。经过历时五年的调查，不仅掌握了它们的制作特征，确认了它们是金章宗承安年间铸造的银锭，而且还大致了解到至今遗存的数量和种类。

与此同时，上海、湖北、陕西等地的人民银行也先后分别对库存金、银做了清理，其中也包括对部分银锭的清理工作。在我的记忆中，我最早见到的唐代五十两笏形银铤和五十两船形银铤是在人民银行上海分行，最早见到的唐代银饼则是在人民银行洛阳中心支行。除了在人民银行系统开展调查之外，也在社会上开展了调查工作。譬如，山西钱币学会成立之初，便在全省范围内开展了对钱币的普查和征集工作，并在此基础上编纂出版了《中国山西历代货币》（山西人民出版社1989年），其中当然也包括了银锭的内容。

在社会调查的基础上，对银锭做分类整理，于是就诞生了专门的银锭图录。上世纪八十年代末，我在人民银行总行大楼里第一次看到了由陕西分行货币发行处分管金银的张志高送来的《元宝图录》资料照片，它是在人民银行陕西分行库存银锭初步清理的基础上整理而成的。后来以中国钱币学会陕西分会的名义，由三秦出版社于1991年正式出版。

有意思的是，在我们开始注意到银锭的时候，海峡彼岸台湾的钱币爱好者、收藏者和研究者也对银锭发生了浓厚的兴趣，而且他们的行动要更快一些。在1988年，他们不仅举办了银锭的专门展览，还出版了由陈鸿彬先生收藏并编纂的《树荫堂收藏元宝千种图录》，以及张惠信先生的专著《中国银锭》（两书均由齐格飞出版社出版）。次年，陈鸿彬先生来访，和我交流有关银锭集藏、研究的情况，畅谈甚欢，还赠送我一本他的树荫堂元宝图录。我要感谢他的情，感谢他的书，是他给予我很多海峡对岸的信息和启示,由此也进一步促进了我们对于银锭收藏和研究的重视。

当时,陕西的《元宝图录》已经成形,云南的《中国历史银锭》正在编纂,于是我把来自台湾的上述信息和树荫堂元宝图录的内容转告了正在工作的云南同志,要求他们重新学习、重新认识,再做深入的调查挖掘。由此,汤国彦主编的《中国历史银锭》略为推迟,至1993年才由云南人民出版社出版,但书中收集银锭的种类确实丰富了不少,对银锭的认识也有很多进步。

在收集和整理实物资料的基础上,再结合科学考古发掘的资料,结合文献史料的研究,便有了对于银锭沿革历史的重新认识。于是,对于银锭的探索和研究逐步深入,研究的领域也逐步拓宽,有关的著作和专论相继问世。而人民银行对于库存银锭的清理,至今仍在进行,德平兄亦参与了其间的工作。

《金紫银青——金银钱币的研究与收藏》的前六篇,从唐代的"银铤考"到北宋、金代的"银铤考",是德平兄对唐宋时期银锭做出的系统的考证,按他的计划,这样系统的考证还要继续下去,最终将会完成银锭沿革历史考证的系列成果。这本论集的第七至十一篇,则是对元以后银锭的专题讨论文章和有关银锭资料的统计、分析。它们主题集中,资料扎实,立论清新,观点鲜明,是这本论集的一个亮点。

德平在《中国钱币》杂志工作期间,关注历史上的钱币杂志和著名钱币著作,撰写的对中国钱币学史的探讨文章;以及在担任中国钱币博物馆征集保管部主任期间,就钱币拍卖市场大量基础资料进行了收集和分类,撰写出的建立在调查统计基础上的市场分析文章也有着相当的可读性。

德平兄从事钱币工作二十多年,一直全身心地投入钱币事业,投入钱币研究,尤其是对于银锭的研究,付出了大量的心血,《金紫银青——金银钱币的研究与收藏》正是他心血的结晶。

中华书局,2014年7月出版

《中国古代通货文化系列——金银锭》序

　　货币不一定都是金银，但金银天然是货币。

　　在中国，由于考古资料的稀少和文献资料的奇缺，金银在商周时期的性质尚难确认，但至少在公元前八世纪以后的春秋战国时期，金银已经行使了货币的职能。公元前221年，秦始皇统一中国，随即便统一了货币，正式规定黄金为"上币"，方孔铜钱为"下币"。汉承秦制，大量使用黄金。从此以后，历经唐、宋、元、明、清，金银作为称量货币，主要用于贮藏、大额支付和国际交往，到明英宗正统元年（1436）以后，白银取得价值尺度的地位，并正式行使流通手段。

　　长期以来，金银作为称量货币的主要形态是"锭"。不同时期、不同地区，"锭"的形制不同，它随着时代的变迁而变迁，随着时代的进步而发展。春秋战国时期，金银的基本形态是版形，秦汉以降，先后出现了饼形、笏形和铤形。唐朝最早出现了束腰的船形银铤，宋、金、元时期逐步演变为束腰的"定胜"形锭，明、清以后又逐渐演变为现在人们所谓的"元宝"形锭。但"元宝"一词最早见于元代的银锭，其意思是："元朝的宝货"。后来的元宝，器型变化很大，但其中最具代表性的是马蹄形，而且也是束腰的。

　　当代中国，随着金银市场的开放，金银锭的器型百花齐放，万紫千红，有条形、块形、元宝形等各种形制，它们都是源于传统的中国货币文化。现在呈现给大家的这套金银铤，传统文化的气息更浓，历史渊源更深，同时又融入了现代化的设计思想和工艺技术，时代气息强烈，它推陈出新，是中国传统金银铤的继续和发展，是中国传统货币文化的继承和创新。

《陕西银锭》序

　　银锭，本来只是因为其贵金属的材质，被视为一种财富，一种投资的对象，如今却是文物的一个门类，成为收藏家青睐的对象，也成为钱币学家研究的对象，货币史学家立论的依据。以前，银锭的做伪主要是材质做假，以廉价的金属冒充贵金属白银。所以对银锭的鉴定相对比较容易，只要是真的白银，一般就是真的了。如今，以劣质材料做假银锭是低级的伪造品，而高档的伪造是把银锭作为文物来造假，主要是根据不同历史时期，不同地区，不同的性质和用途，不同的铸造单位和部门（官炉还是民铸），对存世量稀缺的银锭进行仿制、伪造。这本身是在大量收藏银锭的实践中，在资料积累和逐步认识的过程中，经过分析总结，才发现不同的银锭有着不同的存世量，它们的文物价值、学术价值也各不相同，于是，收藏者便有了更为精细的要求。从这一点出发，如今对于高仿的银锭，做伪者不再在乎银锭原材料的自身成本，而是更注重于它们不同的器型、不同的制作风格和不同的铭文内容。于是，不仅会有完全新做的伪品，还会在普通银锭上做手脚，改刻、添刻，把普通银锭改造成"珍贵"的稀有品。这便增加了鉴定的难度，反过来也说明：现时对于银锭收藏鉴赏的水平在提高，对于银锭研究和理解的程度在深化，这其实是钱币界的一件幸事。

　　《陕西银锭》是一部有关陕西地方银锭的专谱、专著。对一个地区的银锭，从不同视角做专门的收藏、排比、分析和研究，是银锭集藏和研究，趋向细化、深化的又一个标志，又一个进步。

　　李炯先生是陕西本乡本土的银锭收藏、研究者。陕西曾经是陕槽银锭的主要发行、流通和使用的地区，李炯便生活在这片土地上，并在长年集藏的实践中积累知识，总结经验；通过大量实物藏品的对比分析，"十年磨一剑"，终于有了今天的《陕西银锭》。李炯的实践之路，再一次证明：立足本乡本土，充分利用和发挥地域优势，可以扬长避短，是一种从实际出发的务实精神，其实这也是钱币集藏和研究的一条"捷径"，一条成功之路。

　　这便是我想说的，也是我愿为这本书作序的原因。

三秦出版社，2015年6月出版

读"吉字金饼"

　　两千二百多年前，秦始皇统一中国，也统一了货币。他把战国秦的货币制度推广到全国，规定黄金为"上币"，半两铜钱为"下币"。当时秦始皇在全国发行的黄金货币便是"金饼"，也就是说，在中国历史上，黄金货币统一发行和使用的最早形态是金饼。因为它的形状酷似晒干的柿子饼，故俗称"柿子金"。后来，西汉政权承继了秦的货币制度，继续大量铸行金饼，所以后人又多称之为"西汉金饼"。

　　秦汉金饼，圆形，正面光洁，中间略微下凹，周围凸起呈圆弧状，或有阴刻文字，多以记重为主；背面略微凸起，因浇铸时气流的运动，造成自然的云龙状起伏。

　　秦时黄金以镒为单位，每枚金饼重约四分之一镒；西汉时黄金改以斤为单位，每枚金饼重约1斤。秦汉金饼的实际重量均相当于现在的250克左右。1斤黄金折合当时流通的铜钱一万枚。

　　秦汉黄金主要用于宝藏、帝皇的赏赐、税捐（即献金，酎金）以及对外贸易。

　　中国金币总公司、深圳经销中心和国宝造币厂，深入挖掘传统钱币文化，以全新的压制工艺技术，研制再生了当代金饼——"吉字金饼"。观其形态，大有秦汉古风，再现了秦汉金饼的风韵神采。它既继承了中国传统的金银钱币文化，又推陈出新，开启了新时代的钱币文化，使之富有全新的时代特征，时代气息，使传统文化注入了新生的活力。

　　吉字金饼寓有深厚的文化内涵，收藏者可以从中体会历史的回忆，享受文化的创新和黄金货币的气质。

《深圳金币》2012年第6期

中国铜元研究的希望

——《中国铜元分类研究》序

　　五年前，我在李晓萍《中国铜元图典》一书的序言中曾经这样写道："我要为铜元鸣不平，希望大家能够重视铜元。要抢救铜元，要保护铜元，要切实开展对于铜元的研究，这是时代赋予我们钱币界不可推卸的职责。"事隔五年，段洪刚的《中国铜元分类研究》很快就要付印出版，看着这收获的成果，看到了中国铜元研究的希望，不禁由衷地高兴。

　　《中国铜元分类研究》是一部具有较高实用价值的铜元集藏和研究的工具书。全书收录铜元图版近4000枚，这是一个了不起的数字。一部书收容如此众多的铜元图版，说它是一部中国铜元大全，并不为过。这部书不仅收录了政府正式发行的机制铜元，同时还收录了早期的机制方孔铜钱、早期在华流通过的外国铜元，还收录了在特殊条件下产生的地方代用币和私铸币，甚至还特别收录了铜元的一些赝品，从钱币学、货币史的角度全面介绍了中国铜元。有了机制方孔铜钱和早期在华流通过的外国铜元，可以帮助读者了解历史，了解机制铜元产生的序曲和发展变迁的过程。有了代用币和私铸币，可以帮助读者认识这一段货币流通历史的复杂性。我记得几年前，日本的铜元收藏家秋友晃先生曾经专门和我讨论过四川马兰钱的性质问题。我想无论是钱币收藏者，还是研究者，都不应该忽视地方代用币，也不应该忽视私铸现象的存在。而对于铜元的真伪鉴别，则是铜元收藏者、爱好者和研究者十分关心的一个课题。在本书中，作者还对所列铜元的存世情况做了适当的评定，为读者提供参考。部分尺寸较小的铜元的图版，则在原大的同时，还附有放大图样，以便于读者的阅读鉴赏。

　　《中国铜元分类研究》不仅是一部铜元集藏和研究的工具书，更是一部图文并茂的钱币学专著。书名用"分类研究"，立意甚高，对钱币作分类学研究，是钱币学的基础工程。中国的古钱学家十分注重古钱的版别研究，纸币学家则十分关心纸钞的版式研究。中国钱币界虽然在半个世纪前已经认识到铜元是中国钱币学的一个重要门类，但真正能够深入进去，把它作为一门学问去考证研究的人，还是不多，所以在一个相当长的时期里，对于机制铜元的版别与历史研究，成果甚微。近些年来，随着中国钱币收藏研究的热潮涌动，对于铜元的专门收藏和研究也逐渐升温，逐步深入。现在对于铜元的研究，已经不是孤立的版别区分，而是上升到了分类学的高度。也就是说，不再是就钱论钱，而是从宏观的意义上，从全局的观点出发，对铜元的版别作分类研究。作者不仅注重对于不同版别铜元的资料收录，而且注重对相关钱币文献资料的考证。对于每种钱币的文字说明，作者用功至笃，力求准确。其求真务实的治学态度和对于学术探讨的认真精神，充分体现在有限的、流畅的文字叙述之中。所以它不是一部寻常的钱币谱录，也不是日常见到的偏重实物图像的钱币图说，而是一部严肃的学术性著作。

段洪刚涉足钱币学的时间并不长，此前也只出版过10万余言的近代史事文章和几篇铜元考证的论文。但他进入钱币学领域后，却在较短的时间里，取得了引人注目的成果，追其原因，我想主要是：一、他有一个明确的主攻方向，而不是朝三暮四。一旦目标确定，便把它作为专门的事业去做，全身心地投入，除此之外的所有一切都可以放下；二、他有一股刻苦的钻研精神，而不是得过且过，决定要做的事情，千方百计要去实现，再大的困难，也百折不挠；三、得益于当今时代的科技手段，通过电脑网络，可以获取大量的信息和资料，可以结交天下的同好和朋友，从而赢得海内外的支持和帮助。

我第一次见到段洪刚是在2003年10月底，他向我介绍了自己的简单情况，已经收集到的铜元资料，并告诉我正在着手编写有关铜元的书稿，还说很快就可以完成出版，希望我给予帮助。他的自信和执着叫人不容怀疑，但这毕竟是第一次见面，我还没有看到他真实的成果，所以只是出于对年轻人、对同好的情感，说了几句鼓励和支持的话而已。不想事情变得认真了，几个月后，我收到了他寄来的信和部分稿本，并说因为工作量太大，没有如期完成，表示自责。此后又几次来信，寄来他的部分稿子，并不断作了修改和完善。他的进步、他的速度是我始料不及的，也让我对他有了新的认识，真是后生可畏！今年6月，他的书稿终于完成，亲自送到了北京。从我第一次见到他的时间算起，只有20多个月，我的确为他的执着所感动。尽管书稿中还有一些有待改进、商榷的地方，但我想纳入中国钱币丛书甲种本出版是完全应该的。于是我写了这篇短文，为之序，为之庆贺，并希望他在这条路上走得更加踏实，更加稳健，不断地有新的进步，新的成果！

中华书局，2006年1月出版

《徐枫先生集藏纸币图说》序

　　徐枫先生是纸币收藏大家，九十岁的他，孜孜以求，诲人不倦，其用功钻研的精神，令我感动，令我钦佩。

　　伴随徐枫先生一生，有两项事业，一是演艺，一是纸币。他二十岁加盟演艺，成为上个世纪三四十年代我国影坛的当红小生，和周璇、舒适等巨星一起在银幕上献艺。五十年代以后，又成为长春电影学院教授、吉林省艺术学院表演系主任，培养造就了一批又一批艺术人才，可谓桃李满天下。徐枫先生自幼喜欢集藏，正在他演艺事业如日中天的时候，集藏纸币的兴致也日益高涨。从此以后，无论时代如何变迁，无论工作如何调整，无论是在上海，在长春，还是在北京，他对于纸币的钟爱和追求，始终不渝。上个世纪后半叶，他便和吴筹中、王松麟等纸币大家齐名，鼎足而三。如果说早期的徐枫先生对于纸币是业余爱好，那么随着时代的步伐，他的角色也在逐步变更，特别是从工作岗位退下来以后的二十多年里，对于纸币的收集和研究，更是专心致志，成为他生活的第一，从那时起，已经从"业余"爱好转变为"专业"研究。所以，我说徐枫先生有两个事业，他是两个事业都成功的人。

　　徐枫先生对于纸币的专心，可谓过目不忘；对于纸币的研究，可谓入木三分。一是对于纸币真伪的鉴定，说其"真"，理由何在？不仅仅是对一张纸币实物本身的考证，而且要追究其时代的背景，产生的根由，要做到遗物和史实相符，合情合理。定其"伪"，理由又何在？破绽在哪里？使用了何种手法？都得有个说法，否则决不轻易放过。二是对于纸币发行历史的研究和考证，对于纸币发行单位和印制技术的研究和考证。所以他的纸币集藏，不只是简单的积累，而是胸中装着全局，每一张纸币到他手中，便成为大家庭中一个鲜活的成员，有它自己的角色和地位，而不是孤立的僵死的摆饰。

　　徐枫先生是中国钱币学会学术委员会委员，是中国纸币研究领域的学术带头人。中国钱币博物馆在开展纸币集藏、展览和研究的过程中，经常向徐枫先生请教，每次都得到他的热诚接待和大力支持，他还不辞年高，多次亲自到博物馆现场指导。

为了传布中国纸币的知识，提高纸币研究的水平，徐枫先生不仅积极倡导，而且身体力行，做了大量的宣传普及工作。凡有求教者，他都以诚相待，有求必应。为了满足更多人的需要，他和赵隆业先生合作，先后编著出版了《日伪政权银行货币图鉴》、《中国商业银行纸币图录》、《中国各省地方银行纸币图录》、《中国人民币图录》等纸币系列丛书，并编印有关纸币的知识性小刊。赵隆业先生作古以后，徐枫先生继续鼓励年轻同志做好这项工作，在收藏者中广为流传，取得了很好的社会效果。

编著《徐枫先生集藏纸币图说》是先生的一个夙愿。正如先生在自序中所言，他对纸币集藏有着特殊的感情，现在他要把半个多世纪的积累奉献给中国的纸币研究事业，这不仅仅是了却先生多年来的夙愿，更是广大纸币爱好者、收集者、研究者的福音。它的出版，将为中国的纸币研究，中国的钱币学、货币史研究，提供珍贵的实物资料；它的出版，将为当代的钱币谱录增添一颗耀眼的明星。

我真切地希望是书早日出版，感谢徐枫先生对于中国钱币事业的贡献，感谢嘉德公司始终把纸币集藏视为钱币收藏的一个重要领域，并给予热情的关注和支持。有感于此，是为小序。

《嘉德通讯》2008年5月

《中国历代纸币展图集》序

2009年11月10日，中国历代纸币展在首都博物馆开幕，记得我在开幕式的致辞中讲过两点感受：一是这次展出的2398种纸币和钞版中，有很多珍品、名品、甚至孤品。平时想要见到其中的一张都很难，现在把它们集中到一起，在一个展厅里同时展出，供大家鉴赏，是一种缘分，是纸币爱好者、收藏者、研究者难得的机遇。二是这次展览的展品，汇集了海内外80多位钱币收藏家的藏品，是一次前所未有的盛会，是我国纸币收藏界的一次群英会，也是对当代民间纸币收藏的一次大检阅。

张安生先生和其他六位发起人对事业的投入，令我感动。他们齐心协力，联络同好，贡献出各自的所爱所好，使中国纸币中的"群英"能够聚集一堂。他们又调动起各方面的力量，使中国文物中的"小弟弟"在北京首都博物馆的大雅之堂，登堂入室。如今，他们又筛选其中精品500多张，汇集成册，并且邀请了当代有关纸币研究专家撰写学术论文一起入册。所以这本合集已经不仅仅是一本展览的纪念册，也不仅仅是中国纸币的群英聚会，而是当代中国纸币研究成果的汇集。它集收藏和研究于一体，集鉴赏和学术于一体，它的编纂出版，使中国纸币的收藏文化又有了新的升华，提高到一个新的境界。所以，我乐之为其序，乐意为其鸣锣开道。

愿中国纸币的收藏事业长盛不衰，愿中国纸币收藏的学术意识越来越高，文化气息越来越浓。

中国金融出版社，2012年3月出版

《清代地方私帖图录》序

　　中国是世界上发行纸币最早的国家，已经有近千年的历史。中国纸币的诞生，源于民间富商发行的"私交子"，也就是说，私钞的诞生要更早于政府发行的纸币。中国的私钞从诞生以后，生生息息，一直伴随着中国货币发展的历程，客观上成为民间流通货币的一种补充，特别在战乱时期，经济萧条，地方的货币供应量严重不足，尤其是小面额的辅币短缺，私票便应运而生，在民间流通使用，拾遗补缺。

　　随着我国钱币事业的发展，专题性的钱币集藏和研究成为一种趋势，在这样的大环境中，长期遭受冷遇的民间私钞、票帖也逐步受到有关人士的关注和重视。下功夫进行了实物资料和文献资料的收集、整理、研究。正是有了这样的基础，中国钱币丛书甲种本才有可能编辑出版了戴建兵的《中国钱票》，王雪农、刘建民的《中国山西民间票帖》和石长有的《民国地方钱票图录》。现在又要出版石长有的《清代地方私帖图录》，是《民国地方钱票图录》的姐妹篇，两者配套成龙，可以让读者看到清乾嘉以后中国民间私钞、票帖的概貌。所以，当长有先生来电告诉我这本书稿落定的消息，不禁由衷的高兴，因为有了这本书，这组课题才算有了一个完整的交待。

　　我在《中国钱票》一书的序文中，曾经用四个字来概括民间钱票，即：小、散、繁、难。"所谓小，是每种钱票多为小范围、短时期发行，且多数充当辅币，面额小，制作粗糙，发行量也少；所谓散，是每种钱票多各自为政，分散发行，甚至一个店铺、一家商号都可以印发，没有计划性，没有统一规范；所谓繁，是各类钱票，名目繁杂，制作不一，版式纷乱，流通使用的规定也不一致；所谓难，是资料分散难寻，收集和研究者往往投入的精力很多，但得到的收益甚微，甚至劳而无功。"长有先生为了收集私钞票帖，不惜提前离职，把它作为一个专门的事业，全身心地投入，跋山涉水，登门造访，才有今天的成果。其间付出的甘苦，不身临其境者，是不可能体会到的。为了更好地收集资料，推进研究，从2004年以来，长有先生还创办了《民间私钞》杂志，按季发行。

　　在这里我不仅要感谢他付出的辛苦和已经取得的硕果，更希望在此基础上有更多的人来关心中国私钞票帖的研究，有更多的人来重视、来实践，把这个领域的集藏和研究工作再推向前进，再引向深入。

中华书局，2006年1月出版

《北京纸币八百年》序

目前所见到的，最早制有北京地名的古钞版，是金宣宗贞祐二年（1214）的壹佰贯"贞祐宝券"。此钞版由当时的"北京路按察转运司"制造，并书明此钞可以在中都（即今北京）、南京（即今河南开封）、北京（即今内蒙古宁城）、上京（即今黑龙江阿城）、咸平府（即今辽宁开原）各地兑换通行。此钞发行至今，正好八百年，书名《北京纸币八百年》便因此而得。

金元以降，北京多是历朝的首都，因为有这样的特殊地位，所以北京的地方纸币，实际上也是中国纸币的一个缩影，是一部中国纸币史的概览。所以读通北京纸币八百年，对于了解、收集和研究中国纸币的重要性，自然就不言而喻了。

《北京纸币八百年》按历史沿革的顺序排列，金、元、明、清和民国纸币，分列五章。民国纸币中，又在国家银行、商业银行、地方银行的钞票之后，对军用票、日伪票、边区票和私票分别作了单独的阐述。此外，对库券、债券、储蓄券，以及股票、礼券、代价券等，和纸币文化有关的各种资料，也都收入附录，做了介绍。所以这部书的内容丰富，几乎涵盖了纸币文化的各个方面。同时，这部书的编纂，思路清晰，结构合理，不仅图文并茂，还特意制作了十几幅不同特色、不同重点的表格，诸如：元纸币统计表、清户部官票不同冠字表、大清宝钞不同冠字表、交通银行法币券、中国银行法币券不同版式介绍，以及河北省银行领用券暗记统计表、北京钱铺钱店统计表等等，取得了简洁明了、一目了然的效果。不仅便利读者查阅，而且符合收藏者、爱好者、研究者的心理需求，具有很好的实用价值。

从酝酿编辑北京地方纸币，到今天成书，已经历时18年，其中也包含着老一代纸币学家徐枫先生和赵隆业先生的心血。今天《北京纸币八百年》正式出版，不禁又一次追忆起老一代钱币学家对于我们这个事业所做的贡献，我想此书的出版正是对他们的最好的缅怀和纪念。如果他们在天有灵，能够知道当今钱币界、纸币界后代辈出的大好形势，该会有多么高兴。

为此，我要衷心祝愿：我们的事业兴旺发达，人才辈出；对于纸币的集藏和保护，越来越完善；对于纸币的认识和理解越来越深入；让我国的纸币文化代代相传，不断发扬光大。

北京燕山出版社，2014年12月出版

《中国甘宁青纸币》序

　　几年前曾听廷明说起，正在着手收集和整理资料，计划要编著一部有关甘肃地方纸币的书，但我知道，他近些年来极忙，不仅忙于甘肃钱币博物馆的建设，还要兼顾甘肃钱币学会的工作。目前，在各省创办的钱币博物馆中，甘肃钱币博物馆是办得比较好的，是少数几家正式向社会开放的钱币博物馆之一。甘肃钱币博物馆的陈列展览，无论从内容到形式，都有自己鲜明的特色。因为办得好，受到了领导和各界的赞许，于是事业蒸蒸日上，从筹建到扩建、改造，接连上了几个台阶。作为负责日常工作的他，投入了多少精力和心血，恐怕只有他自己知道。另外，还有由他张罗的甘肃集币服务部，最近也正式批准为中国金币总公司的特约经销部。今年十月底，在北京国际钱币博览会的会场上见面时，我随便问了一声他的大著进展情况，原本只是一句闲话，不料他却十分认真起来，说道："这次来京，本来就是要向您汇报的。"并商定，等忙过博览会的几天，要来专门拜访。三天后，他如约前来，并带来了他的《中国甘宁青纸币》书稿，约我为之序。

　　在钱币界中，专门收集和研究纸币的人相对比较少，专门收集和研究西北地方纸币的人更是凤毛麟角，于廷明却是十分执着，认准了这个目标，锲而不舍，终成正果。

　　在近代中国货币史的研究领域，对于纸币，多注重于国家银行、地方银行、军阀政权，乃至商业银行，包括外商银行发行的纸币，却很少问津民间的私钞、票帖。随着钱币学研究的深入，钱币收藏领域的开拓，以及专题收藏和研究的结合，近十几年来，对于私钞、票帖的收集和研究，逐渐引起了人们的关注。于廷明也注意到了这一点，所以他的资料收集范围，并不拘泥于银行和有关政权发行的纸币，而是根据甘肃地区的实际情况，把它扩大到相关的方方面面，诸如：执照、本票、债券、存单、典契、契尾等，和货币金融有关的其他证券（或者说是有价证券），这就构成了现在这本书的架构和特色。

　　从经济的领域来认识，所谓杂票也好，私票也好，其他有价证券也好，都是中国社会特有的货币形态，是小农经济社会的产物。就每一枚单个来看，它们的使用范围有限，流通时间很短，面值很小，交易的金额也不大，甚至还保留着不少原始货币的习俗。但从整体来看，其数量之众，名目之繁杂，波及的范围之广袤，实在不容小视。而且它们与人们（特别是社会最基层的民众）的生活休戚相关，成为影响中国社会经济的一个不可忽略的因素。所以必须引起我们足够的重视，还它们本来应该享有的历史地位，真实记录它们在当时所发挥的实际作用。

从文化的领域来认识，私钞、票帖、有价证券，应该都属于纸币文化的衍生物。钱币学认为，"钱币"应该包括两方面的内容，一是货币，即指曾经在某个历史时期、某个地区发行和使用过的货币；二是由货币文化衍生出来的某些物件。不同的时期，不同门类的货币，因为它们的文化内涵不同，便会产生不同的衍生物。

对于货币和货币文化衍生物的认识，现在我们比较清楚的是中国古代的钱币，其分有正用品和非正用品两大类。所谓正用品，就是指正式发行使用过的货币。所谓非正用品，就是指它们文化意义上的衍生物，诸如各种各样的吉语钱、将马钱、酒令钱、棋钱、生肖钱、人物故事钱、信钱、咒语钱、瘗钱等等，我们把它们统称之为"压胜钱"，或称"厌胜钱"。它们和中国古代的货币只是形同神似，但它们不是货币，不能行使货币的职能，它们有着各自不同的专门的用途，而且多与民俗文化相关。关于压胜钱的内涵，应该包括的范围和界限，在钱币界，已经有一个大致的共识，俗成的定律。

至于近现代机器打制的金属货币，也有它们文化意义上的衍生物，现在我们统称之为纪念章。近现代的纪念章，实际上是古代压胜钱的延续，也是中华民俗文化的一种表现和发展。

那么，纸币和纸币文化的衍生物，又如何理解呢？我想这是一个广泛的领域，它大致可以包括这样一些层面：国家和有关政权发行的纸币；银行发行的兑换券；其他金融机构发行的兑换券；商号店铺，以及其他实业单位（非金融机构）发放的地方临时流通券，或者可以称之为私票、私钞，这些都属于纸币的范畴。至于纸币文化的衍生物，范围或许更广，诸如：各种各样的代用币、券；形形色色的有价证券，包括有面值的，如税票、邮票、汽油票等等；也包括无面值的，如粮票、油票、肉票、香烟票、布票，以及其他购物证、卡、券等等，它们虽无面值，但在市场上有约定俗成的定价；和货币有关的票据，如发票、支票、汇票、当票、存单、借据、债券、典契等等，及其有关的票根；和纸币印刷技术有关的纸张、证件、证券，如水印纸、身份证、护照、执照、纪念张、纪念封等等，它们都是纸币文化的衍生物。

上述纸币和纸币文化的衍生物分有多个层面，分别有各自的功能和用途。但在某个历史时期、某个地区，或者某个特定的场合，也会为之设定某些特殊的职能，致使不同属性的物件之间会产生某些类似的功能，形成交叉的关系。也给今天的研究带来了一些困难，但它们的基本属性和功能不应该也不会因此而改变。

现在，我们对于纸币和纸币文化衍生物的认识还十分粗浅，很少有人去专门关注，更没有去做专门的研究，它们的范围究竟有多广，有关的界限如何来确定？至今没有明确的统一的概念，因此还有待于做进一步的研究和探讨。

在此，我借廷明这部纸币专著的开篇之际，再次认真地提出纸币和纸币文化衍生物的问题，只是想提请读者，提请纸币集藏和研究的同仁们，共同来关心这个课题，来参与这个课题的讨论。通过我们的努力，希望能够勾画出纸币文化衍生物的大致范围和框架，并确定其合理的界限。

谨此小序，并谢廷明先生，谢热心于此的诸位先生。

写于2008年底，未刊

《淄博地方票》序

今年六月在浙江绍兴开会期间，好友陈旭携来《淄博地方票》书稿，邀我为之写序，初读其稿，便被其中许多新发现、新成果所吸引，诸如"淄州交会"铜钞版的发现和研究，抗日边区货币的整理和研究，地方私票的发掘和研究等等，都令我十分兴奋。深感这是一本实物资料和文献史料相结合，钱币学和货币史、金融史研究相结合的一部专题性极强的好书。

《淄博地方票》通过对地方票所反映信息的解读、延伸研究至地方建制、工商业发展、钱庄号的形成乃至经营方法，以及银号汇差利益与期差利益、利银计算方法的研究等方面，以点带面，不断深入，不断扩展，使地方票的研究和收藏更有内涵。

在中国浩瀚的货币史中，地方票的收藏与研究是近年来兴起的一支生力军。地方票的地方特色也是其他货币和文物所不能替代的，它对研究地方区域的政权、武装、商会、工商业、金融业乃至私营票号、商号等起着极其重要的作用。研究地方票除现有的文献资料，还要从地方发现的实物入手，因为许多历史文物的发现不但能证史，还能补史。

淄博地处山东中部，自古经济贸易发达，齐国故都临淄即在于此。太公封齐，因其俗，简其礼，通工商之业，便渔盐之利，开启商业之风，自此历朝历代保持了这一传统。宋金时期，金融业已有了长足的发展，"淄州交会"便是有力的证据。至清末民国时期，由于地方煤炭、陶瓷、琉璃、丝绸等物产丰富，随着手工业、商业的不断发展，带动了民国票号业的兴盛，地方票的发行也进入了空前时代。

票号业的发展，最讲究的是一个"信"字，它体现在存款、汇兑、提现等每一个环节，如果稍有疏忽，就会出现挤兑、倒账的命运，所以票号业首先要靠良好的信用，其次再靠资金、人才、制度、谋略等，才能根基巩固，长盛不衰。纸币的发行更是如此，购买力是信誉度的最好体现。这就启示我们，面对诚信日趋衰落的客观现实，不应回避、畏缩。根除当前社会信用缺失现象，建设信用社会，一方面要大力弘扬传统的诚信精神；另一方面要借鉴、吸收现代信用文明的成果，并将票号业的管理方法、制度创新、营销观念应用于实际工作中。其目标是建设传统文化与现代文明相得益彰的符合中国国情的现代信用制度。

《淄博地方票》一书的出版发行，是淄博地方钱币在收集和研究方面的新成果，它不仅为淄博地方史研究提供了珍贵的实物资料，也为我国金融史、货币史研究提供了重要的资料，为更好研究货币文化、金融文化服务于当代经济，探索了一条切实可行的新途径，做出了新贡献。

谨此小序，贺之，谢之。

齐鲁出版社，2014年12月出版

做好本地区的钱币收集是钱币学研究的基础

——《河南纸币》序

2009年9月，我在郑州参加《中国钱币大辞典》民国纸币编审稿会期间，张立敬先生和我聊起河南钱币。他几十年从事本省、本地区的钱币收集和整理，尤其是近十年，把收集和整理的重点集中到了河南纸币。发现河南纸币的种类十分丰富，远远超出已见发表的资料，也远远超出正在编纂和讨论中的《中国钱币大辞典》收录的内容。我完全相信他的说法，因为中国的历史悠久，幅员广阔，中国的钱币浩如烟海。所以，无论是《中国钱币大辞典》，还是《中国历代货币大系》，只要是面对全国范围的，任何一部综合性的钱币书籍，都只能从全局出发，照顾到方方面面。但不能对每一个省、每一个地区的钱币都做出详细的介绍，它们的局限性自然不可避免。而真正要把某一个省、某一个地区的资料挖深、挖透，只能依靠本省、本地区的钱币收藏者、钱币学家去做努力，才能达到真正意义上的"全面"。所以我当即表示，鼓励他把河南纸币的资料整理出来，希望早日读到他的成果。事隔半年，他把《河南纸币》的书稿送到了北京，放在我的面前。我感谢他对事业的热衷，感谢他对河南纸币收集和研究所做出的努力。

　　要做好钱币学、货币史的研究，首先要掌握丰富的资料，包括实物资料和文献资料。只有每一个省、每一个地区都把资料的收集、整理工作做扎实了，那么对这个省、这个地区的钱币学、货币史研究，才会有可靠的依据，坚实的基础，才有可能引出科学的、正确的、全面的认识和理解。只有把每一个省、每一个地区的资料和研究成果都集中到一起，才有可能对中国的钱币学、货币史有一个完整的认识，最终引出科学的结论。资料工作是任何一门学科的基础，钱币学、货币史研究更是如此，从这个意义上讲，我们决不可以小视地区性的资料收集和整理，相反，要大力提倡，大力推进地区性的资料收集和整理工作，并给以必要的扶持和保障。

　　当今适逢收藏盛世，对于纸币的收藏和研究也逐步引起了各有关方面的关注，所以是一个大好时机，机不可失。抓住这个机遇，把中国纸币的收集和研究工作再推进一步，对于我们这一代钱币收藏者、工作者、研究者而言，责无旁贷。张立敬先生为我们做了一件实实在在的好事，他的《河南纸币》的出版和发行，不仅为河南纸币的研究提供了丰富的资料，也为中国纸币的研究提供了重要的信息。

纸币的情况是这样，其他钱币的情况也应该是这样；河南的情况是这样，其他省、区的情况也应该是这样。如果各省、各地区的钱币收藏者、工作者、研究者都能这样去做，我们的钱币事业将会迎来一片更加绚丽的天地。所以，我相信是书的出版和发行，势必会引来积极的社会反响，对推进中国的钱币事业做出积极的贡献。

谨此小序，聊表心意。

中州古籍出版社，2014年4月出版

《红色货币——中华苏维埃共和国国家银行
发行货币版别研究》序

　　读洪荣昌《红色货币——中华苏维埃共和国国家银行发行货币版别研究》，有三点感受，十分强烈。

　　一是专题收藏。这本书收录的货币是中华苏维埃共和国国家银行发行的货币，它们的发行时间：自1932年7月至1934年10月，共两年三个月。发行的种类：纸币5种，即5个面值；铜币2种，即2个面值；银币1种，即1个面值，共计8个品种。它们当年流通于以赣南、闽西为主的红色区域，发行量有限；因为经历了残酷的战争年代，所以遗存不多。作者是个有心人，他充分利用了在当地生活和工作的有利条件，怀着对革命先辈的深厚情感，努力收罗，悉心研究，居然收集了700多枚不同的版别，汇集成册，因此它是名符其实的专题收藏、专题研究。事实上，要对某一类钱币真正做到深入、全面的了解，就必须下这样的功夫，洪荣昌做到了这一点，因此他取得了发言权，取得了超越别人的成果。

　　二是版别收藏。对钱币做版别的分类研究，是钱币学的重要内容。我们的前辈学者就十分注重钱币的版别分类，譬如对"半两"钱、"五铢"钱、北宋铜钱等等，都做过版别研究，取得了重要的成果。近些年来，随着钱币收藏和研究的不断深入，新资料的不断涌现，对于钱币版别的分类研究，再次引起钱币界的广泛重视，并在各个相关领域取得了可喜的成绩。

　　然而，面对三千多年的铸币历史，面对浩如烟海的各类钱币，要对它们分别做出符合客观实情的版别分类，是极其繁难的事情。首先，它必须建立在收集和掌握大量实物资料的基础之上，因为只有这样，才可以避免一知半解，才可以取得比较全面、客观、科学的结论。其次，不同时期、地区制造的各类钱币，因为时代背景、制造环境、技术条件、文化基础的不同，版别分类的标准是不一样的。譬如先秦时期的铸币，由于铸造工艺原始，当时还没有"原模"的概念，钱范都是一次性使用，即所谓"一钱一范"。

所以钱范由匠人随意刻画，铸成的钱币，每一枚都不会完全一致。即使在这样的情况下，钱币仍有版别的问题，如战国赵铸的"安阳"布和燕铸的"安阳"布，因为地域不同，制作不同，钱文书法也决然不同。唐宋以后，钱币由"母钱"为原模，翻砂铸造，国家也有了统一的"样钱"，但不同铸期、不同铸地铸造的钱币也会有版别的区分，因为手工刻制的"母钱"不可能做到完全一致。即使是当代机器打制或印制的钱币，仍然存在版别问题，如金属分币、角币，因为制造时期不同，不仅图案纹饰会有变化，坯饼的材质也会有所变化，由此它们的直径、厚薄、重量等等，都会发生变化。金属币是这样，纸币也一样有版别的问题。

钱币的版别分类，是有科学规律的，有的是出于制度管理的需要，有的是出于技术能力的原因。所以对于钱币的版别分类，绝不是盲目的，随心所欲的。对每一类钱币做版别分类，必须要了解和掌握它们形成的原因，分清是由不同的原模造成的，还是在制造过程中造成的，还是在流通过程中，由于后人的损坏造成的；如果是原模的问题，那么要分清是因为制造时期不同，还是因为制造地点不同，还是因为其他什么原因致使原模改变。由此再可以做深入一步的研究，讨论它们不同的科学价值和学术价值，了解它们目前遗存的情况，确定它们不同的文物价值。

中华苏维埃共和国国家银行发行货币是在环境极其恶劣，设备极其简陋，原材料极其缺乏（甚至难以保证），人员的文化水平参差不齐（甚至十分低下）的情况下印制出来的，所以自然会影响到货币的印制质量。这是造成版别众多的客观原因，也给今天的版别分类带来了更多一层的困难。由此，我们便能体会到洪荣昌在收集整理过程中的难处和付出的辛劳。如今摆在我们面前的这本著作，不仅为我们研究苏区货币提供了难得的第一手资料，而且摸索出一套版别分类的方法，成为这个领域里，钱币版别研究实实在在的成果。

三是红色收藏。这本书里收录的是共产党人最早以"国家银行"的名义发行的货币，它自然是后来各个革命斗争时期共产党人发行货币的楷模。从这个意义上讲，也可以说是开了中国人民银行——新中国国家银行发行货币的先河。由此，红色收藏不仅是对革命先辈的纪念和缅怀，也不仅是通过红色收藏可以激励我们的斗志，就钱币学而言，红色收藏其实就是对当代钱币的收藏和研究，它应该包括所有共产党人发行的钱币，所以它是富有更多现实意义的收藏活动和研究课题。

洪荣昌的《红色货币——中华苏维埃共和国国家银行发行货币版别研究》，为钱币收藏和钱币学研究解剖了麻雀,做出了示范,我相信它的出版一定会引起收藏界、钱币界,以及广大读者的重视和欢迎。

解放军出版社,2011年出版

读《中国革命根据地货币史纲》

——兼说《中国革命根据地货币史》丛书

　　许树信的《中国革命根据地货币史纲》是整套《中国革命根据地货币史》丛书十八卷二十二册的收盘之作，是十六年来各分卷、分册陆续出版成书之后，再回眸全书的一个总结。是书提纲挈领地归纳了农民运动时期开创的红色政权发行的货币，犹如星星之火，历经土地革命、抗日战争、解放战争的大革命洗礼，在革命的大风大浪中，终成燎原之势。是书告诉人们，货币斗争是政治斗争、军事斗争之外，经济领域的又一个战场。在这个战场上，共产党人历经磨难，终成正果，开创了统一的中华人民共和国的货币——人民币。

　　是书通过对中国革命根据地货币的币材与本位制度，印制、发行与管理，金银、外汇与管理，以及反假货币斗争等方面的分析研究，最终引出中国革命根据地货币的历史经验：实事求是地灵活运用马克思主义的原理，是革命根据地货币产生的理论基础；与人民群众的血肉联系，是革命根据地货币的强大生命力；党的正确领导，是革命根据地货币发展壮大的根本保证；各部门有机配合，适度掌控货币的发行量，是革命根据地货币保持币值相对稳定的关键；开展以我为主的货币斗争，是革命根据地货币统一流通市场的主要策略；以人为本，培育一支思想道德高尚，勤劳勇敢，技术过硬的职工队伍，是革命根据地货币工作不断发扬光大的基石。

　　编写这部丛书，我们抱定的一个宗旨是：作为共产党人，不仅要把我们的事业做好，而且要善于总结经验教训，这是一笔巨大的财富，应该把它留给后人，这也是我们必须完成的天职。特别是看到老一代的革命志士，亲身经历了那段历史的共产党人，随着时间的推移，相继离我们而去，更是一次次地给我们敲响警钟，要抢救革命的财富，要抢救革命的活资料，已经刻不容缓。所以中国钱币学会成立以后，便于1991年8月，设立了第一个专门的委员会，就是革命根据地货币研究会。而且一开始就特别强调：这是一项"抢救性"的任务，不容迟疑。紧接着于1992年3月，组建了中国革命根据地货币史丛书编委会，正式启动了丛书的编纂工作。

编写这部丛书，我们的指导思想是：古为今用，为现实服务。历朝历代，不管是哪个朝代，研究历史都是要为现实服务的，所谓前车之鉴，就是这个道理。共产党人的前车之鉴，最直接的当然是我们自己的历史，所以要古为今用，首先应该做好共产党人自己的历史的研究和总结，引以为我们的借鉴。而作为中国钱币学会的职责，当然首先要做好我们自己创造的货币历史的研究和总结，于是，我们把它视作为现实服务的切入点，作为一项重要的任务来办。现在看来，这个思路是正确的。

作为中国钱币学会组织、研究的课题，自然应该有自己的特色，形成自己的个性特征。其中最突出的就是：这套丛书十分注重货币实物资料的收集、整理和研究，包括货币的印刷、制造、发行和管理。从钱币学研究的角度，把钱币学研究的成果融汇到货币史中，为货币史研究提供了更为详实的资料和依据。另外，这套丛书的编写，是以每一个革命根据地为单位，一个根据地、一个根据地地做深入的调查研究，最后编纂成二十二册规模的丛书。以每个根据地为单位，独立成册，再把各个根据地的货币史集结到一起，形成一套完整的革命根据地货币史丛书，这在以前是没有做过的事情。而这样的实践，使我们掌握了更为丰富的史料，对这段历史有了更加全面、更加深刻和正确的认识。

这套丛书请许树信来撰写《中国革命根据地货币史纲》，作为全书的收篇之作，则是在丛书编纂过程中，逐步体会并做出的决定，也是在各分册编纂的基础上逐步形成的认识。现在看来，这个决定也是正确的。《史纲》对这段历史做了全面的梳理，它摆脱了每一个革命根据地分散的局部观念，而是站在了全国、全局的高度之上，高屋建瓴，做全面的回顾和总结，使全书融会贯通，浑然一体。把分散的各卷组合到一起，成为这套丛书的画龙点睛之作。同时也为全书做了一些合理的拾遗补阙，弥补了有关分册未能涉及的空缺，使之配套成龙，内容更加完善。

许树信同志是革命根据地货币史研究的权威专家，中国金融出版社原总编，又是这套丛书的编委会副主任。他不仅对每一分卷、每一分册的编纂过程十分了解，而且对每一卷、册的最后成书，都做过专门的评议和修改，所以由他来完成《中国革命根据地货币史纲》的编写，无疑是最合适的人选。许树信同志为人耿直，治学严谨，有很强的使命感，所以文如其人，全书以事实为依据，力求还历史的真实面目，无有华丽之辞, 却是朴实流畅, 读来颇有亲切之感。

现在, 这本《史纲》已经成书, 正式出版, 确实达到了预期的目的, 也为《中国革命根据地货币史》丛书的编纂工作, 画上了圆满的句号。

《中国金融》2009年第8期

在《中国革命根据地货币史》
丛书总结座谈会上的发言

　　今天是值得高兴的日子,中国革命根据地货币史丛书经过十六年的努力和辛苦,今天在这里召开结项工作会。所谓"结项"就是说这项任务基本完成了,我们已经看到了成果,特别是许树信同志的《中国革命根据地货币史纲》的正式出版,这是整套书的一个归结,是收盘之作,所以是值得高兴、值得庆贺的。

　　这套丛书是1992年初正式启动的。1992年初是个什么日子呢?是中华苏维埃共和国国家银行创建六十周年的日子(1932年2月1日),也可以说我们是在纪念中华苏维埃共和国国家银行创建六十周年的时候,正式决定编写这套丛书的。今天的结项会是在2008年11月下旬召开的,这又是个什么日子呢?是中国人民银行创建六十周年的日子(1948年12月1日)。所以我们的结项会,也是向中国人民银行创建六十周年献上的一份厚礼。十六年对应了两个六十周年,一个是我们共产党人领导下的第一个国家银行;一个是共产党人领导下的统一的中华人民共和国的国家银行,这是天意,这是历史的安排,这是共产党人自己编织的情结。

　　要编写这套丛书,十六年来始终抱定一个宗旨,不管有多大的困难,要完成这项工作,就我本人而言,思想是很朴素的,那就是:一、我们共产党人要把自己的事情做好,事情做了,就应该自己来总结,然后把它留给我们的后人,这是我们的天职。特别是看到老一代人亲身经历了那段历史的共产党人,随着时间的推移,相继离我们而去,更是一次一次向我敲响警钟,要"抢救"革命的财富,要"抢救"革命的活资料,已经不容迟疑,义不容辞。所以我们第一个成立的专门的委员会是革命根据地货币研究会,而且从一开始就明确提出,这是一项"抢救"性的任务,刻不容缓,也正是由于这样的指导思想,虽然我本人的专业在古代钱币,但始终没有放松这个领域的组织工作,尽可能多地给予关心和支持。二、是古为今用、为现实服务的指导思想,历朝历代，不管是什么时候，研究历史、总结历史都是要为现实服务的，所谓前车之鉴就是这个道理。共产党人的前车之鉴，最直接的当然是共产党人自己的历史，所以要古为今用，要为现实服务。而作为钱币学会的职责，当然首先要做好共产党人自己创造的货币历史的研究和总结，所以我们就把它作为为现实服务的一个切入点。现在看来，这个思路是正确的，在我们庆祝行庆六十周年的筹备过程中，包括现在中国钱币博物馆正在筹备的六十周年展览中，我们的这套丛书已经发挥了重要的作用。

作为中国钱币学会组织研究的课题，自然要有自己的特色，形成自己的个性特征，其中最突出的，就是这套货币史丛书，注重了货币实物资料的研究和整理，包括货币的印制、管理和发行。从钱币学研究的角度，把钱币学研究的成果融汇到货币史中，为货币史研究做出了贡献。另外，这套丛书编委会从成立开始，就十分明确，要一个根据地、一个根据地地做深入的调研。以革命根据地为单位，从资料收集入手，到整理、研究，最后编写成书，最终形成二十二册规模的丛书。以每个根据地为单位，单独成书，这在以前是从来没有做过，也算是我们对革命根据地货币史有了一个比较完整、深入的了解和交代。整套丛书以许树信同志撰写的"史纲"作为全书的归纳和一个完整的交代，这是在全书编纂的过程中，逐步体会并最后做出的决定，也是在各分册编纂的基础上逐步形成的。现在看来，最后撰写"史纲"的决定是完全正确的，它不仅是拾遗补阙的作用，使全书更加完善，更重要的是它把这二十多年的货币历史，在各分册的基础上，作了全面的梳理。并且能够跳出每一个根据地的局部观念，高屋建瓴，站在全国的立场上，站在中央的高度，来对这一段历史作全面的回顾和分析，为这套丛书的编撰起到了画龙点睛的作用。许树信同志作为这套丛书的副总编，又是业内的权威专家，对每一分册的编纂过程都十分了解，对每一分册的最后成书都做过专门的评审和修改，所以由他来完成《史纲》的编纂，无疑是最合适的人选。

今天我们在这里召开结项工作的会议，对我来说是如释重负，有了一个交代，但我们不能忘记，在全书编撰过程中做出贡献的每一个人，正是有了他们的辛勤努力，才会赢得今天的成果。对于已经作古的老同志，我们深深地怀念他们，今天我也要借此机会告慰他们，我们的事业成功了，愿他们在天有灵，和我们一起分享成功的喜悦。同时，我们也不能忘记，还有三册尚未正式成书，希望通过这次会议，抓紧把书稿变成书籍正式出版，配套成龙。当然我们更不能忘记，学无止境，革命根据地货币史的研究领域还有许多事情等待我们去开发、去研究，我们只是取得了一个阶段性的成果，只是为后人做了一些基础性的工作，愿后来者在此基础上，再接再厉，做出更大的努力，更大的贡献。

南昌，2008年11月24日

《货币金融博览馆和金融票据博览馆图册》序

有着浙江省金融界的"黄埔军校"美誉的浙江金融职业学院，十分重视金融文化建设。他们把金融视为文化的载体，把文化视为金融之魂。学院成立不久，就开始筹划建立货币金融博览馆和金融票据博览馆（以下简称"两馆"）。经过多年不懈的努力，目前"两馆"的建设已初具规模，主要发挥着两大功用：一是教学实践基地。利用丰富的货币、金融票据藏品资源，开展教学实践活动或现场授课，将抽象的概念具体化，受到学生的普遍欢迎；二是科普示范基地。2010年10月，浙江金融职业学院——货币陈列与鉴别实验基地（其主体为货币金融博览馆）被命名为浙江省社会科学普及示范基地，积极开展反假货币知识宣传和钱币知识的普及活动。服务对象主要是来访嘉宾、社区群众和杭州下沙大学城的师生，形式多样，卓有成效。我曾于2006年参观了该院的货币金融博览馆，并题词"为培养钱币学专业人才创造条件，打好基础"，以表达我内心的期盼。

朱海城博士主持编撰的《货币金融博览馆和金融票据博览馆图册》，以"两馆"的藏品为基础，从货币、金融票据两个角度，勾勒了中国金融历史发展的基本脉络，图文并茂，通俗易懂，既是对"两馆"藏品的简要介绍，也是货币知识和金融票据知识的普及读本。中国货币、金融票据是中华民族传统文化的瑰宝，它们见证了中国金融业的兴衰成长，浓缩了中国人民的社会经济生活，承载着中国政治、经济、文化的印迹，具有较高的研究价值和艺术欣赏价值。从这个角度看，这本图册也是传承和弘扬中国传统金融文化的力作。

当今时代，文化越来越成为民族凝聚力和创造力的重要源泉，越来越成为综合国力竞争的重要因素。金融文化建设的任务长期而艰巨，让我们借用曾子的一句话共勉之："士不可以不弘毅，任重而道远。"

2010年

《纸币上的儒家文化》序

中国是最早发明和使用纸币的国家，距今已有千余年的历史。不仅历史悠久，而且品种繁多，内涵丰富，据不完全统计，仅民国时期发行的各类纸币就有三四万种之多。既有国家发行的，也有各级地方政府或相关机构发行的；既有军事集团发行的，也有商家、私人发行的。在林林总总的纸币背后，蕴含着各不相同的政治背景、军事背景和经济背景，蕴含着各不相同的信仰、理念和思想、文化，也蕴含着各不相同的印制和生产技术。

在纸币收藏者中，多数人关注的是它们的经济价值、投资价值，却往往会忽视其文化价值。吴福华结合他自己对纸币收藏的经历，提出了"中国纸币文化学"的理念，并勾划出了一条切实可行的鉴赏和研究途径。这是纸币集藏和研究的一个大课题、大工程，其涵盖的内容十分丰富，需要从各个方面来挖掘、整理和研究。《纸币上的儒家文化》是他的第一次实践，取得的第一个成果。紧接着他还会有：纸币上的龙凤文化、纸币上的长城文化，以及纸币上的政治文化、经济文化、信用文化等一系列的课题计划，并将会依次落实，陆续和读者见面。千里之行，始于足下。现在有了一个好的开始，我衷心祝愿他的计划能够逐步实现，为中国纸币文化增添光彩，为中国钱币学研究事业做出贡献。

"中国纸币文化学"的提出，为纸币集藏和研究开辟了新的领域，增添了新的活力，尤其是提升了它们的文化价值。纸币文化学，可以使收藏者超尘脱俗，思想得到升华，在芸芸众生中，一张张纸币成了中华优秀传统文化的载体，一张张纸币成了优秀传统文化的教科书。

吴福华《纸币上的儒家文化》是依据纸币上所见到的图案，特别是主景图案，为读者讲解其中所包含的文化内容，也可以说，是为纸币上的图案做"注释"。作者才思敏捷，信手拈来，便成文章，而读者读来有滋有味，朗朗上口。全书行文朴实流畅，通俗易懂，很有点看图识字、看图解题的意思，从而开辟了纸币文化研究的一个新途径。

　　我喜欢这样深入浅出的通俗读本，把纸币上反映出来的文化，介绍给纸币收藏者，传送给广大读者。帮助读者更全面地了解纸币，了解纸币文化，从而激发起读者对于纸币收藏的兴趣和热情。

中国文联出版社，2015年出版

《老保单——中国人民保险集团公司
保险单据历史沿革》序

国家档案馆是代表国家收藏档案资料的地方，国家博物馆是代表国家收藏文物和相关资料的地方，国家图书馆则是代表国家收藏图书及文献资料的地方，这是国家的收藏。

部门、单位，包括工矿实业、文教事业、金融商贸单位，乃至部队驻军、城乡大大小小的社区，都有各自相关的档案馆（室）、博物馆（陈列室）、图书馆（室），这是集体（团体）的收藏。

民间的收藏，虽是分散在每家每户，看似势单力薄，但他们汇集到一起，却是一支千军万马的队伍。其收藏的内容，可以涉及每一个角落，每一个地方，是国家和集体收藏的有效补充，因此决不可以小视。

盛世收藏，是说国家太平，人民安居乐业，则收藏之风兴盛。国泰民安，社会和谐，不仅国家和集体的收藏，力度大，范围广，管理规范，与此相应，民间的收藏也会十分活跃。当今适逢收藏盛世，民间收藏者的队伍不断扩大，收藏的领域不断拓宽，而且随着收藏事业的发展，对于藏品的研究，也在逐步深化，逐步向专题化、系统化发展。因为收藏，会引发人们去研究，反过来，由于研究，提高了对藏品的认识和理解，又会激发起浓厚的收藏兴趣，推进收藏事业的发展。

高星是诗人，是摄影师，是文化人，因此他喜欢收藏。他供职保险公司，出于对职业的热爱，多年来用心收藏了一批与保险业有关的单据、凭证等实物资料。现在要和大家见面的《老保单——中国人民保险集团公司保险单据历史沿革》，便是他多年收藏的一个结晶，全书汇集了1949年以来各个时期、各个地区（包括少数民族地区），不同性质、不同类型的保险单200余件，配之以其他相关的单据和凭证，以及相应的说明文字，图文并茂，从一个侧面揭示了中国保险业六十年来走过的历程。

　　《老保单》是中国第一部专门介绍保险单据的图说，也是一部别开生面的史书，我们期待着这一领域的收藏活动会结出更加丰硕的成果，为中国的保险事业做出更多的贡献。

中国金融出版社，2009年7月出版

《天下收藏》钱币系列丛书序

时下收藏已很热门，无论是收藏文物，还是其他艺术品。人们都说盛世收藏，有人把"收藏"作为高雅的文化生活，有人则把"收藏"作为一种理财手段，一条保值、增值的途径。不管出于何种目的，时下热衷于收藏的人越来越多，已是不争的事实，其中当然也包括对钱币的收藏。

钱币的收藏热推动了钱币市场价格的飞涨，最常见的普通品，从每枚几角钱、几元钱，涨到了几十元、几百元。珍贵的钱币更是屡创天价，从近年来拍卖公司的成交价看，由几万元、几十万元，攀升到几百万元、几千万元，甚至更高的现象也非少见。这些数字对于收藏者、投资者而言，无疑有着巨大的诱惑力。

为了适应这样的形势，满足钱币爱好者、收藏者、投资者的需求，印刷工业出版社酝酿出版了这套《天下收藏》丛书，其中包括钱币系列，有《古钱币鉴藏》、《纸币鉴藏》、《钱币收藏入门》和《机制币鉴藏》等多部，这些书稿是鉴于收藏形势的变化编撰而成的，因时间紧促，难免存在不足之处，还望读者批评指正。

这里我还想告诉读者的是：

一、钱币拍卖价攀升太快，几乎每年都在变，甚至几个月就有变化，而且涨幅不是几成，而是几倍，有的甚至是加"0"进位。当然也会有起伏的时候，所以书中的有些数据跟不上变化的形势，读者需要随时关心市场价格，了解实际情况。

二、随着市场价格的攀升，钱币的伪作猖獗，必须引起每一位读者、收藏者、投资者的警惕。这是书本知识不可能解决的问题，必须通过实践去摸索，去积累经验。在开展收藏活动的时候，最好多听听有经验的知情者的意见，这样可以避免走弯路，少交学费。

印刷工业出版社，2011年8月出版

《钱币鉴定》前言

钱币鉴定是钱币学研究的基础,也是钱币收藏的基本功。要收藏钱币,首先要鉴定钱币,要确定其真伪,确定其历史价值、艺术价值和学术价值(或者说科学价值)。归根结底,是要确定它的文物价值和经济价值,然后才能给它一个恰如其分的名分和待遇。

要对钱币做出正确的判断,实际上是熟悉钱币的一个过程,所谓熟能生巧,便是这个道理。所以关键在于实践,接触的钱多了,过手的钱多了,阅历就丰富,积累的经验就丰富,头脑中掌握的资料和数据就多,识别钱币的眼力就会提高。

对于钱币鉴定而言,书本知识是重要的,但是单凭书本知识是远远不够的,因为从书本上得到的是理性的概念,是别人的体会,别人的东西,如何把这些变成自己的东西,把理性的知识变成自己的认识,只有在实践中去尝试,去理解,只有亲口尝了梨子,才会知道它是甜的,还是酸的。听老师讲述,听专家指点,可以少走很多弯路,自然必要,但是否能够真正领悟,还在自己,所谓"师傅领进门,修行在自己"。我体会这里说的"修行",应该是指实践。在钱币鉴定中,经常会提到"悟性",悟性好的人,看问题会敏锐一点,感受会深一些,而且可以举一反三。那么"悟性"又是从何而来,我想最要紧的还是实践,是日积月累,是实践资料的积累。

对于钱币的鉴定,有些是语言可以表达清楚的,有些则是语言难以表达清楚的,所谓"不可言传,只可意会",只能从实践中去摸索、去体会。譬如,有位熟人在前面行走,你在后面,很远就可以认出他是谁。反之,一位素不相识的陌生人,即使是对面走来,擦肩而过,你也不会知道他是谁。之所以会这样,道理只有一个,就是"熟",熟悉了自然就会做出准确的判断,反之,便什么感觉也没有。

所以,今天我们奉献给各位读者的,只能是鉴定钱币的一个大致的概念,只能起一个引进门的作用,希望它能够帮助您走进钱币鉴定的殿堂,并且在这个殿堂里,享受属于您自己的快乐。

吉林出版集团,2010年6月出版

当代货币文化的真实记录

——读《话说人民币》有感

从1948年12月1日人民币正式发行至今，已经整整六十五年。我作为中国的中央银行——发行人民币的银行的一名老职员，读了于英辉的《话说人民币》，倍感亲切，有三点体会，记述于下。

一是，英辉先生写的《话说人民币》，共有二十四说，内容大致可以分为三个层面。第一层面是：五套人民币的溯源，并有专稿特写了人民币上的领袖像、盲文典故等专题，可谓"臻品典籍荟萃，逸闻趣事良多"，具有较高的货币史研究价值；第二层面是：人民币券别的艺术赏析，涉及书法、文字、主景背图、纹饰装潢、明暗水印等，文采斐然，赏心悦目，是当代货币文化的具体诠释，具有较高的钱币学研究价值；第三层面是：人民币的防伪反假、收藏投资、发展趋势等，为广大人民群众在日常生活中了解人民币、使用人民币、收藏人民币提供了必要的知识，贴近读者、贴近民心，具有较强的实用价值。将内容恢宏的人民币文化当成鉴往知来的展示平台，《话说人民币》为我们提供了一个很好的典范。

二是，英辉先生写作《话说人民币》，是十分认真的。在大量史料渊薮的基础上，作者经过认真研读、仔细辨析，努力做到去伪存真、由表及里，以还历史之真相，取诚信于读者。诚如其在"前言"中所写："书中所引据的经典，是反复取证多次才形成的文字，因为同一问题在不同的书内就有不同的论断。仅以中国人民银行率先发行的三种人民币券别而言，《晋察冀边区银行》与《人民币史话》就是否有东北解放区的代印品种描述不一；而《中华人民共和国人民币大系》、《当代中国货币印制与铸造》等工具书，则以列表叙述方式，标明中国人民银行成立当年只有50元、10元两种版本应市，而不是《中国人民银行六十年》等书所认定的三种券别；陈云同志对中国人民银行《为请示新币印制计划由》的批示本是一份重要文献，但《中国名片人民币》中所引用的'佚有此件所述办法更完备时'，似乎语句不通。直到仔细地看完原件后，才发现'佚'乃'俟'字之误，且'有此'之间还漏一'比'字，两字之差则语意全非……"作者对史料处理的负责任的严肃态度，为这本书的"真实可信"付出了辛劳，也赢得了收获，所以它是当代货币文化的真实记录。

三是，英辉先生写作《话说人民币》，是以通俗的文学手法来演绎人民币，二十四说章章相衔接，环环相扣，引经据典，引人入胜。一些稍嫌严肃、枯燥的话题，在笔者的笔下却不乏幽默，如人民币的防伪反假。作者在第一节"战争需要三件宝：钱、钱、钱"的开篇写道："近日从《广州日报》上看到一篇关于评述南宋年间金融状况的文章，作者刘黎平，另辟蹊径替秦桧'翻案'。说抗金名将岳飞率领大军连破金兵，大有乘胜追击直捣黄龙之势。但奸相秦桧一天内连下十二道金牌勒令退兵，致使一代民族英雄'仰天长啸'，没能了却'驾长车踏破贺兰山阙'的壮怀。史书多是针砭南宋小朝廷偏安一隅、陷害忠良的罪恶，但刘先生用事实得出的结论却是：南宋小朝廷实在是没有钱再去支付庞大的军事开支了，不得已才下令退的兵，连'岳总司令'也知道'东南民力，耗敝极矣'的纠结，所以实在不能把责任都推给'内阁大总管'秦桧。结论正确与否姑且不论，战争需要钱却是不争的现实，中国外国统统一个样。十六世纪的欧洲有句有名的格言：战争需要三件宝：钱、钱、钱。没有真钱了就造假钱，古今中外这样的例子还真是不少，随手拈来就是一箩筐。"作者通过以上文字，从大家熟悉的民族英雄岳飞的悲剧引出现代战争的罪恶伎俩——货币造假，叙述的是史料，结尾转述的则是口语，在让人爱读、回味的同时，也见证了作者谋篇布局的纯青。

英辉先生从院校毕业后一直在中国人民银行系统工作，先后从事过工商信贷、资金计划、统计分析等基础性业务，实践经验丰富。调入人民银行上海分行后又在金融研究所、货币金银处供职，从实践到理论，又从理论到实践，担任过近十年的货币金银处处长，最后在中国人民银行上海总部负责人民币发行和现金管理工作。这样的履历，为他奠定了较为深厚的金融业务底蕴。也使他对人民币发行及现代货币文化的内涵有了更具体的认知和理解，从而也就有了写作人民币的原始动力与现实基础。书中翔实的史料与生动的叙述，不仅吸引了广大读者，也得到了专家学者的肯定。所以，中国人民银行老行长、中国钱币学会第五届理事会理事长史纪良称赞这本书是"通篇内容融知识性、专业性和趣味性于一体"，表扬作者"做了一件很有意义的事"。

据悉，这本书很有读者缘，出版以后，销量扶摇直上，所以出版部门已经在考虑第二次印刷的事宜。值此机会，谨祝英辉先生著作成功，同时也祝人民币文化和当代钱币文化的研究事业取得更大的成就。

《中国钱币》2014年第1期

当代钱币文化的重要研究成果

——读《中国现代贵金属币赏析》有感

　　有幸先读王世宏先生主编的《中国现代贵金属币赏析》,在倍感亲切的同时,又深感编纂人员用功至深,它不仅为钱币收藏者、爱好者,而且也为钱币研究者、工作者提供了一部关于现代贵金属币的资料长编,同时又是编纂人员对这些研究成果的综合梳理和完美组合。所以它不仅仅是一本《赏析》,更是当代钱币学研究的一项基础性的重要成果。

　　我曾经对当代钱币的文化定位有过一个分析,提出:一、普通流通币是社会的名片。它的文化含量,从一个侧面反映了当代社会的综合实力,包括经济实力、科技实力和文化素养,它的技术含量应该是当代科学技术水平的代表。因为普通流通币的发行量大,主要职责是满足市场对货币流通使用的需要,是要满足广大人民群众经济、金融生活的实际需求,所以必须注重它的实用性。同时,它的技术含量又会略高于时代的一般水平,这是由货币本身的特性决定的,是由货币防伪和安全的必要性决定的,也是为了维护国家尊严、社会形象的需要所决定的。二、纪念币,特别是贵金属纪念币则是当代先进钱币文化的主要载体。它们虽然也是国家的法定货币,但事实上并不参与市场流通,而是成为收藏和投资的对象。它们的生产量和普通流通币相比,小得太多,对造币厂而言是小生产,这在客观上为贵金属币的精工细作创造了条件。更重要的是,贵金属币所要表现的主题多是高标准、高规格的,具有重大历史和现实意义的题材,或者是具有丰富文化内涵的题材。因此,对于贵金属币的设计、选材、用料和技术力量的投入,势必会要求更高更严,也势必会拥有更多更新的技术含量。三、由国家造币厂生产的,包括纪念章在内的衍生产品,则具有比较自由开放的属性,它们可以作为科研探索的载体,为攀登新的钱币文化高峰,去摸索经验,所以由国家造币厂精心制作的高质量的纪念章,有可能成为当代钱币文化创新的先行者。

　　贵金属币既然是当代先进钱币文化的主要载体，那么做好贵金属币相关资料的收集、整理和研究，势必成为总结和开拓当代钱币文化的一个十分重要的环节，是当代钱币学研究不可或缺的重要方面。从这个意义上讲，《中国现代贵金属币赏析》为当代钱币学研究做了一件系统又扎实的基础性工作。《中国现代贵金属币赏析》的编纂过程，实际上是对当代钱币文化，特别是当代贵金属钱币文化的相关资料的一次大普查、大收集、大梳理。包括采访当事人，实录当事人的笔记；收集在酝酿过程和实际工作过程中的相关资料，诸如草稿、草图、样稿、石膏模具和样币；也包括从未公开发表过的，保留在造币厂乃至设计、工作人员手中的第一手原始资料和照片，以及正式发行以后的社会反响和实际效果。所以《中国现代贵金属币赏析》的成书和正式出版，对于当代钱币学研究的贡献是不言而喻的。

　　《中国现代贵金属币赏析》的写作体例，采用资料长编的手法。遵循历史，沿着历史的轨迹，如实记录，给读者以完整、系统的概念，从中可以清晰地看到我国现代贵金属币的诞生和发展历程。对于每一种币的技术数据、历史背景、设计制作过程和创作成就，以实事求是的态度给予客观的介绍和评论，不仅为读者提供了查阅的方便，也为读者提供了进一步思索和讨论的空间。对于每一种币的叙述，并不拘泥于划一的模式，而是有话则长，无话则短；没有虚构造作之意，而是从实际出发，以诚信换取读者的信任。全书文字朴实流畅，并配以花絮、新闻等富有趣味性的小资料、小故事，以及精致逼真的图版，让读者在轻松、愉悦和享受之中获取相关的知识。

　　王世宏先生是一位名副其实的实干家，他身为主编，不仅统揽全局，制定出全书的立意和编纂体例，而且还为出书计划和实施方案的落实，做出具体安排。他以80岁的高龄，身先士卒，深入现场采访，亲自听取和掌握第一手资料；他事必躬亲，决不放过书稿中出现的每一点疏忽和差错；他认真务实的精神，细致入微的作风，成为整个团队的工作作风，成为这部巨著得以成功的保证。

中国大百科全书出版社，2014年9月出版

《中国现代贵金属币章图谱》序

关于中国现代贵金属币章的谱录，所见者，多由中国人民银行、中国金币总公司、中国印钞造币总公司，以及它们的分支机构编著，或者是由参与过贵金属币章的生产、发行的组织、领导者，参与过设计、制作工作的专业人员编著的。他们是中国现代贵金属币章生产、发行的权威机构、权威人士，因此他们编著的谱录具有权威性，应当无可置疑。然而，他们依据的实物资料主要是现代贵金属币章的样币，对贵金属币章的实际市场情况并不十分关心。葛祖康是中国现代贵金属币章的收藏者、鉴赏者、研究者，他更关注的是贵金属币章的实际市场情况。因此他编著的《中国现代贵金属币章图谱》是从另一个视角切入的，是从收藏者、鉴赏者的视角切入的，所以他更关心的是收藏现代贵金属币章的实用性，这便形成了这本图谱的鲜明的特色，形成了属于他自己的个性。因为样币确定以后，造币厂在批量生产的过程中，由于种种原因，会作细微的调整或修补，所以实际销售的币章，其中一部分和样币之间会有某些不同，这便是收藏者所谓的版别问题。有的甚至会出现不同造币厂、不同时期生产的币章，也会有版式的不同。

葛祖康是位有心人，他在收藏的实践中，不断摸索、对比、推敲、总结，逐渐步入对现代贵金属币章的研究领域。从2002年开始，他编辑了《中华人民共和国贵金属币章目录》，以表格的形式，简洁明了地告诉读者，各种贵金属币章的发行时间、面值、重量、直径、计划发行量、实际发行量、生产单位和市场参考价。没有多余的语言文字，却查阅方便，非常实用，深受中国当代贵金属币章收藏者、爱好者的欢迎。这便是葛祖康的风格。现在要和大家见面的《中国现代贵金属币章图谱》，是在前者的基础上补充、完善，更配置以实物的彩色照片，使之更形象，更逼真，查对更加方便。相信它的出版一定会受到广大读者，中国现代贵金属币章的收藏者、爱好者和研究者的欢迎，为进一步推动中国现代贵金属币章的收藏和研究活动做出积极的贡献。

是为小序，聊表敬意。

中国金融出版社，2011年10月出版

《中国现代贵金属币章收藏与投资入门》序

从收藏实践中总结经验体会，再把它们归纳整理出来，传送给读者，传送给广大的钱币爱好者、收藏者和研究者，是葛祖康编著图书的初衷。为钱币收藏者着想，为收藏者的实用考虑，尽可能为收藏者提供查阅的方便，是葛祖康编著图书的宗旨。

十多年前，他开始编著《中华人民共和国贵金属币章目录》便是因此而发，2011年，他出版的《中国现代贵金属币、章图谱》也是出于这个目的，现在即将付梓的《中华人民共和国贵金属币章入门》还是坚持这样的思路、这样的宗旨。只是随着时间的推移，阅历的增长，这本《入门》的内容更加丰富，涵盖面更加宽泛，介绍和叙述得更加准确，读者查阅起来，会更加方便。

从2002年读他的第一本《目录》至今，我和祖康先生的交往和联络与日俱增，对他的为人和办事的作风也有了逐步的了解和体会，归结起来就是两个字：朴实。朴素、真实，以实为实，没有更多的修饰，没有华丽的话语，但说过的话，一定会办，一定会做到，并且力求做好，也因此赢得了大家的信任和尊重。文如其人，他的书便是他为人的真实写照。

正是因为这个缘故，我愿意再次为他的书作序，并为之推介。愿葛祖康为之努力的事业蒸蒸日上，愿中国现代贵金属币章的集藏事业兴旺发达。更希望新中国的贵金属币章事业会有更快更大的进步，不断出彩，多出精品，为开创新的更先进的钱币文化，做出我们这个时代的贡献。

印刷工业出版社，2014年8月出版

《金银币价值与投资》序

对于金银币的收藏价值和投资，原本是两个概念，有着不同的本意，然而在实践中，两者之间又会相互融通，不可截然分开。

当代的金银币分为收藏币和投资币两大类，它们的发行目的自然不同，发行数量和相关的政策亦有所不同，但就我国金银币发行的实际情况而言，两者之间是相互交融的，甚至是你中有我，我中有你的。

金银币收藏的过程本身就是一种投资，这无需做更多的解释。其实金银币的收藏价值不只是体现在收藏币中，也会体现在投资币中。投资币在生产过程中，因为种种原因，也会造成不同的版别，不同版别之间的存世数量自然会有多寡之分。根据物以稀为贵的原则，对于细心的收藏家而言，便会有一份新的收藏追求和收藏乐趣，所以投资币也具有各不相同的收藏价值，有的甚至价值不菲，深受收藏者的青睐。就收藏者而言，把每年发行的投资币，不同版别的形形色色的投资币集中起来，配套成龙，也是一个很好的集藏专题，日积月累，蔚成风气，便会获得事先预料不到的意外收获和惊喜。反之，有心的金银币投资者在长年的投资实践中，也会悟出其中收藏的意义和秘诀，享受到超越投资范畴的意外收获。

钱币收藏和其他文物、艺术品收藏有一个明显的区别，就是：正式发行的货币都是批量生产，所以同类钱币一般都会有相当的数量。然而，由于发行的时间不同、流通的范围不同，其发行数量也各不相同，有的甚至相差悬殊；又由于各种钱币的性质、功能和用途不同，诸如样币、母钱等等，它们不是正式发行的货币，而是货币设计、生产过程中的过渡产品，它们不仅不会批量生产，而且都是凤毛麟角的佼佼者；还有种种原因造成的"错版币"，对于生产单位而言，只能算是一种失误，为数更不可能多。对钱币收藏者来说，存世数量的多少往往是决定钱币市场价值的一个重要因素，但这决不是唯一的标准，《金银币价值和投资》一书的编辑出版，或许可以帮助我们认识这个问题。

　　《金银币价值和投资》是一本普及读物，它要告诉读者有关金银币的收藏知识和收藏方法。同时，它又是一本专业性很强的读物，它要告诉读者有关金银币的文化内涵。尤其是本书的第三章，集中了90余篇设计师、雕刻师的工作手记和浮雕手札，也包括了一部分原始的画稿。通过这些珍贵的第一手资料，来努力挖掘金银币背后蕴藏的设计思想、雕刻工艺技术和所要反映的时代精神、社会风貌。让读者体会到：收藏的过程，其实不只是单纯的物质追求，而且更是一种精神的享受，文化的熏陶。通过金银币背后的非物质文化的挖掘和开发，帮助收藏者打开一扇心灵之门，去遨游国家货币背后的鲜为人知的神秘世界，去品尝一份中华文明的饕餮大餐，使金银币收藏的意义和价值得以升华，所以金银币的价值决不只是"物以稀为贵"。其实，每一枚币所要表述的主题思想是否经得起时间的考验；其表现手法是否恰到好处，有画龙点睛之妙；其采用的工艺技术是否精良、是否先进、有没有创意，能不能在历史上留下自己的痕迹……才是真正体现金银币价值的关键，也就是说，它的历史价值、学术价值和艺术价值才是真正体现金银币收藏价值的根本所在。

　　《金银币价值和投资》是编者在长年编辑出版《中国金币》杂志的工作实践中萌发的命题，并组织实施，取得的成果。编纂者不仅深知金银币收藏者、投资者的心理需求，而且熟悉金银币的价值和市场情况，所以这本书具有较强的针对性和可读性。相信它的出版，一定会受到广大读者的欢迎，为推动我国的金银币收藏事业走上新的台阶，做出应有的贡献。

　　谨此，权为引玉之篇。

国家行政学院出版社，2015年出版

读《中国现代贵金属币市场分析》

赵燕生学的是有色金属压力加工专业，1979年入中国人民银行印制管理局（即今中国印钞造币总公司）负责人民币硬币的生产管理工作，可谓是学以致用。是年正值新中国贵金属纪念币开始生产发行，他自然也就参与了贵金属纪念币的生产管理。1992年调任中国金币总公司所属香港长城硬币投资有限公司总经理，从此由组织生产管理的幕后，走到了贵金属纪念币市场及销售的前台。所以他的一生和新中国的硬币事业相伴，和新中国的贵金属纪念币结缘。

7月5日，燕生带来他的书稿《中国现代贵金属币市场分析》，约我为之序。对贵金属纪念币作宏观分析，主要是贵金属纪念币生产规划部门和市场管理部门的职责。燕生出于原来工作岗位的责任，出于对贵金属纪念币的感情和热爱，退休以后仍一直给予极大的关注，并以个人之力，收集资料，探索分析，这样的精神，令我感动，故此欣然应允。

贵金属纪念币既有收藏、鉴赏的文化属性，又有投资、增值的经济属性。燕生的这本书不是对贵金属纪念币的文化属性展开讨论和研究，而是从经济学的原理出发，应用统计学的方法，以大量的数字为依据，对三十四年来，我国已经发行的贵金属纪念币的经济属性、投资价值进行定量分析，进行对比研究，从而找出其成败得失，引出其中的经验和启迪。不仅为贵金属纪念币的生产规划，提供了可以借鉴的重要实证资料，同时也为贵金属纪念币的投资者、收藏者提供了可以信赖的参考意见。

处理好这些问题，将会有益于我国贵金属纪念币事业的健康发展。在此，谨举出几例，以资说明：

关于金币销售在国际同行业中的位置。近十年来，我国精制金银纪念币销售数量已经名列世界前茅。但根据国际官方对金币用金量的对比数据，我国贵金属纪念币的黄金用量排名，仅处于第6至10名的位置。由此分析，我国用金总量排名靠后的原因，显然是由投资性金币的发行量偏低造成的。

关于投资币的问题。虽然我国的普制熊猫金银币，已被视为世界五大投资币之一，但作者通过数据分析，得出的结论是：我国的普制熊猫金银币至今仍然是某种意义上的纪念币。由此提出建议：应该加紧建立符合投资币功能的销售机制和体系，进一步扩大普制熊猫金银币的供应量，提高其在我国黄金消费市场中的比重，使之真正成为名副其实的投资币。他同时又指出，如果不改变目前的销售模式和体系，盲目扩大发行量，将会降低收藏价值，给投资者带来风险，也会伤及贵金属纪念币的整体形象和市场表现。

关于精品战略的落实。作者通过数据统计，发现：目前我国彩色币的发行数量，已经占据精制币发行总数的将近一半。由此建议：在贵金属纪念币的设计规划中，要更多地运用传统雕刻技术，充分发挥雕刻技术的艺术魅力，对彩色移印技术的使用则应持慎重态度，以确保贵金属纪念币的长期收藏质量。

燕生提出的这些建议是中肯的，有很强的实用价值。

通读此书，深感是书资料扎实，图表清晰，既有实实在在的数字依据，又有理论分析。所以，我相信，它的出版发行，必将会受到广大读者的欢迎。

西南财经大学出版社，2012年9月出版

上海造币《钱币角集萃》序

钱币角是上海造币报的一个专栏，从1991年创刊，已经走过了20多个春秋。钱币角发表的文章，因受篇幅的限制，没有长篇大论，没有华丽之词，多是一事一议，以实为实的短文。然而，小溪小渠汇集到一起，却成了大江大河。现在的这本"集萃"，居然是这么厚厚的一大本，这是文字的积累，更是文化的积淀，是当代钱币文化的宝贵财富。

钱币角发表的文章，有很多是钱币设计、制作人员当时的手记，是他们真实思想的记录，是不可替代的研究当代钱币文化的第一手资料。读《钱币角集萃》，使我突然感悟到：上海造币有限公司（即原来的上海造币厂）是一个企业，一个实业，但它不仅仅是在生产钱币，同时也在生产当代中国的钱币文化。它们创造的不仅仅是企业文化、企业精神，更重要的是在创造新时代的钱币文化，新中国的时代精神。

从上个世纪九十年代到现在，正是中国钱币事业突飞猛进的时代。在改革开放的春风沐浴下，中国的造币人肩负起时代的重托，精神振奋，思想活跃，新产品、新成果不断涌现。无论是内容还是形式，是理念还是实践，几乎年年都有更新，年年都有新思维、新技术、新工艺投入应用到钱币生产的实践中，如果用"日新月异"来形容，也不为过。其中自然有上海造币有限公司的功绩，钱币角真实地记录了这个时代变革、进步的一个个脚印，读来回味无穷。

我和上海造币有限公司结缘已经二十五年。1989年，上海造币厂制造发行的中国机制银元铸行一百周年纪念章，由中国钱币学会监制；1990年开始发行的中国钱币珍品系列纪念章，也是由中国钱币学会监制；同年11月，上海造币厂成立钱币研究会，并成为中国钱币学会的团体会员。当时我在中国钱币学会任秘书长，直接参与了这些工作。特别是上海造币厂钱币研究会成为中国钱币学会的团体会员，是我们的热切期望。因为作为钱币的生产单位，它代表了钱币学会组织的一个重要方面，是任何收藏家、研究人员都无法代替的一个不可或缺的成员。

在长期工作的交往中，我和上海造币有限公司结下了深厚的感情，读上海造币报《钱币角集萃》，更觉得特别亲切。故此，谨以这篇短文，权作开篇之作，聊表我的一份心意。愿上海造币有限公司继续前进，创造出更新更丰富的钱币文化，为新中国的钱币事业做出更大的贡献。

2013年

《世界各国宝钞鉴赏》序

卫志孝的《世界各国宝钞鉴赏》，是在他本人集藏外国钱币的基础上汇集整理而成的，既是一本宝钞的图典，又是一部资料的汇编，这就形成了这本图集的个性特征：一是它客观地反映了卫志孝收藏的领域，收藏的重点；二是它真实地反映了作为一个钱币收藏家，他的兴趣，他关注和爱好的所在。

《世界各国宝钞鉴赏》的切入点是珍稀，是新颖，是奇特。录选的外币不仅考虑到"珍稀"程度，为钱币收藏家所关注。而且特别注意收集了"新颖"、"奇特"的钱币，诸如：不同的材质，不同的器型，不同的工艺，不同的色彩，不同的历史背景，不同的人文景观。每一件钱币的背后，都有一段鲜活的故事，一段历史的记忆。它们会吸引读者的注意力，引起读者的好奇性，激发读者的兴奋点，拉近和读者的距离。这便迎合了广大读者的需求，他们可以在欢乐和享受中，吸取新鲜的钱币知识，揭开钱币的神秘面纱。

同时，收藏是一种文化，外国钱币的收集是一种异域文化的交流，所以这本书在知识性、趣味性中，又寓有一定的学术性。它为当代钱币的设计者、创作者、研究者，以及相关的专业人员，提供了丰富多彩的实物资料，他们可以从世界各地、各个时期发行的钱币中，从各种各样不同类型的钱币中，吸取营养，开拓思路，赢得灵感，并把它们消化成自己的东西，应用到自己的创作中，从而为开创新时代的中国钱币文化，去实践，去赢得新的进步。

卫志孝是个有心人，他借工作之便，日积月累，在兴趣和快乐中，享受生活，取得收益，现在又把这份收益分送给大家，让每一位读者在轻松和愉悦中，开阔视野，获得新知。所以，我相信它的出版一定会得到广大读者的欢迎。

复旦大学出版社，2014年出版

在欢乐和享受之中，获取新鲜的钱币知识

——《世界珍稀特货币展》观后

《世界珍稀特货币展》是一个成功的展览，从内容到形式，都是成功的。

这个展览的切入点是珍稀，是奇特。录选的展品不仅考虑到"珍稀"程度，为钱币收藏家所关注。而且注意收集并展出了"奇特"的钱币，诸如：不同的材质，不同的器型，不同的制作工艺，不同的色彩，甚至可以发出声音，放出光亮的钱币。每一件展品的背后，都有一段鲜活的故事。它们会吸引观众的注意力，引起观众的好奇心，激发观众的兴奋点，拉近和观众的距离。这便迎合了普通观众的需求，他们可以在欢乐和享受中，获取新鲜的钱币知识，揭开货币的神秘面纱。

同时，这个展览，在知识性、趣味性中，又寓有很强的学术性。它为当代钱币的设计者、创作者、研究者，提供了丰富的实物资料，他们可以从世界各地发行的货币中，从各种各样不同类型的货币中，吸取营养，开拓思路，获得灵感，并把它们消化成自己的东西，应用到自己的创作中，从而为开创新时代的中国钱币文化，去实践，去赢得新的进步。

西安，2012年9月26日

著名钱币学家——戴葆庭

戴葆庭（1895—1976），号足斋。浙江绍兴县兰亭镇陈家葑村人。中国著名钱币收藏家、钱币学家。葆庭出身贫寒，只读过两年私塾，11岁便到米店学徒。但他自幼喜好收藏，酷爱钱币，自学成才。1920年开始专事收集和研究钱币，并以精于鉴定而闻名钱币界。1940年上海成立中国泉币社，创办《泉币》杂志，他是主要发起人之一，并负责学社和社刊的日常事务，兼任评议员、撰稿人。在此期间，他积极介绍社员入会，联络组建北京分会，为努力扩大钱币学说的社会影响，发挥了积极作用。1936年有《足斋泉

图1　戴葆庭1936年42岁像

拓》三册成书。四十年代，丁福保编著古泉丛书之《古钱大辞典》、《历代古钱图说》、《古钱学纲要》等书，其中对于钱币的鉴定，多赖先生裁定。五十年代，彭信威著《中国货币史》之钱币学部分，亦得到先生的襄助。1949年以后，他相继把珍藏的钱币名品捐献给中国历史博物馆（今中国国家博物馆）等单位，受到文化部的嘉奖。1990年中华书局出版《戴葆庭集拓中外钱币珍品》上下两册（2008年合订再版）。1991年新华出版社出版戴氏辑本《珍泉集拓》。1998年，兰亭镇娄宫村横河里八宝山头一岙的戴葆庭墓被列为绍兴县文物保护单位。

钱币鉴定　一代宗师

葆庭先生为了收集古钱，从25岁起，便浪迹天涯，走上了收集钱币、研究钱币的不归之路。为寻觅古钱，他深入到穷乡僻壤，不辞长途跋涉，寒暑不恤，风雨无阻。开始一两年，主要在绍兴附近地区。他自己挑担步行，前面挑的是必要的参考书籍、古钱图样和被褥行装；后面担的是土灶铁锅、柴米油盐。短则十来天，长则个把月，都吃住在

外，风餐露宿。苍天不负有心人，因为江浙地区的文化底蕴丰厚，所以每次出行，虽然吃苦受罪，却也每有所获，这便大大激发起他的信心。绍兴地区的乡乡村村，几乎都留下了他的足迹，于是又到了宁波、杭州……越走越远，求索的欲望也越来越高。因为长途跋涉，于是便和三弟葆湘结伴同行，有时也找别的同好，相约同行。他几年、几十年如一日，日积月累，走遍了长江、黄河流域，走过了南岭，翻越了秦岭。只要耳闻哪里有古钱发现，不管路远迢迢，他都要亲自前往，了解和掌握第一手的资料。不管付出多少辛苦，只要能增添一个新的品种，有一份新的收获，他都心甘情愿，从心底里感到欣慰和满足，故此自号"足斋"。从上个世纪二十年代，走到三十年代、四十年代，一直走到抗战胜利，才在上海过上相对安稳的定居生活。

他几乎每天和钱币打交道，常常是一过手几十、几百，甚至是几千枚钱币。他不吸烟、不吃酒、不打牌、不听戏，茶饭简朴，衣着节约，生活上没有任何别的要求，只有爱"钱"如命。特别是晚饭之后，都会坐到写字台前，或鉴赏古钱，或翻阅钱谱，或撰写研究心得，"把玩古钱"，成为嗜好，否则难以成眠，这样的习惯几十年没变。实践出真知，在实地考察和反复摸索的过程中，他掌握了别人没有得到的信息，积累起了别人不可能有的丰富的实际经验。他对于钱币的认识和理解，犹如对于自己的亲生子女，决不会有半点差错。

葆庭先生虽然没有机会接受正规的教育，但他勤奋好学，凡是和钱币有关的学识，他都爱读爱学。为了了解钱币历史，他努力阅读史书，查看文献资料，博学强记；为了弄懂钱文书体，他刻苦学习书法；为了读通先秦货币的文字，他求教古文字学家，并对青铜器及其铭文发生了兴趣；为了解开厌胜钱的图纹，他不仅对民俗学方面的知识认真研习，而且努力学习绘画艺术，他还特别爱画水墨兰花，来提高自己的艺术修养；为了研究不同时代钱币的制作风格，他又热心学习其他文物的鉴定知识，丰富自己的阅历，作为鉴定钱币的参证，培养和激发对于钱币认识的灵感。他几乎把毕生精力都投入到钱币的收集和鉴定之中，把它作为唯一的终身事业。

早在上个世纪三四十年代，戴葆庭的名字已经在钱币界享有盛誉，时人称钱币界有"南戴北骆"（即南方的戴葆庭、北方的骆泽民），凡是钱币经他鉴定，甲乙咸称定论。所以诸大家的藏品多请其鉴定，诸大家修谱立说，亦请他审视。1949年以后，中国历史博物馆（即今中国国家博物馆）、上海博物馆等馆藏钱币珍品，亦请先生协助分类定级。先生不仅是我国钱币学界公认的一代宗师，其影响还远及日本、朝鲜、东南亚等海外钱币学界。

尽管在钱币界，已经享有盛誉，但他从不满足，更不会摆权威的架子，而是平易近人，更加谦虚谨慎，精益求精，只要发现错误，知错必改，决不掩饰，决不护短，而且要公开认错。由他审定的《历代古钱图说》，在海内外钱币界、收藏界，影响极大，成为人人必备的工具书。但他从此书出版以后，就随时检讨书中的不足和过错，先后发现并记录有88枚伪品或替代品，混杂其间（《中国钱币》创刊号，1983年第1期，整理发表）。有的是他当时不知情，审阅中漏过的；有的是当时已经发现，由于种种原因不便马上点明的；有的则是当时的确没有认识到，日后，随着研究的深入，逐步发现的。其中，有一枚政和元宝铁钱（该书99页反面第5品），做伪程度极高，文字好，制作精，他当初收获时，的确把它视为珍宝，后来经过反复琢磨，才确定是伪。知其伪钱后，葆庭先生不仅没有马上唾弃，反而把它挂在腰间，以便随时可以看到，记住这一错误和教训。还有一枚阜昌通宝大钱，开始也误认为是珍品，还收入了他的《珍泉集拓》，后来发现是假，并找出了做假的手段。便于1963年春，亲自在此书此钱的旁边，加补了一条题记："近年予再行审视，是钱实为后人仿大泰和之戏作，详（见）予所写之古钱杂记。"

国之宝物　回归国家

戴葆庭先生对于钱币，独具慧眼，他经手的钱币珍品之多，尚无他人可及。兹举要略述如下：

1921年，在本乡绍兴收集到"壹当伯钱"（即"壹当百钱"），至今仍是孤品。先生在1963年，69岁时，曾为此钱专门写过一段题记："壹当伯钱，一九二一年予获自本乡东关镇某君，为予收罗古钱第一次所得珍品。是钱之文字制作，厚薄大小，均近似得壹元宝，'得壹'亦是当百，推之此钱可能是得壹以前之试铸，故特精，雄伟端穆，统体黑水银锈，翠绿散结，非常精美。四十余年以来，至今仍属孤品，为予一生收钱中之铭心刻骨之品。"并说，当时虽属珍惜，然以友情难却，为董殿盦先生要去，转归齐斋（张叔驯）收藏。

二十年代，葆庭先生收集到的大珍之品除绍兴得壹当伯钱外，还有大泉五千，江西鄱阳寻获大齐通宝，重庆集得广政、元祐、元丰、圣宋、靖康、建炎等小平铁钱和宋元通宝广穿铁母铜钱，福建获得十国闽铸开元通宝大钱、庆历重宝平钱，广州得隶书靖康元宝，交州得隶书建炎元宝小平，济南得太平通宝小平铁母、五铢飞鸟厌胜钱，吉安得至正之宝大钱，开封得长和通宝吉语钱，徐州得定居通宝吉语钱；还有篆书圣宋通宝背当伍、保宁通宝钱等等。

三十年代，葆庭先生收藏的珍品主要有：南朝太清丰乐（当时发现属大珍之品，近年出土了一批，故存世量有增加），五代十国清泰元宝、保大元宝背天、天德重宝背殷、乾封泉宝背天铜钱、天策府宝铜钱，宋淳祐通宝小平、至和重宝大钱、篆书绍兴元宝小平、绍熙通宝背上四铜钱、临安府铜牌，金泰和重宝折三钱，元末天佑、龙凤、徐天启，以及太平天国背圣宝特大花钱等。

四十年代，葆庭先生收藏的珍品主要有：先秦晋阳新化小直刀、合背蚁鼻钱、斾钱当忻背十货异书长布、济阴圜钱，南北朝梁之大吉、大富、大通五铢泥范，新莽六泉十布及其钱范，唐银开元通宝，五代十国永通泉货、唐国通宝折三大样，以及宋、元、明、清时期的诸多名钱珍品和雕母、样钱。

葆庭先生一生发现和保护了一大批珍泉名品，使它们免遭被熔化毁坏的劫难。他为抢救和保护中华钱币文化，为宣传和弘扬东方钱币文化，立下了不可磨灭的功勋。他所发现和保护下来的珍泉名品，除自己收藏者外，著名钱币收藏大家张叔驯、罗伯昭、孙鼎、沈子槎等人也多得益于先生的支持和让渡。第二次世界大战后，当时旅居美国的张叔驯，曾在伦敦、巴黎等地举办过中华钱币精品展，中华钱币文化得以扬威海外，此中也包含着葆庭先生的辛苦和功劳。1949年以后，包括葆庭先生在内的私人藏品，相继入藏国家博物馆，国宝终究有了妥善的归宿，犹如百川归海，珍贵的钱币文物最终又回归了国家。

注重然诺　提挈后学

静静伫立在兰亭娄宫八宝山，由史树青行文、康雍书写的葆庭先生墓碑上，铭刻着这样两段文字："先生访古有获，为中华历史文化研究，厥功甚伟，先生敬业之勤勉，于我华之贡献，为不可没矣。"先生"幼闻庭训，刻励自学，信以待人，和以接物，远近来学，多乐与之交"。

葆庭先生是重然诺、轻名利的人，他向以著录谨严、待人忠厚见称。对于事业，从不以名利相争，为同侪所倚重。早在上个世纪四十年代初，丁福保编著《古钱大辞典》、《历代古钱图说》等钱币谱录，对于钱币的鉴定和全书的体例，多赖葆庭先生裁定。书成时，约请先生为之序，先生推辞再三，盛情之下，仅在《历代古钱图说》丁福保的序文之后，说了几句客气的话，再无其他修饰之词。

彭信威的《中国货币史》第一版出版于1954年10月（群联出版社出版），半个多世纪来，几次再版，成为传世之作，是货币史学者、钱币学者案首的必备。书中第一次提出了钱币学的观点，每个历史时期都设有钱币学的章节，做专门的阐述，这在有关货币史的专著中是前所未有的。而关于钱币学的内容，则多得益于上海钱币界的同仁。他和葆庭先生的情感甚深，五十年代初，为撰写书稿，几乎是每周，或者隔周，都要见面畅谈。其间，多数是彭先生到上海古玩市场，一是看钱，每次都要把不同品种的钱都看一遍，遇到珍泉名品，或是新发现的品种，必定要讨论一番，弄清其价值，但欣赏过后，就不再动心。相比之下，他对普通品的关注更多，而且每次都要挑选几枚精美者，才觉不虚此行；二是他带来的问题特别多，关于钱的制作风格、时代、铸地、存世量的多少等等，都要追根究底，葆庭先生则一一作答，他不但听得专心，还不时加以评说，有时还会随手记录，有时一个问题，两个人可以讨论多时。葆庭先生也经常应约去彭宅，并带去相关的资料，在书房里，一谈就是半天，其实这都是在为彭先生的书稿做准备。彭先生后来在《中国货币史》初版的序言中写道："在钱币学方面，得益于上海的许多钱币学家和钱币收藏家……如戴葆庭先生，曾以中国和日本的许多钱谱和刊物供我参考，我也在这里谢谢他们。"甲骨学家胡厚宣当时和彭信威同在上海复旦大学任教，亦和葆庭先生过从甚密，深知葆庭协力著书立说的情况。一直到1995年，胡先生临终前，我去探望，先生还在病榻上念及此事，称道葆庭先生不计名利，以友谊为重，以事业为重，而葆庭先生自己却从不提及此事。

商承祚、王贵忱、谭棣华编著《先秦货币文编》，从编例研讨到选定钱币铭文，都得到先生的帮助，还将孤品"渝阳"圜钱拓本相赠。说到"渝阳"钱，也有一段故事，可见葆庭先生的为人为事。从上个世纪三十年代到六十年代的30多年中，葆庭先生集得的珍泉名品，在钱币界影响颇大，为此，他边搜集，边将其中珍爱者做出精致的拓本，汇集成册，名为《珍泉集拓》，并请当时泉界名流分别题词点评，"渝阳"钱（战国圜钱，钱铭旧释"河阳"、"洮阳"）亦在其列。张晋（字绹伯，曾任职外交部，中国泉币学社资深评议员）见是钱拓本，提出异议。葆庭虽有己见，仍虚心听取绹伯的直言，于是，在此书中出现了这样的几段文字：1941年12月28日，绹伯写了两段题记，"人情大抵好谀而恶毁，鉴泉不得尚意气，亦不可尚客气，孔子益者三友，吾主直"。"葆庭嘱题此册，余与之约，评判真赝，直言无讳，幸勿见怪，葆庭点首称善。"并在"渝阳"钱后写道，"上列圜金，文似河阳二字，篆文恶劣，望而知为赝造，徒为本册之累，宜在删除之列"。时过五载，绹伯有机会亲眼目睹是钱实物，便更改了旧见，并毅然于1947年2月5日，在《珍泉集拓》中补记曰：是钱"家相（郑家相，著名钱币学家）释为洮阳，颇惬心意，而泉亦无可訾议，次页的评（指前题）甚妄，自为更正"。这样还不作罢，又在原题上加注眉批："洮阳钱有眼不识泰山，惭愧，惭愧。"

　　葆庭先生著文如其为人，谨守著述家之旨，要以略人之所详，详人之所略，从来不作掩饰之词。先生对于钱币的钟爱，自不用言，但只要他人需要，他总能割爱相让，以成人之美。凡是由他转让给别人的钱币，若有提出异议者，不管到什么时候，都可以原价退回，决无翻悔。别人有难，先生总要想方设法，解其燃眉之急。钱币学家马定祥在"文革"期间被打入牛棚，隔离审查，家庭生活十分困难。当时政治空气紧张，风声鹤唳，人人可危。葆庭的处境一样犯难，经济亦不宽裕。在这样的情况下，葆庭还是几次伸出援助之手，助其渡过难关。因此，先生之轻名利、重然诺、善待人的风尚，在钱币界被传为美谈。

　　对于后学，先生总是言传手教，谆谆诱导，有古长者之风。史树青、王贵忱诸先生在泉学方面都曾经得到过他的指点。《文物参考资料》1956年第7期发表了史树青的专文《关于"桥形币"》，提出了他对"桥形币"的独到见解。史树青为开展这一课题的研究，曾慕名写信给葆庭先生，请教有关问题，得到先生的无私帮助，十分感动，结下了深厚情谊。对此，史树青常记心头，凡是遇见熟人，总要表达感激之情。五十年代，"反右"运动期间，王贵忱被打成"右派"，正在失意之时，却在泉学方面得到葆庭先生的指点和帮助，激发起他对泉学的浓厚兴趣，从此他把葆庭先生尊为业师。

　　五六十年代，为带培学生，先生曾写就钱币学讲义一部，不期在"十年动乱"中散失，至今下落不明。先生晚年仍致力于笔耕，用力最深的是撰写自传，追记早年集钱的经历，实地造访的情况，泉友往来的信息，以及珍泉名品的来龙去脉。可惜，集几十年的心血，"文革"初期，竟被他亲手所焚，先他而去。先生晚年，体力衰竭，仍坚持每天必写，精神好时能写一两个小时，精神差时，手笔颤抖，只能写半小时、十几分钟，他也坚持要写。有时突然想起某件事情，必定随即记录，决不拖延。他说："脑力不足用了，只有以勤治来弥补，否则很快又会忘记，不知何时再能想起。"

夫人协力　功不可没

葆庭先生对于事业的贡献，不能忘记戴夫人沈燕三（光楣）的协力之功。夫人几十年追随先生，风雨同舟，她不仅操持家务，使先生无后顾之忧，可以全身心地投入自己所爱的事业，而且先生之珍泉拓本多由夫人工拓。夫人受先生教导，深得钱币之要领，版式之区别，所以她的钱币拓本，不仅墨色匀称，深浅适度，光泽焕发，而且对于关键部位，细微之处，往往会有传神之妙，能更确凿地反映葆庭先生的研究心得。戴夫人燕三的拓本技术在学界享有名望，五十年代初，甲骨学家胡厚宣在上海举办甲骨展览，其所展甲骨拓本即由她协作完成。

抗日战争爆发以后，战火连天，交通阻塞，但葆庭先生仍坚持要走南闯北，收罗钱币，夫人自然放心不下。为了照顾先生，在这几年中，她一直陪伴先生同行，多次遭受战火的危难和惊吓，多次闯过敌伪的封锁和盘查，历尽甘苦，她都毫无怨言。夫人对于先生之事业，襄助之功，弥足称颂。

2009年3月12日增补修改

《感动中国的绍兴名人》，中央文献出版社，2009年6月出版

又载《北京文史》2008年第2期

附：

戴葆庭墓碑文

戴葆庭先生号足斋，浙江绍兴人，幼闻庭训，刻励自学，信以待人，和以接物。远近来学，多乐与之交。先生自谓："余尤不畏艰苦，好涉远程，所至之处，古泉奇货，竭力收求，虽穷乡僻壤，多有余之踪迹，频年所获，珍贵之品，何止千百。承诸同仁之赏识，待之以诚，岂非余之幸也！"今读先生所述，深知先生访古有获，为中华历史文化研究，厥功甚伟，先生敬业之勤勉，于我华之贡献，为不可没矣。

一九九八年五月，后学史树青谨记　燕下康雍

图2　中国泉币学社第74次例会社员合影（1942年2月19日）

前排左起：张绚伯、诸葛韵笙、丁福保、张翼成、郑家相

后排左起：杨成麒、戴葆庭、王荫嘉、张季量、陈亮声、罗伯昭、马定祥

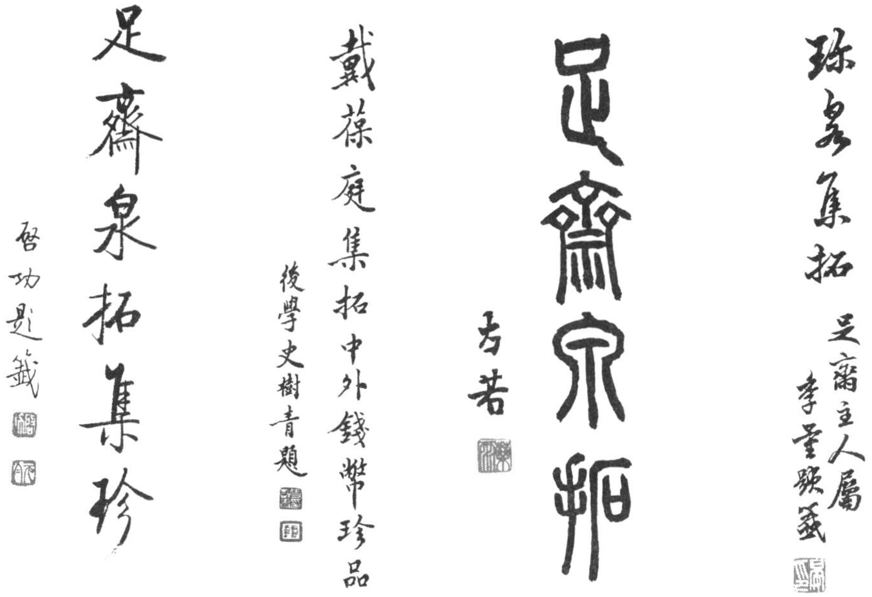

图3　1990年中华书局出版《戴葆庭集拓中外钱币珍品》，国家文物鉴定
委员会主任启功、副主任史树青为是书题字；上个世纪四十年代，老一代
著名钱币学家方若、张季量为戴氏《珍泉集拓》题字。

图4.1　壹当伯钱

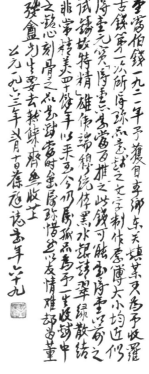

图4.2　戴葆庭题记

图5　1942年9月，戴葆庭偕夫人燕三赴京筹建中
国泉币学社北京分社时，和骆泽民、李庆裕合影
左起：沈燕三、戴葆庭、骆泽民、李庆裕

图6.1　墓碑

图6.2　戴葆庭墓全景

图6.3　墓志

图6.4　绍兴文物保护点标志

戴葆庭、沈燕三墓志

戴葆庭（1895—1976），号足斋，浙江绍兴县兰亭镇陈家葑人。著名钱币收藏家、钱币学家。

先生出身寒门，然自幼喜集古泉。民国初，始与娄惠臣、戴葆湘等人于越地贴招收藏，后访泉于大江南北，足迹遍及十几个省、区，虽穷乡僻壤，亦在所不辞。四十年代，在上海经营源昌钱庄、戴葆记古玩店。生平所得珍贵钱币载誉业内，以精研古泉而闻名学界，诸大家藏品多经其评定甲乙，中国历史博物馆等国家的藏品亦请他帮助鉴评定级，世有"南戴（葆庭）北骆（泽民）"的盛名。1956年后，转入上海文物商店工作，享受"终身制"专家的特殊待遇。

先生毕生致力钱币研究，勤恳传播学术，向以著录谨严见称。有拓印本《足斋泉拓》三册传世；丁福保编辑《古钱大辞典》、《历代古钱图说》和《古钱学纲要》等书，多赖先生协力以成；1990年，中华书局出版《戴葆庭集拓中外钱币珍品》；1991年，新华出版社出版戴氏辑本《珍泉集拓》。

先生待人忠厚，为同侪所倚重。1940年成立中国泉币学社，他是主要发起人和组织者，身兼评议员、会计之职，负责学社及社刊《泉币》杂志的日常事务。

先生庋藏名贵钱币，于五十年代捐献给国家，受到国务院文化部的嘉奖。

1998年5月，位于兰亭镇娄宫村横河里八宝山头一岙的戴葆庭墓被列为绍兴县文物保护点，墓碑由国家文物鉴定委员会主任史树青行文、书法名家康雍书丹。

戴夫人沈燕三（1910—1973），号光楣，1942年与葆庭成婚，几十年追随先生，风雨同舟。夫人精于墨拓，且深知拓泉要领。她的手拓，墨色匀称，深浅适度，对于关键部位，尤有传神之妙，先生之珍泉拓本多出其手。五十年代初，甲骨学家胡厚宣在上海举办展览，所展甲骨拓本亦请燕三制作，其精拓技术在学界享有名望。

　　　　　　　　　　先父葆庭先生西去四十周年志强拜记于续斋

由蔡国声想起父亲晚年的一件高兴事情

先父戴葆庭先生谢世于1976年，没有来得及等到改革开放的年代，当然也没有看到后来的文物艺术品收藏热潮，更没有看到新一轮钱币收藏和研究的热潮，成为一件终生的憾事。

戴葆庭晚年摄于上海人民公园

2015年7月27日，我和蔡国声（中国瓷器、杂件鉴定专家）、吕长生（中国国家博物馆书画鉴定专家）一起参加了在济南举办的一次文物鉴定活动。一天的日程相当紧凑，下午4点许，活动结束，我们匆匆赶到济南西站，蔡先生是5点40分的高铁回上海，我和吕先生是5点45分的高铁回北京，在车站候车，约有半小时的小憩，终于有了和蔡先生聊天的机会。

蔡先生先问我："你姆妈（沈燕三）是什么时候故世的？"答曰："1973年，早我父亲三年去世的。"又问："是什么病？"答曰："直肠癌。"他听后，深表惋惜，连说"可惜，可惜"。并说，"我一直以为戴先生先走，没想到戴师嬷反倒先去了"。

蔡先生和我同庚，是1944年12月生人，比我小6个月。我于1961年考入复旦大学历史系，他是1962年高中毕业，入招上海古玩商店（即上海古玩市场），是1949年以后，上海古玩商店入招的第一批学员之一。在这批学员中，蔡国声的人品和学业都是比较突出的一位，所以母亲很喜欢他，有时在家里也会提到他，可见他和母亲的感情很好。"文化大革命"以后，他调离文物市场，慢慢

戴葆庭晚年摄于上海外滩

沈燕三摄于上海人民公园

也就隔膜了，所以他首先关心母亲，也在情理之中。

　　六十年代初，已经是新中国成立后二十多年了，老一代文物专家已趋年迈，上海古玩市场的专业人员也有老化的迹象，文物鉴定人员有断档的危险。引起了上海文物系统领导的担忧，所以必须招纳新人，培养年轻一代，培养专业接班人。第一批招收的学员约有近十人，到"文化大革命"爆发为止，陆续增至二三十人。在招纳新人的同时又给老专家"正名"，聘请各门类的顶尖专家为"技师"，请他们授课，带徒弟。

　　"技师"这个称谓，现在听来很平常，不是什么高级职称，但在当时的古玩市场，已经是一种特殊的待遇。因为当时称为"专家"者，月薪是104元，而评为"技师"者，月薪是116元。并且宣布：一、"技师"要带徒弟；二、"技师"是终身制。

　　所谓"带徒弟"，就是每个学员指定跟从一位师父，重点学一门专业，但各门类的课程是都要听的。蔡国声分配跟从周仲芬先生，重点是学瓷器的鉴定，当然他也听了其他各课的讲授，包括父亲讲授的古钱鉴定。

　　所谓"终身制"，便是终身不退休，年岁大了，身体欠佳，可以只上半天班，甚至可以在家休养，有了鉴定任务，再到单位。真是行动不便的，单位可派人到家里，上门请教。这样的规定，对于个人而言其实没有太多的福利，得到的主要是"名誉"。父亲就在那次获得了"技师"的名分，成为上海古玩商店为数不多的佼佼者，成为钱币界唯一获此殊荣的。

　　上海文物系统的这个决定，极大地调动了专业人员的积极性，可以说是情绪激动，群情高昂，个个都想把自己的经验体会教给徒弟，传授下去。记得父亲拿回证书的那天，心里乐滋滋的，溢于言表。父亲性格内向，在我的记忆中，很少看到他有这样的高兴。

　　跟从父亲学习古钱鉴定的有两个学员，一位叫李光南，一位叫桂锦贤。李光南为人忠厚，当年常来我家看望父亲，可惜的是，"文革"期间得了病，神经错乱，学业自然就荒废了。小桂则因恋爱失意，居然寻了短见。两位学徒的意外，对父亲打击沉重。"文革"开始以后，他竟把自己精心准备的教案，火之一炬。尽管是这样的悲剧结局，现在回想起来，受聘技师，授课带徒，对于父亲来说，仍然是他晚年得以自慰的一件最高兴的事情。

去年是父亲诞生一百二十周年，今年又是他逝世四十周年，谨以此小文追思先父，愿他在天有灵，冥途通达。

丙甲春补记于续斋

《钱币博览》2016年第2期

二十世纪三四十年代
中国钱币学的领军人物——丁福保

丁福保先生 (图1) 生逢变革的时代。早在十九世纪末、二十世纪初，他赶上了时代的潮流，学过数学、医学，还学过化学、日语，后来又在京师大学堂讲授过算学和生理学。1908年起行医，并创办了中西医学研究会。在那个时代，他有如此卓识，可见他思想的先进。丁先生学识渊博，通古知今，学贯中西，德高望重，在学界享有盛誉，在社会上具有很高的知名度和影响力。

图1　丁福保1941年肖像

他喜欢小学，爱好禅理，编辑出版过《全汉三国晋南北朝诗》、《说文解字诂林》和《佛学大辞典》。同时他又好集古钱和历代钱币谱录，编纂出版了古泉丛书，创办了泉币学社和泉币杂志，大力宣传和弘扬钱币学，成为二十世纪三四十年代中国钱币学界的领军者，钱币学界的一面旗帜。

图2　《古钱杂记》首页

图3　《古钱有裨实用谭》

图4　《古钱大词典》及《拾遗》全套

一门学问，一个学科，一项事业，在某个时期有长足的进步，当然是有诸多因素共同协力，方可促成的。然而，它和掌门人、领军者，有着更为直接、密切的关系。二十世纪三四十年代，中国的钱币事业形成一个高潮，丁福保先生在其中所起的作用，是无可争议的。

丁福保先生为弘扬钱币学所做的第一件实事，是着手编纂出版古泉丛书。

这套丛书，自民国二十三年（1930）至二十九年（1940），共编印出版15种，由上海医药书局影印出版。其中包括丁氏著作2种，即《古钱杂记》（图2）、《古钱有裨实用谭》（图3）；丁氏编纂的书籍4种，即《古钱大词（辞）典》、《古钱大辞典拾遗》（图4）、《古钱学纲要》（图5）、《历代古钱图说》（图6）；影印前人谱录6种，即吕俭孙《毗陵出土孝建四铢拓本》、陈介祺《六泉十布拓本》、张廷济《古钱拓本》、蔡云《癖谈》、唐与昆《制钱通考》、鲍康《大泉图录》；改编前人谱录3种，即《泉志菁华录》、《泉苑菁华、古泉丛话合刻》、《观古阁泉说》。在短短五年时间里，集中编印出版古钱图录达15种之多，力度之大，可以想见。

图5　《古钱学纲要》

图6　《历代古钱图说》

　　其中，由丁先生亲自著作的《古钱杂记》和《古钱有裨实用谭》，充分体现了先生的思想和对古钱的理解。他从收集古钱的经历见闻，谈到古钱的实用价值，他强调：研究古钱是一门实用的学问。他指出：通过古钱的考证，可以了解历代币制的得失，考订历代的权制和衡制，可以增补读书的兴趣，补订史书记载的或缺和错误，还可以订正古文奇字。考证古钱，引经据典，可以鉴别讹误，印证见闻。先生登高望远，对于古钱收集和研究的全新理念，引领着钱币界，大大提高了当时泉界学者的思想境界和学术意识，也为后来的钱币学在学术领域中取得的地位，立下了开山之功。

　　丛书中，《古钱大辞典》、《历代古钱图说》等书的流传最为广泛，对于古钱的收集和鉴定，最具实用价值，即使是六七十年以后的今天，仍然是钱币收集者、爱好者、研究者案头必备的读物，可见其对后世影响的深远。

　　丁福保先生做的第二件实事，是着手筹建钱币学社。1936年2月，丁福保和叶恭绰、张乃骥联手，在上海成立了中国古泉学会，由丁先生出任会长。同年6月，创办会刊《古泉学》杂志，至1937年6月，共出版5期，后因抗日战争爆发而中断。三年之后，丁福保又和罗伯昭等人共同发起，于1940年5月，在上海重新成立中国泉币学社，由丁先生出任社长，并于同年7月创办会刊《泉币》杂志，一直坚持到1945年9月抗战胜利，共出版32期。

　　三四十年代，丁福保先生创办的钱币学社团，有几点值得引起我们的重视：

　　一是，由丁先生主持先后成立的中国古泉学会、中国泉币学社，都是冠以"中国"字头的，表明它不是上海一地的地方性社会团体，而是全国性的社会团体。学会的会员，学社的社友，均不受地域限制，而是来自全国各地。中国泉币学社成立以后，更是积极筹建地方性的分支机构，在王荫嘉先生的主持下，苏州成立了苏州分社；由戴葆庭先生出面，几次到北京联络，筹建北京分社；同时，还与天津、江门、青岛等地泉友联络，讨论成立分会事宜，此中自然都包含着丁福保先生的良苦用心。事实上，当时的上海已经成为中国钱币学研究的中心，中国钱币界活动的中心。

　　二是，1936年成立的"古泉"学会，1940年成立的"泉币"学社，都有明确的宗旨。古泉学会的宗旨，在其会章的第二条中明文规定："阐明古泉学识、研究古泉制作、鉴定真赝、辨别时代、启人好尚之心。"而泉币学社的宗旨，同样在其社章的第二条中，却改写为，"研究古今泉币、沟通中外学界、交流知识、联络同志"。可见名称的改变，不只是简单地为了避免重复，而是理念的更新和升华，认识的拓宽和提高。把研究的对象，由"古泉"拓展为"古今泉币"，而且要"沟通中外学界"。时隔三年，丁先生对于"泉币"的理解，已经有了一个新的概念，这一更新，决不可以小视，因为，它实际上为后来确立的"钱币学"，凿开了先河。

　　三是，先后成立的"学会"和"学社"，都是用的"学"字，而不是"协"字，这说明它的性质是学术性的社会团体，不是相互协作的联合体。关于这一点，丁先生是非常明确的，在上述会章规定的宗旨里，已经表述得十分清楚。

　　四是，开展学术研讨。1936年成立中国古泉学会时，即议定每月召开一次研究会。1940年成立中国泉币学社时，又改定为每周六召开泉友谈话例会，并于1940年8月31日起，正式开始谈话会活动，后改称为"泉币学社例会"，至1946年3月16日暂停，共举行178次。每次例会不只是简单的碰头会，也不是单纯的泉币鉴赏和交流活动，而是认真的、务实的钱币学的学术交流，它开启了一种健康良好的治学风气。后来的实践证明，在上个世纪四十年代，对于钱币学的研究成果，多数出自或者说得益于例会的座谈讨论。《中国泉币学社例会记录》（校注本）于1993年由上海书画出版社影印出版，已经成为当代钱币学研究的重要资料（图7）。在泉币学社例会举办百期届满时（1943年），还专门编印了泉币学社百次例会纪念拓集，丁福保先生特意为是书题了字（图8），这本纪念拓集实际上也是对例会成果的一次检阅。

图7　《中国泉币学社例会记录》　　　　图8　百次例会丁福保题字

　　五是，编辑出版会刊。1936年创办的会刊《古泉学》是季刊，1940年创办的《泉币》是双月刊。后者比之前者，不仅是出版周期缩短，涵盖面扩大，内容增加，更重要的是及时反映了新的学术成果。戴葆庭先生在1963年，他69岁时，曾把《泉币》和《古

泉学》全套合订装帧成上下两册，并在
首页封面上加注曰："泉币共计卅二期
全，分装上、下两集"，"古钱（泉）学共
计五期全，附装于下集"。"《泉币》出
版较晚，论述多精辟，古钱大辞典及图
说（即指《历代古钱图说》）等书不及采
入。""古钱（泉）学出版较早，内容已
多采纳于大辞典及图说中。"（图9）他
这里所指的精辟论述，多数来自学社例

图9　戴葆庭旧藏《泉币》、《古泉学》合订本

会的座谈讨论，事实上，它们代表了那个时代中国钱币的研究水平。

丁福保先生做的第三件实事，是组办寿泉会。1940年成立中国泉币学社以后，在
举办社友谈话例会、编辑《泉币》杂志的同时，还酝酿、主办了寿泉会，并有《寿泉集
拓》初集十册相继问世。

寿泉会由丁福保、张絅伯、张晏孙、郑家相、陶庭耀、王荫嘉、陈亮声、戴葆庭、
蔡季襄、罗伯昭等十人组成，并以各人的生辰先后排定，每逢生日，凡寿泉会成员都要
聚会庆贺。届时每人都要提供各自所藏珍贵钱币三枚，每枚做出精拓十帧，分别装帧
成拓集十册，以贺寿星，同时每人分存一册，留作纪念。自1940年11月至1941年10月，
十位成员正好循环一轮，先后编辑成《寿泉集拓》十编，并以天干名之，分别为甲编、
乙编、丙编、丁编、戊编、己编、庚编、辛编、壬编、癸编。十编全集共收录珍泉原拓253
枚。其中己编是为丁福保先生寿辰而作的专集，由李昌焕先生作序文《畸隐居士传》，
书中收录珍泉拓本27枚（图参见本书《读"寿泉集拓"》）。

十年之后，1950年又有寿泉会续办之意，仍依原来规定模式，由丁福保、沈子槎、
张宗儒、张絅伯、戴葆庭、蒋伯埙、孙鼎、郑家相、罗伯昭、陈恕斋等十人组成。这一次
不是每逢生日即恭贺寿辰，而是要等到花甲、古稀这样的逢十大生辰，才为寿翁庆贺，
并且改为两位寿翁合编一本寿泉集拓（与"初集"相对而言，或可统称之为"后集"）。
1950年冬，第一编《子槎果园两翁古稀祝寿泉拓》编成，丁福保先生还特意为是书作
了序文。但不幸的是，1952年丁先生仙逝，寿泉会成员改少为九人，却不作增补。所以
第二编为《絅老古稀足斋花甲二翁祝寿泉拓》（1954年成书），第三编为《伯埙师匡两
翁祝寿泉拓》（1956年成书），第四编为《家老古稀伯老花甲两翁寿泉集拓》（1958年

成书），第五编只有陈恕斋先生一人寿，为《恕斋先生八旬祝虾泉拓》（1962年成书）。五编合计收录珍泉拓本308枚。

寿泉会是当时泉界的一段趣事，取题于为泉界寿翁恭贺做寿，实际上是当时泉界高层、学社核心成员之间的一种感情联络和泉学交流。寿泉会成员限定十人，都是当时泉界德高望重的长者，这里所谓的"长者"，是指有长者之风者，既有年龄的因素，更有品行和在业内声望的因素，所以寿泉会成员是严格控制的。第二次寿泉会期间，丁福保先生作古以后，缺额不作增补，可见其对成员的要求之严，宁缺毋滥。同时，提供《寿泉集拓》的钱币拓本也是严格审核的，不仅要求制作精美，还有两条基本原则，一是必须保真，要杜绝赝品混入；二是要求珍贵的名誉品入选。为此，王贵忱先生在《寿泉集拓初集》题记中，曾写下了这样的观感："是集纸墨精审，泰半为不可经见之品，展卷便有惊人处。"（《中国钱币文献丛书》第28卷，上海古籍出版社，1993年第一版）所以《寿泉集拓》实际上是"珍泉"集拓，是代表了那个时代泉币界高水平、高档次的钱币拓集，也代表了那个时代钱币的真实鉴定水平。

丁先生组办寿泉会的活动，不仅是一件高雅之举，更是对泉学有贡献的"长者"的一种嘉奖之举，因此寓有更深层次的作用和意义。他通过寿泉会的形式，为泉界树立了榜样，指出了泉友努力的方向。

正是在丁福保先生和学社同仁的共同努力下，才创造了那个时代的中国钱币学的辉煌，把中国的钱币事业推向了新的高潮。丁先生和前辈学者的创业之功，已经载入史册，为后人敬仰，为后世楷模，它将时时激励我们，要薪尽火传，要继承前辈的事业，努力发扬光大，再创新的辉煌。

《无锡史志——百科全书式的学者丁福保》，2009年5月

又载《中国钱币》2009年第4期

实事求是学者风范

——汪庆正先生琐事几则

得知庆正先生仙逝，追思之绪一直在脑际翻腾，犹如电影一幕幕涌现在眼前，仿佛他还活着，仿佛我们还在交谈，他的语音、他的神情，再也不能逝去。

1982年6月26日，中国钱币学会成立大会在京召开，庆正先生作为专家代表出席会议，当天下午他在全体会议上发言。他的讲话，言简意赅，句句中肯，直奔主题；他的话语，是江南吴语，娓娓动听，却柔中有刚。我记得，他是这样结束发言的。他说：今天到会的代表64人，可能就是我们的第一批会员。美国钱币学会早在一百多年前已经成立，现有会员六千多人，比我们多一百倍。中国是一个有着五千年文明历史的泱泱大国，中国的货币文化有着悠久的历史，是东方货币文化的代表，所以成立中国钱币学会不但必要，而且要抓紧发展，扩大组织，积极推进对于货币文化的研究。在当时，国内对于海外讯息还很闭塞的情况下，庆正先生透露的这个数字，的确极大地震撼了与会代表的情绪。也为学会秘书处后来的工作，加了奋蹄策马的一鞭。这次会议选举诞生了中国钱币学会第一届理事会，庆正先生被推举为常务理事，此后，一直到他谢世，连续五届担承常务理事。1991年，在中国钱币学会第三次会员代表大会上，成立了学术委员会，庆正先生自然被推选为学术委员，因为，他实际上已经在发挥中国钱币研究学术带头人的作用。

1983年5月，《中国钱币》杂志创刊，庆正先生在创刊号上发表了题为《中国钱币研究的现状及其展望》的论文，这篇文章既高屋建瓴，分析了当时中国钱币研究的概况和发展趋势，又深入浅出地就钱币界具体学术领域的研究状况作了介绍和剖析，提出了今后研究的方向和重点。文章指出新中国钱币研究有四个方面的显著变化：一是，钱币研究在马克思主义货币理论的指导下进行；二是，随着新中国考古事业的突飞猛进，历代钱币大量出土，打开了钱币研究的新领域；三是，钱币学研究和古文字学、历史地理学以及其他相关学科更加紧密的结合；四是，各地博物馆和人民银行重视收集历代钱币，为系统整理和研究提供了丰富的物质基础。这篇文章的发表和他提出的观点，在当时的钱币学界产生了很大的影响。

1983年10月下旬，中国钱币学会首届年会在河南洛阳召开，会议期间，以上海代表为主的部分专家开始酝酿编纂《中国历代货币大系》的事情，大家推举马飞海先生牵头，主持此事。汪庆正先生积极参加，并带头实干，他明确表态，上海博物馆所藏的所有钱币资料都可以向《大系》提供，不收取任何资料费。凡在上海博物馆从事钱币专业工作的人员都要全力以赴，积极参与《大系》的编纂工作。他本人不仅以《大系》编委的名义参与其事，而且亲自领衔主编第一卷《先秦货币》。正是有了上海博物馆作为《大系》的强大后盾，《中国历代货币大系》的编纂工作才会得以顺利开展。1986年9月5日，上海人民出版社将该书整套12卷模拟本送到北京，参加在京举办的第一届世界图书博览会，时任国务院总理的李鹏同志出席开幕式，他看到这套样书，赞赏地说："中国应该出版这样大型的学术著作。"1988年4月，《大系》第一卷——《先秦货币》由上海人民出版社正式出版，作为主编的汪庆正先生不仅负责了全书的总纂，而且亲自主笔撰写了综述。此后，由庆正先生牵头，又和朱活、陈尊祥先生一起，共同主编了《大系》第二卷——《秦汉三国两晋南北朝货币》，并于2002年12月，由上海辞书出版社正式出版。

1986年3月5日，国家文物鉴定委员会正式成立，第一批受聘委员54人，60岁以下的只有10人，当年庆正先生55岁，和我都属"年轻人"之列。根据专业特长，54名委员分别编入7个专业组，只有庆正先生特别，他的大名列在陶瓷组，但和货币组的成员特别亲热。因为他在文物鉴定中，同时具备三项专长，除了陶瓷，还有碑帖和钱币。用他自己的话说，在三项中，用功最多的是钱币。事实上，我们也都亲切地把他看成自己组的"成员"。在成立大会的合影上，我和庆正先生正好站在一起，成为永远的纪念。

上世纪九十年代初，国家文物局、国家文物鉴定委员会拟以古钱币为试点，就允许出口文物的标准问题，在苏州召开座谈会，庆正先生和我都应邀出席。在会余休息时的闲聊中，我们自然会谈到文物鉴定人员后继乏人的问题，庆正先生的确为此深感担忧。他颇有感触地说：现在入藏博物馆的文物，都在库房中保存，文物库的管理，有一套严密的制度，这对文物的安全是必要的，但对研究人员却有很多不便。就拿我来说吧，我是研究陶瓷的，要研究，就要经常看实物，要经常摸索、推敲。现在我是分管馆长，我想要看，当然还是要方便一些，保管员不会不让看。但是真的想看某一件器物，按照制度，保管员必须先把实物从库里提出来，观看时，两个管理人员站在后面，这样的环境，心情就不一样了，怎么还能潜下心来思索呢？再说时间久了，自己也不好意思麻烦别人。馆长况且如此，其他专业人员就更难了。所以这种制度一定要改，否则专业人员难出成果，也难以培养人才。几年以后，上海博物馆的库房管理制度真的改了，只要保管人员在场，专业人员便可以直接进入文物库，可以任意考查他本专业范围内的实物，这一改革大大有利于专业人员的课题研究，有助于多出成果、多出人才，也能更好地发挥馆藏文物的作用。

人说同行是冤家，庆正先生自己是做学问的人，他却没有门户之见，对于同行的专业人员，有真才实学的，他都十分敬重，有机会，都要想方设法将其调入馆内，最大限度地发挥其专业特长。一次，在谈及某位犯错的专家时，他以十分严肃的神情，说了一句十分中肯的话：如果是敌我矛盾，性质变了，那是另当别论。只要还是人民内部矛盾，那就要用，还要发挥他的专长。庆正先生的这种胸怀，是对事业负责的态度，是一般人难以做到的大家风度。

《汪庆正纪念集》，上海博物馆，2006年10月出版

悼　志　谅

　　为参加在扬州博物馆举办的"苏泉大观"展览的开幕式，我于开展的前一天，即2014年11月28日下午3点许赶到扬州，并随即到了博物馆现场，想先看一看展览的实情，以便为明天的发言做些准备。这次展览的主办者汪洋陪同参观，并为我做了讲解。在谈到苏泉会（指"宝苏局钱币研讨会"）时，他说，苏泉会的活动，邹志谅每次都参加，但这次因病住院，不能来了。我问：是什么病？答曰：是旧病复发。我不禁黯然，因为三年前他曾因心肌梗死住院做过手术，这次再犯，不是好的预兆。

　　次日上午，展览开幕之前，见到河南的吴革胜，又提起邹志谅，小吴说，昨晚曾和志谅通过电话，听声音还可以，估计问题不大。听后，不仅踏实了许多，而且还和他商议起了《中国钱币大辞典·清钱编》的下一步工作，因为志谅是该编的负责人，小吴要去苏州和他交换意见。谁知道仅仅隔了三个小时，噩耗传来，志谅竟已驾鹤西去。

　　我在《钱币工作三十年（1982—2012）》（中国金融出版社2013年出版）一书中，曾经写过一篇回忆文章《新中国钱币事业的奠基人》。该文追忆了三十年中历任中国钱币学会理事长和中国人民银行分管行长对于钱币事业的关心、重视，为开拓钱币事业做出的贡献。其实，新中国钱币事业的奠基人中也要包括广大的基层钱币学会工作者和钱币收藏者、研究者，因为没有他们的辛勤劳作，默默耕耘，新中国的钱币事业只会是无根之木，不可能成长为参天大树，更不可能枝繁叶茂。邹志谅就是其中的一员默默耕耘者。

　　1984年苏州市钱币研究会成立，邹志谅便是学会活动的积极参与者，后来长期担任苏州市钱币研究会副秘书长之职，承担并主持了苏州市钱币研究会的日常工作。1985年创刊《苏州钱币》杂志，他便是创刊号的责任编辑，后来接任主编，他一直承担着《苏州钱币》杂志的编辑发行工作。他不仅对研究会的日常事务尽心尽责，而且热爱钱币，潜心专研，勤于笔耕，为苏州地区，乃至江浙地区的钱币学研究事业做出了无私的奉献。

　　他和殷国清合著的《宝苏局钱币》一书，早在1995年就由上海古籍出版社出版，这本专著的出版和发行，在江浙地区的钱币界影响甚大，大大推动了对于宝苏局钱币的收藏和研究的热潮。据说对苏泉感兴趣的，最初只有少数几个人，如今已发展成一二百人。这次举办的"苏泉大观"展览，展览面积达1500平方米，参展的钱币实物近千件。对于一个宝苏局的铸币，这样专题性极强的展览，能够达到如此规模，钱币的版别分类如此清晰，研究分析得如此透彻，包括对它们的铸期、铸地、性质和用途的掌握，也包括对宝苏局铸钱的沿革变迁历史的了解，都是前人没有涉及，没有做到的，如今却已经成为现实。用汪洋的话说：我们就是读了《宝苏局钱币》，得到的启发，是按照这本书的研究方法，坚持去做，才有了今天的成功。此外，志谅还对顾烜及其钱谱、王荫嘉及其泉录等相关的泉学课题开展过研究，并都有成果。而这些研究课题有着一个共同的特点，那就是，都和当地的地域紧密相关，都是利用当地的人文、地域资料的优势，开展切合实际的收集和研究。志谅的实践，说明这是一条成功之路，一条必由之路，他不仅造福了苏州和江浙的钱币界，也为当代中国的钱币收藏和钱币学研究树立了榜样。

　　志谅不声不响地走了，淡泊，宁静。论功名，他没有高级职称；论利禄，他不是显官达人，但他一生忠诚于他所钟爱的钱币事业，为宣传钱币文化而呼号，为建设新时代的钱币学做贡献。所以我们在回顾新中国的钱币事业，追述新中国钱币学学科建设历程的时候，一定要记住邹志谅，记住和志谅一样做出默默奉献的中国钱币学会的基层工作者，新中国钱币学的学科建设者。

　　安息吧，志谅。

甲午冬书于续斋

《中国钱币》2014年第6期

铭记在中国钱币学会史册上的几位领导

——我的回忆记录

中国钱币学会已经走过三十个春秋，如果加上成立前的酝酿、筹备阶段，则已走过了三十三年的历程。中国钱币博物馆成立至今，也已经整整二十年了。我有幸参加了中国钱币学会的成立大会，被推举为第一届理事会理事，学会成立后的第二年即被借调到学会秘书处工作，一直到2004年底离开中国钱币博物馆，离开中国钱币学会秘书处的工作岗位，和钱币工作相伴二十余年。回想这二十余年，有太多的感慨，其中感慨最深的是中国钱币学会、中国钱币博物馆的工作得到了历任中国人民银行领导的重视和关爱，这对我国钱币事业的发展至关重要，起了决定性的作用。

中国钱币学会成立

中国钱币学会成立于1982年6月29日，李葆华同志时任中国人民银行行长。正是有了葆华行长的支持，中国钱币学会才得以正式成立，才有了以中国人民银行总行的名义，行文下发全国各地分行，要求各省、自治区、直辖市分行，联合文博、社科等部门，成立地方钱币学会。并明确指出，秘书处设在（挂靠）当地人民银行，实际上也就是中国钱币学会在各地的分会。也因此在比较短的时间内，钱币学会组织得以迅速发展，钱币研究活动在全国范围内得以开展，并取得长足进步。

从此，在银行系统有了两个"国"字头的学术团体，即中国金融学会和中国钱币学会。葆华同志为两个学会的工作职责做了明确的分工：要求中国金融学会以当前的金融工作为研究重点，通过分析当代世界各国、各地的金融政策、金融形势，总结其成败得失，洋为中用，为当前中国的金融政策、金融事业，提供可以借鉴的经验教训；要求中国钱币学会以历代货币的演变为研究重点，分析各历史时期货币发行、货币政策的成败得失，古为今用，为当前中国的货币政策、金融事业，提供可以借鉴的经验教训。葆华同志的意见，实际上是为钱币学会的工作制定了大政方针。

其实，从学会开始酝酿筹备，葆华同志就一直非常关心筹备工作的进展。1980年12月25日，筹备小组（时称历史货币组）在北京印钞厂办了一个中国历代货币展，是一个小型的内部展览。展览的第一天，葆华同志便率领胡景、李飞、耿道明三位副行长一起亲临现场，审查展览内容。为一个小型的内部展览，惊动四位行长一齐登场，仅此一举，足以说明他对钱币工作的高度重视。1981年4月30日，他还亲自主持会议，责成历史货币组要切实加快全国历史货币学会（后正式定名为中国钱币学会）的筹建工作。

1982年6月，葆华同志出席了中国钱币学会的成立大会，并发表了寓意深长的讲话。1983年，他又和千家驹先生联名向国务院上报了题为《制止古钱化铜，开放国内市场》的报告，当年11月国务院正式批复同意。随后才有了1984年2月由文化部和中国人民银行联合下发的紧急通知《加强对古钱币的抢救和保护工作》；才有了《人民日报》发表的相关署名文章；才有了国家文物局以山西省博物馆为试点单位，开始清理馆藏钱币；才有了有关各方对钱币工作的重视和支持。

从学会成立到2005年4月葆华同志逝世，他一直是中国钱币学会的名誉理事长。在离开行长岗位之后，他以更大的热情来关注钱币事业和学会工作，他几乎把将近一半的工资收入用于钱币及相关文物、书籍的收集，凡是发现了新品、奇品，都要送到学会秘书处，请我们研究。他以实际行动感染着周边的同志，在银行系统、在学会系统产生了很大的影响，引导大家热爱、研究历史货币。中国钱币学会在每年辞旧迎新的时候，都会召开一次常务理事（扩大）会议，总结过去一年的工作，议定新一年的计划。在我的记忆中，葆华同志几乎每次都要到会，每次都要听完大家的发言，发表了自己的意见以后，才肯起身离席。这样的行动，一直坚持到他逝世。

研究货币史是种责任

中国人民银行副行长胡景沄是中国钱币学会筹备初期的分管领导。因为接收纸币收藏家渠汇川的捐赠，他曾经语重心长地说过一句感人肺腑的话："我做了一辈子银行工作，却对我国历史上的货币不了解，是有愧于祖宗的。"他在1979年5月4日主持召开的第一次筹备工作会议上，为开展历史货币的研究，提出了三项要求：一是收集、整理历史货币，包括向社会征集，要鼓励民间捐献；二是筹办历史货币展览；三是编纂历史货币图册，尽快写出我们自己的货币史。他指示，不仅要在人民银行系统内加强历史货币的管理和保护，宣传历史货币知识，而且要在社会上开展历史货币知识的宣传教育，并且提出了建设钱币博物馆的意向。

这次会议提出，开展历史货币研究，不仅是银行系统的职责，也和文物、博物馆系统、科学界尤其是社会科学界，以及大专院校的有关研究人员密切相关，和社会各界的历史货币爱好者、研究者有关。因此，会议正式"发起组织全国历史货币学会"。会后，景沄同志正式约见了国家文物局副局长齐光，商议由中国人民银行和国家文物局"共同筹办历史货币学会"。与此同时，中国人民银行正式组成历史货币临时领导机构，由景沄同志牵头，会计发行局、金融研究所、印制局（即今印钞造币总公司）的负责同志参加。下设历史货币组（简称"古币组"），挂靠在印制局，由副局长李常友负责日常工作，这便是后来的中国钱币学会秘书处的前身。

第一届中国钱币学会理事会理事长

耿道明副行长是中国钱币学会创始人之一，中国钱币学会第一届理事会理事长。

1982年6月初，他主持召开了中国历史货币学会的筹备会，和中国钱币学会成立同时完成的，还有两件事情，也值得纪念：一是《中国历代货币展览》在中国历史博物馆（即今中国国家博物馆的前身）正式展出，这个展览影响波及海内外，许多海外的钱币学者和收藏爱好者也专程来京参观，取得了较大的社会影响。二是《中国历代货币》图册由新华出版社正式出版发行，这是由北京印钞厂专门印制的第一部中国历代货币的全彩图册。

在道明同志主持的第一届理事会期间（1982年6月至1986年11月），主要做的是学会建设的基础性工作，它对后来学会的发展、钱币事业的发展，产生了积极的影响：

一是学会的组织建设。主要体现在两个方面：一方面抓好学会秘书处的建设，充实专业人员。我和姚朔民同志都是1983年先由秘书处借用，然后再正式调入的。其他调入秘书处工作的同志也多数经历了这样的过程。另一方面大力推进地方学会的建设，第一届理事会期间，全国29个省、自治区、直辖市，有18个成立了钱币学会的组织，7个成立了筹备组，为学会活动在全国范围内开展奠定了基础。

二是开展学术研究活动。创办《中国钱币》（季刊），作为介绍钱币知识、交流学术资料和发表学术研究成果的园地。举办全国范围的学术讨论年会，并出版《中国钱币论文集》，后来逐步形成制度。营造学术研究的气氛，一方面培养金融系统、学会系统自身的研究人员，同时也吸引、调动相关系统的专业人员来参与钱币学、货币史的研究，并为他们提供发表研究成果的机会。

三是开展钱币知识的宣传教育。举办各种形式的钱币展览和讲座，扩大社会影响。道明同志十分重视对年轻人的培养，由此，我们积极建议并协助促成了由国家文物局出面举办的钱币整理工作骨干成员培训班。培训班于1985年3月至6月在郑州开办，历时三个月，培养了一批钱币专业人员。他还明确指出，要在中小学中培养典型，在学生中开展宣传教育，这样才能后继有人。

四是开启对外学术交流。1984年，他率领中国钱币代表团访问日本，并出席日本大阪博物馆中国货币展的开幕式和中日钱币界的学术讨论会。1985年日本货币展来中国上海博物馆展出，同时也举办了学术交流会。1986年派员出席了在伦敦召开的第十次国际钱币学大会，为后来正式加入国际钱币学委员会做了前期准备。

创建中国钱币博物馆

童赠银副行长曾任中国钱币学会第二、三届理事会理事长，在他主持学会工作期间（1986年11月至1997年4月），学会工作和钱币事业有了迅速发展，取得了较大进步。

一是组织建设和制度建设。1. 在第一届理事会工作的基础上，继续推进地方学会组织的成立和建设，不仅在全国各省、自治区、直辖市成立了钱币学会的组织，进而又推动在有关地、市成立钱币学会的基层组织。还在钱币的生产单位和收藏单位发起成立钱币学会的组织，逐步和国际钱币学委员会的组织体系接轨。他对每一个新成立的学会都十分关心，记得在宁夏回族自治区钱币学会成立之前，他专门对我交代说："宁夏的成立会，你一定要自己去，因为宁夏是全国最小的一个省区，不能不去；宁夏又是民族地区，有独特的民族风情、民俗文化，你必须亲自去，才会有切身的体会，对今后的钱币研究工作有好处。"2. 逐步加强中国钱币学会的自身建设。1991年3月，中国钱币学会秘书处（含《中国钱币》编辑部）迁入中国人民银行办公楼内，与中国钱币博物馆筹备处合署办公。这不仅是把分散的力量联合起来，合力作战，提高效率，也为后来的钱币博物馆、钱币学会、钱币杂志三位一体的建制打下了基础。3. 1988年、1989年，连续举办两期钱币专业干部培训班。记得第一期培训班结业时，他亲自到会讲话，并和大家合影留念。业内戏称这两期培训班是钱币学会的"黄埔一期"、"黄埔二期"，培养了一批学会工作的专业人员，后来多数成为钱币事业的骨干。4. 1989年，在兰州召开第一次全国秘书长工作会议，从此，学会工作除了常务理事会、理事长办公会、全国会员代表大会之外，又增加了全国秘书长工作例会，加强了和地方学会秘书处的交流和联络。5. 在1991年第三次全国会员代表大会上，成立了中国钱币学会学术委员会，学术委员不仅是相关领域的学术带头人，也是学术成果评选委员会的主要成员。

二是大力推进学术研究活动。1. 针对钱币学学科基础薄弱的现实，着手打造钱币学基础工程。1983年10月开始酝酿，由上海钱币学会牵头组织编纂的《中国历代货币大系》，到1988年4月见到了第一个成果，《中国历代货币大系》之先秦货币编正式出版发行。1986年启动，由河南钱币学会负责组织编纂的《中国钱币大辞典》，经过十年的坚持和反复修改，到1995年12月也见到了第一个成果——《中国钱币大辞典》之先秦编正式出版发行。2. 针对传统钱币学主要集中于中原地区钱币研究的现实，着力开拓边疆地区、少数民族地区和政权的钱币的收集和研究。3. 针对传统钱币学注重古代钱币研究的现实，有意识地组织力量开拓对于近现代钱币的研究，特别是对于共产党政权制造和发行货币历史的研究，开始着手编写《中国革命根据地货币史》丛书。4. 针对传统钱币学注重中国钱币研究的现实，有意识地引导和组织力量，开拓对于外国钱币的收集和研究，为此，和外交部建立了友好的关系，并取得了他们的大力支持。上述四项工程非举手可得，坚持不懈下都逐步取得了成效，为当代钱币学研究活动的开展打下了基础，也在实践中培养锻炼了人才，并逐步形成了全国性研讨会、区域性研讨会和专题性研讨会互补的格局。

三是创建中国钱币博物馆，为当代钱币事业的发展建立基地。1990年5月18日，赠银同志亲自主持成立了中国钱币博物馆筹委会，并出任筹委会主任。1992年7月29日，他又亲自主持中国钱币博物馆在新建的中国人民银行大楼内建成的开馆仪式，成为献给中国钱币学会十周年庆典最实在的厚礼。从此正式形成了钱币博物馆、钱币学会、钱币杂志三位一体的体制，作为社团组织的中国钱币学会终于有了十分贴切的依附实体。

作为一个博物馆，必须具备三个基本要素：1. 要有丰富的实物藏品。赠银同志作出决定，凡是人民银行旧藏的钱币及相关文物都划拨到钱币博物馆，由博物馆保管，并分类研究；文物、考古等部门收藏的与钱币相关的文物，应积极协商，争取调拨（包括有偿调拨）；接纳社会捐赠，并要大力宣传，做好表彰；向社会征集钱币及相关实物。在他的关心下，会计司设立了钱币专户，由会计司负责管理总账，在钱币博物馆设分账。同时制订了钱币实物征集和库房管理的相关制度。2.要有陈列展览。决定把新建的中国人民银行大楼的地下一层作为钱币博物馆展厅，和机关办公区隔离，从安全角度考虑，可以单独在长安街开门出入。3.要有研究人员和研究成果。有中国钱币学会十年的积累，钱币博物馆成立时已经有了一定的研究力量，建馆后又逐步调入一批研究人员，基本形成了现在的格局。《中国钱币》杂志既是钱币学会的会刊，同时也是钱币博物馆的馆刊。

　　四是积极开展对外学术交流，宣传弘扬中国钱币文化、东方钱币文化。赠银同志积极支持我们走出去，参加与钱币文化、学术交流相关的国际会议和活动。他曾经对我说："要在国际上争取话语权，宣传我们的钱币文化、东方的钱币文化。应该发言的地方一定要发言，该是我们得到的就一定要得到。你不去争取，别人不会拱手让给你。"在他的指导思想影响下，1991年9月中国钱币学会正式加入国际钱币学委员会；1998年7月，中国钱币博物馆作为发起单位之一出席国际钱币与银行博物馆委员会成立大会，并被推举为执委会委员、亚洲地区主席，和30多个国家的钱币学会、钱币博物馆建立了友好关系。

　　有一段时期，越南等一些周边国家的历史货币流入我国，赠银同志指示：凡是流入我国境内的外国钱币也要收集，妥善保护，并要开展研究。正是在他的支持下，才有了云南钱币研究会和广西钱币学会联合编纂的《越南历史货币》（中国金融出版社1993年出版）。后来越南历史研究所、考古研究所所长杜文宁先生来访，我送他此书，让他十分吃惊，连说越南都没有这样翔实的专门研究越南钱币的书籍。

　　五是为当代钱币文化的开拓，付诸实践，积累经验。1989年，上海造币厂设计制作中国机制银元铸行一百周年纪念章，这是以中国钱币学会名义监制的第一枚纪念章。1990年，中国钱币珍品系列纪念章开始发行。1992年，中国钱币学会十周年纪念章和中国钱币博物馆成立纪念章同时发行。1994年，中国钱币学会最高学术奖——"金泉奖"颁发，奖品为特制的仿真古钱金质纪念章。这些纪念章的制作和发行，都得到赠银同志的首肯，尤其是"金泉奖"用奖章来代替奖金作为奖励的纪念，更是赠银同志的提议，他说："这样不仅可以节约经费，而且更有钱币学会的特色，更有收藏的价值。"凡是中国钱币学会监制的纪念章，我们都不是只挂个虚名，而是从设计到制作，都要直接参与，严格把关，力争有所创新。这不仅仅是为了维护"中国钱币学会"这块牌子，做出"中国钱币学会"的特色，更因为我们是当代钱币学研究的龙头，所以理应为当代钱币文化的创新做出一份贡献。现在看来，它们的确起到了历史性的作用，为当今钱币文化的创新和繁荣，尤其是纪念章事业的兴盛，发挥了开拓性的作用。

六是为钱币学会的经费来源出谋划策。早在1987年9月，由中国钱币学会副理事长李树存牵头组团访问香港，这次访问的一项重要内容是去考察香港第六届世界钱币展销会（今称国际钱币博览会），要我随团出访。临行前，赠银同志约我谈过一次话，要我留意海外的钱币市场状况，摸索古钱币和老金银币市场价格的现状和走向。他还诙谐地说了一句俏皮话："以后，我们有机会也背个小包裹，去卖它几件。"听来这是一句打趣的笑话，现在想来，其实是寓有深意的，他实际上已经在勾勒钱币市场开放的蓝图。1990年，中国钱币珍品系列纪念章开始发行，虽然不是以盈利为目的，但已经有了一定的创收意识，为后来的装帧纪念币积累了经验。

钱币工作步入新阶段

史纪良副行长曾任中国钱币学会第五届理事会理事长（2002年4月至2006年6月），因殷介炎同志调任，纪良同志实际上从1998年开始分管钱币工作。在他的领导下，为学会工作的开展，解决了很多具体问题。譬如2001年6月，《中国钱币大辞典》的编纂工作遇到经费困难、人心涣散、难以为继的局面，是他在有关的报告上作了明确而肯定的批示："盛世修志，历来如此。为此，两本大作（指《中国历代货币大系》和《中国钱币大辞典》）应当继续，并善始善终。如有困难，请（中国人民银行）上海、济南分行全力支持。"他的指示精神，不仅解决了编纂工作的具体问题，扭转了局面，而且引起了有关领导部门对钱币工作的重视。

在我的记忆中，2002年，钱币工作第一次被列入中国人民银行年度工作规划的重要议程，有几件大事，不仅在我国钱币界影响深远，而且也为我国钱币事业在国际钱币学界赢得了荣誉。

一是中国钱币博物馆新址确定到西交民巷17号院，并于2002年10月完成一期工程，中国钱币通史陈列正式对外展出。接待的第一批客人是出席国际钱币与银行博物馆委员会第九届年会的来自30多个国家和地区的150余位代表，西交民巷17号院的主体包括原大陆银行、保商银行和中央银行北京分行的旧址，也是中华人民共和国建国初期中国人民银行（即中央银行）总行的办公地址。但因为历史的原因，它们已经分散为不同的单位，涉及不同的管理部门，所以要落实此事，难度极大。为此，纪良同志不仅亲自出面，落实相关的经费问题，还亲自和中国银行等房产使用单位及各有关部门的领导反复协商调解，一直到落实具体的实施方案。

二是在纪良同志的关心下，中国钱币博物馆正式明确为中国人民银行直属正局级事业单位。这不仅提升了钱币博物馆在同行业中的地位，提升了中国钱币博物馆在国际钱币界的地位，也大大激励了博物馆工作人员的工作热情。

三是2002年10月14日至18日，新建的中国钱币博物馆成功地召开了国际钱币与银行博物馆委员会第九届年会，来自30多个国家和地区的150余位代表出席了会议。这不仅是中国也是亚洲地区第一次举办国际性的钱币专业会议，又是国际钱币与银行博物馆委员会历届年会中，出席人数最多的一次。国际钱币学界，一直由西方学者主导，尤其是由欧洲的学者主导，所以，在此之前，国际钱币界的学术活动几乎都在欧洲进行。北京会议的成功，不仅打破了业内固有的模式，而且使中国钱币学在国际钱币学界树立起了新的形象。

本文原名《钱币工作往事》，发表于《金融博览》2013年第7期

中国钱币博物馆的奠基人

今年是中国钱币博物馆成立二十周年。我有幸参与了创办中国钱币博物馆的主要历程，深知创业的艰难，由此，对创业过程中的奠基人——中国人民银行的相关行长和分管副行长，更是肃然起敬。

创办一个实体，成就一个事业，必须要经历几个过程。首先是思想舆论的准备，提出建设性的、框架性的意见。而作为一个钱币专业博物馆，又必须经历馆藏钱币及相关资料的准备，要征集和收藏具有相当规模相当水平的实物资料和文献资料，其藏品必须和"国"字头相匹配；要经历陈列展览的准备，直至向社会、向公众正式展示、正式开放，得到社会的认可；要经历专业研究人员的准备，形成一个团队，并且具有一定的研究水平和研究成果，在业内、在学术界具有一定的影响力；要名正言顺，有合理合法的建制，才能真正立足于中国的博物馆群体之中，成为本专业博物馆的领头羊。

中国钱币博物馆从开始酝酿到正式向社会开放，历时二十三个春秋，大致经历了这样几个阶段：舆论酝酿、筹备建设、内部开放、正式向社会开放。每一个阶段，每一个时期，奠基者都起了决定性的作用，没有他们，事业就不会成功，不会有今天的成果。

一、舆论酝酿

1979年，中国人民银行接收了著名纸币收藏家渠汇川捐赠的钱币，当时的分管行长胡景沄对此非常重视，他语重心长地说过一句感人肺腑的话："我做了一辈子银行工作，却对我国历史上的货币不了解，是有愧于祖宗的。"由此而发，开启了中国钱币集藏和研究的新历程，掀起了中国钱币事业的新一轮高潮。

1979年5月4日，他主持召开了一次专题工作会议，对开展历史货币的研究，提出了三项要求：一是收集、整理历史货币，包括向社会征集，要鼓励民间捐献；二是筹办历史货币展览；三是编纂历史货币图册，尽快写出我们自己的货币史。他指示：不仅要在人民银行系统内加强历史货币的管理和保护，宣传历史货币知识，而且要在社会上开展历史货币知识的宣传教育。这次会议讨论并通过了《关于开展历史货币研究工作的几点建议》，成为后来中国钱币事业开展的指导思想。会议正式建议：要"发起组织全国历史货币学会"（后来定名为中国钱币学会），并且提出了建设钱币博物馆的意向。

中国钱币学会成立于1982年6月29日，时任中国人民银行副行长的耿道明被推举为第一届理事会理事长。和中国钱币学会成立同时完成的，还有两件事情：一是，《中国历代货币展览》在中国历史博物馆（即今中国国家博物馆的前身）正式展出，这个展览影响波及海内外，许多海外的钱币学者和收藏爱好者也专程来京参观，取得了较大的社会影响。二是，《中国历代货币》图册由新华出版社正式出版发行，这是由北京印钞厂（国家正式的货币印制单位）专门印制的第一部中国历代货币的全彩图册。

时任中国人民银行行长的李葆华同志对于钱币工作非常重视。正是有了葆华行长的认定，中国钱币学会才得以正式成立。才有了以中国人民银行总行的名义，行文下发全国各地分行，要求各省、自治区、直辖市分行，联合文博、社科等部门，成立地方钱币学会。并明确指出：秘书处设在（挂靠）当地人民银行，实际上也就是中国钱币学会在各地的分会。也因此在比较短的时间内，钱币学会组织得以迅速发展，钱币研究活动在全国范围内得以开展，并取得长足进步。

1983年，葆华同志又和千家驹先生联名向国务院上报了题为《制止古钱化铜，开放国内市场》的报告，当年11月国务院正式批复同意，随后才有了1984年2月由文化部和中国人民银行联合下发的紧急通知《加强对古钱币的抢救和保护工作》；才有了《人民日报》发表的相关署名文章；才有了国家文物局以山西省博物馆为试点单位，开始清理馆藏钱币；才有了有关各方对钱币工作的重视和支持。

在道明同志主持的中国钱币学会第一届理事会期间（1982年6月—1986年11月），主要做的是基础性工作，它对后来钱币事业的发展，产生了积极的影响。他特别注重抓好钱币的学术研究活动：创办会刊《中国钱币》（季刊），作为介绍钱币知识，交流学术资料和发表学术研究成果的园地。举办全国范围的学术讨论年会，并出版《中国钱币论文集》，后来每一届理事会期间都要出一本论文集，逐步形成制度。营造学术研究的气氛，一方面培养金融系统、学会系统自身的研究人员，同时也吸引、调动相关系统的专业人员来参与钱币学、货币史的研究，并为他们提供发表研究成果的机会。同时他还注重开展钱币知识的宣传教育：举办各种形式的钱币展览和讲座，扩大社会影响。他重视对年轻人的培养，由此，我们积极建议并协助促成了由国家文物局出面举办的钱币整理工作骨干成员培训班。培训班于1985年3月至6月在郑州开办，历时三个月，培养了一批钱币专业人员。他还明确指出：要在中小学中培养典型，在学生中开展宣传教育，这样才能后继有人。

二、筹备建设

童赠银副行长自1986年起分管钱币工作，在他分管期间，钱币学会工作和钱币事业有了迅速进步，并正式筹建了中国钱币博物馆。

一是组织建设和制度建设。在钱币学会第一届理事会工作的基础上，继续推进地方学会组织的成立和建设，不仅在全国各省、自治区、直辖市成立了钱币学会的组织，进而又推动在有关地、市成立钱币学会的基层组织。还在钱币的生产单位和收藏单位发起成立钱币学会的组织，逐步和国际钱币学委员会的组织体系接轨；1988年、1989年，连续举办两期钱币专业干部培训班，培养了一批专业人员，后来多数成为钱币事业的骨干；1991年成立了中国钱币学会学术委员会，学术委员不仅是相关领域的学术带头人，也是学术成果评选委员会的主要成员。

二是大力推进学术研究活动。1.针对钱币学学科基础薄弱的现实，着手打造钱币学基础工程。1983年10月开始酝酿，由上海钱币学会牵头组织编纂的《中国历代货币大系》，到1988年4月见到了第一个成果，《中国历代货币大系》之先秦货币编正式出版发行。1986年启动，由河南钱币学会负责组织编纂的《中国钱币大辞典》，经过十年的坚持和反复修改，到1995年12月也见到了第一个成果——《中国钱币大辞典》之先秦编正式出版发行。2.针对传统钱币学主要集中于中原地区钱币研究的现实，着力开拓边疆地区、少数民族地区和政权的钱币的收集和研究。3.针对传统钱币学注重古代钱币研究的现实，有意识地组织力量开拓对于近现代钱币的研究，特别是对于共产党政权制造和发行货币历史的研究，开始着手编写《中国革命根据地货币史》丛书。4.针对传统钱币学注重中国钱币研究的现实，有意识地引导和组织力量，开拓对于外国钱币的收集和研究，为此，和外交部建立了友好的关系，并取得了他们的大力支持。上述四项工程虽非举手可得，但坚持不懈，都逐步取得成效，为当代钱币学研究活动的开展打下了基础，也在实践中培养锻炼了人才，并逐步形成了全国性研讨会、区域性研讨会和专题性研讨会互补的格局。

三是正式启动中国钱币博物馆的筹建工作。在上述各项工作的基础上，1990年5月18日，赠银同志亲自主持成立了中国钱币博物馆筹委会，并出任筹委会主任。1991年3月，中国钱币学会秘书处（含《中国钱币》编辑部）迁入中国人民银行办公楼内，与中国钱币博物馆筹备处合署办公，把分散的力量联合起来，合力作战，提高效率。1992年7月29日，他又亲自主持中国钱币博物馆在新建的中国人民银行大楼内建成的开馆仪式，从此正式形成了钱币博物馆、钱币学会、钱币杂志三位一体的体制。

作为一个博物馆，必须具备三个基本要素：一是要有丰富的实物藏品。赠银同志亲自做出决定：1. 凡是人民银行旧藏的钱币及相关文物都划拨到钱币博物馆，由博物馆保管，并分类研究，物尽其用；2. 文物、考古等部门收藏的与钱币相关的文物，应积极协商，争取调拨（包括有偿调拨）。事实上，在中国钱币博物馆筹备过程中，中国人民银行已经会同国家文物局联合发文，为钱币博物馆的筹建和实物征集开了绿灯；3. 接纳社会捐赠，并要大力宣传，做好表彰；4. 向社会有价征集钱币及相关实物。并明确指示，人民银行要把钱币视同金银。在他的关心下，会计司设立了钱币专户，由会计司负责管理总账，在钱币博物馆设分账。同时制订了钱币实物征集和库房管理的相关制度。二是要有陈列展览。决定把新建的中国人民银行大楼的地下一层作为钱币博物馆展厅，和机关办公区隔离，可以单独在长安街开门出入。三是要有研究人员和研究成果。有中国钱币学会十年的积累，钱币博物馆成立时已经有了一定的研究力量，建馆后又逐步调入一批研究人员，基本形成了现在的格局。《中国钱币》杂志既是钱币学会的会刊，同时也成为钱币博物馆的馆刊。

三、内部开放

在中国人民银行大楼内建成的钱币博物馆，因一些具体问题尚未解决，所以未能对外正式开放，只能作为内部展出，接待来宾。

1998年，在殷介炎副行长的主持下，中国钱币博物馆（含钱币学会秘书处）的办公地点迁到西交民巷22号（即天安门广场西侧原金城银行旧址，后因天安门广场改造被拆除）。这个决定使钱币博物馆得以进驻祖国的心脏——天安门广场地区，并第一次有了正式向社会开放的展览窗口，尽管展览场地不大，但为后来在西交民巷17号院正式建置，创造了条件。同年成立康银阁钱币股份有限公司，中国钱币学会入股百分之七十，并确定了内部管理制度。这不仅对博物馆工作的开展，提供了经济支助，也为扩大社会影响，起到了十分积极的作用。

四、正式开放

因介炎同志调任，史纪良副行长从1998年开始接管钱币工作。在他分管期间，中国钱币博物馆馆址最终确定到西交民巷17号院（即现在的馆址），并于2002年10月完成第一期工程。同时举办中国钱币通史陈列，正式对外展出，向社会开放。接待的第一批客人是出席国际钱币与银行博物馆委员会第九届年会的来自30多个国家和地区的150余位代表，取得了很好的展览效果，给国内外同行留下了深刻印象。

西交民巷17号院的主体，包括原大陆银行、保商银行和中央银行北京分行的旧址，也是中华人民共和国建国初期，中国人民银行（即中央银行）总行的办公地址。西交民巷又是1949年前北京的金融街，面临天安门广场，不仅地理位置优越，而且是金融界重要的文物保护单位。作为钱币博物馆，既可以对旧址做妥善保护，又可以对社会开放，发挥社会影响，所以是最好的选择和安排。但因为历史的原因，它们已经分散为不同的单位，涉及不同的管理部门，所以要落实此事，难度极大。为此，纪良同志不仅亲自出面，落实相关的经费问题，还亲自和中国银行等房产使用单位及各有关部门的领导反复协商调解，一直到落实具体的实施方案。同年，在纪良同志的亲自关心下，中国钱币博物馆正式明确为中国人民银行直属正局级事业单位。这不仅提升了钱币博物馆在同行业中的地位，提升了中国钱币博物馆在国际钱币界的地位，也大大激励了博物馆工作人员的工作热情。

关于中国钱币博物馆馆址确定在西交民巷17号院，时任中国人民银行行长的戴相龙同志一直非常关心，在关键的时候，起了关键的作用。是他亲自约请时任中国银行行长的刘明康做了专题商讨，才最后达成协议，做出了决定。

载《当年那些事——老银行工作者回忆录选集》，

中国金融出版社，2012年出版

七　十　咏

不知不觉，已经步入古稀之年。

甲申年闰四月，余出生在上海浦西，这里没有高楼大厦，亦非繁华闹市，却毗邻沪上名刹玉佛寺，自幼受佛祖庇护。

十岁的时候，我家搬到了古玩市场附近，而我上学的学堂，紧挨自然博物馆，又和上海博物馆隔街相望。下学回家，每经古玩市场，便在那里逗留玩耍。十七岁入学复旦历史系。是"文化大革命"的风暴，把我刮到了河南安阳，又让我和殷墟结缘，在那里补上田野考古的知识，在那里完成了我的第一篇关于钱币的论文。安阳博物馆的经历，帮我融入了文博的队伍，成了中国博物馆学会的理事、

常务理事。1986年又成了国家文物鉴定委员会的第一批成员，并一直承担鉴定委员会的钱币组组长。也因此参与了国家涉及钱币内容的有关文物法规起草工作，参与了文物市场开放以钱币为试点的方案制订。

我和钱币事业相伴终身。自幼受家父熏陶，小时候，几乎是天天见钱，也会随父去参加上海泉币学社的例会，去拜访沪上的泉家名宿，聆听他们的高谈阔论，在心灵中埋下了一定要发芽的种子。是改革开放的春风给了这颗种子发芽的机会，是李葆华先生、千家驹先生的明鉴，使中国钱币学会得以落户中国人民银行，也使我有机会来到了北京，来到了中国印钞造币总公司，来到了中央银行的货币发行司。有了这座大山的支撑，中国的钱币事业终于挺起了腰板。1986年起，余开始主持中国钱币学会的日常工作，受聘《中国钱币》杂志副主编、主编，1992年中国钱币博物馆正式成立，余受聘首任馆长，最终完成了中国钱币博物馆、中国钱币学会和《中国钱币》杂志三位一体的

夙愿。

所以，我和菩萨有缘，和文博、考古事业有缘，和钱币有缘。

想当年，刚进京的时候，人们听说是喜欢古董的，研究钱币的，便会联想到：此人一定是"老头子"。三十年过去了，概念变了，如今深感万幸的是，热衷于钱币收藏和研究的年轻一代成长起来，80后、90后大有人在，和他们在一起，我也仿佛年轻了许多。在这群贤奋起的时代，为使钱币文化融入我们的日常生活，亦为效学前贤治学的儒雅风气，诸君提议：重修《寿泉集拓》。谨此，余不揣冒昧，受诸君之请，充当开山之先。亦愿借此机会，交流钱币鉴赏心得，汇集古泉藏品精华，以便留拓于后世，薪火相传，发扬光大。

谨此自咏，并谢诸君之美意和为此书的付梓所付出的辛劳。

续斋戴志强谨记于癸巳瓜月

《续斋古稀寿泉集拓》，北京出版社，2013年9月

戴志强：人生有拐弯，没弯路^①

　　戴志强，祖籍浙江绍兴，1944年出生在上海。他是老一代钱币学家戴葆庭之子，一生与钱币结缘。戴志强少年时就读于名家云集的复旦大学历史系，毕业后在河南工作十六年，1984年调入中国人民银行总行，历任人民银行货币发行司副司长、中国钱币博物馆馆长、中国钱币学会副理事长、国家文物鉴定委员和国际钱币银行博物馆委员会亚洲地区主席等职。

　　多年在中原、北方的工作学习，并没改变太多戴志强的"海派"乡音。言谈笑语间，那种独特的"海味"会时时跳跃出来，让人觉得他正在讲的经历，正在讲的钱币学在严谨方正之外，也颇具上海文化的汇通并蓄与精琢情趣。

家学渊源得天独厚

　　戴志强的币缘是在钱币与老一辈钱币人中浸润出来的。

　　上世纪三四十年代，是中国钱币收藏研究社团最为活跃的时期之一，老一代的知名钱币鉴定家大部分都在上海。1940年春，在寓居上海的中国钱币界名流罗伯昭宅邸，上海泉币学社宣告成立；8月31日，学社的第一次例会召开，从此，每周六一次，至1946年3月1日第178次例会为止。戴葆庭老先生是学社的发起人之一，自然时时到会，也常常把戴志强带在身边。正是10来岁的年纪，戴志强在这里听前辈们相互研讨，抒发见解，许多泉界的典故，以及后来上海博物馆、国家博物馆的许多藏品，戴志强早在那个年纪就已经见过风貌，并曾亲耳听过前辈大家们的心得成果。再加上父亲日常要害处的一二提点，戴志强在钱币上的启蒙可谓得天独厚。

　　戴志强先生曾说，要成为一名钱币学家，对钱币见多识广可谓第一要义。少年时

---

① 本文由《金融博览》记者刘娜撰写，发表于2013年第6期。

他的成长中既有大家在侧，也有他自己业余的旁观博收。小学时，戴志强家住上海江西中路，所读学校在河南路口，两者之间必经上海古玩市场，那是戴志强放学必先"逛逛"的地方。这个摊位转转，那个摊位瞧瞧，别人讲什么，他就立在旁边听听。少年时未必一定有意，但潜移默化间，对于古代器物的直观感受日益丰富。到临近高考时，数理化成绩优异的少年戴志强已经下定了决心学文史经济，以为在未来做好钱币研究。1961年，戴志强以历史系总分第一的成绩被第一志愿——复旦大学历史系历史地理专业录取。

直路有拐弯

1961年戴志强入学时的复旦大学历史系，正是周予同、周谷城、王造时等一批历史名家云集之时，系主任是我国历史地理学科的主要奠基人和开拓者谭其骧。加之，当时国家号召大教授、名教授讲基本课，所以戴志强在大学头两年的历史基础课上得极为扎实，为日后的研究打下了良好的基础。

1964年，中宣部主管文艺的时任副部长周扬敦促国内加强世界史研究。复旦历史系在国内史学界的地位，以及拥有的众多世界史研究专家，使其成为国内首批酝酿设立世界史专业的高校之一。还在大三的戴志强被学校内定为7名留校学生之一，按要求在修习主课之余开始参与筹备世界史专业及研究所的设立。

如果说从大学前三年一心钻研古代史到心怀矛盾转学世界史，1966年以当时极时髦的亚非拉美民族解放运动史，简称世界史专业毕业，是戴志强人生的第一次转弯的话，那么毕业时因"文化大革命"，分配方案由留校到进上海党报《解放日报》，再到被分配出上海，去往河南安阳工作，则是戴志强人生路上更大一次出乎意料的拐弯。

拐弯亦是直路

复旦读书时，戴志强曾师从《周恩来传》、《朱德传》的作者，曾经是《红旗》杂志主编的金冲及先生。金先生给戴志强讲过一个观点，戴志强说这个观点让自己受益终生。这就是"以不变应万变，万变不离其宗"。这并不是一句太新的话，但戴志强说："这对我非常有启发。需要的时候，要变、要服从，但人生要有主线，这不能变，要坚持。"

1978年，戴志强在河南安阳化工局任局长秘书，工作自由安逸，也提拔在即。正是这一年，他在《人民日报》上读到了作家徐迟著名的报告文学《哥德巴赫猜想》。陈景润在"文化大革命"期间不放弃数学，出成果的故事常常感染着戴志强。他提出要转去"清水衙门"安阳博物馆工作。这个决定几乎遭到了除爱人以外所有人的反对，但戴志强很坚持，"很多时间已经浪费掉了，我要回归，去搞我的专业"。

到了安阳博物馆，戴志强提出的第一个要求就是"我要去库房"。库房放的都是墓里出来的东西，是一般人去不了，也根本不愿意去的地方。但是在戴志强眼里这里却是宝库，因为"可以接触实物"。戴志强将安阳博物馆里的藏品摸了个底儿清，为博物馆做出了一本总账。后来事隔多年，已调职北京的戴志强再回安阳，安阳博物馆用的还是他当年整理出的这本藏品总目。

也是在这里，学历史出身的戴志强为自己补上了一名真正的钱币学家所必备的另一课：考古学知识。"文化大革命"后期，社会科学院在安阳有一个考古工作队，主要是挖掘殷墟。那里是荒郊野外，平时基本没什么人，但每逢有空，戴志强都会去。没特别挖掘时，他就在那里看书，《考古研究》、《考古》、《文物》杂志，这些考古领域最重要的刊物，戴志强都是在安阳文物工作队看的。而每每有重要挖掘，考古队的成员还会给戴志强吃点小灶，让他看并给他讲解新出土的文物。"如果没有'文化大革命'，如果没到河南，我就没有这一课。所以，看着是拐弯却是个机遇。"戴志强说。

也就是在这里，戴志强的多年积累开始出成果。在安阳博物馆不到一年，戴志强就在国家级刊物《文物》1981年的第3期上发表了自己第一篇文章《安阳殷墟出土贝化初探》，随后第10期又一篇《漳州军饷银饼年代考》。第一篇文章起自安阳的积累，而第二篇文章则脱胎于戴志强大学时和郭沫若就漳州军饷银元背面的花压是否为"成功"二字的一篇争论文章。正是因为这两篇文章，引起了国家文物局对这个以前"没听说过的人"的关注。

经过专门了解，国家文物局决定调戴志强进北京工作。这个时候，作为第三梯队的干部，戴志强留在安阳肯定会有晋升市委班子的机会。他再一次面临选择，身边的人劝他"大国称臣，不如小国称君"。但"从事业考虑"，戴志强坚定地决定到北京工作。1984年，戴志强调入人民银行总行货币发行司，一家人一起来到北京。

到北京后，戴志强负责了筹备中国钱币博物馆的工作，并在后来成为货币发行司的副司长。在这中间，戴志强一方面有机会参观了国内所有的主要印钞造币厂，以及国际上主要的印钞造币单位，另一方面通过参与第5套人民币设计等日常工作，对人民币的设计、上报、制作、发行乃至最终销毁的整个过程都有了更直观的亲身感受。

"马克思曾说，在你的一生当中，你本来不想拐这个弯，但老天爷安排你走错了，安排你走到另一个房间，走到那个房间，就有走到那个房间的收获。回头看，如果没有当初到安阳，我不会了解考古；如果没有到北京，我不会进央行，我是很幸运的，老天爷为我安排了这些课。"

确立钱币学科理论的心愿

多年积累，戴志强一直想把钱币学的学科理论确立起来。"这点我责无旁贷。"

退休之后，戴志强整理自己思路与观点，出版了一部一字一句亲笔从不同角度论述钱币学的论文集；之后，又写出钱币学的概论。观点，资料，总纲都已经有了，但时间却总是不够，戴志强现在手头的《古钱文字》、香港出版社约的《钱币精品》，文物出版社约的《钱币鉴定》等都还在过程中。

"钱币学的学科归类，在五十年代是在考古学，再向上是历史学。但按我现在的主张，钱币学是一个相对独立的学科，它是跨学科的，经济学、考古学，甚至历史学都不能完全包括它。随着钱币学研究的深入，除了社会科学，其中也有自然科学的问题，比如说材质，成分、制造等，就不是社会科学的问题。"

钱币学要成为学科要有学科理论才能立得住。"如果有生之年可以把这个做完，就已经是万幸。做的事情太多了，完全专注也得要两三年。一个学科在学界能立住，是要有真东西的。做学问需要严谨，一个观点出去，必须有自己的深思熟虑，牌子只有一块，这个牌子掉地上就碎了，再也捡不起来了，做人做事都是这样的。"

用小钱币见证大历史(节选)

——访谈中国钱币博物馆馆长、国家文物鉴定委员 戴志强

戴志强从事钱币学、货币史研究三十余年,在中国钱币学学科建设及其理论研究方面有突出贡献,不仅继承和发扬了我国传统的钱币学研究方法,还积极创立并实践了钱币学研究的新方法,把科学考古、文献分析和现代科学手段运用到钱币学的研究里,通过典型器物剖析,把握历代钱币不同的时代特征、区域特征及个性特征,在中国早期实物货币、金属称量货币以及历代金属铸币等学术领域取得丰硕成果。出版专著11部,发表论文百余篇,获得中国钱币最高学术成果奖——金泉奖,其中1994年6月获第一届学术著作奖一项(《戴葆庭集拓中外钱币珍品》),科普著作奖一项(《中国历代货币》),优秀论文奖两项(《中国历代铜铸币合金成分探讨》、《货泉初探——兼论莽钱制作特征的演变》)。另外,他主编的《中国钱币》杂志获优秀刊物奖。1998年10月获第二届科普作品奖一项(《中国文物鉴定——货币》录像带),优秀论文奖两项(《试论中国钱币的鉴定》、《中国古代黄铜铸钱历史的再验证》)。2003年又获第三届优秀论文奖两项(《对钱币学的一点认识》、《"夹锡钱"问题再研究》)。

记者:戴老师,听说您一句话就把两辆汽车说没了,请您说说这件事以及怎样识别假钱币的知识。

戴志强:1999年10月,我应邀率中国钱币代表团访问日本,访问期间,日本货币协会会长船越康先生特地把我领到他家,欣赏他收藏的中国钱币。同行的有日本著名钱币鉴赏家菅谷信先生。寒暄之后,船越康先生便拿出了他珍藏的几枚珍贵的中国钱币。第一枚是"淳化元宝"金钱,我上手一看就觉得不对,因我见过真正的"淳化元宝"金钱,那是山西五台山出土的。船越康的这枚钱显然是仿造的伪品,因为是老朋

友，我真诚地说了我的看法。接着船越康先生又递给我第二枚金币，他说这应该是战国时期楚的"郢爰"金币吧，但我看这枚也是假的。就在船越康先生转身之际，菅谷信先生低声对我说："两辆汽车没了。"一听这话，我立刻感觉到刚才说话的分量。当船越康双手递过第三枚金币时，我看到了船越康先生充满期待的眼神，我实在不忍心再打击他……

金币造假并不难，因为黄金比较软，无论翻砂还是打制，都比较容易，黄金是贵金属，又不易起锈，在鉴定上有一定的难度，很容易使人上当。金币由于本身所用金属的价值就高，所以它的价格比普通的钱币要高许多。一旦买假损失都比较大，所以收藏金币时要格外谨慎。

钱币鉴定靠的是经验，但时间长了，经验就会老化的。随着时代的进步、科技的发展，利用先进的科学技术可以提高我们的鉴定水平，但同时也为造假者提供了技术条件。这样一来，鉴定工作也就更难了，老的经验就要更新、充实。

举例来说，最近河南某些地区造的假钱就极其逼真，蒙骗了不少人。造假者用环氧树脂做假锈，既能做出绿锈，也能做出蓝锈、红锈、土锈，锈色自然，几可乱真。不过假钱容易做得过于精美，过于做作。只要了解造假方法，抓住造假的特点，掌握造假规律，是完全可以鉴定出来的。当然，掌握有关的信息也是非常重要的。

为了不断补充新的知识，不使鉴定知识老化，鉴定者一定要到实地去考察，了解当地文化特点及风俗习惯，这对鉴定水平的提高也有极大的好处。1996年，我去南疆喀什、和田等地考察，发现那里有很多小的金银作坊，有很多金银匠从事金银饰件等金银器的打制。这种现象在内地已经很难看到，但在新疆一直保留到现在，这与当地少数民族喜欢佩带打制的金银饰物有关。银匠多，手艺也很好。当地人告诉我，这些银匠都会打金银币，于是我们便到银匠摊去找银币，果然有不少银匠掏出了银币。我一看，和在内地见到的那些新银币一样。以银匠的手艺，仿造个银币不成问题。而且新疆银币还有个特点，它是用传统方法制作的，不完全是机械化生产的，这就更适合银匠仿造。早些年这种事也不会有，银匠造假银币的营生是随着钱币收藏的升温而开始的。这些情况只有到了新疆当地才能了解到。

记者：戴先生，您走上钱币研究之路并有所建树与您的家庭有关，请您谈谈这方面的事情。

戴志强：我父亲戴葆庭先生一辈子从事钱币收藏和研究。我从小就跟着父亲出入古玩市场（上海文物商店），参加上海钱币学社例会，有机会结识了众多收藏家和前辈学者，从他们的言谈话语中学到了许多知识。由于和这些人接触，我不仅得到名家真传，还见到了他们所藏的珍贵钱币、稀有钱币。这些都为我日后的钱币研究打下了坚实的基础。

记者： 戴先生，像您这样的经历，在收藏界也不多见，但据我所知，您之所以能在钱币研究上有建树，家庭影响固然重要，但您自己的努力更为重要。听说您曾有机会从政，但您放弃了，是吗？

戴志强： 我就读于上海复旦大学，学的是历史，大学毕业后分到河南安阳工作，在安阳博物馆工作过，并有机会和中国社会科学院考古研究所安阳工作队的同志交往，在他们那里补上了考古这一课。在河南期间，还参与河南全省的文物鉴定定级工作。1980年我担任安阳博物馆副馆长，主抓业务。在那里我的两篇论文《安阳殷墟出土贝化初探》、《漳州军饷银饼年代考》在《文物》杂志上发表，引起了学术界和国家文物局的关注。1982年6月中国钱币学会成立，《中国钱币》杂志也在筹办之中，这是由中国人民银行和国家文物局共同发起的。1984年，中国人民银行正式调我到中国印钞造币总公司，这就意味着我能真正从事我热爱的钱币事业了。可与此同时，河南安阳市委也做出了提升我的决定。一个是从政、一个是搞专业，我毫不犹豫地选择了后者。我的老师金冲及先生对我说，要造就事业、忠于事业，无论外界的环境如何巨变，都要以不变应万变，万变不离其宗。我明白金先生的话，我的宗就是钱币学。

记者： 戴先生，听说您在安阳工作期间，发现中国早期的金属称量货币应该是青铜，从而改变了人们过去认为中国古代货币是从实物货币直接过渡到金属铸币的观点，曾有文章说您这项工作是填补了一段空白。请您谈谈这个问题。

戴志强： 那还是在上个世纪八十年代初，那时我在安阳博物馆工作，在与江苏镇江博物馆同行交谈中得知，镇江地区的西周墓葬中常有青铜块出土，这一信息引起我极大的关注。我们都知道按照马克思主义的货币观，货币的发展形态依次是实物货币、称量货币、金属铸币，而称量货币在我国则很少发现。当时我就想，这些青铜块会不会是称量货币？我很快找来了相关资料进行分析研究，初步研究的结果证明这些青铜块就是我国最早的一种称量货币。但这个研究结果还缺乏证据，需要进一步地论证、探索。同时我还想到，青铜块如果仅在江南使用，而没有在中原使用，显然有违历史，应该在中原地区也有青铜块。

果不其然，1983年秋，我在洛阳博物馆陈列的西周出土文物中发现了类似的青铜块。通过了解，得知西周墓葬中经常有青铜块出土，但考古界以前把它们认作青铜原材料或是青铜器的残块，并没有往称量货币这个路子上想。在以后的一段时间内，不断有类似的信息反映到我这里，如洛阳、西安、宝鸡等等。这些消息更坚定了我对青铜块是称量货币的观点。为了最终弄清这个问题，我和周卫荣合作，对江浙地区进行了实地调查，并对不同的青铜块取样，用物理和化学方法进行实验分析。实验结果表明，古吴地出土的青铜块是人工有意配制的，它们的合金成分与铸造青铜器的原材料不同，而与某些先秦铸币十分相似。同一批青铜块的合金成分有很大差异，显然不是同一块铜饼敲碎的，而是现成的铜块聚集在一起，证明它们在入土之前已经参与过流通。根据历史文献的多项记载，青铜在西周作为一种财富，已为人们接受，是充当一般等价物的理想材料。于是，我们认定在青铜铸币诞生之前，青铜曾是我国的金属称量货币。

记者：戴先生，您调到北京后，又鉴定了哪些珍贵钱币？请您举一些例子说明，最好是那些有影响的、能填补钱币史某些空白的。

戴志强：填补空白不敢说，举一些例子是可以的。先说确定辽钱断代标准器之事。

记者：戴先生，我插一句，这是钱币断代的首次提出。这也为钱币鉴定打下了一个坚实的基础，这个基础就是理论支持和实物参照。

戴志强：对。那是1972年9月，吉林省哲里木盟的一座辽墓中出土了一枚"大康六年"记年铜钱。此钱四字右旋读，光背，直径4.85、厚0.4、外廓宽0.5、穿径1厘米，重47.8克。钱体制作精美，堪称辽钱中的精品，出土后一直保存在吉林省博物馆。钱币没有受到任何磨损，依旧保持着出土时的状况，原包浆、原锈色，"大康六年"四字隶楷相间，大小错落，文字风格古拙质朴。再细看，在它的边廓还清晰地留有当年锉磨加工的痕迹。此钱是专为墓主殉葬而铸的瘗钱，可它的文字风格和形制却与辽钱正用品毫无二致。此钱钱体稍大，使其反映的辽钱特征更加充分、明晰。看着"大康六年"，脑中浮想起在张濡才先生家见到的"大康七年"，那是枚传世品，虽已被磋磨，但仍具辽钱神韵。可与"大康六年"相比较，同为辽钱，韵味截然。

由此我想到一个问题，在考古学上常常利用标准器来断代，古钱出土也往往成为古墓葬、古遗址分期断代的重要依据，这枚"大康六年"有明确的墓葬出土，有绝对记年，即北宋神宗元丰三年（1080），又具有典型的辽钱风格，如果将它作为辽钱断代的标准器，当不会有错。也就是说可以把它作为标本来认识、把握辽钱的特征。于是，在1985年第2期《中国钱币》杂志上发表黄一义先生介绍"大康六年"的稿件时，我特意为此稿配写了编者按，提出了将"大康六年"记年铜钱作为辽钱断代标准器，这是考古学方法在钱币鉴定上的应用。

　　记者：戴先生，您讲的这件事使我想起您鉴定"会同通宝"钱的事情。"会同通宝"是辽钱中的大珍品，到目前只发现了一枚。您在没有其他实物参照的情况下，力排众议，认定此钱为真品，使人们认识了这枚有很高研究价值、文物价值，可补辽史之缺的大珍品。那么请您讲讲这枚稀世珍品的鉴定过程。

　　戴志强：1989年冬，一位辽宁钱币收藏者集得一枚"会同通宝"小平铜钱。此钱直径2.41、穿宽0.62、廓厚0.145厘米，重4克，生坑绿锈。钱文"会同通宝"四字右旋读，且四字大小有别。会同是辽代第二个皇帝太宗耶律德光的年号，辽太宗曾"置五冶太师。以总四方钱铁"，938年改元会同，至947年。其间是否铸过"会同通宝"，史书上没有记载，更未曾见有实物。这位钱币爱好者将此钱拿与泉友们看，泉友均不识；拿与省内钱币专家，专家们对其真伪也不能定论。有专家就向他介绍，不妨让中国钱币学会的戴志强鉴定一下，或许能有结果。于是他就给我写了一封信。

　　我见到信，立刻意识到这是一个非常重大的问题。从辽太祖天赞年间（922—926）至辽景宗保宁年间（969—979）是辽代早期，其铸币情况辽史中没有记载，遗存下来的实物也非常稀少，可以说每一枚都是大珍品。辽太宗天显年间铸有"天显通宝"小平铜钱，存世极少。不久前，辽世宗所铸"天禄通宝"才被发现。辽早期铸币除了大同因建元仅两个月未及铸钱，就只剩下"会同"了。如果此枚"会同通宝"小平铜钱是真，那不仅是一个新币种的发现，还会形成完整的辽早期铸造货币的历史，具有补史的意义。

　　我从信中得知，此钱是从辽宁朝阳某废品站的铜钱堆中发现的，同时还拾出"重熙通宝"以下各年号辽钱16枚。虽然此钱的出土地点已无法考证，但可以肯定的是出在朝阳地区。朝阳地区地处大凌河流域，距中京（今内蒙古宁城县大明乡）仅百十公里，是当时辽国腹地。

　　我又仔细观看随信寄来的拓片，此钱颇具辽钱气息。"会同通宝"四字隶书右旋读，四字大小不同。"宝"字上下稍过穿，在四字中最大，其次是"通"字，"会同"二字大小基本相同。"会"字末笔不清，似与内廓借笔。"同"字向右稍倾，因流铜使第二笔

"フ"与外廓弥漫在一起。这一点很令人怀疑，会不会是改刻？

《古泉会》上曾提到过"会同通宝"，但只有名字，没有拓片。现在在没有依据的情况下仅凭这张拓片判断是不够的，而且事关重大、必须见到实物才行。所以我希望他在方便的时候能够带钱到北京鉴定。

1990年3月，辽宁的这位钱币收藏者携钱来京。在中国钱币学会的办公室里，我见到了他和他的"会同通宝"小平铜钱。我把"会同通宝"托在手中，观其钱背，光素无文，十足的辽钱气息，铜色锈色亦好。其正面文字自然，和常见的辽钱神态吻合。入眼的第一感觉令我深信不疑。但是为慎重起见，还需要进一步的推敲。我征得了收藏者的同意，将"会同通宝"暂时留了下来。

这一天，对于"会同通宝"我想了许多问题，是否挖补？是否改刻？第二天一早，我的第一件事便是再读"会同"。文字自然，不像有挖补的痕迹。那处从拓片上看最大的疑点，"同"字右侧外廓的流铜会不会是用其他辽钱改刻的呢？这个疑点是很多看过此钱的人不敢确定其真的主要原因，也是我反复琢磨的问题。我对实物进行更加仔细的考察，未寻找到破绽。辽代早期制币有一个非常独特的地方——文字省笔。辽世宗时的"天禄通宝"，"禄"字右大左小，左边的"礻"被挤到内廓的边缘，"礻"右侧一点省笔，借用"录"字下"水"右上一点，作"禄"。辽穆宗"应历通宝"的"历"字省掉了"厂"部的竖撇，借用内穿右廓。我发现眼前这枚"会同通宝"也有省笔。此似"會"字书写上大下小，把下部的"日"挤到了内廓的边缘，末笔省去，用的是内穿上廓。在字体布局和书法处理上这枚"会同通宝"与"天禄通宝"和"应历通宝"如出一辙。这个特点在其他古钱中很难见到，是造假者根本想不到的，也是判断真伪的关键一点。

至此，我确信这枚钱币就是旧谱中曾经提到的"会同通宝"小平铜钱。这个鉴定结果是唯一的一个肯定的结果。这是辽代早期货币的又一重大发现，补了辽钱之缺。

下午，那名辽宁钱币收藏者如约来到我的办公室，当我把鉴定结果告诉他时，他高兴不已。对于一个普通钱币收藏者来说，能收藏到这样的大珍品是非常幸运的。

1990年第4期《中国钱币》上刊出了介绍"会同通宝"小平铜钱的文章，一时引起众多争议，但随着时间的推移，人们慢慢地认识了"会同通宝"，我的鉴定结果逐渐被钱币界接受。

记者： 我听说有台湾商人想以50万美元拍卖一枚"承安宝货"银锭，可见"承安宝货"的价值。"承安宝货"是一级文物，目前我国仅发现7枚。围绕着发现和鉴定"承安宝货"还有不少情节，请您介绍一下。

戴志强：《金史·食货志》载：承安二年十二月"遂改铸银名'承安宝货'，一两至十两分五等、每两折钱二贯，公私同见钱用……"，承安四年五月罢"承安宝货"。这是中国历史上第一次有明文记载的白银计数货币。由于仅铸行一年多，绝少有实物流传。对于"承安宝货"的详细情况史书上没有记载。因此"承安宝货"历来被钱币学家所关注。以前曾有不少伪造品充斥市场，如用铜或用银做的"承安宝货"方孔圆钱。但是"承安宝货"究竟是什么样子谁也不知道，真正的"承安宝货"也一直没有被发现。

1980年到1981年，国家对金银物品收兑价格进行调整，由于上调幅度较大，人们纷纷把家存的金银物品送到银行兑换。1981年上半年，黑龙江省人民银行工作人员在清点碎银中发现了四块形状特别的银锭，怀疑可能是文物，就通知了黑龙江省文物部门。经文物工作者查找资料对证，初步认定为价值很高的金朝货币"承安宝货"。黑龙江省文物部门收购了其中两枚，另两枚由黑龙江省人民银行收藏。

1982年10月，中国人民银行和中国历史博物馆联合举行《中国历代货币展览》。这是1949年以来规模最大的一次钱币展览，展品从我国最早的贝币一直到1982年发行的金银纪念币，其中不乏珍品、国宝。"承安宝货"也在展览中展出，这是它第一次正式与世人见面。与此同时，中国钱币学会在北京召开成立大会，全国各地60多名钱币专家学者、收藏家齐聚北京，我也从安阳赶来参加。全体代表观看了这个展览，"承安宝货"自然引起了钱币界的广泛关注。这枚"承安宝货"为束腰形，两端宽，中间细。银表面四周有水波纹。前端中部横凿楷书汉字"承安"二字，腰部竖凿楷书汉文和押记两行。右为"宝货壹两半"五字，左为"库"、"部"二字和二押记。因为以前谁都没有见过，所以对它的真伪都不敢轻易断言。"宝货壹两半"这又是个什么等级呢？

1985年6月，中国钱币学会在沈阳召开首次少数民族钱币学术讨论会。会上再次提出"承安宝货"的真伪问题。为了破解这个中国货币史上的重大疑案，黑龙江省人民银行和省钱币学会在中国钱币学会的指导下，省文物部门的热情支持下，开始了追寻"承安宝货"来源的工作。

1985年7月1日，黑龙江省钱币学会为了搞清已经发现的四枚"承安宝货"的出世地点，向全省各地市县人民银行、工商银行、农业银行发出了查询的公函，首先在银行系统展开寻找"承安宝货"的工作，继而又在《黑龙江日报》和《黑龙江农民报》上刊登征询启事，以引起社会的关注。

随着工作的深入，关于"承安宝货"的信息逐渐增多。阿什河乡一位老人说：五十年前，他曾见到一农民的烟荷包上拴着"承安宝货"。这说明，"承安宝货"五十年前就有出土。阿城县人民银行干部反映，工作人员曾收到过一块大银子，送这银子的人说是在马槽子底下捡到的，那个人是杨树乡的。发现地点杨树乡，属阿城县，而阿城县正是金故都上京会宁府遗址。省钱币学会工作人员马上把目标定在了杨树乡。

工作人员加大了对杨树乡的宣传力度，并重点放映"承安宝货"的宣传片。当地农民没有想到自己生活的这个地方会有如此辉煌的历史，"承安宝货"也成了人们茶余饭后谈论的话题。

一个月很快过去了，杨树乡一位老太太在她家承包的土豆地里挖土豆，一锄头下去，随着土豆掘出个银块。老太太刨出的正是人们苦苦寻觅的第五枚"承安宝货"。几天后，老太太的儿子把它交给了国家。

第五枚"承安宝货"的出土地点，是金故都上京会宁府城郊。它的面值也是"壹两半"，经鉴定为纯银，字迹、库部押记、形制等与1981年发现的四枚完全相同，重59.3克，比前四枚重0.5克，也比前四枚新。它的出土情况清楚，真实性确凿无疑，一枚带活了四枚，证实了前四枚也是真品无疑。

黑龙江省钱币学会发现第五枚"承安宝货"银锭的消息传到北京，令中国钱币学会所有同志为之惊喜。不久，这枚"承安宝货"银锭被送到中国钱币学会，当时我任学会副秘书长，召集几位同志一起再一次确认了它的真实性。"承安宝货"这个金章宗时铸造的银锭，中国历史上第一次有明文记载的白银记数货币，时隔八百年，终于为人们所认识。

到目前为止，"承安宝货"银锭已发现了7枚，中国钱币博物馆藏有2枚。消息不胫而走，成为海内外钱币界的一段佳话。为此，台湾一名钱币商曾来和我商议，想以50万美金的底价拿到国外拍卖一枚，当然这是绝对不可以的，因为它是国家一级文物。

记者：戴先生，您讲了鉴定的情况，还想请您谈谈钱币学的问题，因为钱币学这门新学科的建立，和您有着密切的关系。您从1984年调到北京，被增补为中国钱币学会副秘书长，1986年接任秘书长，主持学会工作，同时又是中国钱币博物馆馆长、《中国钱币》杂志主编，理应向读者介绍一下钱币学的研究对象、方法和目的等等问题。

戴志强：在1999年出版的新版《辞海》中，有一个新的条目——钱币学。《辞海》对此条目的注释是：钱币学旧称古钱学，研究历代的钱币的学科。过去以研究古钱为主，故称古钱学。1949年后研究范围扩大，包括了当代钱币，并兼及其他有关文物，故改称为"钱币学"。古钱学的研究方法主要是就钱论钱，钱币学则从研究钱币实物及有关文物出发，进而探索钱币发展规律、历史作用、文物价值和社会意义等。

这段解释已经很精辟地阐述了钱币学的含义。古钱学是一门古老的学科，已经有一千四百多年的历史，但任何一门学科都不是僵死的、一成不变的，随着历史的进程，新的钱币不断诞生，原来的古钱学显然已无法包容如此丰富的内容。"钱币学"作为一门学科的名称，早在1954年即有人提出，那是彭信威先生所著的《中国货币史》一书中提出的。但事实上一直到上世纪八十年代初才开始被人们逐步认识。中国钱币学会成立大会上，为了与国际钱币界取得一致，才同意把筹备时的名称"中国历史货币学会"正式定名为"中国钱币学会"。

古钱学1949年前归属金石学，1949年后又归属考古学，没有被看作是一门独立的学科。我和同事们都认识到，能否尽快建立钱币学学科，使之成为独立的科学，不仅关系钱币研究在学术界的地位，更关系钱币文化的发扬光大，关系到中国货币史、经济史的纵深研究和发展。

为弄清这一问题并取得共识，我们多次组织专题讨论，并在《中国钱币》杂志上开辟专栏，利用多种方式推动这一问题的探讨和研究。经过十余年的酝酿讨论，界内终于取得了比较一致的认识。对钱币学的定义、研究方法等问题达成比较一致的认识。

首先要正确认识和理解"钱币学"的定义。这里必须说明的是，钱币学所要研究的"钱币"和"货币"是两个不同领域的专用名词。货币是经济领域的一个名词，是指物物交换的媒介。钱币则是文化领域的一个名词，它包括正在流通的货币，也包括历史上曾经使用过的货币，还包括因为货币和货币文化产生的其他相关的东西。钱币学的目的是通过钱币版别的鉴定研究，筛选出遗存的稀世珍宝；通过对钱币的考证研究，再现中华文明的光辉历程；通过探索研究，总结前人和他人的成败得失，为当今货币政策的制订、货币的设计、制造和发行提供有益的借鉴；通过钱币的集藏、整理、陈列、展览和钱币文化的宣传教育，丰富人们的文化生活，搞好精神文明的建设。

目的明确了，下一步就是确定哪些是钱币学的研究对象。我认为有三项主要内容：一是历代货币，包括古今中外所有的货币实物，如金属货币、纸钞、金属称量货币等；二是和货币生产制造有关的其他物品，如古代的钱范、当代的机具等；三是和货币文化有关的其他物品，如古代的压胜钱、近现代的纪念币等。

记者：戴先生，您讲了钱币学的研究对象及方法、目的，那么在此有一个问题要问您，那就是钱币学的产生和发展，对钱币鉴定起到了什么样的作用？

戴志强：过去不少人批评古钱学家只会就钱论钱，因此所得者只是一孔之见、一得之见，鉴定结果自然也很受局限。而钱币学的建立，一方面要继承和发扬古钱的传统鉴定方法；另一方面更要吸收和借鉴其他兄弟学科的研究成果。在研究和鉴定钱币的时候，不仅要注重钱币实物自身的考察，而且要尽可能地掌握和了解其他相关资料，比如当地的民俗、民风、自然、地理，作为印证。要熟悉历史知识，了解钱币产生的时代背景、历史条件、当时的科学技术、人文思想；要有宏观上的把握，把钱币融入社会之中；要掌握相关的文献资料；要关心考古学的新成果，及时掌握相关的出土资料，对新出土的钱币，更要了解其出土的详细真实情况，以及其他伴出物的情况，以便作出正确的判断。

从钱币学研究的角度来看，现在对于钱币的鉴定，不是一个"真"字或一个"假"字就可以草率打发的，也不是一个文物价格的高低就可以了结断案的，而是要在此基础上再作进一步的探讨。通过每一枚钱的研究，积累更加丰富的资料，去探索和了解钱币的历史和发展规律。

记者：戴先生，可不可以这样说，新的钱币学的建立，把钱币鉴定从一孔之见、一得之见转向了综合的科学研究的态势，也就是钱币界常说的小钱币、大历史？

戴志强：可以这么说。

记者：戴先生，您认为作一名鉴定家应具备什么素质？

戴志强：做鉴定最重要的是要熟。俗话说"熟能生巧"，有些道理是说不清楚的。只有见的东西多、积累的多才能鉴定出来。而且不光是看真的，还要看假的。搞考古的虽然天天和文物打交道，但是没见过假的，还是搞不了鉴定。经验是一方面，还要有广泛的知识、完备的知识结构。同时身体和精神也要保持良好的状态，这也是会影响鉴定结果的。

具备上面的条件，鉴定者还要有道德规范。我认为做人、做事和鉴定是一样的。做人的哲理和鉴定钱币的哲理是相通的。做人要堂堂正正，鉴定文物也要堂堂正正。人心要正，否则正的东西也会看歪。作一个鉴定家要实实在在，不能哗众取宠。

于彬《文物鉴定人访谈录》，蓝天出版社，2004年10月出版